DELIUS KLASING

Julia und Stefan Meinhold

GANGWECHSEL

Eine Weltreise mit dem Tandem

Delius Klasing Verlag

Für Sherry, erst Retterin,
dann Freundin

FSC
Mix
Produktgruppe aus vorbildlich
bewirtschafteten Wäldern und
Recyclingholz oder - fasern

Zert.-Nr. SGS-COC-003091
www.fsc.org
© 1996 Forest Stewardship Council

Bibliografische Information der Deutschen Nationalbibliothek
Die Deutsche Nationalbibliothek verzeichnet diese Publikation in
der Deutschen Nationalbibliografie; detaillierte bibliografische
Daten sind im Internet über http://dnb.d-nb.de abrufbar.

1. Auflage
ISBN 978-3-7688-5304-0
© Moby Dick Verlag, Postfach 3369, D-24103 Kiel

Schutzumschlaggestaltung: Buchholz/Hinsch/Hensinger, Hamburg
Letorat: Klaus Bartelt, Ute Maack
Karten: Inch3, Bielefeld
Satz: Axel Gerber
Druck: Bercker Graphischer Betrieb, Kevelaer
Printed in Germany 2010

Delius Klasing Verlag, Siekerwall 21, D-33602 Bielefeld
Tel.: 0521/559-0, Fax: 0521/559-115
E-Mail: info@delius-klasing.de
www.delius-klasing.de

Inhalt

Post von Tilmann ...

Liebe Julia, lieber Stefan,
meinen Glückwunsch zu diesem Buch, dessen Manuskript ich mit großer Freude und Anteilnahme gelesen habe. Wir kennen uns zwar schon seit Jahren, aber durch die Lektüre war ich plötzlich mitten drin in eurem Reiseradler-Leben. Ich kann das Buch jedem empfehlen, der einen vergleichbar großen Traum hegt, denn ihr macht richtig Mut, den eigenen Weg zu gehen. Außerdem ist es einfach eine unterhaltsame und spannende Lektüre!

In mittlerweile fast 30 Jahren habe ich mit dem Fahrrad über 420 000 Kilometer durch alle Kontinente zurückgelegt. Ich freue mich, als »alter Hase« nun auf eine neue Generation schauen zu können, die sich auf den Weg gemacht hat und ihre eigenen Abenteuer erlebt.

Ich fühle mich sehr privilegiert, unterwegs sein zu dürfen und die Möglichkeit zu haben, immer wieder neu aufzubrechen und auf den Straßen und Pisten der Welt meinen eigenen Pfad nach Innen zu finden. Wir alle sind einem immer schnelleren kulturellen Wandel ausgesetzt, und es wird immer schwieriger, mit diesem Wandel Schritt zu halten. Umso wichtiger ist es, sich selbst Zeit zu schenken, in Ruhe die nächsten Schritte zu überlegen und sinnvolle Entscheidungen zu treffen. Eben einen Gangwechsel vorzunehmen und zurückzuschalten, wie ihr es getan habt.

Meine Touren brachten mich immer wieder auf den Boden der Realität, und so lernte ich unterwegs die einfachen Dinge des Lebens zu schätzen. Genau das finde ich auch bei euch wieder, die Rückbesinnung auf ein einfaches Leben – da fühle ich mich euch im Geiste verbunden.

Wir Tourenradler sind eine wachsende Gruppe von Menschen, die sich umweltbewusst, menschenfreundlich und respektvoll in der Natur bewegen. Unterwegs erfahren wir aber nicht nur unseren eigenen Körper, unsere eigenen Gedanken und Gefühle. Wir leben auch ein wenig die Träume derjenigen unserer Mitmenschen, die vielleicht auch gerne reisen möchten, es aber aus diesem oder jenem Grund gerade nicht können. Spannende, ehrliche Reiseberichte nehmen sie mit *on the road* und lassen sie teilhaben am guten Gefühl, unterwegs zu sein und sich selbst näher zu kommen. Ich denke, vielen wird es mit eurem Buch genau so ergehen.

Tilmann Waldthaler,
Radnomade und Abenteurer

»Das Leben ist wie Radfahren. Um das Gleichgewicht zu halten,
muss man in Bewegung bleiben.«
(Albert Einstein, Physiker)

Prolog

rgendwo in Kanadas unendlichen Wäldern, auf dem Alaska Highway. Ein graues Asphaltband, gesäumt von dichtem Gestrüpp und
hohen Fichten. Ein Geruch von Harz und feuchtem Gras liegt in der
Luft. Kühl ist es hier. Es herrscht majestätische Stille, Autos fahren in
dieser Gegend nicht viele. Zwei Menschen stehen am rechten Straßenrand, ein Mann und eine Frau. Mit einem seltsamen Gefährt, zweiein-
halb Meter lang, dunkelblau, mit zwei Sitzen, zwei Lenkern und zwei
Rädern. Sieht man genauer hin, erkennt man, dass ihnen die Panik
im Gesicht steht. Der Grund: Ein Schwarzbär kommt von hinten direkt auf sie zu. Der Blick nach vorne zeigt einen weiteren Bären, auf
der linken Seite im Gebüsch sitzend, sein Gras fressendes Junges bewachend. Zwei Tandemfahrer, eingekeilt in der Wildnis zwischen den
Herrschern des Yukons.

Wie sind wir, die einstigen Büromenschen Julia und Stefan, in diese
Situation geraten?

Wir fahren gerne Rad. Sehr gerne. Wir lieben das Reisen, wollen
dem Alltag entkommen, suchen immer nach etwas Neuem. Wir mögen die Natur. Wir genießen es, die Welt in allen Facetten zu erradeln,
langsamer als im Auto und schneller als zu Fuß, und eine Verbindung
zur Welt über zwei Reifen herzustellen. Und wir mögen den Wind in
den Haaren, die Sonne im Gesicht, das Schlafen unter dem Sternenhimmel. Was liegt da näher als eine Tour in die Welt per Drahtesel?

Wir sind aber auch Banker. »Bankkaufmann« als Berufsangabe klang
schon vor der Finanzkrise fast so abschreckend wie »Leichenbestatter«.
Wir haben den Ruf, bedacht, sicherheitsbewusst und kopfgesteuert zu
sein. Der Job bietet Auslandsaufenthalte in den besten Hotels. Weinlas-
tige Geschäftsessen. Edle Kleidung. Ständige Verfügbarkeit von Büro-

Kaffee. Alle finden: ein schönes Leben in Deutschland, genauer gesagt: Frankfurt, der Bankenhochburg.

Stopp – das reicht uns aber nicht. Die Welt nur in kleinen Happen zu sehen, das ist zu wenig. Lange Arbeitszeiten und kaum Freizeit, keine Zeit für den Partner. Den Kopf auch am Wochenende voll von der Arbeit. Keine Möglichkeit zum Durchatmen.

Also doch lieber Biker. Wir haben es ausprobiert, haben die Bankkleidung abgestreift und sind ins Trikot geschlüpft. Wir haben die Kündigung ausgesprochen und der Sicherheit den Rücken gekehrt. Wir steigen auf unser Tandem, um die Welt zu erkunden und unser persönliches Glück zu finden.

Wir folgen dem Gesang der Reifen, genießen Rattenfleisch als Beitrag zur Erhaltung der Umwelt, retten einem kleinen Pinguin das Leben, erleben das vermeintliche Paradies Hawaii, Schlammpisten in Alaska, Millionen von Moskitos, spuckende Lamas. Wir erfahren die grenzenlose Weite Kanadas, tosende Schneestürme, die stille Schönheit des Death Valley und eine Polizeieskorte in Mexiko. Kurzum: Wir tauchen in die bunte Vielfalt der Welt ein und erfüllen uns den Traum unseres Lebens.

1. Kapitel: Vom Banker zum Biker

»Ein schlechter Tag auf der Straße ist besser
als ein guter Tag im Büro.«
(Josie Dew, Weltumradlerin)

Julia: Deutschland, drei Uhr nachts am 30. Dezember 2006. Stefan und ich sind immer noch auf, sortieren unsere Unterlagen und packen die letzten Sachen. An Schlaf ist nicht zu denken. Alles, was wir nicht benötigen – der überflüssige Ballast aus unserem alten Leben –, wurde weggeschmissen oder bei eBay verkauft.

Morgen fängt unser neues Leben an, ein Leben auf dem Fahrrad. Wir sind ausgelaugt und müde von den letzten Wochen: Kündigung der Jobs, neue Versicherungen abschließen, Wohnung auflösen, Auto und anderen Besitz verkaufen, von allen Freunden und der Familie verabschieden, loslassen von unserem Alltag in Deutschland. Das heißt erst recht noch einmal Stress, bevor wir ihm hoffentlich für lange Zeit werden entkommen können.

Man hat uns gesagt, am schwierigsten sei das Losfahren, das Loskommen, nicht das Unterwegssein. Die Vorbereitung einer solchen Reise sei wie ein Krake, der einen umfangen hält. Jeder Krakenarm bedeutet einen Vertrag, eine Verpflichtung in Deutschland, die abgeschlagen werden muss, bevor es losgehen kann. Ich mag keine Kraken.

Ein kleiner Umzugswagen voll ist von unserem alten Leben übrig geblieben. Besonders schwer fiel mir der Abschied von meiner Schuh- und Kleidersammlung. Während unserer Tour wird mein Kleiderschrank aus einer kleinen Radtasche bestehen. Vor zwei Wochen haben wir unsere Wohnung in Frankfurt verlassen, die Schlüssel wurden übergeben, und wir sind mit Anfang dreißig zurück zu den Eltern gezogen.

Ich liege auf dem Schlafsofa in Stefans Arm und bin aufgeregt. Gegen halb vier gelingt es mir doch noch, zu schlafen, aber es wird nur ein leichtes Schlummern, zu viele Gedanken gehen mir durch den

Kopf. Haben wir an alles gedacht? Wie wird der morgige Tag? Der Abschied, von allem, nicht nur von Freunden und Familie, sondern auch von der Sicherheit und dem geregelten Leben? Und: Wie werden wir uns fühlen, wenn wir in Neuseeland, unserem ersten Anlaufpunkt, angekommen sind, werden sich unsere Träume erfüllen? Eine Frage stellt sich mir jedoch nicht: Ob es ein grundsätzlicher Fehler war, Stefan zu bitten, mit mir in die Welt zu radeln.

Am Silvestermorgen bringen uns Stefans Eltern zum Flughafen. Dort erwarten uns auch meine Eltern und die engsten Freunde mit großen Abschiedsplakaten. Wir trinken Sekt aus Plastikbechern, stoßen immer wieder gerührt mit allen auf das neue Leben an. Um 16.15 Uhr gehen wir zu unserem Gate. Ein letztes In-den-Arm-nehmen, ein Gruppenfoto, einige Tränen, noch ein Mal Winken, dann sind wir allein. Wir sind schon auf der Rolltreppe, da überwältigen uns die Emotionen, die Tränen fließen, aber ein kleines bisschen Erleichterung und Vorfreude mischt sich auch darunter. So lange haben wir auf diesen Moment hin geplant, gearbeitet und gewartet, und nun ist es so weit.

Im Flieger bekommen wir von einer aufmerksamen Stewardess einen Piccolo und stoßen um Mitternacht deutscher Zeit auf den Start unseres Abenteuers im neuen Jahr an. Alle anderen Passagiere schlafen bereits, keiner ist aufgeregt. Die sind wohl nicht auf dem Weg in ein neues Leben.

Stefan: Meine Radbegeisterung zeigte sich früh. Im zarten Alter von zwölf Jahren machte ich die ersten mehrtägigen Touren und träumte von Reisen in die große, weite Welt. Einen dieser Träume erfüllte ich mir nach dem Abitur: mit dem Rad quer durch die USA zu fahren, von Ost nach West, von Washington nach San Francisco. Nach der langen Lernerei und einer in der Kleinstadt verbrachten Kindheit eine richtige Befreiung. Und doch wurde mir auf den langen Fahrten durch die Wüsten im Westen der USA bewusst, dass ich kein »einsamer Wolf« bin, sondern Gesellschaft brauche. Den mir angebotenen Job als Kellner in San Francisco schlug ich folglich aus und kehrte mit überzogenen Kreditkarten nach Deutschland zurück. Statt Hamburger aufzutischen, stürzte ich mich in meine Bankkarriere.

Die Arbeit machte mir Spaß, außerdem wollte ich dringend so viel Geld verdienen und sparen, dass ich später wieder unbeschwert würde reisen können. Meine Geschäftsreisen ins Ausland stachelten mein Fernweh immer weiter an. All diese fremden Orte übten eine gewaltige Faszination auf mich aus und ich bedauerte, mein Rad nicht dabeizuhaben und losfahren zu können. Tief in meinem Inneren wusste ich, dass Konsum und Geld mich nicht glücklich machen.

Mit 25 traf ich Julia und mir war klar, meine Traumfrau ist gefunden. Zusammen machten wir viele Radtouren und nach einem vollendeten Tag am Main-Radweg fragte sie mich in einer kleinen Weinstube: »Gehst du mit mir und dem Tandem auf eine Weltreise?« Als Antwort umarmte ich sie nur.

Nach unserem Entschluss sparten Julia und ich einige Jahre auf die Reise. Von einem Gehalt leben, das andere zur Seite legen, so kam jeden Monat ein neuer Monat ersparte Freiheit hinzu. Nach zehn Jahren bei der Deutschen Bank kam am 30. September 2006 der Tag, an dem ich mich von Anzug und Krawatte lossagte und meine Kündigung einreichte.

Es war ein geschäftiger Tag im Büro. Die Computer summten, ein Stimmengewirr erfüllte den Raum. Die vertraute Sprache des Alltags in einer deutschen Großbank in Frankfurt: Meetings wurden abgehalten, Conference Calls geführt und jeder versuchte seine Deadlines einzuhalten. Ich saß mit meinen beiden Chefs im Eckglaskasten. Draußen trieb der Septemberwind die Blätter von den Bäumen. Einer der beiden, der Geschäftsführer, beendete gerade noch ein Telefonat mit Singapur und ich räusperte mich: »Wie Sie wissen, bin ich leidenschaftlicher Radfahrer. Meine Frau und ich haben einen gemeinsamen Traum, wir wollen mit dem Tandem um die Welt fahren. Für mehrere Jahre.« Schweigen. Es war raus – ich hatte es tatsächlich gesagt. »Sie wollen was?« »Ich arbeite gern hier, aber es ist Zeit für mich, meinen Traum zu verwirklichen.«

Meine Gesprächspartner gewannen ihre Fassung zurück. Einer der beiden erzählte, dass sein Schwiegervater kurz nach der Pensionierung verstorben sei. Als Rentner wollte er einiges nachholen – vor allem viel reisen. Dazu ist es leider nicht mehr gekommen. »Ja, ich kann ihre Entscheidung nachvollziehen«, gestand er ein. Ich verließ den Glaskasten mit gemischten Gefühlen. Auf der einen Seite erleichtert, denn die Kündigung kam gerade noch rechtzeitig, bevor Kinder oder Hypothek das Losfahren schwer gemacht hätten. Auf der anderen Seite fühlte ich auch deutlich den Preis, den ich für die Verwirklichung unseres

Traums zahlte. Ab Januar würde ich kein Geld mehr verdienen. Trotzdem, es war vollbracht: Unser Lebenstraum würde tatsächlich wahr werden. Einmal um die Welt. Letzte Ausfahrt Abenteuer.

Julia: Nachdem die Kündigungen ausgesprochen waren, ging es mit hohem Tempo weiter. Es sprach sich schnell herum, dass ein Bankerpärchen den großen Schritt gewagt hatte und in ein neues Leben aufbrechen wollte. Stefan und ich arbeiteten in zwei verschiedenen Gebäuden, und so kam es, dass ich bei einem Besuch bei Stefan begeistertes Händeschütteln und fröhliche Begrüßungen erfuhr: »Ah, Sie sind die andere Weltreisende, schön, Sie kennenzulernen.« Die Nachricht verbreitet sich an den Kantinentischen wie ein Lauffeuer: »Schau doch, da sitzen die beiden Verrückten.«

Viele kamen vorbei, wünschten uns persönlich Glück und erzählten von ihren eigenen Träumen, die unter der Last des Alltags vergraben lagen und an die sie sich durch uns wieder erinnerten. Im deutschen Wortschatz müsste es dafür eigentlich ein eigenes Wort geben: die Bewunderung für »ein Unternehmen, von dem du froh bist, dass es ein anderer verwirklicht und nicht du selbst es tun musst«. Warum träumen so viele und leben die Träume nicht?

»Meine Damen und Herren, wir haben den Landeanflug auf Auckland begonnen. Bitte kehren Sie zu Ihren Sitzen zurück und schnallen sich an.« Nach 30 Stunden im Flieger kommt die Befreiung endlich in Sicht. Neugierig schaue ich aus dem Fenster und kann Aucklands Wahrzeichen, den Skytower, in der Sonne glitzern sehen. Mit seinen 328 Metern ist er das höchste Gebäude der Südhalbkugel. Aufgrund der Zeitverschiebung ist einfach ein Tag verloren gegangen. Wo mag er sein?

Bei der Ankunft geht alles ganz schnell, unser Visum wird anstandslos akzeptiert, eine sehr freundliche Begrüßung beim Beamten am Einreiseschalter – »kia ora« und »haere mai«, hallo und herzlich willkommen, viel Spaß auf Neuseeland! –, und schon warten wir ziemlich zermürbt und verschlafen auf das Gepäck. Jemand hat die Fahrradkartons im Regen stehen lassen, sie sind aufgeweicht und zerfetzt. Sie halten keinen Meter mehr, wir müssen das Tandem und den Anhänger direkt am Flughafen zusammenbauen.

Geschlagene fünf Stunden später ist alles fertig. Dank Müdigkeit, nicht vorhandenem praktischem Talent und fehlender Aufbauanleitung hat besonders das Zusammenbauen des neuen Anhängers gedauert. Wozu so etwas mitnehmen? Unnötiger Ballast. Nach diesen Anlaufschwierigkeiten gelingt es uns irgendwie, die 30 Kilometer durch hektischen, noch ungewohnten Linksverkehr in die Innenstadt Aucklands zu unserer Jugendherberge zu radeln. Dort sinken wir erschöpft auf das durchgelegene Bett.

Was für ein Start. Keine große Euphorie, aber auch keine Panik. Wir sind einfach froh, da zu sein und zu keinem weltbewegenden Gedanken mehr fähig. Morgen ist auch noch ein Tag.

Stefan: Die Vögel zwitschern vor unserem Fenster, als wir morgens aufwachen. Die Zeitumstellung macht uns zu schaffen und so beschließen wir, kräftig und mit viel Kaffee zu frühstücken. Wir werden vom Café-Betreiber äußerst nett begrüßt, haben jedoch einige Mühe, den neuseeländischen Akzent zu verstehen. Es ist warm und bei einem hervorragenden Cappuccino realisieren wir langsam, dass wir tatsächlich endlich angekommen sind.

Vom Tisch aus sehen wir den kleinen Vulkankegel Mount Eden. Die junge Kellnerin in Flip-Flops – hier als Jandals bezeichnet und Standardschuhwerk der Inselbewohner, wenn sie denn überhaupt etwas an den Füßen tragen – erzählt uns, dass man von dem nur circa 100 Meter hohen Spazierhügel eine wunderbare Aussicht über Auckland hat. Das wollen wir uns nicht entgehen lassen. Danach soll es mit dem Tandem direkt nach Süden gehen. Unsere grob geplante Route: an der Westküste bis nach Wellington; auf der Südinsel die Ostküste hinab bis zum Slope Point, dem südlichsten Punkt Neuseelands; dann in nördliche Richtung die Westküste hinauf, Fähre zur Nordinsel und irgendwie zurück nach Auckland. Details werden sich ergeben, wir wollen uns treiben lassen. Bis zum Start heißt es noch Gepäck zu optimieren. Was eine beschönigende Beschreibung ist von: »Wir haben viel zu viel dabei und müssen nun ein dickes Paket nach Hause schicken.«

Auckland ist die größte Stadt Neuseelands. Sie führt den Beinamen »City of Sails«, da sie zwischen zwei Häfen liegt, die Heerscharen von Segelbooten beherbergen. In ihr gibt es Verkehrsstaus und unzählige Starbucks-Filialen, eine beeindruckende Skyline und Obdachlose, No-Go-Gegenden und prachtvolle Viertel. Später erfahren wir, dass der bodenständigere Rest des Landes nicht so genau weiß, was er von ihr halten soll. Denn all diese Dinge gibt es nur in Auckland, was die Stadt den Nicht-Aucklandern suspekt macht. Uns gefällt sie mit ihren vielen grünen Parks, als Fremde halten wir sie für eine Metropole, die den entspannten Kiwis, wie sich die Neuseeländer liebevoll selbst nennen, gemäß ist. Hektik findet sich in dieser Großstadt nicht – zumindest im Vergleich zu unserer Heimat Frankfurt. Die Läden schließen schon um 18 Uhr und viele individuell gestaltete Cafés laden zum Verweilen ein.

Der Mount Eden ist am nächsten Morgen ein harter Brocken. Das ist zumindest mein Eindruck, denn ich kann mir kaum vorstellen, dass die letzten drei trainingsfreien Monate etwas mit meiner jetzigen Anstrengung zu tun haben. Der Wein von gestern sicher auch nicht.

Unser Tandem ist mitsamt Anhänger circa vier Meter lang. An dem Rad selbst haben wir wasserdichte MSX-Packtaschen befestigt. Auf dem Anhänger mit der Campingausrüstung klemmen zusätzlich schwere Wanderschuhe und unsere ultraleichten Strandstühle. Unverzichtbar für jeden Weltreisenden – finden anscheinend nur wir. Alles in allem wiegt das Rad mit Anhänger 100 Kilo, Julia und ich zusammen noch einmal das Gleiche. Gelogen, wir wiegen mehr.

Die Steigung des Hügels verlangt uns einiges ab, schon früh sind wir im Wiegetritt und die weißen Bürowaden melden eine gewisse Unzufriedenheit. Das wird selbstverständlich ignoriert. Unser Gefährt wackelt bedenklich, mit vier Stundenkilometern verliert man an Stabilität. Irgendwie kommen wir ächzend hinauf. Mehrere Reisebusse bevölkern schon den Großraumparkplatz am Gipfel. Das ist nicht gerecht, Reinhold Messner hat auf der Spitze des Mount Everest doch auch kein Heer fotografierender Japaner erwartet, oder? Und wenn da schon so viele Menschen sind, warum können sie keine motivierende, johlende Masse wie bei der Tour de France bilden? Stattdessen wird hemmungslos geglotzt, schnell werden wir neben dem herrlichen Ausblick über die Skyline zur Attraktion und sind im Visier der Canons, Minoltas und Sonys. Wohin wir denn fahren? Was wir denn machen? Wir erzählen, dass wir Neuseeland umrunden wollen, von einer Weltreise sprechen wir noch nicht. Erscheint uns nicht angemessen: »Wir fahren in die Welt. Erst vier Monate durch Neuseeland, einen Monat auf Hawaii, dann die Panamericana von Alaska, so weit wir kommen, nach Süden. Losgefahren sind wir vor einer Stunde, ich kann Ihnen sagen, dieses Hügelchen hat es in sich. Ist kein Spaziergang.«

Neuseeland

2. Kapitel: Im Land der langen weißen Wolke – die Reise geht los

»Wir durchreisen die ganze Welt, um das Schöne zu finden.
Aber wir müssen das Schöne in uns tragen,
sonst werden wir es nicht finden.«
(Ralph Waldo Emerson)

Julia: Wir verlassen Auckland. Es geht los. Wir verwirklichen nun das, was wir schon lange machen wollten. Keine Entschuldigung mehr, kein Aufschieben. Unterwegs auf unserem Gefährt der Freiheit, auf dem uns erlösenden, beinahe heiligen blauen Tandem, das uns in unserer besonders engen Form der partnerschaftlichen Zusammenarbeit über die Straßen der Welt transportieren wird.

Dies führt uns erst mal einen ganzen Tag lang durch die unschönen ärmeren Vororte im Süden der Stadt, wo der Müll in der Einfahrt wuchert und an jeder Ecke vergammelt aussehende Typen herumhängen. Wir sind froh, als wir sie hinter uns lassen können.

Unser Long Vehicle ist so schwer und beladen, dass wir wie die Autos auf dem großen Highway 1 Richtung Süden bleiben, anstatt auf kleinen Nebenwegen zu fahren. Es fühlt sich herrlich an, in die Pedale zu treten, mit eigener Kraft voranzukommen und die sommerliche Sonne Neuseelands im Nacken zu spüren.

Da unser angestrebter erster Zeltplatz von Obdachlosen bewohnt zu sein scheint, gehen wir fürs Erste in ein übeteuertes muffiges Motel. Trotzdem, wir freuen uns einfach, dass wir unseren ersten Tag »on the road« gut verlebt haben.

Die freundlichen Neuseeländer nehmen großen Anteil an der Reise: »It really runs without petrol?« Vom Straßenrand wird uns stets fröhlich zugewunken. Auch die Autofahrer heben die Hand zum Gruß und machen manchmal beim Vorbeifahren so einen großen Bogen um uns, dass sie beinahe mit dem Gegenverkehr zusammenstoßen. Wir fahren durch eine sich sanft wellende Landschaft mit vielen Schafen. Es gibt eine Menge Schafe hier, ungefähr 45 Millionen, aber nur 4 Millionen

Menschen. Das heißt: nur 15 Einwohner pro Quadratkilometer, aber pro Mensch 4,5 Schafe!

Schon in den ersten Tagen kommen wir an einer großen Sehenswürdigkeit vorbei, Taj Mahal. Nein, wir sind nicht aus Versehen nach Indien geweht worden. In Huntly gibt es ein ziemlich hässliches Kraftwerk. Anstatt sich seiner zu schämen, werben der Ort und seine Bewohner aufgrund der äußerst entfernten baulichen Ähnlichkeit zu dem berühmten Tempel mit dem Slogan: »Our Taj Mahal, come and visit.« Was wohl ein Inder dazu sagen würde?

Abends kochen wir in Ruhe auf unserem Primus-Brenner und trinken einen neuseeländischen Wein zu unseren Spaghetti mit Tomatensoße. Für den Freund des Kulinarischen: Wir essen immer Spaghetti mit Tomatensoße. Falls nicht, werden wir das gesondert erwähnen. In die Soße schneiden wir je nach Verfügbarkeit eine Zwiebel, Paprika oder Zucchini. Als besondere Krönung geben wir eine Dose Thunfisch dazu. Doch das ist selten.

Das Tandem steht in unmittelbarer Nähe zu unserem Lagerplatz. Ich hatte das Bedürfnis, es unserem Begleiter aus Stahl gemütlich zu machen, sicherzustellen, dass es ihm gut geht nach den ersten Kilometern und Hügeln. Egal, ob es Zeichen von Erschöpfung oder erste Zeichen leichten Reisefiebers sind, das Rad bedeutet weit mehr für mich als eine Zusammensetzung von Metall, Gummi und Schmiere. An ihm hängt meine neu gewonnene Freiheit, ohne aufzumucken, bringt es mich wie ein Freund durch den Tag. Dafür bin ich dankbar und gönne seiner Kette eine Extraportion Öl.

An diesem Abend sitzen wir nach dem Essen auf den Strandstühlen in unserem behaglichen orangefarbenen MSR-Zelt. Plötzlich ist Action angesagt: Es raschelt vor unserem Zelt, eine Bewegung, ein Schatten zeichnet sich ab. Ein Igel schleicht im Sonnenuntergang direkt an uns vorbei. Seine kleinen Knopfaugen schauen uns kurz neugierig an, dann zieht er weiter seines Weges. Ich schaue Stefan an und er lächelt sein schönstes Lächeln. Wir sind angekommen auf Neuseeland – auf einer Pazifikinsel am Ende der Welt. Auf dem jüngsten Land der Welt, das erst vor 1000 Jahren von den Maori besiedelt wurde und das so bekannte Persönlichkeiten wie Bergsteiger Sir Edmund Hillary, Opernsängerin Kiri Te Kanawa und »Herr der Ringe«-Regisseur Peter Jackson hervorgebracht hat.

Trotz seines maskulinen Images – ein männlicher Kiwi gilt gemeinhin als »der« urwüchsige, handwerklich geschickte Mann – war hier der erste Ort, an dem Frauen wählen durften. Das Land betreibt zudem internationale Friedenspolitik und ist eine nuklearfreie Zone. Keine schlechte Ausgangslage. Und außerdem wissen wir uns auf Englisch zu verständigen, zumindest einigermaßen. Die Neuseeländer haben nämlich ihre eigenen Begriffe, die es sonst nirgendwo gibt. Mittlerweile sind es so viele, dass ein Wörterbuch herausgegeben wurde: Neuseeländisch – Englisch. Beispiel gefällig? Was, bitte schön, ist ein »ensuite«? Vielleicht ein einteiliger Anzug? Ein Musikstück? Nein, es ist ein zu einem Hotelzimmer gehöriges Badezimmer. »Mince« ist keine Minze, sondern Hackfleisch. Und Reisen ist so institutionalisiert, dass es dafür einen speziellen Ausdruck gibt: Overseas Experience, kurz OE, das Erlebnis auf der anderen Seite des Ozeans.

Stefan: So langsam kommen wir in Fahrt, haben eine feste Ordnung in unsere Packtaschen gebracht, der Zeltaufbau geht nach mehreren Fehlversuchen fließend von der Hand, und auch das Outdoor-Kochen funktioniert. Bald sind wir in der Weltmetropole Otorohanga mit immerhin 2500 Einwohnern, Tendenz steigend, angekommen. Bill, der Zeltplatzbesitzer, hat uns zum Essen in seinen »Members only«-Country-Club eingeladen, uns eine kleine Stadtrundfahrt gegeben und uns den besten Platz, natürlich »top secret«, gezeigt, an dem man umsonst Kiwis bei Nacht sehen kann. Nein, nicht die Frucht, obwohl Neuseeland zweitgrößter Kiwifrucht-Produzent der Welt ist, sondern den National- und Wappenvogel Neuseelands. Als Tourist soll man sich diesen im berühmten Kiwi House des Ortes ansehen, einem kleinen Vogelzoo, wo den nachtaktiven Vögeln auch bei Tag Nacht vorgegaukelt wird, sodass der zahlende Besucher tagsüber einen Eindruck von den drolligen Vögeln gewinnen kann. Wir probieren gerne Bills Tipp zum kostenlosen Schauen aus.

Ich bin ein recht ungeduldiger Mensch und somit nicht gerade zum nächtlichen Vogelbeobachten geboren. Also bewaffne ich mich mit einem großen Bier, um die Zeit des Wartens sinnvoll zu nutzen. Julia und ich stolpern im Dunkeln vom Zeltplatz zum nahe gelegenen geheimen Beobachtungsplatz. Ich versuche ein wenig den Indianer beim Anschleichen zu imitieren, aber unsere Geräuschkulisse erinnert eher an das Anschleichen zweier Elefanten. Dann sitzen wir vor einem Zaun, hinter dem ein paar Büsche den Blick auf eine Lichtung erschweren.

Ich nehme einen großen Schluck Bier. Es knackt im Gebüsch und vor lauter Aufregung stoße ich das Bier um. Ich fluche leise und das Knacken verstummt.

Wir warten weiter und bekommen Gesellschaft. Von einem Schwarm Mücken. Das ist unangenehm, aber wer einen Kiwi bei Nacht sehen will, muss das auf sich nehmen. Einige Stiche später raschelt es ganz deutlich vor uns und irgendetwas betritt die kleine Lichtung. Der schwarze, sich etwas unbeholfen bewegende Schatten sieht aus wie eine Ente. Wir recken uns ein wenig über die Büsche hinweg, und das Federvieh flieht ins nächste Gebüsch. Wir beschließen einstimmig, dass es ein Kiwi gewesen sein muss, verlassen unser Versteck, erleichtert, den langweiligen Posten aufgeben zu können, und kehren zum Zelt zurück. Ich weiß bis heute nicht ganz genau, was Menschen am nächtlichen Vogelbeobachten fasziniert. Vielleicht haben sie einfach mehr Bier dabei.

Wie ein Kiwi wirklich aussieht, schauen wir uns am nächsten Tag doch im Kiwi House an. Im Halbdunkel eines Geheges kann man die Vögel, deren Gefieder eher nach Haaren als nach Federn aussieht, besser erkennen und mancherlei lernen: Als die Europäer nach Neuseeland kamen, brachten sie eine Menge artfremder Tiere mit. Vor allem die Beutelratten, hier Possums genannt, erwiesen sich als wahrer Fluch für die einheimische Flora und Fauna. Ohne natürliche Gegner breiteten sie sich unkontrolliert aus, fraßen die Bäume und Sträucher ab und plünderten die Nester der hilflosen Kiwis. Ohne Schutzmaßnahmen wäre der Kiwi schon ausgestorben.

Wir verlassen Otorohanga und verabschieden uns von Bill, der uns auf der Karte eine Nebenstrecke zur nächsten Attraktion, den Waitomo Caves, einzeichnet. Die Sonne lacht vom Himmel herab, der Weg breitet sich einladend vor uns aus, neben uns plätschert beruhigend ein Fluss. Schafe grasen friedlich und schauen uns gutmütig nach. Ich fühle mich ausgesprochen wohl.

Die Waitomo Caves liegen im Herzen des Waitomo-Distrikts. Unsere Deutschlandflagge am Tandem fällt hier nicht auf – die Farben entsprechen denen des Distrikts. Es gibt zwei Welten in Waitomo. Die Welt über der Erde ist paradiesisch: steile Hügel mit sattem, grünem Gras, gesprenkelt mit wild verteilten Kalksteinformationen und durchzogen von glitzernden Bächen und kleinen Flüssen. Doch diese verschwinden plötzlich in Grotten und führen durch eine düstere unterirdische Welt, bis sie wenige Kilometer weiter wieder ans Tageslicht treten dürfen. Diese dunklen Tropfsteinhöhlen haben Bewohner, die sie berühmt gemacht haben: Glühwürmchen. Tausende und Abertausende hängen an den Decken und leuchten wie der Sternenhimmel. Die ersten mutigen Entdecker der unterirdischen Welt sind 1872 in die Höhlen gefahren, ohne zu wissen, was sie erwarten würde – eine Reise zum Mittelpunkt der Erde?

Wir entdecken die Höhlen auf einer organisierten Tour. Das hat für uns den Vorteil, dass wir nicht bangen müssen, von Riesenwürmern gefressen zu werden. Der Nachteil ist die Gesellschaft einer Großfamilie, die zusammen ungefähr eine Tonne wiegt und schon auf dem kurzen Weg durch das gespenstische Höhlenlabyrinth arg aus der Puste gerät. Wir besteigen ein Boot und fahren still auf dem gurgelnden Fluss durch die Höhle, an dessen Decke die Glühwürmchen ein funkelndes Sternenmeer bilden. Die gewichtige Mutter der Großfamilie lässt ein kehliges »Oh, wie romantisch!« vernehmen.

Romantisch? Ich schaue kritisch auf die tief im Wasser liegende Seite des Boots, wo die Dame sitzt. Die Glühwürmchen nutzen ihr Licht für genau zwei Dinge: Sex und Nahrung. Zum einen hofft das gemeine Glühwürmchen durchs Glitzern hübsche Glühwurmpartner anzuziehen. Zum anderen lockt das Funzeln allerlei essbares Ungeziefer in seine schleimigen Tentakel. Wie romantisch das Licht ist, das andere in den Tod lockt, muss jeder für sich selbst beurteilen.

Schließlich verlassen wir die Unterwelt, und die Großfamilie stürmt den nächsten Snack-Shop, um das Abenteuer zu verdauen. Meine Gedanken kehren zu den beiden Forschern zurück, die diese Höhlen unter Einsatz ihres Lebens erkundet haben. Heute gibt es keine weißen Flecken mehr auf der Landkarte. Das Abenteuer unserer Reise besteht vielmehr darin, sich fremden Menschen und Ländern auszuliefern und sie abseits der Touristenpfade kennenzulernen.

Dieser spirituellen Erleuchtung folgend, biegen wir von der Hauptstraße in die nächste kleine Schotterstraße ab; ein altes Holzschild weist den Weg zum nächsten Ort. Kein Mensch begegnet uns und mühsam erklimmen wir einen kleinen Pass. Dann kommt die Schotterabfahrt. In der tief stehenden Sonne ziehen wir eine Staubfahne hinter uns her und kommen uns auch schon recht verwegen vor, bis es urplötzlich laut knallt. Ich bremse abrupt und wir kommen schlingernd zum Stehen. Ein platter Reifen am Vorderrad – ein Stein hat durchgeschlagen, weil der Reifen nicht fest genug aufgepumpt war. Anfängerfehler. Ich muss über mich selbst lachen, setze mich in den Staub und mache mich an die Flickarbeit, während die Sonne langsam untergeht. Bevor es allzu abenteuerlich wird und wir uns im Dunkeln verirren, sputen wir uns lieber und erreichen im letzten Licht den Campingplatz. Aus dem Zelt heraus betrachten wir das wirklich romantische Kreuz des Südens und ich bin froh, dass diese Sterne echt und keine Tentakelmonster sind.

Julia: Die Orte werden kleiner, die Abstände dazwischen größer – wir bewegen uns auf die entlegene Westküste der Nordinsel zu. Ein paar Häuschen, ein Tante-Emma-Laden, ein Take-away. Das ist manchmal nur ein kleines Loch in der Wand, aus dem die typischen Fish 'n' Chips verkauft werden. Wenn man Glück hat, gibt es auch ein Café. So sehen normale Siedlungen hier aus. Manchmal sind die Läden geschlossen, dann fahren wir hungrig und mit wilden Fantasien über Schokomuffins weiter, bis endlich etwas zum Einkehren kommt. Speziell bei den hier häufig auftretenden lokalen Schauern ist uns ein warmer Ort zum Unterschlüpfen stets willkommen.

Kontakt zur Heimat zu halten, fällt in dieser Gegend schwer, Internet-Cafés gibt es nicht. Dafür haben wir umso mehr Kontakte im direkten Umfeld. Auf den Zeltplätzen schaffen wir es kaum, zu den Duschräumen zu gelangen oder unser Essen zu kochen, da uns die reisefreudigen neuseeländischen Zeltplatznachbarn und -anwohner nach unserem Tandem und unseren Plänen befragen. Den Witz: »Hey, the person in the back is not pedalling!« hören wir jeden Tag mehrmals, und jeder trägt ihn so überzeugt und von Herzen lachend vor, als hätte er ihn erfunden. Stefan erwidert dann immer: »No, she's the motor« und zeigt auf meine Beine. Erneute Lachsalven. Ein fröhliches Völkchen.

Im Pub von Te Kuiti, der selbst ernannten Hauptstadt der Schafscherer, holen wir gerade unsere Landkarte heraus, da werden wir von »locals«, also den Ortsbewohnern, auf ein Bier eingeladen. Interessanterweise verdient der hilfsbereite und leicht angetrunkene Pete, ein blonder Enddreißiger mit einnehmendem Klein-Jungen-Lächeln, seinen Lebensunterhalt als Auktionator für Lebendvieh. Zurzeit ist er sehr zufrieden, weil die Preise aufgrund der erhöhten internationalen Nachfrage steigen. Schafe als Investment in Agrarrohstoffe. Bisher hatten wir sie lediglich als äußerst niedliche Wollknäuel auf vier Beinen angesehen. Vielleicht sollten wir ein paar mitnehmen und auf hohe Wertzuwächse hoffen?

Außerdem lernen wir von Pete die Bedeutung des wunderbaren Satzes: »She'll be alright, mate« kennen, der Neuseeländern häufig über die Lippen kommt. Dabei geht es mitnichten um ein weibliches Wesen, dem es wieder ganz gut gehen wird, sondern er bedeutet einfach: »Das ist schon in Ordnung so, das wird schon werden.« Ein Ausdruck von Grundzufriedenheit und positivem Denken, wie es den Kiwis in die Wiege gelegt zu sein scheint. Passend hierzu gibt es die »can-do attitude«, die der waschechte Neuseeländer verkörpert, indem er willig und fähig ist, alles auf irgendeine Weise hinzubekommen. Sei es nun im Handwerklichen eine Reparatur oder im Tourismusbereich die Erfüllung des Sonderwunsches eines Hotelgastes. So gibt Pete uns einen kleinen Einblick in die sympathische Mentalität seines Landes.

Nicht alle menschlichen Kontakte erfreuen uns in dieser Weise. Während wir – wieder einmal – einen Hügel hinauffahren, lächelt uns eine ältere Dame im geblümten Kleid vom Straßenrand zu. Wir mögen doch an die Seite zu ihr kommen und mit ihr plaudern. Nach kurzem Geplänkel stellt sie die entscheidende Frage: »Habt ihr eine Religion?« Wir verneinen das vorsichtig, und schon sollen wir zu den Latter Day Saints, der Glaubensgemeinschaft der Mormonen, bekehrt werden, an deren marmornem, in der Sonne weiß schimmerndem Prachttempel wir gerade vorbeigefahren sind. Wir sollen uns auf jeden Fall in Deutschland an diese Bewegung wenden, sie könne uns auch gegen unsere Kinderlosigkeit helfen. Etwas verdattert fahren wir weiter. Sehen wir wie gestrandete Schafe aus, die man retten muss?! Ich lese später, dass die Erfolgsquote eines mormonischen Missionars bei zwei bekehrten Personen pro Jahr liegt, vielleicht wollte die Dame mit uns als Doppelpack schon ihr Jahressoll erfüllen.

Am darauffolgenden langen Regentag fahren wir durch eine einsame Hügellandschaft entlang der verschlafenen Westküste. Unser Radreiseführer schreibt: »Radeln im Regen kann auf Neuseeland zu einer nahezu mystischen Erfahrung werden«, über diese Formulierung amüsieren wir uns immer wieder. Ob der Autor selbst geradelt ist?

Dann ist Ruhetag. Der herrschende ruhigere Lebensfluss tut mir gut.

An einem Samstagabend gegen neun Uhr in dem 450-Seelen-Dorf Mokau: Das ortsansässige Restaurant hat schon seit zwei Stunden geschlossen, der nächste Ort mit Pub ist 60 Kilometer entfernt, kein Auto oder Fußgänger mehr auf der Straße, kein Handy-Empfang. Könnte hier das Paradies sein? Ja! Zumindest vorübergehend ist es absoluter Balsam für die Seele. Die Herberge vor Ort hat keine Tür zum Abschließen, da es keine Kriminalität gibt. Jedenfalls fast keine, denn Stefan hat etwas Flüssigseife aus der Küche in seine kleine Shampooflasche abgefüllt, der Schuft.

Das Koga-Miyata-Tandem ruht friedlich in einem alten Schuppen. Der Tag wird mit Lesen, Kaffeetrinken und Träumen am kilometerlangen, von Muscheln durchzogenen Lavasandstrand verbracht. Zum frühen Abendessen gibt es Whitebait, eine lokale Fischspezialität.

Der Fisch wird in kleinen Stücken in einem Omelett serviert, was uns ein wenig wundert, aber gut, »andere Länder, andere Sitten«, um mal eine Plattitüde loszuwerden. Das Omelett schmeckt mächtig nach Fisch, und nach ein paar Bissen inspizieren wir misstrauisch unsere Fischstückchen im geschlagenen Eiweiß. Ist der schwarze Punkt da nicht ein Auge? Wir stellen fest: Das sind gar keine Fischstückchen, sondern viele, circa einen Zentimeter lange Minifische als Ganzes: mit Augen, Eingeweiden und Anus. Muss man sich erst einmal dran gewöhnen. Ungekocht möchte ich mir die jungen Fische erst gar nicht anschauen, dann sehen sie bestimmt wie schleimige durchsichtige Würmer aus.

Zwischendrin halten wir ein kleines Schwätzchen mit den uralten hutzeligen Herbergsbetreibern. Im Kühlschrank wartet ein alkoholfreies Ginger-Bier, ebenfalls eine regionale Besonderheit. Auch etwas gewöhnungsbedürftig, genauso wie der Slang der Kiwis mit viel Betonung auf dem »E« und »I«: »Is thieeees yeeer impreeeeeesive bike?« Am besten spricht man angeblich neuseeländisch, wenn man beim Sprechen eine Faust leicht in den Mund steckt. Ist der Tipp eines Einheimischen.

Stefan: Neuseelands Nordinsel ist ziemlich hügelig. Das sieht unter landschaftlichen Aspekten auch sehr schön aus. Wenn man gerade sein für eine Weltreise schwer beladenes Long Vehicle unter dem Hintern hat, ist dieser Fakt allerdings reichlich anstrengend. Ein typischer Hügel wird von uns dynamischen Bikern zurzeit etwa so genommen: Julia: »O je, siehst du das?« Vor uns ein circa ein Kilometer langer Anstieg mit zehn Prozent Steigung. Ich: »Rock 'n' Roll, baby!« Na ja, vielmehr »O nein, nicht noch so ein Ding!« Noch 700 Meter. Kein Atem mehr, um die tiefsinnige Konversation fortzuführen. Das Tandem wackelt sehr langsam bergan. Was für ein Spaß.

Noch 500 Meter. Uns fällt ein, dass wir vor Abreise immer so munter sagten »Für zwei Jahre Tour muss man nicht trainieren, für drei Wochen schon.« Nehmen uns vor, das nicht mehr zu sagen. Stimmt nämlich nicht.

Noch 300 Meter. Dynamisch geht Julia in den Wiegetritt. Sieht erstens sexy aus, zweitens würden wir sonst umfallen. Fröhlich hupt uns ein Campervan an, die Insassen winken. Beim Versuch zurückzuwinken verlieren wir die Balance und machen mit dem Tandem einen riesigen Schlenker, knapp am Graben vorbei. Die auf der Weide dahinter stehenden Schafe flüchten.

Noch 200 Meter. Campervans sind blöd. Noch 100 Meter. Eigentlich sind Campervans doch nicht schlecht, sollen wir das Tandem gegen einen eintauschen? Noch 50 Meter. Endspurt – wir ziehen leicht stöhnend auf gut sieben Stundenkilometer an. Jetzt, ja, der Gipfel ist endlich da. Langsam beginnt die Schwerkraft zu ziehen, und wir beschleunigen, wie von Geisterhand nach vorne gezogen, knapp auf Campervan-Geschwindigkeit. Satt liegt das Rad auf der Straße und prescht vorwärts. Hügel sind cool.

Kurz darauf laufen die Bremsen heiß. Der Tacho zeigt weit über 60 Stundenkilometer, eine rauschende Abfahrt. Die Sonne brennt, doch der Fahrtwind kühlt angenehm. Die rasante Fahrt dauert nicht ewig, ein Pick-up steht am Straßenrand und der Fahrer macht Handzeichen, dass wir langsamer fahren sollen. Schon sehen wir den Grund; eine Herde Schafe läuft vor uns über die Straße. 1700 Schafe. Ich habe genau gezählt. Was für eine Aufregung und ein Lärm. Das Blöken ist ohrenbetäubend, alles ist in Bewegung. 6800 Hufe trippeln über die Straße, die anderen Verkehrsteilnehmer warten geduldig.

Wir müssen uns mit unserem Rad durch die Herde nach vorne durcharbeiten, sonst kommen wir nie hier weg. Wir sind umringt von nervös hüpfenden Wollknäueln. Langsam bahnen wir uns einen Weg und passen auf, keines der Schafe zu rammen. Ein Hund jagt die Schafe von uns weg, wir bekommen wieder freie Fahrt. Langsam verhallt der Lärm und wir sind wieder allein unterwegs in Aotearoa, wie Neuseeland auf Maori heißt, dem Land der langen weißen Wolke.

Julia: Wichtige Lektionen gab es unterwegs schon zu lernen:

Lasse niemals deine Gepäcktasche beim Zelten über Nacht offen stehen, es sei denn, du stehst auf sechs Zentimeter große eklige Spinnen, die es sich in deiner Unterwäsche bequem gemacht haben (ich).

Vergiss nicht, auch die Ohren mit Sonnencreme zu schützen, über Tage rot glühende Ohren sind nicht sonderlich attraktiv (Stefan).

Ansonsten fällt mir das Eingewöhnen leicht. Auf Neuseeland ticken die Uhren tatsächlich noch ein wenig anders, geruhsamer. Die Zweisamkeit bekommt uns richtig gut, nach der stressigen Vorbereitungszeit endlich einmal viel Zeit zusammen, darauf habe ich lange gewartet. Von Langeweile keine Spur.

Als wir uns gerade im 400-Seelen-Ort Urenui beim Bio-Bier in der kleinsten Brauerei Neuseelands von unserem Radeltag erholen, treffen wir Sally und Stephen von der Südinsel. Die fröhliche Sally ist von kräftiger Statur mit der für Damen dieser Größenklasse typischen flotten Kurzhaarfrisur. Stephen wirkt neben ihr ein bisschen zerknautscht, macht das aber wett, indem er ihr so oft wie möglich ins Wort fällt. Nach wenigen Minuten beschwingter Unterhaltung gibt uns Sally ihre Nummer und Adresse und ringt uns das Versprechen ab, sie unbedingt in Blenheim zu besuchen, wenn wir dort ankommen. Dem Angebot wollen wir gerne folgen.

Am nächsten Tag geht's weiter zum Küstenstädtchen New Plymouth. Dort findet das Festival of Light statt, wo wir in dem wunderschön angestrahlten, funkelnden Pukekura Park mit vielen anderen Besuchern ein kostenloses Livekonzert mit John-Denver- und Simon-and-Garfunkel-Songs genießen dürfen. Das Tandem haben wir in den Park mitgenommen – wir werden langsam zu faul zum Zufußgehen – und es wird von vielen anderen Besuchern bewundert. Große Begeisterung herrscht über meinen speziellen Gelsattel, der an der entscheidenden Stelle eine Aussparung hat. Oft wird er angefasst, eine ältere Dame streicht völlig versonnen darüber und schließt die Augen. Wovon sie wohl träumt? Ist es etwas Anständiges oder gerade nicht? Wir zumindest sind beinahe trunken vor Glück, so haben wir uns das neue Leben vorgestellt.

Stefan: Morgens beim Kaffee – wir machen schon wieder einen Ruhetag – schlage ich die örtliche Zeitung auf. Deren Lektüre ist spannend, denn sie verrät viel über die Menschen vor Ort. Was sie bewegt, was sie interessiert. Die Schlagzeile heute lautet: »Monopoly-Streit – wählt für New Plymouth!«

Es soll ein spezielles Kiwi-Monopoly auf den Markt kommen. Die Straßen im Spiel werden nach den schönsten Plätzen Neuseelands benannt. Da möchte natürlich jede Gemeinde dabei sein. Der Monopoly-Produzent wusste um die politische Brisanz der Auswahl der Stätten und hat deshalb eine Internetseite eingerichtet, um die Kiwis auf dieser Plattform selbst wählen zu lassen, welche Plätze die schönsten sind.

Die Redaktion der »New Plymouth Daily News« musste gestern mit Entsetzen feststellen, dass der nächstgrößere, aber bestimmt hässlichere Marktplatz in Palmerston North den Pukekura Park in New Plymouth bei der Abstimmung überholt hat. Das kann nicht sein, da macht die lokale Tagespresse mobil! Wir verfolgen den Streit in den nächsten Wochen online und tatsächlich lässt sich das Ruder noch herumreißen, New Plymouth gewinnt den Kampf um den schönsten Platz.

Auf Seite zwei fällt mein Blick auf eine kleine Tabelle, eine Reihe Namen und daneben eine Zahl. Vielleicht ein Wettbewerb? Nein, es ist die Bekanntmachung der Polizei über die gestrige Alkoholkontrolle, inklusive der Mitteilung, wer mit wie viel Promille am Steuer gefasst wurde. Dazu detaillierte Angaben, damit man die Sünder auch ja identifizieren kann. An den Papierpranger mit ihnen. Sollte man in Deutschland auch mal probieren.

Julia: Der Ruhetag stärkt unsere Kräfte für die Auffahrt auf den Vulkanberg Taranaki. Dieser war Drehort des Films »The Last Samurai«. Jawohl, auch Tom Cruise war schon auf Neuseeland, da der Taranaki große Ähnlichkeit mit dem im Film vorkommenden japanischen Berg Fuji hat. Der alte Sparfuchs Tom musste wohl feststellen, dass die Dreharbeiten am Original in Japan viel zu teuer gewesen wären, und wich auf die billigere Kiwi-Version aus. Der Berg, der auch Mount Egmont genannt wird, ist einer der symmetrischsten Vulkane der Welt.

Erst geht es flache 40 Kilometer mit starkem Gegenwind sehr langsam voran, etwas für wahre Landschaftsgenießer. Dann schrauben wir uns und das wuchtige Bike über 14 Kilometer den Berg hinauf. An die einmalige Symmetrie des Berges denke ich bei der Anstrengung nicht mehr. Wir fahren in die Wolken, durch starke kühle Winde sind wir durchgefroren und vor allem hungrig. Endlich angekommen, beziehen wir ein kleines Chalet in der »Mountain Lodge«. Ich liebe dieses Wort, klingt es nicht nach ein bisschen Dekadenz und Luxus? In Wahrheit ist es einfach eine kleine Hütte, die aber eine willkommene Abwechslung zum Campen bietet. Zum Aufwärmen nutzen wir den Whirlpool des Haupthauses. Danach gibt es nur noch einen Gedanken: Essen!!!! Erna, die Dame des Hauses, ist Schweizerin, das heißt, es gibt Käsespätzle und Pfeffersteak bei schräger Alpenmusik.

Tragischerweise wurde ihr Ehemann von Schweizer Landsleuten überfahren, als er den Berg hinunterradelte und von ihnen erfasst wurde, da sie auf der rechten, also der falschen Seite fuhren. Eine Tragödie für Erna, doch trotzdem liebt sie ihren Berg so sehr, dass sie hier nicht weg möchte. »Seid's immer schön vorsichtig beim Radeln, hört ihr?«, gibt sie uns mit auf den Weg.

Am nächsten Morgen radeln wir noch die letzten Meter zum Aussichtspunkt des Berges hinauf und bewundern den 2500 Meter hohen »Naki«, wie der Hausberg liebevoll genannt wird. Erster Bergtest geglückt.

Auf dem Weg gen Süden nach Wellington, der zweitgrößten Stadt der Nordinsel und politisch-kulturellen Hauptstadt, verschwindet die großartige Kulisse des Naki schnell im Rückspiegel. Dafür haben wir nun in der landwirtschaftlich geprägten Gegend Hunderte Hügel hinter und leider auch vor uns. Um mich abzulenken, denke ich an die letzten Wochen in der Bank zurück, die vielen schönen Erlebnisse und positiven Reaktionen. Doch ich komme auch immer wieder auf unschöne Erfahrungen zurück, gehe schlecht gelaufene Gespräche im Geiste noch einmal durch und was ich kleingeistigen Menschen hätte entgegnen können. Groll darüber kommt immer noch in mir hoch. Hilft mir aber, den heutigen Tag zu überstehen. Denn sobald mich diese düsteren Gedanken überkommen, fällt mir wieder auf, wie gut ich es jetzt habe. Ich gehe meiner Leidenschaft nach und brauche mich mit solchen Griesgramen nicht mehr herumzuschlagen.

Stefan: »Die schlimmste Radstrecke in Neuseeland« oder »Nur für Kilometerfresser geeignet« sind die wenig verheißungsvollen Beschreibungen für den Highway No. 1 von Bulls nach Wellington. Wir fahren ihn trotzdem. Wir haben schließlich Prinzipien: »Jeder Kilometer wird geradelt!« Der Highway ist flach und trotz starken Verkehrs für uns eine gute Erfahrung.

An einer Ampel kurbelt eine Frau ihr Fenster herunter und sagt, dass sie wegen uns gerade die Polizei informiert habe. Ich bin irritiert. Hat Julia hinter meinem Rücken auf dem Tandem öffentlich einen Joint geraucht oder haben wir die erlaubte Höchstgeschwindigkeit überschritten? Die Dame sieht meinen verwirrten Gesichtsausdruck und erklärt, dass die Polizei uns Begleitschutz geben solle, sie fände es zu gefährlich für uns auf dieser Straße ohne Seitenstreifen. Wenig später fährt tatsächlich ein Streifenwagen eine Weile hinter uns her und »sichert« ein Stück unseres Weges. Die Polizei, dein Freund und Helfer.

Am frühen Abend kommt uns auf dem Highway ein ultraleichtes Karbon-Tandem entgegen und überquert sofort die Straße, als der männliche Fahrer uns sieht. Wir stoppen und stellen uns gemeinsam auf den knappen Seitenstreifen. Die beiden eher klein geratenen, enthusiastischen Tandemfahrer sind Jayne und ihr Ehemann Brent. Jayne, vierundvierzigjährige Mutter von fünf Kindern, ist vollständig erblindet und will bei den Paralympics 2008 in Beijing eine Medaille im Frauen-Tandemfahren holen. Wir verstehen uns auf Anhieb prächtig und die beiden laden uns zu sich nach Hause ein.

Jayne erzählt von ihrem Sportlerleben. Wir sind schwer beeindruckt: Dank strikten Trainings, ihr gesamtes Leben ist darauf abgestellt, kann Jayne bereits große Erfolge für sich verbuchen. Erblindet ist sie, da ihr vorheriger Mann sie regelmäßig brutal zusammengeschlagen hat. Wir bewundern Jaynes Lebensmut und Leistungswillen, der ihr 2008 tatsächlich eine Bronzemedaille einbringen wird.

Am nächsten Tag folgen wir der Route, welche die beiden Ortskundigen uns für die Stadteinfahrt nach Wellington empfehlen. Die steilen Auffahrten der Nebenstrecke kosten uns viel Kraft. Nach dem letzten Anstieg haben wir einen wunderbaren Blick über das Meer und die Stadt. Nicht nur wir, sondern auch die Villenbesitzer um uns herum. Später erfahren wir, dass die meisten Politiker der Hauptstadt hier wohnen. Während wir einen Platten flicken, fängt es an zu regnen und wir beeilen uns, schnell durch die verbleibenden Vororte mit ihren Fast-Food-Ketten und anonymen Shopping-Centern bis in die City zu kommen.

Abends in der zentral gelegenen angeblichen Fünf-Sterne-Jugendherberge beziehen wir ein streichholzschachtelgroßes Zimmer mit Blick auf einen engen Hinterhof. Vom asiatischen Restaurant im Erdgeschoss zieht fettschwangerer Dampf herauf. Wir taufen das Zimmer »Suite Pekingente«. Fischgeruch hätten wir eher verstanden, der Legende nach wurde die Nordinsel vom Maorihelden Maui wie ein Fisch mit der Angel herausgezogen und Wellington bildet das Fischmaul.

Wir sind ein wenig stolz auf uns – wir haben die erste große Etappe bewältigt: Von Auckland nach Wellington. Damit haben wir die untere Spitze der Nordinsel erreicht und ungefähr die Hälfte der Strecke bis zum südlichsten Punkt Neuseelands hinter uns. Bisher haben wir fast 1000 Kilometer mit 7000 Höhenmetern zurückgelegt. Dafür mussten wir circa 226 000 Mal in die Pedale treten.

Julia meint mit gespielt schmerzverzerrtem Gesicht, dass sie jeden Tritt spürt und diese vielen Umdrehungen gefeiert werden müssen. Da kommt es uns gerade recht, dass Thomas, ein ehemaliger Kollege von mir aus Deutschland, und seine Frau Claudia da sind und wir mit den beiden einen heben können.

Wir treffen uns in einem Irish Pub namens Molly Malones. Der Name klingt einladend, es gibt Guinness, und ein grünes Rugby-Shirt ist hinter der Bar aufgehängt. Unverkennbar ein »Original Irish Pub«. Man muss nicht lange in Irland gewesen sein, um zu wissen, dass es solche Irish Pubs in Irland gar nicht gibt. Sie sehen dort eher wie ein verdunkeltes Wohnzimmer mit Theke aus, und in einer Ecke spielt eine zusammengesuchte Band. In größeren irischen Städten wie Dublin wurden die ursprünglichen Pubs mittlerweile in Irish Pubs umgewandelt, das Bier verkauft sich dann besser an die Touristen. Während ich mir diese schwerwiegenden Gedanken zur Globalisierung des Trinkens durch den Kopf gehen lasse, bestellt Thomas noch eine Runde. Claudia und Julia trinken auf die Heimat und stoßen mit Jägermeister an. Nach Mitternacht und viele Runden später macht das andere Paar sich schwankend auf den Heimweg, die Armen müssen morgens um sechs Uhr die Fähre auf die Südinsel nehmen.

Wir haben morgen keinen Termin und kommen auf dem Heimweg an einem Nachtklub namens »The Mermaid« vorbei. Es ist Ladies Night und Julia hat freien Eintritt. Aus rein wissenschaftlichem Interesse betreten wir die schummerige Bar. Es sieht zunächst aus, wie man(n) es sich vorstellt, Stangen, viele leicht bekleidete Damen und natürlich der obligatorische stark angetrunkene Junggesellenabschied. Julia bedauert, dass trotz Ladies Night keine Männer tanzen und ich rede ihr ein, dass vielleicht später noch welche kämen, um ein wenig länger bleiben zu können. Faszinierend ist ein riesiges Aquarium, in dem eine Badenixe umhertaucht, die der Bar den Namen »Mermaid« verleiht. Mit fröhlichem Winken und im knappsten Bikini lädt sie die johlende Menge vor dem Becken dazu ein, Münzen zu ihr hineinzuwerfen, nach denen sie dann sexy und anmutig taucht. Verführung auf Neuseeländisch, das finde ich eine ganz tolle Idee und verkünde das sogleich. Scheint aber niemanden zu interessieren. Zeit zu gehen.

Morgens wache ich mit einem Kopfschmerz von einem anderen Stern auf. Jetzt erst mal ein Kaffee. Manchmal nennen wir uns ein Kaffeekränzchen mit einem Radelproblem. Klingt schöner auf Englisch: A coffee club with a cycling problem. Zum Glück ist Wellington die Hauptstadt der Cafés, unzählige davon laden zum bequemen Herumsitzen ein. Auch Shopaholics kommen auf ihre Kosten. Wir beschränken uns auf Postkarten und Lebensmittel, mehr passt einfach nicht in die Packtaschen. Julia ist damit weniger zufrieden, ich schon, aber das sage ich ihr nicht und mache ein betroffenes Gesicht. Sie sieht jedoch ein, dass nach einem Radeltag eher Sweatshirts und Fleece angesagt sind als Röhrenjeans und High Heels.

Nachmittags sind wir bereit für das Te Papa, was übersetzt »Die Schätze unseres Landes« heißt. Dieses Nationalmuseum Neuseelands informiert auf innovative und interaktive Art über die Geschichte des Landes, von den ersten Siedlungen bis hin zum heutigen modernen Staat, und es führt ein in die Kunst und Kultur der Maoris. Für Interaktion ist Julia immer zu haben, sie macht einen Computertest namens »Hättest du überlebt?«. Sie spielt nun innerhalb einer Simulation die Rolle eines Außerirdischen, der drei Dinge bei seiner Aussiedelung nach Neuseeland mitnehmen darf. Julia wählt Palmen, Schweine und Fische. Stylische Kleidung stand nicht zur Auswahl, sonst hätte sie wahrscheinlich das arme Schwein nicht mitgenommen. Trotzdem fällt sie durch. Ihre mitgebrachten Lebensformen verdrängen die einheimische Tier- und Pflanzenwelt, diese verlieren damit ihre Nahrungsgrundlage und gehen elendig ein.

Die Europäer waren bei der Besiedlung Neuseelands auch nicht viel besser, man denke nur an die Beutelratten. Meine kleine Außerirdische besteht den Test im zweiten Durchgang und zufrieden gehen wir zurück in die »Suite Pekingente«, um alles für die morgige Fahrt auf der Interislander-Fähre über die Cook Strait zur Südinsel zu packen.

Julia: Wir haben die Südinsel erreicht und befinden uns nun im Hafenort Picton. Über uns steigen Berge aus der See und baumumsäumte Parks mit bunten Blumen begrüßen den Besucher. Während der letzten Stunde der mehrstündigen Fährfahrt konnten wir schon aus nächster Nähe die majestätischen Marlborough Sounds sehen, ein ausgedehntes Netz von Wasserwegen und Halbinseln. Sie werden als die Fjorde Neuseelands bezeichnet, auch wenn sie nicht von Gletschern ausgeformt wurden. Tatsächlich senkten Erdbewegungen den Boden langsam ab, sodass das Wasser in die tief gelegenen Täler dringen konnte.

Die Maori-Mythologie erklärt die Entstehung der Halbinseln in folgenden Bildern: Der polynesische Entdecker Neuseelands, Kupe, soll einst – so wie wir! – gegen einen riesigen Kraken gekämpft haben. Dabei soll er seine Hand in Richtung Südinsel gestreckt haben, um sich auf ihr abzustützen. Seine Finger hinterließen tiefe Furchen in der Erde, die sich mit Wasser füllten und heute die Meeresarme der Marlborough Sounds bilden.

Die Südinsel bietet vor allen Dingen eines – Natur. Unberührte und ursprüngliche Landschaften. Neun der dreizehn Nationalparks Neuseelands liegen auf der Südinsel. Dafür ist hier das Wetter unberechenbarer als auf der klimatisch gemäßigteren Nordinsel.

Picton ist ein sehr niedliches Hafenstädtchen, gepflegt und mit vielen hübschen Häusern. Einige ansprechende Cafés, Bars und Restaurants sind um den kleinen Stadtkern herum drapiert. Zudem findet an diesem Samstag ein Maritime Festival mit Bands, Ess- und Trinkständen und abends einem Feuerwerk über den Sounds statt.

Wir ziehen uns für zwei Tage in einen mit Holzelementen gemütlich eingerichteten Backpacker zurück, von dessen blumenbeladenem Balkon aus wir einen kleinen Jachthafen und die Sounds sehen können. Sie laden grün und geheimnisvoll dunkel bewachsen zum Wandern, Kajakfahren und Träumen ein.

Ich habe mich verliebt – in ein riesengroßes, etwas verstrubbelt aussehendes Schaf, das auf der Wiese vor unserem Backpacker friedlich weidet, von mir Maude benannt wurde und das von heute an meine Freundin sein soll. Werde ich aus Mangel an weiblichen Kontakten langsam merkwürdig? Stefan untersagt mir leider strengstens, es auf die weitere Fahrt mitzunehmen.

Maulend schwinge ich mich nach den Ruhetagen wieder auf das Rad. Doch es dauert nicht lange, dann schalten nicht nur unsere

Gänge am Tandem, sondern auch in mir schaltet es, einen Gang langsamer radle ich in das neue Lebensgefühl hinein, glücklich, leicht und frei auf unserem Tandem. Radfahren ist einfach das perfekte Tempo, nicht so schnell, dass man, wie aus dem Auto heraus, Dinge verpasst, und nicht so langweilig langsam wie beim Wandern. Eben ganz genau richtig.

Stefan: Gegenwind und stürmischer Regen – so sieht unser Weg von Picton in die Weinhauptstadt Blenheim zu unseren Gastgebern Sally und Stephen aus, den beiden Neuseeländern, die uns in der Bio-Brauerei spontan zu sich eingeladen hatten. Bei dem vorherrschenden Sturm kann man leider kaum etwas von den vielen umliegenden Weinbergen erkennen, alles ist grau und wolkenverhangen, durch den dichten, mir entgegenpeitschenden Regen sehe ich gerade mal einen Meter weit.

Doch der Weg zu den beiden lohnt sich, ein geselliger Abend mit Unmengen von leckerem Kiwi-Essen wartet auf uns: Braten, Kartoffeln, Früchte und Weißwein aus der Region. Dazu erfahren wir viel über das landwirtschaftliche Leben auf Neuseeland. Sally ist Bankerin, die viele Weinbauern der Region in ihren Kreditangelegenheiten betreut, Stephen arbeitet in der Landwirtschaft, bereitet den Boden für die Saat vor für scheinbar alles, was man pflanzen kann. Durch den intensiven Einsatz von Maschinen in der Landwirtschaft und dank des milden, feuchten Klimas gehören die Farmen des Landes zu den produktivsten der Welt. Niederschläge fallen in vielen Regionen das ganze Jahr über, sodass immer fruchtbares Weideland für die Schafe und Rinder zur Verfügung steht.

Beim Ackerbau konzentriert man sich auf den Anbau von Weizen, Mais und Gerste. Außerdem auf Zitrusfrüchte und anderes Obst, Kartoffeln und Hafer. Auch der Weinbau ist im Wachstum begriffen. Der Export von Fleisch, Milchprodukten und Wolle ist von großer Bedeutung für die neuseeländische Wirtschaft. Diese Produkte machen etwa ein Drittel des gesamten Exportvolumens aus. Neuseeland ist der größte Exporteur von Butter und Käse, einer der größten Fleischexporteure und nach Australien der zweitgrößte Wollproduzent und -exporteur der Welt. Und dabei ist es so ein kleines, etwas abgelegenes Land.

Sally gibt uns Unmengen Tipps für das Reisen in ihrer Heimat, nennt fast jede Sehenswürdigkeit und geht so in unsere Geschichte als »die Ratgeberin« ein. Mit Stephen stelle ich fest, dass das Planen und

Organisieren anscheinend ein »girl thing« ist, wir Männer lassen gerne alles laufen oder entscheiden spontan, während die Mädels Prospekte, Broschuren und Reisefuhrer im Voraus walzen, um schon so fruh wie möglich viele Dinge in Erfahrung zu bringen. Ich ziehe Julia gerne damit auf, wobei ich zugeben muss, dass es ganz angenehm ist, wenn ich mich um nichts mehr kümmern muss. Außerdem sieht es sehr lustig aus, wenn sie schwer beladen mit Prospekten aus dem Visitor Center kommt und vergeblich versucht, am Fahrrad noch Platz für die Unterlagen zu finden.

Sallys Mutter lebt mit ihrem neuen Ehemann Stanley ebenfalls im Haus. Stanley, ein wettergegerbter Charakterkopf, erzählt begeistert von seinen alten Zeiten als Jäger. »Wisst ihr, früher hat die Regierung Geld für getötete Beutelratten gezahlt.« »Konntest du vom Jagen leben?«, frage ich ihn. Sein ganzes runzeliges Gesicht verzieht sich zu einem stolzen Lachen: »20, 30 oder mehr habe ich Tag und Nacht geschossen, da kommt etwas zusammen.« Er schaut mich an wie ein Goldgräber kurz nach dem großen Fund und wartet meine anerkennende Antwort ab. Dann fügt er spitzbübisch hinzu: »Na ja, nebenbei habe ich auch noch Schafe gehütet.«

Während ich Stanley die Geschichte vom Rattenfänger von Hameln erzähle, um thematisch etwas beizutragen, serviert Sally Kumara – eine orangefarbene Süßkartoffel. Die Maori haben sie in ihren Kanus aus ihrer Heimat Polynesien mitgebracht, als sie Neuseeland besiedelten. Dies ist der Beginn einer echten Kumaraleidenschaft, ob als Pommes frites, im Omelette oder in der Campingplatz-Mikrowelle gegart, von nun an essen wir sie so oft wie möglich.

Über zwei Pässe und einen großen Hügel gelangen wir zur Ostküste. Ich wage es für 20 Minuten, nur in meiner kurzen Trägerradhose ohne schützendes Oberteil zu fahren, und werde mit einem krebsroten Rücken bestraft, auf dem sich die Träger weiß abzeichnen. Böse neuseeländische Sonne, das Ozonloch ist hier besonders groß und Neuseeland hat die höchste Hautkrebsrate der Welt. Selbst die armen Schafe bleiben nicht verschont, schert man ihnen die Wolle zu kurz, verbrennt auch ihre Haut.

Stundenlang genießen wir den unversperrten Blick aufs Meer, wild lebende Seelöwen direkt unterhalb des Highways sind auch mit dabei. Man riecht sie schon lange, bevor man sie sieht. Durch ihren fauligfischigen Geruch erlebt man sie gleich mit allen Sinnen. Für die vorbeirasenden Autofahrer bleiben sie meistens unbemerkt. Der Anblick der pelzig-niedlichen Genossen lenkt uns ab von der anstrengenden Strecke, es geht ständig auf und ab, und der Wind bläst auch wieder lieber von vorn als von hinten. Die Seelöwen aalen sich faul in der Sonne, die würden wohl nicht mit uns tauschen.

Unser nächster Halt, die Küstenstadt Kaikoura, ist ein hübscher kleiner Ort geblieben, trotz der täglichen Touristenströme mit einer Million Besuchern im Jahr bei gerade mal 4000 Einwohnern. Stanley hat uns beigebracht, dass Kaikoura »Iss Langusten« bedeutet. Seiner Meinung nach sprechen wir es leider falsch aus, sodass es wie »Iss Dreck« klingt.

Die Touristen kommen hierher, um Wale vom Boot aus zu beobachten. Die Touren werden von einem rein in Maori-Besitz befindlichen Veranstalter angeboten, der sich dem naturschonenden Tourismus verschrieben hat. Ich will auch Wale vom Wasser aus sehen, leider wird mir speiübel auf dem schwankenden Schiff. Ich bin aber nicht der einzige, die Hälfte der Passagiere benutzt fleißig die kleinen braunen Tüten. Die Reiseleiterin versucht uns zu beruhigen: »Denkt dran, das ist nur in eurem Kopf, konzentriert euch auf einen bestimmten Punkt, dann geht es schon wieder weg.« Mir hilft das nicht, selbst Stunden später auf wieder festem Boden schwankt es flau in meinem Magen.

Deswegen will ich heute lieber ein festes Dach über dem Kopf. Dann kann ich auch gut meinem Lieblingshobby Seife klauen nachgehen, das beruhigt mich immer. Der nette Besitzer mit der gar nicht netten Frau gibt uns ohne Aufpreis einen größeren Raum, innerhalb von Minuten ist dieser mit unseren Sachen vollgestellt, um nicht zu sagen, verwüstet. Eigentlich wollen wir nur eine Nacht bleiben, doch harscher Gegenwind hält uns am nächsten Tag vom Verlassen Kaikouras ab, so bleiben wir einen weiteren Tag und feiern, dass wir genau einen Monat auf Neuseeland sind.

Den passenden Kuchen nehmen wir im Café Craypot ein, mit einer ziemlich entspannten, man könnte auch sagen: langsamen, Bedienung. Sie ist Anfang zwanzig, hat hennarote Haare und kleidet sich in der leicht alternativen Uniform der Backpacker, Outdoorhose und Strickpulli. Wie sich herausstellt, ist sie eine Deutsche namens Flitzi, die mit ihrer Freundin durch Neuseeland reist und im Moment mal ein bisschen jobbt. Die Betonung liegt auf »mal«, lieber steht sie herum und quatscht mit anderen Backpackern. »Joah, ich finde es hier ganz okay, ein bisschen lahm. Hier ist zu wenig los. Aber ich habe mich ganz gut eingewöhnt, so im drögen Alltag.« Na, wo bleibt denn da die jugendliche Begeisterung?

Auch wir sind mittlerweile heimisch geworden. Auf der Straße entwickeln wir zwangsläufig eine gewisse tägliche Routine: zeitig aufstehen, zügig frühstücken, das Tagespensum bewältigen. Zelt aufbauen, kochen und dann ab auf die Therm-a-rest und, wie der Name schon sagt, eine »rest« machen, sich erholen.

Ja, ja, das Leben eines Weltreisenden ist hart und viel los ist auch nicht. Stopp. Stimmt überhaupt nicht, wir genießen unsere Tour in vollen Zügen, gerade das Treffen mit Flitzi zeigt uns, wie wichtig es ist, nicht alles für selbstverständlich zu nehmen und sich immer wieder klarzumachen, wie gut wir es haben. Der Name ist nicht von der Redaktion erfunden. Sie nennt sich wirklich Flitzi. Wir werden ihr später noch einmal begegnen.

Julia: Irgendwie sind wir aus Kaikoura weggekommen. Wir machen einen Zwischenstopp in einem weiteren Weinanbaugebiet, dem Waipara Valley, zelten zwischen alten Eisenbahnwaggons und verspeisen eine gigantische Fruchtplatte auf einem Weingut, das auch schon Bill Clinton bewirtet hat. Dann werden wir herzlichst in Christchurch, mit 300 000 Einwohnern die größte Stadt der Südinsel und angeblich die englischste Stadt außerhalb Londons, von unseren nächsten Gastgebern Anne, Peter und ihren zwei Kindern Catherine und Peter empfangen.

Sie sind ebenfalls Tandemfahrer, er höchst sportlich-ehrgeizig und mit sehr trockenem Humor, sie warmherzig und nach eigenen Angaben nur sportlich aktiv, damit sie Wein trinken und Schokolade essen kann. Peter ist Mitglied in derselben Radorganisation wie Stefan, der Adventure Cycling Association, die im Internet über uns berichtete. Peter schrieb uns eine E-Mail mit seiner Übernachtungseinladung. So bleiben wir drei Nächte mit Familienanschluss in Christchurch.

Am Waitangi Day – Neuseelands Nationalfeiertag, der jedes Jahr am 6. Februar begangen wird, um die Unterzeichnung des Vertrages von Waitangi, Neuseelands Gründungsdokument, im Jahre 1840 zu feiern – wollen wir zusammen eine gemütliche 50-Kilometer-Tour ohne Gepäck machen. Doch dank unserer äußerst fitten Begleiter und ihres Racing-Tandems wird es mehr ein Rennen, das wir zu Stefans Bedauern (»Julia, nun tritt doch noch mal ordentlich, los! Hast du noch Reserven? Gib alles!«) knapp gegen Anne und Peter verlieren. Wir wussten gar nicht, dass man so schnell Tandem fahren kann. Seitdem haben wir es auch nicht wieder probiert.

Am nächsten Tag sind wir in Christchurch City unterwegs, einer Stadt mit feiner viktorianischer Architektur und vielen Kirchen. Wir lassen den Anhänger reparieren, der uns damit erfreut hat, ohne Grund ein Rad zu verlieren. Am Abend überlassen uns Peter und Anne Haus und Tochter, ich habe den Auftrag, die schmale blauäugige Catherine um halb zehn ins Bett zu bringen. Ein großes Vertrauen in uns, ich bin etwas aufgeregt, wird eine Zwölfjährige überhaupt auf mich hören? Aber alles geht gut, die Kleine legt brav ihr Buch weg und legt sich selig zum Schlafen, als ich zum Gutenachtsagen in ihr Zimmer komme.

Und schon heißt es für uns wieder Abschied nehmen von Anne und Peter und ihren beiden Kindern. Unser Aufbruch zieht sich bis mittags hin, sodass wir noch einen klassischen Kiwi-Lunch bekommen: Sandwiches mit Aufstrich. Stolz stellt mir Peter, der mich gerne ein wenig auf den Arm nimmt, ein Glas mit unappetitlichem, stark riechendem matschig-braunem Inhalt hin. Marmite, Lieblingsspeise der Neuseeländer. Es wird aus Hefeextrakt hergestellt, der beim Bierbrauen entsteht. Der Werbeslogan lautet: »Love it or hate it«. In Australien heißt der Aufstrich Vegemite, für alle zur Warnung. Er schmeckt nach Malz und Maggi, nur viel herber und intensiver. Von einem leichten Würgreiz geplagt, lehne ich dankend ab. Der tapfere Stefan probiert es natürlich. Gespielt tadelnd weist mich Peter darauf hin, dass ich an meinem Essverhalten noch arbeiten müsse, in Asien könne ich ja auch keine Hühnerfüße oder gebratene Maden ablehnen, schließlich würde das den Gastgeber beleidigen. Ich gelobe Besserung, bin aber froh, für heute davongekommen zu sein. Wenn Peter uns in Deutschland besuchen kommt, werde ich ihm »Handkäs' mit Musik« auftischen, jawohl.

Stefan: Südlich von Christchurch gelangen wir in die Canterbury Plains, eine topfflache Strecke und Zentrum der Landwirtschaft, von vielen Radlern als langweilig beschrieben. Wir hingegen genießen es, zur Abwechslung in der Ebene mit dem Tandem richtig Tempo zu machen. Vor allem nach der bitteren Niederlage gegen Peter und Anne. Julia muss einfach noch mehr trainieren.

Doch nun regnet es in Strömen und unser Tandem hat einen Speichenbruch. Selbstverständlich am Hinterrad, denn dort ist es schwieriger zu reparieren. Ich muss die Trommelbremse lösen, die weigert sich jedoch hartnäckig, nachzugeben. Wir schaffen es bis in die nächste Stadt, aber auch der dort ansässige Radladen kann die trotzige Schraube an der Trommelbremse nicht lösen. Einem Ratschlag des Radmechanikers folgend, trotte ich vom Radladen zum nah gelegenen Automechaniker, der die Bremse bereitwillig mit einer Riesenzange öffnet und dafür nicht einmal etwas berechnet. Ich stelle mir die gleiche Situation in einer Autowerkstatt in Deutschland vor. »Haben Sie einen Termin? Nein? Schlecht. Nächste Woche ist etwas frei, wir sind im Moment etwas knapp an Leuten. Außerdem kümmern wir uns um Autos, nicht um Fahrräder.«

Die Speiche ist schnell ersetzt, das Sauwetter hält an. In den nächsten Tagen verfolgen uns dunkle Wolken und kühle Temperaturen. Bei diesem ungemütlichen Wetter macht das Radeln nur eingeschränkt Spaß, umso mehr freuen wir uns auf die kleinen Dörfer respektive Städte entlang unseres Weges. Die Kiwis selbst weigern sich, die Bezeichnung »Dorf« zu verwenden, sie sprechen stets von Städten. Um sie nicht zu verärgern, verwende ich zukünftig den Begriff »Städtchen«, der Leser weiß dann schon, was gemeint ist.

Wie dem auch sei, eines dieser Städtchen steht im Guinnessbuch der Rekorde, sein Highlight: Der größte Strickpulli der Welt, ausgestellt in einem Geschäft im Ort Geraldine. Wir zahlen einen Dollar Eintritt und erfahren, dass das Ungetüm 1993 gestrickt wurde, 2,1 Meter hoch und von Bündchen zu Bündchen 4,9 Meter breit ist, und dass es ungefähr einen Monat gedauert hat, es herzustellen. Da es draußen regnet, machen wir auch ein Foto von dem bunt gemusterten Pulli, der einfach aussieht, na ja, eben wie ein bemerkenswert großer Pulli.

Der jetzt gerade nicht schaden würde, denn draußen weht der Wind vom Meer wieder Regenwolken heran. Das zuletzt flache Land verwandelt sich erneut in eine endlose Reihe buckliger Anhöhen. Wir befinden uns inmitten der 1000 grünen Hügel zwischen Küste und südlichen Alpen, wie die zentrale Bergwelt genannt wird. Die spektakuläre Schönheit dieser Landschaft erinnert an die Heimat der Hobbits aus »Herr der Ringe«. Regenwolken stauen sich an den Bergen und regnen, wahrscheinlich verärgert über das Hindernis, die Landschaft inklusive Radfahrer ordentlich nass. Es gibt nur eine Lösung – über die Berge in die hoffentlich sonnige Hochebene.

Einen Tag später erhebt sich der auf gut 700 Höhenmetern liegende Burkes Pass vor uns. Nicht schrecklich hoch. Wer die Alpenpässe in der Schweiz gewöhnt ist, erstarrt nicht gleich vor Ehrfurcht. Während wir gleichmäßig atmend dem Asphaltband gen Himmel folgen, verändert sich die Landschaft dramatisch. Vorbei ist es mit den grünen, bewaldeten Hügeln der Niederungen der Hobbits. Wir fahren ins gelbe Hochland, in jene grandiose Gegend, die in den Touristenbroschüren als »100% reines Neuseeland« bezeichnet wird. Die letzten Meter zum Pass werden recht steil und wir heften den Blick auf das Gipfelkreuz. Die Wolken reißen auf. Vor uns erstreckt sich eine schier unendliche Ebene, bewachsen mit Tussockgras, das wild wächst wie vom Wind zerzauste Haarbüschel, in der Ferne glitzern die schneebedeckten Südalpen im Sonnenlicht. Ein letzter Blick zurück auf die Regenwolken hinter uns, schon fliegen wir durch die Hochebene zum smaragdgrünen Lake Tekapo im Mackenzie-Distrikt, dessen Farbe an einen Swimmingpool erinnert. Mit 1 °C Wassertemperatur ist der Gletschersee allerdings ein wenig zu kalt zum Baden.

Julia: Zum Lake Tekapo gelangen wir mit Platten Nummer sechs und sieben. Mittlerweile geben wir ihnen schon Namen, z. B. dicke Distel. Okay, man wird ein bisschen seltsam, wenn man so den ganzen Tag unterwegs ist. Wir müssen feststellen, dass wir die falschen Reifen aufgezogen haben. Zum Glück bekommen wir von Schwalbe passendere zugeschickt.

Aber jetzt ist erst einmal Flicken angesagt. »Zack, wrummm, wrosch«, oh, wie schön ist es doch am Straßenrand. Man kann nicht behaupten, dass Neuseelands Straßen stark befahren wären – wir radeln die ganz Zeit unbehelligt auf dem Haupt-Highway –, aber wenn man eine Weile stehen bleibt, um eine Reparatur vorzunehmen, gehen einem die vorbeifahrenden Stahlmonster ganz schön auf die Nerven. Erst leichtes Surren, dann Brummen, das immer lauter und störender wird, ein mitleidiger Blick aus dem Beifahrerfenster auf uns, und schon rauscht das Wohnmobil weiter. Nun kommt es vor uns am See an und nimmt uns bestimmt den schönsten Platz weg.

Zum Glück können wir noch einen Zeltplatz mit Blick auf den See ergattern. Der folgende Valentinstag – Zeit für Romantik muss auch sein – wird zu einem der schönsten Tage: gemütlich im Zelt ausschlafen. Normalerweise muss man einen Zeltplatz um zehn verlassen haben, das finden wir Langschläfer zu früh. Anschließend am Ufer des Lake Tekapo lesen. Lesen! Wir haben fünf Bücher dabei und das komplette letzte Jahr darüber gesprochen, was wir alles in unserem neuen Leben lesen werden.

Später Kräfte sammeln beim Kaffeetrinken im touristischen kleinen Örtchen, das vorwiegend aus einem überdimensionierten Hotel besteht und seinen Hauptruhm aus einer äußerst pittoresken kleinen Kirche am Seeufer bezieht. Ein paar Fotos gemacht, und auf geht es mit Wanderschuhen zum nahe gelegenen Mount John. Ein herrlicher Berg, zwei Stunden stramm bergauf und man hat auf seinem Gipfel einen Rundumblick über das weite Land und die Tekapo- und Pukaki-Seen. Irgendwo am Horizont fährt ein Laster und zieht eine gigantische Staubwolke hinter sich her. Netterweise gibt es ein Café mit Sternwartestation, wir sind die einzigen Gäste. Fast lasse ich mich zum organisierten und damit kostenpflichtigen Sternegucken für die nächste Nacht im Planetarium verleiten, aber dann fällt mir ein, dass ich das genauso gut von unserem Zelt aus machen kann.

Nach der gelungenen Wanderung zieht es uns ins richtige Gebirge, ab zur anstrengenden, stetig ansteigenden Strecke entlang des schimmernden Pukaki-Sees, der sich über eine Fläche von 82 Quadratkilometern erstreckt. Wie der Tekapo-See entstand er durch zurückgehende Gletscher, die das zugehörige Tal mit ihren Moränen blockierten. Durch extrem feine mineralische Gletscherablagerungen auf dem Grund des Sees entsteht die ausgeprägte bläuliche Färbung. An ihm entlang kommt man zum königlichen Mount Cook, mit 3754 Metern höchster Berg Neuseelands, dem man große Ähnlichkeit zum Mount Everest nachsagt. Sir Edmund Hillary wählte ihn deshalb für sein Vorbereitungstraining für die Erstbesteigung des höchsten Berges der Welt im Jahre 1953 aus.

Der zugehörige Mount Cook National Park ist ein El Dorado für Bergfans jeglicher Couleur. Von einfachen Wanderungen in das Hooker Valley, die über immer schmaler werdende Pfade und kleine Hängebrücken »Abenteuer light« bringen, bis hin zu mehrtägigen, anspruchsvollen Bergbesteigungen, die alpine Hochgebirgslandschaft bietet, was das Herz begehrt.

Über allem thront der Mount Cook. Als die Maori ihn vor 1000 Jahren das erste Mal sahen, waren sie nicht sicher, ob er ein riesiges Lebewesen oder doch nur ein Berg ist. Sie nannten ihn voller Ehrfurcht

»Aoraki«, »Wolkendurchstecher«. Es stimmt, er versteckt sich oft und gerne hinter Wolken. Heute ist er ausnahmsweise gut zu sehen, von einem abgelegenen, hygienisch etwas fragwürdigen Campingplatz aus bewundern wir abends das Bergpanorama und schwelgen während des Sonnenuntergangs in dem Anblick des rosarot getränkten Bergs, der nach dem Neuseelandentdecker James Cook benannt ist.

Kurz danach beschäftigt mich mein Abendessen, ich sitze Stunden auf dem nicht gerade gemütlichen Campingplatzklo. Zur abschließenden Krönung lasse ich mir das Essen noch einmal durch den Kopf gehen und verewige mein Butter-Chicken in einem Busch. Heute ist der erste Tag, an dem ich mir wünsche, in meinem Bett zu Hause zu liegen, anstatt in einem Zelt mit selbst gebauter Kotztüte und ohne eigenes Bad.

Am nächsten Tag bin ich dank Unterstützung von viel Cola wieder fit für das Juwel des Nationalparks, den Abel-Tasman-Gletschersee im Mount Cook National Park. Ein sehr handfester Guide der Glacier Explorers in Gestalt eines australischen Mädels fährt uns in einem kleinen Motorboot auf den See hinaus. Wir sind zu acht im Boot, thronen in T-Shirt und Schwimmweste auf den Sitzen und bewundern dramatische Eisschollen, die auf und in dem See schwimmen. Auf einer sehr großen Scholle, die wie eine Insel wirkt, können wir sogar herumlaufen. Vorsichtig klettere ich vom Boot auf das rutschige Eis, dann stehe ich ehrfürchtig darauf und spüre die leichte Bewegung der Scholle. Der Eisberg wiegt sich langsam unter mir und strahlt eine majestätische Kälte aus. Hier will ich gar nicht weg, doch ich muss wieder ins Boot. Die Entschädigung kommt, ein anderer Eisberg mit über einem Meter Durchmesser ist auf dem See gerade aufgebrochen, die leicht dreckig aussehende Oberseite hat sich ins Wasser gedreht und gibt den Blick auf 500 Jahre altes blaues Eis frei. Es strahlt uns entgegen wie ein gigantischer Saphir.

Stefan: »Cool! Cool!« Die beiden argentinischen Mädchen kriegen sich gar nicht mehr ein. Was ist passiert? Eigentlich nichts. Nur zwei leicht keuchende, sonnenverbrannte Gestalten in knallgelben Trikots haben sich gerade auf ihrem ebenso bunt beladenen Tandem einen Hügel hinaufgekämpft, um von einem Park- und Rastplatz einen letzten Blick auf den Mount Cook zu werfen. Wir, die Bankerbiker. Aber wir scheinen es den beiden angetan zu haben. »Ihr seid sooo cool! Dürfen wir ein Foto von euch machen?« Klar dürfen sie.

Wir quatschen ein bisschen mit den beiden, dann taucht ein voll besetzter Reisebus auf und ein Strom von Menschen ergießt sich auf den Aussichtspunkt. Verständlicherweise möchte jeder ein Traumfoto vom wolkenfreien Mount Cook machen, ist er doch eine der Hauptattraktionen der Südinsel. Auf einmal fangen aber weitere Fotografen an, uns mit aufs Foto zu nehmen, und wir sehen uns von zehn bis fünfzehn Linsen »umzingelt«. Wir verabreden uns noch schnell mit den Mädels für den Abend im Pub im nächsten Übernachtungsort, dann brechen wir auf. Wir könnten jetzt bestimmt noch viele Unterhaltungen führen, aber wir haben noch 60 anstrengende Kilometer vor uns.

Wir werden oft angesprochen und über unsere Reise ausgefragt. 90 Prozent der Gespräche beschränken sich leider auf folgende zehn Sätze:

»Ja, es macht Spaß.« Es sieht nur manchmal nicht so aus.

»Circa 80 Kilometer am Tag.« Selbstbewusst dreinschauen.

»Wir sind in Auckland gestartet und fahren dorthin zurück.«

»Ja, wir sind einigermaßen fit.« Understatement.

»Julia tritt, ich lenke nur.« Überraschung abwarten.

»Es ist ein holländisches Rad, wir haben es mitgebracht.«

»Nein, wir sind deutsch, aber wir mögen die Nachbarn.«

»Es ist faltbar, daher passt es in den Flieger.«

»Aus Frankfurt. Guten Tag.«

»Euch auch eine gute Reise.«

Zurück auf der welligen Straße, sehe ich vor uns zwei Radfahrer mit Packtaschen an den Rädern. Ein Paar. Er hat besonders viel Gepäck und hängt ihr am Berg hinterher. Das kann uns auf dem Tandem zum Glück nicht passieren, so fest miteinander verbunden, wie wir sind. Nach der bitteren Niederlage gegen Anne und Peter sehe ich meine Chance gekommen und erkläre Julia, dass wir die beiden jetzt jagen und »versägen« müssen, um unsere Ehre wiederherzustellen. Sie murmelt etwas von »du und dein Ego«, stimmt aber zu. Wir treten und Mensch und Maschine verschmelzen zu einer Einheit. So hätte ich es jedenfalls gerne. Tatsächlich sind wir außer Atem, kommen bergan nicht näher an die beiden heran. Die »Hasen« haben Lunte gerochen und versuchen zu entkommen. Niemals!

Wir nehmen ein wenig das Tempo raus, um die beiden in falscher Sicherheit zu wiegen und mürbe zu fahren. Die Taktik geht auf, ein paar Hügel später wird der »Rammler« müde, gesteht sich zu, Schwäche zu zeigen, und bei einer rasanten Bergabfahrt lassen wir ihn mit einem fröhlichen »Hello« stehen. Aus seinem schmerzverzerrten Gesicht ist nicht der Ansatz eines Grußes zu erkennen. Bisschen verspannt, was?

Jetzt nur noch das Weiblein. Wir fahren bergauf direkt hinter sie und ich fange ein »zwangloses« Gespräch mit Julia an. Die Taktik habe ich zigmal auf dem Mountainbike an unserem Hausberg in Frankfurt, dem Feldberg, geprobt. Man demoralisiert den vor sich Fahrenden, indem man sich unbeschwert ohne Anzeichen eines Hechelns mit dem Mitfahrer unterhält, etwa: »Nach der Fahrt gehe ich mit meiner Frau eine Runde joggen, sie will unbedingt heute noch einen Halbmarathon laufen.« Der Gejagte fühlt sich dann ganz unterlegen und in diesem Moment muss man »mühelos« – auf keinen Fall schwer atmend – freundlich grüßend vorbeiziehen.

Während ich ungeniert Schwachsinn von mir gebe, fällt mir auf, dass die Radlerin eine schottische Flagge dabeihat und uns wohl nicht verstehen kann. Damit hatte ich nicht gerechnet. Wir bleiben hinter ihr und schaffen es erst auf der nächsten Bergabfahrt aufgrund höherer Masse und nur eines Windwiderstandes an ihr vorbeizuziehen. Immerhin grüßt sie. Julia nennt mich kindisch, aber ich glaube, unser Sieg freut auch sie. Zack, versägt! Dass die beiden uns bei der nächsten Pinkelpause überholen, zählt nicht. Finde ich jedenfalls und bin froh, dass wir es wieder gemütlich angehen lassen können, als die beiden verschwunden sind.

Julia: Nachdem wir die Bergwelt hinter uns gelassen haben, zieht es uns weiter ostwärts nach Omarama, einem der heißesten und trockensten Orte der Südinsel im Mackenzie Country. Von hier stammt auch mein Lieblingsbrot. Originellerweise heißt es MacKenzie-Brot. Es ist mächtig groß, vollwertig und schwer, weswegen Stefan sich oft weigert, es zu kaufen. Er mag lieber Weißbrot, das sich in der Packtasche auf ein Viertel seiner Ursprungsgröße zusammendrücken lässt. Männer! Einfach keine Ahnung von gesunder Ernährung. Bei Temperaturen von bis zu 42 °C fühlen wir uns selber wie ein Brot im Backofen. Der Backofen ist mit Tussockgras bewachsen und die gesamte Landschaft ist in goldene Farbe getaucht, darüber wölbt sich ein unglaublich weiter und tiefer Himmel. Er kommt mir irgendwie höher als in Deutschland vor.

Omarama ist ein Ort der Schafzucht, und, wen wundert es, in der

Stadtmitte befindet sich eine Schafstatue. Außerdem gibt es ein Café, das eine Schafschur-Show veranstaltet, die »The Wrinkly Rams Sheep Shearing Experience«.

Das müssen wir sehen, kurz entschlossen besorgen wir uns Tickets. Im Saal befindet sich außer uns nur eine große Gruppe japanischer Touristen mit eigener Dolmetscherin. Der Moderator erscheint, stellt seine Werkzeuge und das zu scherende Schaf vor. Die Japaner sind ein sehr artiges Publikum, sie geben wohlgeordnet und zum passenden Zeitpunkt ihren Chor von »Ahs« und »Ohs« ab.

Dann wird eine Freiwillige gesucht, die beim Scheren hilft. Leider kommt mir ein junges Japanermädchen zuvor und stürzt kichernd auf die Bühne. Besonders gut stellt sie sich bei der Schur nicht an, sie piekst dauernd das Schaf mit dem Rasierer, stelle ich grummelnd fest. Ich wäre bestimmt besser gewesen. Das Schaf wehrt sich kräftig und blökt herzzerreißend. Irgendwann ist es fertig geschoren und schaut ohne seine Wolle verdutzt in die Welt, bevor es schnell von der Bühne verschwindet.

Lieber hätte ich dann doch Neuseelands bekanntestes Schaf Shrek gesehen. Shrek ist berühmt geworden, weil es sich sechs Jahre lang in den Bergen der Südinsel vor der jährlichen Schur versteckt hatte und damit zum wolligsten Schaf Neuseelands anwuchs. Als man es endlich kugelrund fand, wurde es vor den Augen der Weltöffentlichkeit von 27 Kilogramm feinster Merinowolle befreit. Die damalige Premierministerin Helen Clark verließ extra ein Staatsbankett, um das Tier zu sehen, und zeigte sich bei dem Treffen vor dem Parlamentsgebäude in Wellington beeindruckt von Shreks Charakter: Es sei erstaunlich, dass ein so lange auf der Flucht lebendes Tier derart zahm sei. Mittlerweile ist es in Theaterstücken, Kinderbüchern und natürlich als Kuscheltier verewigt.

Stefan: Wir fahren Richtung Ostküste und der blaue Stausee, dessen Ufer wir schon eine Weile folgen, verspricht eine schöne Abkühlung. Ein bisschen Schwimmen wäre jetzt genau das Richtige. Schwimmen, ein heikles Thema. Wir hatten große Pläne, wie wir der einseitigen Belastung des Radelns begegnen wollten. Bisher hatte es sich mit dem Schwimmen auf Neuseeland »noch nicht so ergeben«, womit ich sagen will, dass wir einfach zu kaputt oder zu bequem waren, um schwimmend etwas für unsere Arm- und Rückenmuskulatur zu tun.

Aber jetzt, die perfekte Gelegenheit. Wir stellen das Rad an einer kleinen Bank ab und gehen über die am Ufer liegenden Steine wie über glühende Kohlen zum See. Das Wasser ist mehr als erfrischend, die Temperatur liegt gefühlt im Minusbereich. Eine Eisscholle hätte mich nicht überrascht. Nachdem ich profimäßig Arme und Beine unter großem Geschrei benetzt habe, werden mir die Füße für weitere Verzögerungsmanöver einfach zu kalt. Ein Survivalexperte hatte einmal gesagt: »Sofort schwimmen oder du stirbst«, und mit diesem Mantra schwimme ich eine hektische Runde von bestimmt 20 Metern, bevor ich erfroren bin. Julia schwört, sofort einen Herzinfarkt zu bekommen, wenn sie in diesem See schwimmen soll, macht ein paar Fotos und geht gar nicht erst ins tiefere Wasser. Memme! Schnell ziehen wir uns wieder an, schwingen uns aufs Rad und suchen den nächsten Zeltplatz.

Knirschend kommt das Tandem auf Schotter zu stehen. Nach einem langen Tag sind wir endlich am Campingplatz angekommen. Jetzt nur noch schnell ein schönes Fleckchen Erde suchen. Das sagt sich so einfach. Die Suche nach dem perfekten Campingplatz ist ein äußerst komplexes Unterfangen. Es gibt viele Entscheidungskriterien: Toll ist, wenn der Platz ruhig gelegen ist, sich in direkter Nähe zur Toilette befindet – erste Widersprüche tun sich auf –, einen fantastischen Blick bietet und die Nachbarn nett sind. Besonders wichtig: Die Verfügbarkeit des ausgewählten Platzes beachten, nicht alle Campervanfahrer reagieren verständnisvoll, wenn man ihr Gefährt wegschiebt. Die Heringe müssen gut im Boden verankert werden können und eine Bank sollte direkt neben dem Zelt stehen. Als gewiefte »Outdoor-Experten« beachten wir auch die klein gedruckten Hinweise unserer Anleitung zum Aufbau des Zeltes: Nicht in der Nähe von Bächen zelten (Springfluten!), nicht unter Bäumen (beim Sturm erschlagen dich die Äste), nicht in der Nähe eines Abhangs (Geröilllawinen drohen) und die Blitzeinschlagsgefahr beachten. Das Ganze bietet genug Stoff für eine Doktorarbeit.

Nach langem Abwägen ist der optimale Platz gefunden. Morgens weckt uns unglaublicher Lärm. Eine Geröilllawine können wir ausschließen. Es ist Baulärm. Direkt neben uns wird mit schwerem Gerät eine neue Klohütte gebaut und wir werden eingestaubt. Man kann trotz größter Sorgfalt doch danebentreffen.

Julia: Zurück an der Küste, gehen wir im einladenden, wenn auch von Busgruppen überfüllten Städtchen Oamaru (gesprochen: Auh-muh-roo) sofort ins Kino, es drohen Entzugserscheinungen bei mir.

Oamarus Hauptattraktion sind die Blue Penguins, Zwergpinguine, die kleinsten Pinguine der Welt, die in der Nähe der Stadt ihre Nester bauen. Ohne uns von dem Misserfolg bei der Kiwi-Beobachtung abschrecken zu lassen, gehen wir alten Tierforscher zum Pinguingucken. Macht hier jeder. Deshalb sind auch alle Unterkünfte ausgebucht.

Wieder sitzen wir im Dunkeln und Kalten, zusammengequetscht mit 100 anderen Menschen auf einer Tribüne, auf der Pirsch. Eine wortgewaltige, streng dreinblickende Dame gibt Anweisungen. Leider – aber zum Schutz der Tiere – ist Fotografieren verboten. Welch herbe Enttäuschung. Die ersten Touristen verschwinden schon wieder im Andenkenladen, dann werden eben Postkarten von diesem Highlight gekauft. Als Plüschtier sind sie ja auch ganz süß. Oder auf Verkehrsschildern mit der Aufschrift »Achtung, Pinguine kreuzen«. Wir halten durch, eine Viertelstunde später tut sich etwas. Viel erkennen kann ich nicht, aber es wirkt niedlich, wie da ein paar Schatten den Strand hinaufwackeln und in den Büschen verschwinden. Bei einer Sichtentfernung von 15 Metern zu gerade 30 Zentimetern großen Tieren lässt sich bei aller Liebe nicht so viel erkennen. Sie sehen mehr aus wie kleine Vögel, ihren »Smoking« kann man nur erahnen.

Mir reicht es, kühler wird es auch noch, wir gehen zum Tandem zurück und verlassen das abgesperrte Gelände. Gemächlich rollen wir voran, sehen die anderen Autos und Busse wegfahren. Ob sie heute noch zu einem weiteren Programmpunkt hetzen?

Da passiert es: Ein armer kleiner Pinguin hat sich auf den Parkplatz verirrt, findet nicht wieder zurück und begibt sich auf die Fahrbahn. Ein großer Reisebus rollt heran, noch haben seine Scheinwerfer den kleinen Kellner nicht erfasst, gnadenlos kommen die großen Reifen näher. Bei der Geschwindigkeit wird er den Pinguin nicht mehr rechtzeitig bemerken. Das können wir nicht zulassen. Entschlossen fahren wir mit dem großen Tandem vor den Bus und zwingen ihn anzuhalten. Der Fahrer hupt empört, aber bremst, der Pinguin torkelt verwirrt im grellen Schweinwerferlicht. Wir zeigen hektisch auf das kleine Ding, der Fahrer beruhigt sich. Der Pinguin flüchtet ohne einen Blick für seine Retter zurück ins Dickicht. Wahrscheinlich mit dem Schock seines Lebens.

Der nächste Radeltag begrüßt uns mit starkem Gegenwind und düster-grauem Himmel über stürmischer See. Außerdem komme ich heute einfach nicht in Gang. An manchen Tagen strotze ich vor Energie und alles fließt, aber heute fühlt sich jeder Tritt bleischwer an. Als würde ich ständig einen Berg hinauffahren, obwohl es hier eigentlich recht flach aussieht. Nein, ich habe gestern Abend nicht getrunken. Jedenfalls nicht viel. Natürlich musste auf die Rettung des Pinguins angestoßen werden, das versteht sich doch? Ich mag heute einfach nicht radeln und gehe Stefan mit meinem Genörgel auf die Nerven. Jetzt zieht auch noch Nebel vom Meer herauf. Gleich geht die Welt unter.

Da taucht vier Kilometer später aus dem nebligen Nichts rechts am Wegesrand Werbung für den Old Bones Backpacker auf. Ein Zeichen des Himmels! Sofort höre ich auf zu treten. Stefan erbarmt sich meiner und wir entscheiden hierzubleiben. Sehr gute Entscheidung, dieser Backpacker ist der schönste, in dem wir je übernachtet haben, sauber, urgemütlich mit offenem Kamin und Holzverkleidung, da kann der Wind draußen ruhig heulen. Kein Fernseher, dafür ein Atrium und große Fenster mit Blick auf den Pazifik. Vollkommene Ruhe und freundliche Zimmernachbarn. Das kleine und feine Hostel wurde erst 2005 gebaut, nur 16 Leute finden dort Platz. Sein englischer Betreiber Simon kümmert sich herzlich um seine Gäste, einen riesigen Kuschelhund gibt es inklusive. Vor der Tür ein wilder Strand. Nach kurzem Abendspaziergang am Meer schlafen wir friedlich zum Klang der sich brechenden Wellen ein.

Morgens begrüßt uns perfekter Rückenwind und es bieten sich uns ergreifende Aussichten auf das Meer, menschenleere Buchten und Strände. Radeln ist schön.

Stefan: 17.30 Uhr. Wir erreichen den Dorfpub von Waikouaiti, einem kleinen Handelszentrum der Region Ost-Otago, gerade noch rechtzeitig zum Anpfiff des Rugbyspiels. Rugby ist auf Neuseeland so populär wie in Deutschland Fußball. Der kleine, verrauchte Gastraum ist voll besetzt, das Bier fließt in Strömen.

Wir passen uns an: Schnell einen »jug« (ein Liter Bier in einem Krug) geordert und an die Bar gesetzt. So fühlen wir uns trotz kompletter Unkenntnis der Rugbyregeln gut gerüstet. Wir unterstützen wie der Rest des Pubs die Highlander, die Mannschaft des Südens

Neuseelands aus Dunedin. Der Name der Mannschaft wurde gewählt, weil sich in den Regionen, aus denen sich die Fans rekrutieren, im 19. Jahrhundert überwiegend Schotten niederließen. Der Begriff »Highlander« soll Loyalität, Stärke, Ehrlichkeit und harte Arbeit symbolisieren. Auf dem Mannschaftslogo ist ein ausgelassener Bewohner der schottischen Highlands abgebildet, mit Schild in der einen und einem Schwert in der anderen Hand.

Als einzige Nicht-Neuseeländer im Pub fallen wir sofort auf. Wir werden von einem der Gäste angesprochen und der alte Mann ist stolz, drei deutsche Worte zu kennen: »Deutsches Reich, Deutschland, guten Tag«. Da sich daraus kein erquickender Small Talk gestalten lässt, wenden wir unsere Aufmerksamkeit zurück zum Spiel. Es geht ordentlich zur Sache. Ein Rugbyspieler, den man aus Versehen im deutschen Fußball einsetzen würde, sähe nach spätestens einer Minute die Rote Karte. Für uns Laien wirkt Rugby wie Fußball, bei dem man auch werfen und ordentlich draufhauen darf. American Football ähnelt es auch, allerdings sind die Spieler beim Rugby nicht gepolstert, sie dürfen nur einen Zahnschutz tragen und manchmal eine dünne Lederkappe, die ihren Träger recht beschränkt aussehen lässt.

»Und, wie war denn das Mittagessen heute im Restaurant bei den Moeraki Boulders?«, fragt uns die dralle Wirtin, als sie uns Kumara-Kroketten aus der Mikrowelle serviert. Ich gucke sie mit meinem nicht gerade intelligentesten Gesichtsausdruck an. Die Boulders, geheimnisvolle, bis zu vier Meter hohe Steinkugeln, liegen an einem Strand 35 Kilometer nördlich von hier. Sie werden auch Teufelsmurmeln genannt, denn keiner weiß genau, wie sie dorthin gekommen sind. Sie stellen eines der Hauptmotive auf Neuseelands Ansichtskarten. Kann die Dame hellsehen? Nein, es klärt sich auf, ein anderer Gast hat uns dort gesehen und schon allen im Pub davon erzählt. Immerhin wissen sie nicht ganz genau, was ich dort gegessen habe. Panierter Fisch war es und nicht besonders lecker. Trotzdem, die Welt ist klein und Neuseelands Südinsel erst recht!

Die Highlander führen nach den ersten 40 Minuten, die Stimmung im Pub hebt sich. Die folgende Halbzeitpause nutzt der Wirt zum Angebot eines Lottospiels. Für wenig Geld kann man ein Los mit Nummer kaufen. Er hat sogar eine eigene Lottokugelmaschine. Sie thront auf seinem Bauch, während er durch den Laden geht und kräftig an der Kurbel dreht. Die glücklichen Gewinner haben die Wahl zwischen einem Kilogramm Fleisch oder Fisch. Gemüse gibt es auch, aber das nimmt keiner.

Rugbygucken im Pub mit einer versammelten Fangemeinde ist die Krönung des Sportgenusses, die ganze Runde verschmilzt zu einer einzigen Person: Die Augen verfolgen das Spiel, der Kopf analysiert die Taktiken, der Geist hofft auf einen Sieg, das Herz klopft leidenschaftlich und der Körper bewegt sich mit jedem einzelnen Spielzug, als wäre er selbst auf dem Spielfeld. Alle fühlen sich im Team. Und jeder ist betrunken.

Sieg für die Highlander. Hochstimmung im Pub von Waikouaiti. Es gibt ein paar kostenlose Krabbenschnittchen und gleich noch eine Runde »Fisch oder Fleisch«-Lotto. Darauf einen Jug Bier.

Julia: Wir fahren »kurz« über den Mount Cargill (680 Meter hoch), dann rollen wir in einem sieben Kilometer langen Downhill ins schottisch anmutende Dunedin, die zweitgrößte Stadt der Südinsel. Dank ihrer Universität – Anteil Studenten an der Bevölkerung: 15 Prozent – gibt es wieder viele Cafés zum Genießen.

Wir erfreuen uns an der Besichtigung der ehrwürdigen Speight's Brauerei, am Ende der Führung darf Freibier getrunken werden. Genau so lange, wie ein Werbevideo läuft. Keiner der Besucher weiß, wie lange das Video gezeigt werden wird. Um den Wettbewerb und das schnelle Betrunkenwerden zu fördern, zapft man sich das Bier selbst und rennt dabei mit den anderen Teilnehmern immer im Kreis um die Zapfsäule herum, bis man wieder dran ist. Stefan bringt es auf acht Gläser in einer Viertelstunde, nicht schlecht, ich bin stolz auf meinen Mann.

Es lockt auch noch die laut Guinnessbuch der Rekorde steilste Straße der Welt, die 350 Meter lange Baldwin Street mit bis zu 38 Prozent Steigung. Eine Herausforderung für das Tandem. Einige gehen im Gespräch mit uns sogar so weit zu behaupten, dass sie mit einem Doppelsitzer gar nicht zu befahren sei. Das werden wir ja sehen!

Allerlei Wettbewerbe und Events werden auf der berühmten Straße veranstaltet, jedes Jahr im Februar gibt es ein Rennen, das »Baldwin Street Gutbuster«, bei dem die Straße mit Inlineskates einmal hinauf- und anschließend wieder hinuntergefahren wird. Der Geschwindigkeitsrekord mit dem Fahrrad abwärts liegt bei 117,3 Stundenkilometern. Ich lege keinen Wert darauf, ihn zu brechen, schließlich mündet die Strecke direkt auf einer viel befahrenen Straße.

Seit 2002 gibt es eine lustige Wohltätigkeitsveranstaltung. Geldgeber können Kekse erwerben, die dann um die Wette den Berg hinunterrollen. Insgesamt nehmen 30 000 Kekse an diesem Rennen teil. Die Sponsoren der Gewinnerkekse erhalten Preise. Hoffentlich werden die überschüssigen Verliererkekse nicht als Preis getarnt.

Gespannt machen wir uns auf den Weg, fahren ein paar Kilometer über Dunedins Hauptstraße in das North East Valley, wo die Baldwin Street liegt. Andenkenläden, in denen T-Shirts mit dem Aufdruck: »Ich überlebte die steilste Straße der Welt« verkauft werden, weisen uns den Weg. Abschätzend stehen wir am Beginn der Straße, mustern ihren Verlauf. Erst geht es noch moderat und mit normalem Asphalt los, doch dann wird die Straße immer steiler. Hier konnte nur noch Beton gegossen werden, Asphalt würde an einem heißen Tag schmelzen und hinunterfließen.

Jetzt heißt es, sich zu fokussieren und keinen Fehler zu machen. »Denk dran, heute musst du dich nicht für später schonen, gib von Anfang alles«, ermahnt mich mein Gatte noch einmal, dann gibt er das Startkommando, wir treten gleichmäßig und kraftvoll in die Pedale. Die ersten Meter fallen nicht schwer, wir kommen gut voran, das Tandem gleitet vorwärts. Der steilere Teil ist erreicht. Wir erheben uns in den Wiegetritt – hiermit sei das Gerücht ausgeräumt, man könne nicht Tandem fahren, während beide im Stehen treten – und kommen noch weiter voran. Werden wir es schaffen? Stefan schaltet in den kleinsten Gang, den »Omagang«, wie er liebevoll genannt wird. Noch ein paar Meter weiter, ja, ja, doch dann, o nein, wir werden zu langsam und verlieren die Balance, drohen umzukippen. Stefan steigt ab, hier ist Schluss für uns. Immerhin auf bis zu 26 Prozent Steigung sind wir hart kämpfend gekommen, wir sind zufrieden.

Weniger zufrieden bin ich mit unseren Mitbewohnern im Billig-Backpacker, wo wir uns für den Stadtaufenthalt niedergelassen haben. Ein schmieriger Typ mit schwarzen Fingernägeln sitzt den ganzen Abend vor unserer Tür und ich muss jedes Mal über ihn hinwegsteigen, wenn ich auf das Gemeinschaftsklo will. Angesprochen darauf, was er denn da tue, sagt er in unheimlichem Tonfall: »Das ist mein Auftrag.« Gruselig. Ein weiterer Mitbewohner spielt schön Gitarre, allerdings die ganze Nacht lang. Und die Mädels in der Küche baggern Stefan schamlos an. Manchmal mag ich keine Menschen.

Stefan: Muss ich wirklich weg aus der Stadt? Es wurde gerade so gemütlich. Aber der Central Otago Rail Trail, eine knapp 200 Kilometer lange ehemalige Bahnstrecke, die heute als Schotterweg nur zu Fuß, zu Pferd oder per Fahrrad erkundet werden kann, hat auch seinen Reiz. Er liegt im Herzen der Südinsel, ein Umweg, aber das macht ja nichts.

Jeder vernünftige Radler nimmt von der Küstenstadt Dunedin aus die historische Eisenbahn ins Hochland, die das erste Teilstück bis zum echten Start des Rail Trails im historischen Städtchen Middlemarch noch befährt. Wir nehmen sie nicht. Ich gebe zu, dass ich darauf bestanden habe. »Wir sind nicht auf einer Kaffeefahrt!«, habe ich gesagt und Julia ganz entschlossen angeschaut.

Kaum haben wir die flache Küste gen Westen verlassen, folgt eine steile Erhebung nach der anderen, weit und breit ist kein Ort in Sicht. Autos kommen auch nicht viele vorbei. Wir fahren Kilometer um Kilometer bis zur Dämmerung. Nimmt das denn gar kein Ende? Die Stimmung ist auf dem Nullpunkt, Julia ist böse auf mich. Endlich, ein kleines Pub-Hotel im orangefarbenen Design von Speight's Bier leuchtet erlösend auf dem nächsten Hügel. Was es hier macht, ist unklar, aber ich will mich nicht beschweren.

Im Pub sitzt an der schmalen Bar eine Handvoll Männer in schlammverschmierten Stiefeln, Holzfällerhemden und Shorts. Popmusik übertönt den Fernseher, der auf den Sportkanal eingestellt ist. Beides wird nicht beachtet. An der Wand hängen Bilder von Rennpferden und Rugbyspielern. Wir werden neugierig betrachtet und als kurios, aber offenbar harmlos eingestuft. Helden in Strumpfhosen. Während wir in ein eingestaubtes Zimmer mit Tapeten im 1970er-Jahre-Stil ohne eigene Toilette einziehen, kehren die Jungs schnell wieder zu ihren Themen zurück. Zwischen grölendem Lachen hört man eine Menge »fuck«.

Unser Zimmer wird augenscheinlich sonst nur von Pub-Besuchern benutzt, die es in ihrem Pick-up beim besten Willen nicht mehr schaffen, nach Hause zu fahren. Das heißt, das Zimmer sieht nur Alkoholleichen und uns. Nach dem harten Tag weiß ich nicht genau, ob es einen Unterschied erkennt. Das Bad teilen wir mit dem Wirt und seiner Frau, alles ist mit Shampoo und Cremchen vollgestellt und ein wenig klebrig. Nach weit über 1000 Höhenmetern sind wir trotzdem dankbar, essen einen fettigen Burger und spülen ihn mit ganz viel Speight's hinunter. Wir erzählen von unserer Tour und bekommen als Antwort das von uns als »Good on ya, mate« bezeichnete Gesicht gezeigt. Neuseeländer haben eine besondere Art, ihr Wohlwollen uns gegenüber auszudrücken. Der Kopf legt sich etwas schief, ein Mundwinkel wird lächelnd hochgezogen und ein leicht schnalzendes Geräusch mit der Zunge erzeugt. Besonders exaltierte Landsleute heben noch gleichzeitig den Daumen.

Auf dem einsamen Rail Trail erwischt uns ein starker Northwesterly, ein brutaler Gegenwind. Mit knapp zehn Stundenkilometern kriechen wir stundenlang vorwärts, den Anhänger durch den tiefen Schotter ziehend. Staub setzt sich überall hin, selbst nach dem Duschen knirscht es an allen erdenklichen Stellen. Als ich von der Campingplatzdusche wiederkomme, schlagen dicke Tropfen wuchtig auf die Erde und unser Zelt. Die ersten Blitze über den Bergen sehen aus, als ob jemand verspätet Silvesterraketen abschießen würde. Dann kommen die Blitze näher, jeder eine Explosion von Licht. Wir verkriechen uns schnell ins Zelt und bald peitschen Sturmböen über unser mobiles Heim. Der Regen hat aufgehört, stattdessen schießt Mutter Natur Hagel auf uns. Die Stangen biegen sich und ein ohrenbetäubender Lärm erfüllt die Welt. Wir halten uns im Arm, das Zelt ächzt, aber es hält der Naturgewalt stand. Irgendwann übermannt uns der Schlaf.

Entlohnt werden wir für diese Widerstände auf dem Trail reichlich, ob mit der malerischen Strecke, die immer wieder über alte Eisenbahnbrücken führt, oder mit der vollständigen Abwesenheit von Autos. In den verstreut liegenden historischen Pubs machen wir unsere Pausen. Im Pub von Wedderburn hat John, der Besitzer, uns an seiner »Prominenten-Wand« mit Foto verewigt – die Unterschrift lautet: »Harley-Davidson of the Rail Trail«. Neben unserem Bild hängt das eines Franzosen, der mit seinem Esel über den Rail Trail gegangen ist.

Nachts träumen wir von der kargen Landschaft und den extremen Wolkenformationen. Der in Clyde endende Rail Trail ist ein Traum, ein wahrer Geheimtipp für Radler in Neuseeland. Tunnel müssen durchquert, Viadukte überfahren werden. Verirren kann man sich nicht, überall gibt es Wegweiser. Schön flach ist er auch noch. Zwar hat er uns unserem Ziel, dem Slope Point, nicht wirklich näher gebracht, aber das gefällt mir, wir haben endgültig unsere Geradlinigkeit aufgegeben und uns planlos von Wind, Wetter und Laune treiben lassen.

Julia: Auf dem Rail Trail wird es Zeit für eine Grundsatzdiskussion, die in einen für uns seltenen Streit ausartet. Stefan und ich haben beide die Angewohnheit, dem anderen zu unterstellen, er mache zu wenig im »Haushalt«. Jeder denkt über sich, er verausgabe sich in dieser Hinsicht mehr als der andere. Schnell treffen dann unsere beiden starken Willen aufeinander und am Anfang der Diskussion will keiner nachgeben. Jetzt finde ich gerade, dass ich morgens zu viel Arbeit habe, alles packen, Zelt abbauen und Frühstück machen, während Stefan sich damit begnügt, Wasser für seinen Kaffee aufzusetzen, Stunden im Klo zu verschwinden, sich in Ruhe in seine Radklamotten zu werfen und dann unschuldig wiederzukommen, wenn ich schon alles fertig habe.

Wir haben morgens einfach einen unterschiedlichen Rhythmus, ich will sofort starten, während Stefan nun mal ein bisschen trödelt. Um das auszugleichen, habe ich heute Morgen beschlossen, einfach die Hälfte der Sachen liegen zu lassen und stattdessen lesend abzuwarten, bis er auch was macht. Finde ich sehr gerecht, Stefan gar nicht. Er hält mich für berechnend und hegt die Befürchtung, dass er nun wiederum zu viel packt. Was mich auf die Palme bringt. Lange Diskussion, viel gegenseitiges Missverstehen und Dem-anderen-Böses-unterstellen, doch am Ende finden wir den Kompromiss, ich packe alle Taschen, dafür verspricht Stefan, sie zukünftig alleine am Fahrrad zu befestigen. Beziehung gerettet, wir können weiter.

Auf kaum befahrenen Straßen erreichen wir den Ort Balclutha. Vorher sehen wir auf dem Weg zwei weiße verwitterte Grabsteine, mitten im Nirgendwo. Auf dem linken steht »Somebody's Darling lies buried here«. Eine tragische Liebesgeschichte? Der Blick auf den rechten Grabstein zeigt »Here lies the body of William Ragney, the man who buried Somebody's Darling«. Mysteriös, mysteriös. Der Überlieferung nach fand Schafzüchter William hier eines Tages die Leiche einer jungen Dame und fand sie so wunderschön, dass er sicher war, sie müsse einen »Darling« gehabt haben. Er suchte ihr einen schönen Platz als letzte Ruhestätte. Ihr Tod machte ihn so traurig, dass er verfügte, nach seinem Ableben neben ihr begraben zu werden. Nun liegen sie nebeneinander, obwohl sie sich nie kennengelernt haben.

Balclutha ist der Startpunkt der Southern Scenic Route und das Tor zu den Catlins, ein entlegener und ursprünglicher Küstenabschnitt mit nur 1200 Bewohnern im südöstlichsten Winkel der Südinsel. Man sagt ihm nach, er könne vier Jahreszeiten an einem Tag durchlaufen.

Balclutha ist ein langweiliger Ort, grau und monoton, dazu passt die Wettervorhersage für die nächsten zwei Wochen. Anhaltender Regen, Sturm mit gelegentlichem Hagel. Erst überlegen wir, ob wir ein paar Tage in Balclutha bleiben sollen, aber abgesehen von der Unattraktivität des Ortes fällt uns auf, dass wir wegen unserer Weiterreise irgendwann wieder in Auckland sein wollen, wir haben schon Mitte März. Also machen wir uns auf den Weg an die sagenumwobene Catlins Coast. Ein von Radlern oft vernachlässigter Landstrich, die meisten tummeln sich lieber im zugänglicheren Herzen der Südinsel. Dabei sind die Catlins von einer rauen Schönheit mit landschaftlich atemberaubender, oft von Stürmen bedrohter Küste und dichtem Regenwald, beide beheimaten seltene, vom Aussterben bedrohte Vögel.

Traurig stimmt mich die Geschichte des Dodo. Der Dodo war ein fluglunfähiger Vogel, konnte bis zu einem Meter groß werden und hatte aufgrund seines knubbeligen Schnabels entfernt Ähnlichkeit mit einem krumm geratenen Albatros. Er wurde schon Mitte des 17. Jahrhunderts ausgerottet, seine Flugunfähigkeit war aber nur ein Grund dafür. Vor allem seine absolute Zutraulichkeit, Harmlosigkeit und nicht vorhandene Angst gegenüber Menschen, die er bis dato nicht kannte, wurden ihm zum Verhängnis. Im 20. Jahrhundert soll ein überlebendes Dodopärchen auf einer kleinen Insel von einem Vogelforscher entdeckt worden sein, leider tötete es den Hund des Forschers, bevor es sich vermehren konnte. Das Englische kennt den Ausdruck »as dead as a dodo«, der bedeutet »ohne Zweifel tot«. Außerdem gibt es das Verb »to go the way of the dodo«, was heißt, nicht mehr zu existieren oder nicht mehr gebraucht zu werden.

Auf dem Weg in die Catlins treffen wir noch eine andere Spezies, eine Frau aus Hamburg, die alleine umherradelt. »Mein Gott, wie kann man nur Tandem fahren? Ich finde die Dinger schrecklich!« So lautet ihre nicht gerade galante Begrüßung, als wir bei ihr anhalten. Ich bin solche Bemerkungen speziell von Frauen gewohnt, die ein Tandem mit einem Instrument der Unterwürfigkeit zu verwechseln scheinen. Für mich gibt es keine große Überlegung, Stefan ist schwerer als ich, kann besser balancieren und sitzt damit vorne als Captain. Ich bin hinten der Stoker. Manch eine sagt, dass sie keine Lust hätte, die Kontrolle abzugeben und den ganzen Tag ihrem Gatten auf den Rücken zu starren. Großer Irrtum: Auch wenn Stefan vorne lenkt, Kontrolle haben wir beide, wenn der andere nicht in die gleiche Richtung zieht, geht es nicht. Und ich mag Stefans Rücken. Kann man ab und zu auch gut anfassen und drüberstreicheln. Gerne auch mal in den Hintern kneifen. Und ansonsten kann ich durchaus meinen Kopf bewegen und einen vollen Rundumblick genießen.

Grundvorteile des Tandems sind für uns, dass wir zusammen die Leistung erbringen, jeder so viel, wie er kann. Fahren Paare auf einzelnen Rädern, hängt die Dame frustriert meist 100 Meter zurück, da sie normalerweise nicht ganz so stark ist. Gemeinsam fahren und gemeinsam ankommen, das ist Tandem fahren. Außerdem können wir uns bequem unterhalten, ohne den Verkehr zu behindern. Das alles sage ich ihr aber nicht, sondern lächle einfach wissend und bestaune ihre braun gebrannten Füße, die bei 5 °C nackt in ihren Jesussandalen stecken.

Stefan: Die schmale Schotterstraße tief in den Catlins windet sich steil den Berg hoch, kalter Nieselregen geht auf uns nieder. Hinter dem Pass verdunkeln Gewitterwolken wie ein schwarzer Vorhang den Himmel. Kalter Wind pfeift uns ins Gesicht, wir frösteln – trotz der enormen Anstrengung des Bergauffahrens. Wir erreichen die Passhöhe und kräftige Sturmhände zerren an unseren Kleidern. Schnell ziehen wir uns die Regensachen über und beginnen die Abfahrt, als uns die volle Gewalt des antarktischen Sturms trifft. Hagel prasselt schmerzhaft auf uns herunter und nimmt uns fast den Atem. Wir suchen hinter einem Felsen Schutz. Willkommen im Southland!

Die Landschaft ist einmalig wild, doch das Wetter ist kräftezehrend und der Spaßfaktor ziemlich niedrig. Wir trösten uns mit dem Gedanken, dass wir nicht auf einem Kurzzeiturlaub sind, bei dem inklusive des Wetters alles möglichst perfekt sein soll, um den grauen Berufsalltag auszugleichen. Dies ist unser Leben, mit allen Höhen und Tiefen. Über unsere Schuhe haben wir Plastiktüten gezogen, weil das Wasser sonst von oben in sie hineinliefe. Sieht wirklich stylish aus, unsere kreative Modeschöpfung. Heute wollen wir endlich den Slope Point erreichen, auch wenn es ein sehr langer Tag werden wird.

Wir sind nass. Wir sind müde. Und uns ist kalt. Die matschige Straße zieht sich endlos durch die wilde Landschaft. Endlich der letzte Anstieg. Wir keuchen, wir schwanken, wir kämpfen. Dann die Abfahrt, zunächst auf Schotter, weiter über einen kleinen schlammigen Pfad über eine Schafweide. Die Schafe fliehen, die Reifen schmatzen auf dem nassen Gras. In einem Minibach bleiben wir mit dem Hinterrad stecken. Wir schieben ein Stück weiter, dann finden die Reifen wieder Halt. Nach ein paar weiteren Metern haben wir es geschafft, wir sind am südlichsten Punkt Neuseelands, dem sturmumtosten Slope Point, angekommen. Zwischen uns und der Antarktis liegt nur noch ein verwittertes gelbes Blechschild auf einem steil abfallenden Felskliff. Und eine Menge Wasser. Unser unvermeidlicher Wendepunkt, denn von nun an geht es zurück nach Norden.

3. Kapitel: Der Herbst zieht ein

»Viel zu spät begreifen viele die versäumten Lebensziele:
Freude, Schönheit der Natur, Gesundheit, Reisen und Kultur.
Darum, Mensch, sei zeitig weise! Höchste Zeit ist's! Reise, reise!«
(Wilhelm Busch)

Julia: Nach naturreichen Tagen in den Catlins erreichen wir wieder eine Stadt, das von keltischen Einwanderern erbaute Invercargill. Und das auch noch am St. Patricks Day, dem Gedenktag zu Ehren des irischen Nationalheiligen. Die gesamte Stadt scheint Grün zu tragen und wir verbringen einen irisch-authentischen Abend in einem Irish Pub bei Guinness und irischer Livemusik. Wir werden ständig aufgefordert zu tanzen, aber die Radlerbeine sind müde.

Invercargill gilt als eine der windigsten Städte der Welt, bei der Einfahrt steht dieser Wind zum Glück hinter uns. Um diesen ungemütlich klingenden Ruf abzumildern, hat sich Invercargill ein Stadtmotto gesucht. Ein großer Sport auf Neuseeland: Jedes Städtchen sucht sich ein mehr oder weniger sinnvolles Motto. So ist Christchurch die »Stadt der Gärten«. Dass eigentlich kein Tourist die Gärten dort besucht, stört dabei nicht im Geringsten.

Unser derzeitiger Aufenthaltsort Invercargill betitelt sich zurzeit »The Friendly City«, die freundliche Stadt. Bei unserem abendlichen Ausflug per Tandem in die Stadt merken wir davon leider nichts, gnadenlos werden wir von den »boy racern« gejagt, gelangweilten Jugendlichen in monströs aufgemotzten Sportwagen. Besonders beeindruckend: blaue Bremslichter und ein zischendes Geräusch, das entsteht, wenn ausnahmsweise mal die Bremse des Autos betätigt wird. Die Jungs scheinen alle zu oft den Film »The Fast and the Furious« gesehen zu haben, fast täglich berichten die örtlichen Zeitungen von illegalen Rennen und fatalen Unfällen. Dass die Neuseeländer einen eigenen Begriff für diese Sorte Jungen in ihre Sprache aufgenommen haben, gibt das Ausmaß des Problems wieder.

Ein trübender Wermutstropfen auf dem idyllischen Bild Neuseelands: Ein Teil der Jugend sieht wenig Perspektiven, macht die Schule nicht zu Ende, jobbt herum und amüsiert sich bei Trinkgelagen bis zum absoluten Vollrausch. Zumindest stellen es so die Presse und einige Leute dar, mit denen wir näher ins Gespräch kommen.

Mick Jagger soll nach einem Tour-Aufenthalt in Invercargill einen anderen Titel für die Stadt gefunden haben: »Arsehole of the Universe«. Das scheint uns doch ein bisschen harsch geurteilt zu sein. Immerhin ist Invercargill die Heimat von Burt Munro, dem Träumer, der im Alter von 68 Jahren in der Motorradklasse unter 1000 cm³ mit seiner selbst umgebauten Indian und einer Geschwindigkeit von 295,44 Stundenkilometern den noch heute bestehenden Weltrekord aufgestellt hat. Wunderbar charmant von Anthony Hopkins in dem Film »The World's Fastest Indian« dargestellt, der nun in der Tourist-Info von Invercargill gezeigt wird.

Ein weiterer berühmter Einwohner Invercargills ist Henry. Henry ist erstaunliche 111 Jahre alt, schuppig und lebt in einem Terrarium im Southland Museum. Er ist ein Tuatara, ein Mini-Dinosaurier, das älteste lebende Exemplar seiner Art, und trotz seines hohen Alters noch sehr liebebedürftig. Deshalb stellen seine Wärter ihm gleich drei Weibchen im Gehege zur Verfügung, um die Fortpflanzung der Spezies zu sichern. Aber anstatt froh zu sein, als Greis überhaupt noch jemanden abzubekommen, ist er auch noch wählerisch. Erst nach mehreren Anläufen kann er sich für eine fesche, 40 Jahre jüngere Echsendame namens Mildred begeistern. Und kaum sind seine elf Nachfahren geschlüpft, schaut er sich nach einer neuen Dame um. Der Hugh Hefner der Echsen.

Stefan: Zehn Uhr morgens im Southern Comfort Backpacker Hostel. Ein deutsches Mädchen sitzt alleine beim Frühstück und wirkt etwas verlassen. Als wir auf der Bildfläche erscheinen, freut sie sich sichtlich über die Gesellschaft. »Bist du alleine unterwegs?« »Nein, ich bin nach dem Abi für ein Jahr mit einer Freundin auf Neuseeland unterwegs, aber die hat sich jetzt in einen Australier verknallt, an dem sie jede Sekunde hängt. Wir teilen uns auch ein Zimmer, aus dem ich vertrieben wurde, damit die beiden sich ungestört vergnügen können.« Sie guckt ein bisschen traurig, abgeschoben von der besten Freundin für einen dahergelaufenen Typen. Stunden später taucht das Liebespaar auf. Moment, das Mädel kennen wir doch? »Flitzi, hallo, erkennst du uns?

Wir haben dich in Kaikoura getroffen!« Sie nickt uns kurz freundlich zu, dann wandert ihr Blick wieder zu ihrem Lover, ihre Hände streichen träumerisch über sein Gesicht. Der starrt debil grinsend vor sich hin und hat bei wohlwollender Beschreibung urwüchsigen Charme und derben Sex-Appeal in seinem Zustand leicht bedröhnter Lässigkeit mit zielgerichteter Paarungswilligkeit. »Hallo« sagt er nicht, aber mir zwinkert er verschwörerisch zu: »Redheads are the best, man!« Die beiden Freundinnen werden nicht mehr lange zusammen reisen, Flitzi will mit ihrem Typen das restliche Auszeit-Jahr in seiner Heimat Australien verbringen.

Nach ausgiebigem Studium des Wetterberichts, es könnte ja überraschenderweise gutes Wetter auftauchen, entscheiden wir, so schnell wie möglich nach Nordwesten zu fahren. Über die Städtchen Lumsden und Kingston soll es in Richtung Tourismus-Zentrum Queenstown und damit wieder in wärmere Temperaturen gehen. Zeit, aufzubrechen und in Zweisamkeit drei Tage dem Gegenwind die Stirn zu bieten.

Eskimos haben angeblich Dutzende Ausdrücke für Schnee. Radfahrer müssten eigentlich einen ähnlich großen Wortschatz für Wind haben, aber besonders viele Varianten gibt es nicht. Es gibt Rückenwind, Seitenwind und Gegenwind. Und von Letzterem haben wir mehr als genug, als wir in den nächsten Tagen im Schneckentempo Weinberge, geschichtsträchtige Dörfer, hochalpine Schaffarmen passieren und die zum Weltnaturerbe erklärten Naturlandschaften der Southern Lakes Region durchqueren. In Erinnerung bleibt uns: Jeder Gegenwind ist zu viel Wind.

Recht ausgelaugt kommen wir in Queenstown an und werden mit Sonne, sommerlichen Temperaturen und einem Gastaufenthalt bei den Amerikanern Lyman und Olga in ihrem wunderschönen Landhäuschen belohnt. Die beiden wohnen die Hälfte des Jahres auf Rhode Island; wenn es dort Winter ist, ziehen sie nach Neuseeland. Lyman ist erfolgreicher Architekt, Olga passend dazu Immobilienmaklerin. So wundert es nicht, dass sie in einem bei Queenstown gelegenen kleinen Tal ein idyllisches Plätzchen auf einer begrünten Anhöhe nahe des Lake Hayes und des nicht ganz so überlaufenen Ortes Arrowtown für sich gefunden haben. Ein großes Landhaus für sie beide, zwei kleinere Cottages für ihre Gäste, zu denen wir dank Lymans Einladung gehören. Auch er hat von uns in der Radzeitung »Adventure Cyclist« gelesen und uns eine Einladung geschickt. Im Kühlschrank stehen Milch und

Muffins bereit, draußen zwitschern die Vögel in den dichten Büschen, das Fenster im Wohnzimmer gibt den Blick frei auf den Coronet Peak, den 1649 Meter hohen Berg im gleichnamigen Skigebiet.

Gute Nachbarschaft wird in diesem dorfähnlichen Zusammenleben ernst genommen. Als Olga beim Kauf von neuen Topfblumen in der Gärtnerei erzählt, dass sie eine passionierte Strickerin ist, aber mit einem bestimmten komplizierten Muster nicht zurechtkommt, schickt die Verkäuferin am nächsten Tag ihr Mütterchen bei Olga vorbei, das wieder Ordnung in das Strickwerk bringt.

Im mondänen Urlaubsort Queenstown selbst denkt keiner ans Stricken. Dazu bleibt keine Zeit. Die Stadt am prächtigen Lake Wakatipu ist die viel gerühmte Abenteuermetropole Neuseelands. Der legendäre A. J. Hackett testete 1986 erstmals ein elastisches Gummiseil, an dem befestigt ein Mensch zum Spaß von einer Brücke sprang, und bot wenig später hier in Queenstown die ersten kommerziellen Sprünge an. Das Bungee-Jumping war erfunden. Damit aber nicht genug. Bill Hamilton, ein Farmer aus der Gegend, wollte die flachen und reißenden Flüsse in der Gegend um Queenstown mit dem Boot befahren. Kein Boot war dafür geeignet, also baute er einfach ein passendes: Das Jetboat mit Propellerantrieb war geboren. Ein typisches Beispiel für die Erfindungsgabe der Neuseeländer. Sie selbst bezeichnen ihren Einfallsreichtum als »Nr. 8 Wire Kiwi Ingenuity«: Es gibt nichts, was man nicht mit einem Stückchen Draht der Stärke 8 hinbekommen könnte. Die Jetboats röhren heute mit Touristen beladen im Dauereinsatz durch die engen Canyons.

Die bunten Schilder der 10 000 örtlichen Tourenveranstalter bieten den Abenteuertouristen noch mehr an: Mountainbiking, Heli-Skifahren und Jeep-Touren ins Land von »Herr der Ringe«. Der neuseeländische Regisseur Peter Jackson hat die meisten Drehorte für seinen Film in dieser Gegend angesiedelt. Fans werden das Nebelgebirge, Isengard, die Bruinenfurt, Lothlórien, Rohan und die Säulen der Argonath wiedererkennen. Der Standort Queenstown war sicherlich gut gewählt: Hier findet man zerklüftete Gebirgsketten, eine raue und wilde Küste, goldfarbene Hügel und kristallklare Seen auf engem Raum. Ein besonderes Bonbon für die Damenwelt: Wer hier übernachtet, hat die großartige Chance, im gleichen Bett zu liegen, in dem einst der noch eher unbekannte Orlando Bloom genächtigt hat, der im Film den Elfen Legolas spielt.

Mittlerweile haben auch die Luxus-Busreiseveranstalter die Stadt entdeckt und Golfplätze und Nobelrestaurants sprießen wie Unkraut aus dem Boden. Schwierig dürfte es für den Besucher sein, seinen Aufenthalt lang genug auszudehnen, um alles auszuprobieren. Und noch schwieriger, alles zu finanzieren.

Abends sprechen wir bei einem Glas Sauvignon Blanc unsere Gastgeber auf den Bauboom an. »Noch ein paar Jahre, und es findet sich kein unbebautes Stück Land mehr rund um den Lake Wakatipu, wenn hier so weitergemacht wird«, führt Lyman aus, der für ein bisschen Ruhe in seinem Terrain kämpft. »Wisst ihr, da kommen meine Nachbarn bei uns vorbei und fragen, ob es uns stört, wenn sie hinter unserem Haus am Fuße des Hügels ein neues Haus bauen würden. Ich sagte, klar, macht doch, wenn es euch nichts ausmacht, dass ich benzingetränkte Heuballen zu euch herunterrollen lasse. Die haben vielleicht geguckt.« Der friedliche Lyman schüttelt sich vor Lachen aus und Olga schenkt uns nach. »Was macht ihr denn eigentlich morgen?« Ein bisschen schäme ich mich – aber ich gebe ihr gegenüber zu: Weich gekocht von Wind und Hügeln, haben wir uns eine organisierte Bustour in den wilden Fiordland National Park mit seiner Hauptattraktion, den Milford Sound, gebucht.

Julia: Mit einem seligen Lächeln, das keiner so recht deuten kann, sitzen wir im Bus. Normalerweise sind wir keine Fans von geführten Bustouren, aber diesmal genießen wir es, einfach durch die Gegend geschuckelt zu werden. Kein eigener Kraftaufwand nötig, keine Entscheidungen treffen, für einen Tag der Himmel, auch wenn wir nicht richtig in die »Hey, wir sind alle gut drauf«-Stimmung unserer Spiel-Spaß-und-Spannung-Reisegruppe passen.

Fiordland liegt in der am dünnsten besiedelten Region Neuseelands. Eine seiner größten Städte ist Te Anau mit etwa 2000 Einwohnern. Es ist mit circa 4000 Fremdenbetten Zentrum des Tourismus. Zum größten Teil beherbergt der Landstrich jedoch kaum erschlossene Wildnis. Der nördliche Bereich des Parks ist als »Wilderness Area« ausgewiesen und darf überhaupt nicht betreten werden. Große Teile im südwestlichen Park dürfen zwar offiziell von Menschen betreten werden, sind aber so schwer zugänglich, dass es sich bei ihnen faktisch auch um Wilderness Areas handelt. Bis in die 1970er-Jahre hinein galten einzelne Täler immer noch als völlig unerforscht.

Der 1952 eingerichtete Fiordland-Nationalpark ist mit über 12 500 Quadratkilometern Fläche der größte Nationalpark Neuseelands. Seit 1990 gehört das Gebiet zum Weltnaturerbe der UNESCO. Während der Eiszeiten bildeten sich massive Gletscher, die tief in die Berge einschnitten und diese abschliffen. Dabei entstanden die 14 später vom Meerwasser gefüllten Fjorde des Nationalparks, die bis zu 40 Kilometer ins Binnenland reichen. Der Milford Sound ist als einziger dieser Fjorde über eine gute Straßenverbindung erreichbar.

In den Fjorden leben unter anderem Dickschnabelpinguine und neuseeländische Seebären, die sich vom Tourboot aus beobachten lassen. Über uns kreisen Vertreter der zahlreichen seltenen Vogelarten, während das Schiff aus dem Fjord auf das offene Meer hinausfährt. Ein berauschender Moment, ich fühle mich unheimlich klein gegenüber dieser gewaltigen Natur.

Menschliche Bewohner sind hier selten. Es gibt nur sehr wenige, die dauerhaft der Natur trotzen. Besonders gefällt mir die Geschichte von Murray Gunn, dem letzten Angehörigen einer Familie, die abgeschieden im Fiordland-Nationalpark lebte. Nun war Murray schon 82 Jahre alt geworden und hatte seit fast 20 Jahren seinen kleinen Wildnis-Campground nicht verlassen. Um seinem Leben ein wenig Würze zu geben, organisierte er – unter Einsatz massiver Werbung und erheblicher Geldmittel – ein Nudisten-Wochenende in seinem Camp. Das Interesse war groß, doch leider regnete es an diesem Tag in Strömen und der Event fiel ins Wasser. Ein schwerer Schlag für Murray, ein neues Festival kam nie mehr zustande.

Stefan: Viele Menschen haben eine schräge Leidenschaft. Es gibt Menschen, die lesen stundenlang auf dem Klo. Andere trennen mit der Passion eines Liebhabers Müll. Ich wiederum liebe es für mein Leben, mit dem Rad durch Wasser zu fahren. Noch heute schlägt mein Herz höher, wenn ich daran denke, wie ich als kleines Kind auf meinem Fahrrad Anlauf genommen habe und mit vollem Schwung und hochgezogenen Beinen durch die größten schlammigen Pfützen gerollt bin. Noch besser ist es natürlich, wenn es sich um fließendes Wasser handelt.

Im Goldgräberstädtchen Arrowtown, wo viele Jeep-Touren durch das Land des »Herrn der Ringe« starten, fahren die Geländewagen als Erstes durch den nahen Arrow River. Schließlich will man den zahlenden Touristen etwas bieten. So sind zahlreiche Furten durch den Fluss und seine Nebenarme entstanden – ein Traum für mich. Julia sieht den Reiz, mit einem bepackten Rad durch einen Fluss zu fahren, unverständlicherweise nicht auf den ersten Blick. Nach etwas Überzeugungsarbeit und Bestechung durch das Versprechen auf einen großen Latte macchiato nach vollbrachter Tat geht es los.

Die Spaziergänger im lieblichen Gehölz unweit des Flusses und Jeeptouristen staunen nicht schlecht, als wir mit unserem Schwertransport auf eine circa fünf Meter breite, seichte Stelle am Uferrand zurollen. Verlässlich wie immer zieht die Schwerkraft uns die kleine Böschung zum Gewässer hinunter und mit einem freudig seufzenden Gurgeln taucht das Vorderrad in den Fluss ein. Wie in Zeitlupe sehe ich das Wasser über die Felge fließen, sich schäumend an den Speichen brechen. Als der Hänger unseres »Long Vehicle« ins Wasser einfährt, bin ich auf der anderen Seite fast schon wieder draußen. Ein paar Steine tauchen im Flussbett auf und wir geraten – begleitet von einem Schreckensquieken von Julia – etwas aus der Balance. Zum Glück können wir das Rad abfangen und kommen vollständig auf der anderen Seite an. Die Jeep-Insassen applaudieren und wie damals als Kind nach geglückter Pfützendurchfahrt rufe ich: »Noch mal, noch mal!« Und das tun wir, diesmal haben wir jemandem unsere Kamera in die Hand gedrückt, das muss dokumentiert werden! Wir fahren noch etliche Male durch den Fluss – danach spendiere ich Julia ihren Latte macchiato und kaufe ihr vor lauter Dankbarkeit noch ein gigantisches Stückchen Schokotorte dazu.

Dann machen wir uns auf, denn es erwartet uns ein wahrer Höhepunkt – die Überquerung der Crown Range, des höchsten asphaltierten Passes in Neuseeland. Lyman stößt auf seinem Rennrad dazu und gemeinsam greifen wir die Steigung an. Das Schild »Anhänger verboten« ringt uns ein schwaches Lächeln ab. Serpentine um Serpentine winden wir uns nach oben, Lyman ist auf seinem leichten Rennrad bald vorneweg aus unserem Blickfeld geraten. Für mich fühlt es sich jedoch so an, als ob er auf unserem Anhänger sitzt und uns bremst, so steil ist die Straße.

Wir erreichen nach vielen Serpentinen einen Aussichtspunkt mit Parkplatz, wo wir ihn wieder treffen. Julia reibt an ihrem Bauch und verkündet, dass Schokotorte überraschenderweise nicht die optimale Sportlernahrung ist. Lyman kontert mit einer kleinen Anekdote: Er war vor einigen Tagen beim Radladen seines Vertrauens und fragte den Mechaniker, ob man ihm nicht eine bessere Schaltung einbauen könne, damit er die Berge besser hochkomme. Die trockene Antwort: »Die Schaltung ist optimal – ich würde einen höheren Fitnessgrad vorschlagen.«

Lyman verabschiedet sich von uns, er traut sich den ganzen Pass nicht zu. Wir umarmen unseren Gastgeber und winken ihm nach. Als wir in die Pedale treten, ruft eine aufgetakelte Frau in mittlerem Alter aus ihrem Auto heraus entzückt: »Welch' perfekte Harmonie, schau, wie gleichmäßig die beiden treten.« Wir nicken ihr freundlich zu und verraten ihr nicht, dass eine Kette dafür sorgt, dass Captain und Stoker immer im gleichen Rhythmus treten. Ob sie wollen oder nicht.

Endlich hören die Serpentinen auf und es geht in einem Hochtal etwas flacher weiter. Die Luft ist klar, der Himmel blau und ich freue mich, nach der Bustour wieder auf dem Tandem zu sitzen. Den 1076 Meter hohen Pass haben wir auch verdient – als Buße für den benzinlastigen Ausrutscher. Die Strecke war bis vor wenigen Jahren noch unasphaltiert, auch heute wird sie nur von Touristen und den wenigen Schäfern hier oben benutzt. Ein uns entgegenkommender Jeep hält extra an, damit der Fahrer uns vor der Straße warnen kann: »Wisst ihr, wie steil es noch wird?«

Mittlerweile sind wir schon drei Viertel der Passstraße hochgefahren und bis jetzt war es anstrengend, aber nicht zu schlimm. Um uns herum wachsen weit und breit keine Bäume mehr, es gibt nur noch widerstandsfähiges braungrünes Tussockgras und Steine. Die neuseeländischen Alpen zeichnen sich scharf in den azurblauen Himmel.

Doch dann stellen wir fest, dass der Jeep-Fahrer mit seiner Warnung recht hatte. Die letzten Kilometer bis zur Passhöhe werden immer steiler, wie verzweifelt winden wir uns mit der Straße nach rechts und links, aber es hilft nichts, wir kommen kaum voran. Mittlerweile fahren wir abwechselnd im Stehen und der Pulsschlag dröhnt wie Glockenschlag in meinem Kopf. Der »Omagang« hilft auch nicht mehr. Ein paarmal halten wir kurz an, um Atem zu holen und einen Schokoriegel einzuschieben. Beim Weiterfahren verrät der Tacho mir eine Steigung von 17 Prozent und eine Geschwindigkeit von rekordverdächtig lahmen 3,5 Stundenkilometern. Ich starre auf die Straße, versuche das Gleichgewicht zu halten und Meter für Meter fahren wir schwankend auf die Passhöhe zu. Die letzten Minuten ziehen sich wie Stunden, die Kräfte sind am Ende – dann stehen wir vor dem Gipfelstein. Keine Finish

Line oder jubelnde Massen, aber eine Bronzeplakette weist darauf hin, dass wir uns auf der höchsten asphaltierten Straße Neuseelands befinden. Wir lehnen das Tandem vor Anstrengung zitternd an den Stein und ziehen die Windjacken über, hier oben pfeift ein kühles Lüftchen. Wir blicken zurück auf die Straße, die sich heraufwindet, in der Ferne schimmert der Lake Wakatipu. Geschafft, der ermutigende Geist, der uns immer wieder anspornend zuflüstert: »Los, das schaffst du noch, du bist beinahe da«, hat über das körperliche Teufelchen gewonnen, das uns zuraunte: »Hey, dreh doch einfach um, das muss heute doch gar nicht sein, und morgen nehmt ihr einen einfacheren Weg.« Nichts da, wir haben gesiegt!

Da wir völlig nass geschwitzt sind und uns nicht erkälten wollen, fahren wir bald weiter. Ein Schild zeigt an, dass wir 40 Kilometer Abfahrt vor uns haben. Heute Morgen die Furten und jetzt eine ewige Abfahrt – die Götter meinen es gut mit mir! Schnell nehmen wir Fahrt auf und zirkeln an einem Wildbach entlang mit über 50 Stundenkilometern durch die Kurven. Eine Achterbahnfahrt – nur nicht so schnell vorbei.

Julia: Der Tag endet für uns im Ferienort Wanaka. Vor zehn Jahren war Wanaka das Queenstown des armen Mannes. Nur ist der arme Mann jetzt reich, falls er seine geringen Einkünfte in Grund und Boden investiert hat. Wir verordnen uns zwei Tage Pause, zum einen steht mal wieder der Wind gegen uns, zum anderen brauchen wir dringend ein wenig Zeit, die vielen Eindrücke zu verarbeiten.

Unser Heim schlagen wir im Bella Vista Motel auf. Es zeichnet sich dadurch aus, dass es die günstigsten Preise und eine schöne Aussicht auf den Hinterhof mit Parkplatz hat. Der Motelbetreiber hat riesige Hände und ist äußerst misstrauisch, weil wir im Gegensatz zu allen anderen Gästen den ganzen Tag auf dem Zimmer bleiben. Wenn ich schon einmal vier Wände habe, will ich die auch nutzen. Internet gibt es auch und wir wollen ja gar nichts erleben in diesen zwei »Aus-Tagen«. Unverständlich für ihn.

Während dieser zwei Tage erfährt unser Tandem eine weitere Vermenschlichung, wir taufen es feierlich »Saphira«. Weil es, pardon, ab heute: sie, so schön blau ist.

In den folgenden vier Tagen mit ihren knapp 300 Kilometern, auf denen wir kaum Menschen begegnen und streckenweise 80 Kilometer ohne jegliche Zivilisation hinter uns bringen, heißt es dann zurück zum Zelten. Die Zeltplätze auf Neuseeland sind bestens ausgestattet, aber es gibt natürlich ein paar schwarze Schafe. Einem davon begegnen wir in Makarora. Der Ort besteht aus einer Tankstelle mit angeschlossenem Restaurant, einem Visitor Center und eben jenem selbst ernannten Wildnis-Campground, der Hotelpreise verlangt. Die Duschen und Klos sind verwahrlost, der Stellplatz für Zelte lieblos, doch den Titel als »mieseste Absteige« verdient er sich erst damit, dass im Gemeinschaftsessraum Mäuse hausen, die sich mit Vorliebe in den Küchengeräten und vor allen Dingen im Toaster aufhalten. Mit dem Wissen der Betreiber, die darauf hinweisen, man sei hier eben in der Wildnis.

Der Ort Haast ist unsere nächste Station und Startpunkt unserer Fahrt an der Westküste mit ihrem satten Regenwald. Die Stimmung ist mystisch, vor allem als es anfängt zu regnen.

Stefan: Wir gewinnen an der Westküste schnell neue Freunde. Leider sind sie uns nicht freundlich gesinnt und stechen einen bei jeder erdenklichen Gelegenheit – Sandflies. Unzählige dieser Spezies stürzen sich wie blutrünstige Geier bei jeder Pause auf uns. Julia mögen sie noch lieber als mich, was mich in diesem Fall nicht sonderlich traurig stimmt. Außerdem ist es gerecht, schließlich stechen auch nur die weiblichen Mücken. Sollen die Frauen mal unter sich bleiben.

Die Lösung scheint einfach – immer Radeln und die Pausen in Cafés verlegen. Es gibt an der Westküste allerdings über weite Strecken keine Cafés, was den unglaublich einfallsreichen Plan vereitelt. Also sieht eine Pause ungefähr so aus: mehr oder weniger eine Vollbremsung machen und hektisch die Windjacken und langen Hosen anziehen. Dann Mückenspray, es hilft nur hochprozentiges DEET, auf Kopf und Hände sprühen.

Die ersten Angreifer kommen. Mit wilden Flüchen schnell das Brot aus dem Anhänger kramen und dann mit dem Essen in der Hand unentspannt auf und ab spazieren. Dabei das Bedürfnis, sich hinzusetzen, ignorieren und immer aufpassen, sich nicht zu verschlucken. Also Entspannung pur, genau, wie wir es uns vorgestellt haben, gepflegt mit schöner Aussicht picknicken. Nach würdelosem Verschlingen folgt der Beziehungstest: schnell die Sachen wieder ausziehen und losfahren. Lästigerweise ist immer einer von uns beiden eher fertig, sitzt um sich schlagend schon auf dem Tandem und ruft: »Nun mach endlich, Schatz«, und dann, circa drei Sekunden beziehungsweise eine gefühlte Ewigkeit später: »Sag mal, was zum Teufel machst du da noch!?« Die Fahrt geht weiter und den nächsten Kilometer verbringen wir damit, die blinden Passagiere von Bord zu schmeißen und uns die neuesten Stiche aufzuzählen. Das Zählen ist recht schwierig, da Sandflies faul sind und gerne bereits vorhandene Stiche wählen. Unsere Essenspausen beschränken wir also aufs Nötigste. Unlösbar bleibt jedoch das Problem »Pinkelstopp«.

Julia: Die Westküste ist auch berüchtigt für ihren Regenreichtum. Nicht umsonst trägt sie den Spitznamen »Wet Coast«. Die kleinen Orte am Wegesrand geben sich große Mühe, den Touristen auch bei Regen etwas zu bieten. Vor allen Dingen Regenschirme. Selbst die Jugendherberge verleiht große Schirme zusammen mit einem Zettel: »Zehn Dinge, die man im Franz-Josef-Village machen kann, wenn es regnet«.

Ganz recht, hier heißt etwas Franz Josef, es wurde 1865 vom deutschen Entdecker Julius von Haast nach dem Kaiser Franz Josef I. benannt. Sein kleiner, südlich von ihm liegender Bruder nennt sich Fox, nach dem damaligen neuseeländischen Premierminister William Fox. Beides sind neuseeländische Gletscher, die aus den südlichen Alpen gespeist werden. Um sie herum spielt sich der West-Coast-Tourismus ab. Eine einmalige Kombination, Regenwald und Gletscher, die früher einmal bis an die Tasmanische See reichten.

Zwei Tage im Franz-Josef-Village nutzen wir zu einer ausgiebigen Erkundung des massiven Flusses aus Eis. Der Aufstieg zum Franz-Josef-Gletscher führt von den Parkplätzen durch eine märchenhafte, bewaldete Schlucht. Wir wollen zur Gletscherzunge laufen, aufgrund starker Regenfälle ist der Weg nur für erfahrene Wanderer freigegeben. Dazu zählen wir uns und werden mit ein paar Kletterpartien und Flussdurchquerungen belohnt, vorbei an kleinen Seen und Wasserfällen, die an tiefgrünen Hängen herunterrieseln. Der Gletscher selbst ist gigantisch groß und schimmert türkisblau unter seiner Schmutzhaube, sein Schmelzwasser bildet einen reißenden Wildfluss, in den ich nicht hineinfallen möchte.

Abschluss des Tages bildet ein Besuch der Blue Ice Bar. Jeder Backpacker landet hier früher oder später zur Happy Hour. Zum Glück ist es in der Bar schummrig und damit gehen auch wir noch als Jugendliche durch. Um halb drei müssen wir die Segel streichen und lassen die Jüngeren unter sich.

Stefan: Der Geschmack von Rattenfleisch ist überraschend gut. Irgendwie erinnert er an Kaninchen – die Tiere haben vom Körperbau her betrachtet ja auch eine entfernte Ähnlichkeit. Beutelratte ist eine Spezialität an der Westküste Neuseelands. Der Nager auf meinem Teller wurde als kleiner Pie, als Pastete, serviert, die Schenkel gibt es auch gegrillt im Angebot. Unserem Gastwirt Pete gehört das historische Roadkill Café and Bushmen Centre am Highway 6 der Westküste. Er ist als Felljäger groß geworden und serviert neben anderen Spezialitäten hier seinen berühmten Possum Pie.

Die circa 30 Millionen Opossums ernähren sich auch von Pflanzen und vernichten damit ganze Wälder. Wie kann man ihrer Herr werden? Ein ausgiebig diskutiertes Problem auf Neuseeland, dem offensichtlich etliche Einheimische dadurch beizukommen versuchen, möglichst viele Beutelratten mit dem Auto zu überfahren. Die Leichen sehen wir fast täglich auf der Straße. Dementsprechend auch Petes Werbespruch: »You kill'em, we grill'em« – »Ihr tötet sie, wir grillen sie«.

Er und seine Frau sind die einzigen Bewohner des Ortes Pukekura. Justine ist eine blasshäutige Engländerin, ihr frisches, andersartig schmeckendes Blut sei besonders beliebt bei den Sandflies, erzählt sie uns stöhnend. Gerne kommen Busgruppen junger Japaner vorbei, um die Kuriositäten zu sehen. Die Bänke sind komplett mit Rattenfell bezogen. Es werden Videos gezeigt, wie die Ratten gekocht werden. Wenig appetitanregend. »Wisst ihr, was das Highlight für die Asiaten aus den Großstädten wie Singapur ist?«, fragt uns Pete, dessen Gesicht von einem grauen Bart beinahe zugewachsen ist. »Sich auf die kaum befahrene Straße zu legen, wenn es beinahe Winter ist, und davon ein Foto zu machen. Die können einfach nicht glauben, dass es hier keinen Verkehr gibt, und machen Beweisfotos!« Kopfschüttelnd wendet er sich wieder den brutzelnden Rattenschwänzen zu. Und schmiedet Pläne für den Ausbau seines Rattenpasteten-Imperiums. Die komplette Südinsel beliefert er schon.

Julia: Hokitika ist heutzutage ein kleines Städtchen. Die nächste größere Ansiedlung nach Wanaka und Verkehrsknotenpunkt an der Westküste. Früher war der Ort wirtschaftlich bedeutend durch den Bergbau sowie durch die Verarbeitung von Pounamu, einer besonderen Art der Jade. Geschenke und vor allen Dingen Schmuck aus Jade begegnen einem in vielen Läden auf Neuseeland, und kaum eine Reisende verlässt das Land ohne ein Amulett aus Jade um den Hals. Man sollte nur aufpassen, dass es auch aus Neuseeland stammt, findige Geschäftsleute lassen nachgemachten Jadeschmuck aus Plastik in China fertigen und verkaufen ihn als »Authentic New Zealand.«

Die traditionellen Wirtschaftszweige verloren im vergangenen Jahrhundert ihre Bedeutung, die Bevölkerungszahlen gingen zurück. Seit der Jahrhundertwende ist der Ort jedoch wieder für Besucher der Westküstenregion attraktiv geworden. Vor allem für Ökotouristen, die genau wie wir einfach zufrieden sind, am einsamen Strand zu sitzen und den Wellen bei ihrem Spiel zuzuschauen, ohne einen zu großen Fußabdruck in der Natur zu hinterlassen. Und was gibt es Schöneres, als am Strand den Sonnenuntergang zu betrachten? Der Tag war regnerisch, gegen Abend hellt der Himmel auf, doch die Wolken halten sich hartnäckig. Langsam bewegt sich die Sonne Richtung Meer, erst kurz bevor sie hineinstürzt, durchbricht sie die dunklen Gebirge und schminkt den Himmel in den kitschig-schönsten Farben.

Einmal im Jahr rüstet das stille Hokitika auf, dann wird das »Hokitika Wildfood Festival« veranstaltet. Im März strömen dann Tausende Besucher herbei, um besonders ausgefallene Delikatessen zu probieren, die Unterkünfte sind monatelang im Voraus ausgebucht.

Pete mit seinen Possum Pies darf natürlich nicht fehlen, extra zu diesem Anlass schiebt er sich einen kleinen Rattenknochen quer durch seine Nase. Aber man kann auch Ziegenhoden, Gourmet-Gartenschnecken und geröstete Maden, Huhu Grubs, probieren. Den nicht ganz so probierfreudigen Gaumen empfiehlt das Festival Whitebait – die kleinen Fische, die uns schon auf der Nordinsel begegnet sind.

Wenn man den ganzen Tag radelt, spielt neben dem Schlafen das Essen eine große Rolle. Hin und wieder kommt es zur Verrohung der Sitten – erschreckendes Zitat meinerseits: »Ich muss jetzt was fressen« – und zu panikartigen Entwicklungen, wenn nach 40 Kilometern immer noch nicht die versprochene Versorgungsstation auftaucht. Dann schweifen die Augen nur noch fiebrig über den Horizont, ob irgendwo ein Werbeschild zu sehen ist. Rückt das Café endlich ins Blickfeld, folgt der bange Blick, ob es auch geöffnet hat. Werden wir vor Hunger sterben? Dann die große Erleichterung und es ertönt unisono ein Auf-

schrei vom Tandem: »Das ›Open‹-Schild leuchtet, wir sind gerettet!«
Zu unseren Favoriten gehören neben Blaubeermuffins Pancakes mit
Schinken und Banane. Außerdem lernen wir, dass auf einen echten
Kiwi-Burger Rote Bete gehört und gerne auch mal Avocado, selbst bei
McDonalds. An die klassischen Fleischpasteten, Meat Pies, können wir
uns nicht gewöhnen, Blätterteig mit etwas schleimigem Hackfleisch
nehmen wir nur, wenn es absolut nichts anderes gibt. Oder die Pastete
eben Ratte enthält.

Stefan: So reich die Westküste an Sandflies und Regen ist, so üppig ist
sie mit Naturschönheit ausgestattet. Nach Hokitika lassen wir noch die
graue, hässliche Industriestadt Greymouth – der Name ist Programm
– hinter uns. Dann erwarten uns die Pancake Rocks. Diese grandio-
sen Felsformationen, Ablagerungen von Kalk und Mineralien, wurden
von der Meeresbrandung in Jahrmillionen geformt und sehen tatsächlich aus wie ein Haufen aufeinandergestapelter dünner Pfannkuchen,
die von mächtigen Wellen umtost werden. Diese brechen sich an den
zahlreichen Felsnasen, das Wasser wird in Aushöhlungen gedrückt und
spritzt in einem spektakulären Schauspiel als Fontäne in die Höhe.
Blowhole nennt man das.

Ein kleiner, sogar gehbehindertengerecht ausgebauter Rundweg
führt durch die Felsformationen. Mehrere Plattformen bieten einen
direkten Einblick in die tosenden und spritzenden Brandungslöcher.
Hier könnte ich Stunden verbringen, das ist schöner als jedes Kino.
Nur, allzu lange bleibt es im herbstlichen Neuseeland nicht mehr hell,
schon um 18 Uhr ist die Sonne versunken.

Ab Punakaiki führt der Highway direkt an der Küste entlang bis
Westport. Wir befinden uns auf der schönsten Küstenstraße, auf der
wir bisher gefahren sind. Die Herbstsonne verwöhnt uns mit richtig
warmen Temperaturen. Seemöwen spazieren über den feinkörnigen
Sand, und sogar Delfine sind uns vergönnt, zwei Stück, die in perfekter
Harmonie in einer Welle herumspringen. Menschenleere Strände und
aufgewühltes Meer zur linken, zur rechten Seite tiefgrüner Regenwald.
Das Band aus Asphalt schlängelt sich durch einen natürlichen Garten
aus Farnen und großen Palmen. Steigungen gibt es natürlich wieder en
masse, aber das macht nichts.

Mit unserer Ankunft in Westport haben wir die Westküste »geschafft«. Wir drehen den Lenker nach Osten und wollen durch die

Buller Gorge, eine der beeindruckendsten Schluchten Neuseelands, in den sonnenverwöhnten Nordosten nach Nelson und zum Abel Tasman National Park gelangen.

Julia: Was mache ich hier eigentlich?! Seit Stunden bin ich strömendem Regen ausgesetzt, dem auch die Hightech-Regenkleidung nicht mehr standhalten kann. Ich friere erbärmlich, von der schönen Umgebung ist dank eines trüben Himmels und mittlerweile einsetzender Dunkelheit leider nichts zu sehen. 50 Zentimeter entfernt sitzt mein geliebter Gatte Stefan, dem es auch nicht viel besser geht als mir, wobei er noch versucht, mich aufzuheitern und zum Durchhalten zu bringen. Wie bin ich von meinem Bürostuhl in Frankfurt auf den hinteren Sitz eines Tandems gekommen, das gerade durch einen Sturm auf Neuseeland fährt?

Im Gegensatz zu Stefan fing meine Radbegeisterung erst richtig an, als ich mit ihm zusammen war. Okay, zu meinen Schulzeiten bin ich auch schon geradelt, und am Wochenende gab es einige Radausflüge. Weiter ging es aber nicht, irgendwie machte das keiner meiner Freunde und ich kam von alleine auch nicht darauf. Ursprünglich aus dem Norden, zog es mich der Karriere wegen 1998 nach Frankfurt. Hier kaufte ich mir begeistert ein Mountainbike, fest entschlossen, ein richtiges Training im Taunus anzufangen. Dummerweise wurde mir das gute Stück schon eine Woche später geklaut.

Zu dieser Zeit arbeitete ich in einer kleinen aufstrebenden Tochtergesellschaft der größten deutschen Bank, wo jeden Monat neue Kollegen eingestellt wurden, davon viele junge Leute. Einer von ihnen fragte mich, ob ich nicht Lust hätte, mit ein paar Leuten zu einem Konzert der »Ärzte« zu gehen. Dabei war auch Stefan, fröhlich kam er um die Ecke, in Lederhose und schwarzem Sweatshirt. Als er so strahlend lächelnd auf mich zukam, war es auch schon passiert, ich hatte mich in ihn verguckt. Sehr schnell verbrachten wir jede freie Minute zusammen.

Stefans Eltern besitzen ein Tandem, und bei unserem ersten Besuch bei ihnen machten wir einen Ausflug damit. Und genauso wie wir uns sofort ineinander verliebt hatten, waren wir gleich Feuer und Flamme fürs Tandemfahren. So wünschten wir uns zu unserer Hochzeit im folgenden Jahr ein Tandem und verbrachten jeden Urlaub darauf, egal, ob in Deutschland, Norwegen oder in der Schweiz. Außerdem fuhr ich nun täglich mit dem Rad zur Arbeit, auch im feinen Kostüm.

Welch eine positive Veränderung! Anstatt mich abends über die mal wieder verspätete S-Bahn zu ärgern, entspannte ich sofort, wenn ich mit dem Fahrrad aus der Tiefgarage fuhr. Anstatt meine am Tag durch den Stress aufgebauten negativen Energien durch die Benutzung des öffentlichen Nahverkehrs noch weiter anzustauen, stieg ich aufs Rad und sofort löste sich die Anspannung. Durch die Beziehung mit Stefan wurde mir auch klar, dass es mehr als die Arbeit und dass es eine ganz andere Welt zu entdecken gibt. Ich wusste, dass Stefan schon immer vorgehabt hatte, um die Welt zu radeln, diesen Traum aber aufgegeben hatte, als er mich kennenlernte. Er konnte ja nicht damit rechnen, eine verwandte – wenn auch noch schlummernde – Seele gefunden zu haben.

Doch 2004 war es so weit, ich fragte ihn, ob er mit mir auf große Tour gehen möchte. Und natürlich sagte er »Ja«!

Stefan: Regen fällt. Seit Stunden. Kopfschmerzen plagen uns und die Buller Gorge nimmt kein Ende. Der Herbst in Neuseeland bringt die erste Grippewelle mit sich und bei uns melden sich die Boten einer Erkältung gerade auf einer besonders öden Fahrt bei Temperaturen im einstelligen Bereich. Angebot der Woche im Baumarkt: Heizkörper aller Art. Sollen wir uns einen für das Zelt kaufen?

Wir folgen schon den ganzen Tag einem Flusslauf ins Gebirge, ständig geht es auf und ab. Allzu viel sprechen wir nicht, aufgrund der Halsschmerzen. Besonders viel gibt es aber auch nicht zu sagen, grau und quälend langsam zieht die »grandiose Schluchtenlandschaft« an uns vorbei. Genau jetzt ist der Zeitpunkt gekommen, an dem wir in Deutschland einen Besuch bei unserem Hausarzt in Erwägung gezogen hätten. In diesem Fall wären wir mit schlechtem Gewissen – wird die Bank ohne unser Zutun überleben – zu Hause geblieben und hätten heiße Milch mit Honig getrunken und »King of Queens« geguckt oder über die Niveaulosigkeit der Gerichtssendungen gestaunt. Jetzt jedoch liegen noch einige Stunden Radfahren vor uns, an der Strecke gibt es keine Herberge, wo wir uns einquartieren könnten, und ein Rettungshubschrauber wäre vielleicht etwas verfrüht.

Wir machen nur eine kurze Pause im miserablen Ganzkörperregenkondom-Look mit Moskitonetz auf dem Kopf – Hundertschaften von Sandflies nutzen uns als Landefläche und greifen trotz Regen sofort an. Weiter geht es. Aufgrund unserer geschwächten Körper sind wir zu langsam und die Dunkelheit zieht über uns. Endlich erreichen wir Murchison, unser Ziel, und buchen gleich für mehrere Tage ein Motel. Krankenaufenthalt in einem Kaff irgendwo in Neuseeland. Das Fernsehprogramm ist genauso stumpfsinnig wie in Deutschland, aber die Gerichtssendungen fehlen. Wir vermissen in Momenten wie diesen unsere Wohnung, einen Ort des Rückzugs. Wir freuen uns wie die Kinder über jeden Eintrag im Blog und jede E-Mail – ein einsamer Moment auf der langen Reise, zum Glück geht es uns nach ein paar Tagen wieder besser – und die Sonne des Indian Summer scheint wieder über die grandiose Schlucht des Buller River, als wir endlich weiterfahren können.

Julia: Nach den nicht eingeplanten Krankheitstagen im Bett beschließen wir, den Abel Tasman National Park und die Gegend um Nelson mit dem Auto zu erkunden, da wir die Fähre zur Nordinsel nicht länger hinausschieben wollen. Das Autofahren ist für zwei Tage ganz nett, aber die Gegend rauscht viel zu schnell an mir vorbei. Immerhin kommt man die Hügel verdammt flott hinauf! Trotzdem, mit einem Auto anzukommen, heißt für mich unbefriedigt anzukommen. Wir haben nichts geleistet, als ein bisschen die Arme und Füße zu bewegen. Geschützt von Glas und Stahl, kann man die Natur nicht richtig spüren. Kein Kontakt mit der harten Realität des Asphalts, kein Luftzug, kein Wahrnehmen von Vögeln, kein Wind im Gesicht, kein Treten der Füße, kein Hintern wund vom Sattel. Getroffen und kennengelernt haben wir auch niemanden.

4. Kapitel: Der Weg zurück

»Egal, in welche Richtung deine Partnerschaft sich entwickelt,
Tandemfahren wird sie dorthin beschleunigen.«
(Weisheit eines Tandemhändlers)

J **ulia:** Heute verlassen wir die Südinsel. Auf der Fähre wird unser liebes Tandem neben riesige Trucks gequetscht, auf einmal wirkt es richtig klein. Wir kommen im Dunkeln in Wellington an, was meine schwermütige Stimmung noch verstärkt. Ich verlasse die Südinsel sehr ungern, auch wenn es dort langsam richtig kühl wurde, denn die Ankunft auf der Nordinsel heißt für mich zugleich Abreise, an die ich noch nicht denken will. Nur sind 14 Tage bis zum Abflug leider nicht mehr viel, und als wir den Hafen von Wellington erreichen, wird mir das auf einmal sehr klar.

Viele andere Passagiere sind Neuseeländer, die von ihrem Urlaub zurückkehren und fröhlich in Empfang genommen werden. Wir hingegen schieben unser Gefährt durch den Feierabendverkehr und beziehen einen sehr großen, sehr anonymen Backpacker, wie er für die wenigen Großstädte Neuseelands typisch ist, heißt: nicht gerade gemütlich und mit einer Bar, in der alle besoffen herumgrölen.

Ich fühle mich sehr, sehr allein, obwohl Stefan bei mir ist. Die Stadt kommt mir nach den vielen gemütlichen kleinen Orten auf der Südinsel grau und kalt vor, die Menschen laufen hier viel schneller und es wird weniger gelächelt. Wir holen uns noch Essen im Supermarkt und ziehen uns aufs Zimmer zurück, das nicht beheizt ist und dessen Temperatur ziemlich genau meiner Stimmung entspricht.

Der nächste Morgen beginnt mit Regen und einer Fahrradreparatur. Dann stromern wir in die Stadt und ich kann ausnahmsweise einer meiner ehemaligen Lieblingsbeschäftigungen nachgehen: einem ausgiebigen Schaufensterbummel. Als ich mich zum Spaß von einem sehr hippen Verkäufer von Kopf bis Fuß in die neuesten Trends hüllen lasse, kommt mir mein Spiegelbild sehr fremd vor und auch Stefan erkennt mich kaum. So sah ich vor ein paar Monaten noch jeden Tag aus? Sehr chic, aber irgendwie nicht mehr ich, so sehr haben wir uns an Rad- und Outdoorbekleidung gewöhnt.

Als der Abend, für meinen Geschmack zu früh, mit eisigem Wind und tiefer Dunkelheit einzieht, verdüstert sich auch wieder meine Stimmung. Ich habe seit einer Ewigkeit keine E-Mails oder SMS-Nachrichten von den Freunden bekommen, jeden Tag fragen wir gierig unsere Mailbox ab, finden darin jedoch nur Werbung oder Organisatorisches wie unseren neuesten Flugplan nach Hawaii. Ist es nun so weit? Nach gut drei Monaten haben sich alle daran gewöhnt, dass wir nicht mehr da sind und es wird nicht mehr so oft an uns gedacht? Oder ist es einfach nur so, dass alle denken, wir hätten doch mehr Zeit als alle anderen Berufstätigen und wir seien diejenigen, die sich melden sollen, ja, melden müssen, damit der Kontakt erhalten bleibt? Stefan tut sein Bestes, um mich aufzuheitern. Zum Glück sind wir bis jetzt noch nicht gleichzeitig in solch ein Loch gefallen, von dem ich objektiv weiß, dass es normal ist, wenn man so lange auf Reisen ist und keine wirkliche Heimat hat.

Wir gehen wieder in unseren Backpacker und ziehen uns aufs Zimmer zurück. Morgen ist ein neuer Tag, und vielleicht sieht es dann schon wieder anders aus. Bei Stefan im Arm zu liegen, ist derzeit nun mal mein einziges Zuhause.

Stefan: Vor der Kälte geschützt fühle ich mich vor allem in den Cafés von Wellington, wo wir uns »mental« auf die letzten gut 500 Kilometer durch das Hochland der Nordinsel nach Auckland vorbereiten und noch die letzten Viren absondern. Ein Café ist für mich meine Heimat oder zumindest mein Wohnzimmerersatz geworden. Ich kann einen oder gerne auch mehrere Kaffees trinken, die lokale Tageszeitung lesen, essen, vor mich hin träumen oder die anderen Gäste bei ähnlichen Tätigkeiten beobachten. Ich fühle mich sicher und wohl unter den freundlichen Fremden, für die ich unbekannt, aber immerhin wahrnehmbar bin.

Am nächsten Morgen ruckelt pünktlich um 7.25 Uhr die Lokomotive des Overlander-Zuges aus dem Hauptbahnhof von Wellington hinaus. Eine Zugfahrt in den Tongariro-Nationalpark im Herzen der Nordinsel steht für uns auf dem Programm. Dort angekommen, lassen wir das Tandem noch einmal stehen und ziehen die Wanderschuhe an, um das berühmte Tongariro Crossing zu unternehmen, werbeträchtig als die schönste Eintageswanderung der Welt bezeichnet. Wir werden nicht enttäuscht: Eine bizarre Welt aus Vulkangestein und Schwefeldämpfen erwartet uns. Aktive Vulkane, blaugrüne Seen und weite Aussichten bis zum uns schon bekannten Mount Taranaki.

Der Marsch auf den Tongariro, einen der drei großen Vulkane des Zentralplateaus der Nordinsel, führt uns durch verschiedene Vegetationszonen. Zunächst durch schwarze Mondlandschaft. Nach steilem Aufstieg geht es am Vulkan Ngauruhoe vorbei, dem Schicksalsberg der »Herr der Ringe«-Verfilmung, aus dessen Gipfel unablässig eine Dampfwolke aufsteigt. Auch an einigen Stellen am Gipfel des Tongariro dampft der Boden, der hier warm ist wie ein Heizkissen. Die aktiven Vulkane sind Ehrfurcht gebietend und schimmern in den erstaunlichsten Farben. Beim Abstieg passieren wir smaragdgrüne Seen, bevor sich schließlich der Weg flacher durch dichten Regenwald zieht. Eine unglaubliche Vielfalt von Landschaften drängt sich auf 17 Kilometern und 1000 Höhenmetern während der acht Wanderstunden. Wir müssen feststellen, dass beim Wandern andere Muskeln benötigt werden als beim Radfahren, die platten Füße und den kräftigen Muskelkater spüren wir noch tagelang.

Den Anhänger verschrotten wir hier, nachdem seine Zugstange einfach durchgebrochen ist. Damit hat er sich als vollkommen ungeeignet für eine lange Tour gezeigt. Wir arrangieren unser Gepäck neu und packen alles direkt auf unser Tandem.

Julia: In den nächsten Tagen radeln wir entlang des malerischen Lake Taupo und der neuseeländischen Iron-Man-Strecke nach Rotorua, Zentrum des Nordinsel-Tourismus. Die Nordinsel gilt als die landschaftlich lieblichere Insel Neuseelands. Aber sie bietet auch Geysire, Vulkane und heiße Quellen – eben in Rotorua. Hier im Herzen der Insel lassen sich die Gebräuche der Maori, der Ureinwohner Neuseelands, gut studieren. Denn hier haben Maorifamilien Museumsdörfer gebaut, die dem Besucher die Geschichte und Tradition der Maori näherbringen sollen.

Wir werden vor dem dort lauernden Massentourismus gewarnt. Es mag an der langsam ausklingenden Saison liegen oder auch daran, dass wir aus Deutschland ganz andere Dimensionen des Tourismus in Städtchen wie Bingen oder Cochem gewohnt sind – überlaufen finden wir es in Rotorua nicht.

Jedoch: Es stinkt hier! Gewaltig, denn die Stadt befindet sich auf Thermalfeldern. Nahe der Innenstadt gibt es einen Park, aus dessen schmatzenden Schlammlöchern und Erdspalten geheimnisvoller Rauch hervorquillt und einen Gestank von faulen Eiern verbreitet. Unsere Jugendherberge verfügt sogar über einen eigenen Thermalpool zur Entspannung.

Die polynesischen Maori bilden gut 15 Prozent der neuseeländischen Bevölkerung. Zu den Kiwis werden sie nicht gezählt, das sind nur die Weißhäutigen, die Pakehas. Die Bräuche der Maori sind von den Pakehas nur schwer einsehbar und manchmal auch nicht ganz einfach verständlich.

Auch wenn die Situation der Maori in der heutigen Zeit als gut beschrieben wird – gerade im Vergleich zu anderen indigenen Völkern –, so gibt es doch nach wie vor schwerwiegende Probleme innerhalb der Maorigemeinschaft. Das durchschnittliche Einkommen liegt noch immer deutlich unter dem gesamtneuseeländischen, Maori sind in der sozialen Unterschicht überproportional häufig vertreten, Gewalt und Alkoholismus spielen eine große Rolle. Ein weiteres Problem ist der starke Einfluss der westlichen Kultur auf die Maori und damit verbunden die langsame Auflösung der eigenen Identität. Dies gilt auch für die Sprache, doch hier wurden Gegenmaßnahmen ergriffen. Dazu zählt die Gründung verschiedener Radiosender und eines landesweiten Fernsehsenders, auf denen nur auf Maori berichtet wird. Außerdem ist Maori offizielle Amtssprache und viele Neuseeländer – nicht nur Maori – lernen die Sprache heute in der Schule.

Stefan: Im dunklen Wald tauchen plötzlich tätowierte Gestalten auf, die Gesichter zu grässlichen Grimassen verzerrt, die Zungen bis zum Anschlag herausgestreckt, um zu prüfen, ob wir in feindseliger oder friedlicher Absicht gekommen sind. Zum Glück haben wir nach Anleitung unseres Guides einen Anführer unserer Besuchergruppe gewählt, der durch ein Gastgeschenk die freundlichen Absichten signalisiert. Glück gehabt, er wird mit einem Hongi, dem Nasenkuss, bei dem die Nasen aneinandergedrückt werden, akzeptiert und der Abend kann beginnen.

Während einer sogenannten kulturellen Aufführung erzählen die Mitglieder der Mitai-Familie die Geschichte und Legenden der Maori, führen das kunsthandwerkliche Schnitzen vor, zeigen ihre Waffen, musizieren und erklären ihre auffälligen, oft geometrischen Tätowierungen, Moko, die den ganzen Körper und auch das Gesicht bedecken können. Das Moko selbst beinhaltet einen Code, der auf Herkunft und Rang des Trägers schließen lässt. Moko gelten als attraktiv, Männer tragen sie vor allem im Gesicht, auf Gesäß und Oberschenkel, Frauen hauptsächlich auf den Lippen und am Kinn. Ob solch ein runder Kreis auf der Hinterbacke, mit dem uns der Anführer gerade beeindruckt, Julia bei mir gefallen würde?

Dann kommen die Frauen zum Zug und führen den Poi-Tanz auf. Grazil und elegant spielen und werfen sie dabei mit kleinen an Stricken befestigten Bällen. Dies erfordert Geschicklichkeit und viel Beweglichkeit im Handgelenk, sodass auch klassische Jongleure mit den Pois üben.

Zum Schluss sind wieder die Männer dran und führen den Haka auf, den Kriegstanz. Mit weit aufgerissenen Augen, die sie diabolisch verdrehen, und ausgestreckter Zunge versuchen die Krieger ihre Gegner das Fürchten zu lehren und sich selbst Mut zu machen. Mit den Füßen wird ebenfalls ordentlich gestampft und es wird dramatischer Sprechgesang hinzugefügt. Die Helden der neuseeländischen Nation, die »All Blacks«-Rugbymannschaft, tanzen ihren Haka eindrucksvoll schon seit 1884 in den Stadien der Welt vor jedem Spiel. Was für eine Energie dabei freigesetzt wird! Der extra für sie mithilfe von Experten der Maorikultur komponierte Text lautet: »All Blacks, lasst mich eins mit dem Land werden! / Das ist unser Land, das poltert! / Das macht uns aus als die All Blacks! / Das ist meine Zeit, mein Augenblick! / Unsere Dominanz, / unsere Überlegenheit wird triumphieren / und hoch angesehen werden! / Silberfarn! / All Blacks!« Auch wenn das alles inszeniert ist, nicht alle Tätowierungen echt sind, der ein oder andere Krieger etwas zu viel Fast Food gegessen zu haben scheint – durch die dunkle Nacht, die offene Bühne mitten im Wald und die Fackelbeleuchtung hat das Ganze etwas Magisches.

Schwer beeindruckt sitze ich beim Essen im großen Zelt, wo uns ein Hangi-Mahl serviert wird, ein über Stunden im traditionellen Erdofen gebackenes deftiges Gericht. Es gibt Lamm und Huhn, Kartoffeln und Kumara. Für den touristischen Besucher gibt es dann aber auch noch Salat, dazu die in Neuseeland so beliebte Rich Brown Gravy – eine pampige braune Soße.

Julia: Zum krönenden Abschluss, bevor wir nach Auckland zurück-müssen, haben wir noch eine Einladung in Hamilton bei Alister und Charlene. Übereinstimmend wählen wir Hamilton zur freundlichsten Stadt der Welt. Während wir in die Stadt einfahren, werden wir in viele Gespräche mit den Bewohnern verwickelt und erhalten drei spontane Übernachtungseinladungen. Außerdem interviewen uns noch eine Tageszeitung und eine lokale Radiostation. Ganz schöne Ausbeute für einen Tag!

Wir kennen Charlene und Alister noch nicht, aber sie haben uns in einer E-Mail geschrieben, dass auch sie Tandemfahrer sind und dass sie uns gerne zum Übernachten bei sich einladen wollen. In vielen neuseeländischen Hostels hängt das Motto: »Ankommende Gäste sind keine Fremden, sondern neue Freunde, die wir noch nicht getroffen haben.« Ich bin spätestens jetzt vollkommen von der ernst gemeinten Gastfreundlichkeit der Neuseeländer überzeugt. Trotzdem bleibt es für mich immer noch ein komisches Gefühl, einfach so bei jemandem hereinzuschneien, den man nicht kennt.

Sally – unsere erste Gastgeberin auf Neuseeland in Blenheim, die uns nach einer dreiminütigen Unterhaltung in einer Ökobrauerei zu sich nach Hause eingeladen hatte – fragte uns einmal, ob das in Deutschland denn nicht auch selbstverständlich sei, jemanden von der Straße weg einzuladen. Ich stelle mir das bildlich vor: Ich stehe am Frankfurter Hauptbahnhof, weil ich mir gerade eine Zeitung am Kiosk gekauft habe, stehe dann so herum und spreche einen mit dem Zug Angekommenen an, frage, woher er kommt, wie er heißt, was er so macht und lade ihn dann sofort zu mir nach Hause ein. Was würde er wohl denken? Je nach Alter: »Oha, die will mich anmachen«, oder »Die hat bestimmt ihren Komplizen zu Hause, die überfallen mich, nehmen mir mein Geld ab und dann schmeißen sie mich in den Main«. Die meisten würden jedenfalls schnell das Weite suchen, den Blick meiden und dankend ablehnen. Und genauso würde ich mich fragen, wen ich mir da gerade nach Hause einlade: einen Drogendealer? Einen lüster-nen Typen, der eigentlich gerade ins Frankfurter Rotlichtviertel wollte und nun in mir eine gute Gelegenheit sieht? Nein, in Deutschland ist das so nicht üblich, zumindest nicht in Großstädten. Da es hier auf Neuseeland aber eine schöne Möglichkeit ist, die Kiwis und ihr Zu-hause näher kennenzulernen, nehmen wir Einladungen gerne an, und es sind jedes Mal ganz wunderbare Erfahrungen.

Um das erste Treffen möglichst angenehm zu gestalten, schlägt Stefan vor, Charlene erst einmal bei ihrer Arbeitsstelle zu besuchen, bevor wir bei ihr zu Hause »einfallen«. Charlene arbeitet für Habitat, eine Organisation, die Häuser für bedürftige Familien baut. Wir steuern unser Tandem durch den dichten Stadtverkehr, Hamilton kann man wirklich mal als Stadt bezeichnen, und stehen ein bisschen schüchtern vor den Räumen von Habitat.

Es gibt auch einen wohltätigen Secondhandshop dort, wir gehen hinein und fragen bei der Verkäuferin an der Kasse nach Charlene. Sofort hellt sich ihr Gesicht auf, »Ah, ihr müsst die Tandemfahrer sein! Charlene ist oben!« Das fängt prima an, wir werden also erwartet. Wir gehen in die obere Etage, strahlend kommt eine Frau mittleren Alters mit knallroten kurzen Haaren auf uns zu, hier ist unsere Gastgeberin, Charlene. Sie begrüßt uns sehr herzlich und stellt uns erst mal im ganzen Büro vor, sogar ihrem Chef. Alle sind interessiert an uns und kommen sofort mit hinunter, um das Tandem anzugucken. So steht – mal wieder – eine kleine Menschentraube um unser Koga herum. Selbst der Vorgesetzte kommt mit. Charlene scheint richtig stolz zu sein, dass sie uns quasi »entdeckt« und mitgebracht hat, zufrieden lächelnd steht sie da.

Wir machen uns auf den Weg zu Charlenes und Alisters Haus. Es zeigt sich, dass bei Neuseeländern »Wir leben in Hamilton« noch lange nicht heißt, dass sie das auch tun. Wir fahren einige Kilometer, bis wir in einen sehr noblen, offensichtlich auch sehr neuen Wohnbezirk kommen. Das Haus übertrifft alles, was wir bisher gesehen haben. Riesengroß, Outdoor-Whirlpool und durchgestylt von A bis Z. Sie haben sogar im ganzen Haus Staubsaugeranschlüsse, an denen man nur einen Schlauch mit Sauger anbringt, sodass der eingesaugte Dreck über versteckte Kanäle in den Abfall befördert wird. Sehr modern und sehr teuer, wie uns die Reinigungsfrau am nächsten Tag versichert. In die Garage würden vier Autos passen, allerdings steht sie voll mit Fahrrädern, Bootsanhängern, Bänken und allerlei Heimwerkerzeug. Unser Tandem passt noch hinein, die drei Autos bleiben draußen.

Wir bekommen ein schönes Zimmer mit Doppelbett im ersten Stock. Kaum haben wir geduscht, werden wir mit kleinen Snacks und kühlem Wein verwöhnt. Wir lernen Alister, Charlenes Ehemann, kennen, er erscheint eher klein und farblos gegen seine muntere und rothaarige Frau, aber sobald es ums Radfahren geht, strahlt er auf und hat viele Geschichten zu erzählen. Zur Familie gehören noch Hamish, der ebenso rothaarige 14-jährige und sehr schüchterne Sohn, ein Jack-Russel-Terrier namens Otis und ein chinesischer Austauschstudent, der sich selbst Derek nennt. Derek bekommen wir nur zu sehen, weil Alister energisch gegen dessen geschlossene Zimmertür klopft und ihn auffordert, herauszukommen. Derek, in stylisher Levis-Jeans und übergroßem Donna-Karan-T-Shirt, kommt kurz aus seinem abgedunkelten Zimmer, gibt uns höflich die Hand, aber man sieht ihm an, dass er sich möglichst schnell wieder zurückziehen will. Ich kann kurz erhaschen, warum: Auf seinem PC ist ein Online-Computerspiel zu sehen. Wahrscheinlich ist er gerade unter einem möglichst heroisch klingenden Spielernamen dabei, den Tagessieg zu erringen.

Nachdem er sich schnell wieder verdrückt hat, erzählen uns Charlene und Alister, dass er nun schon seit sechs Jahren bei ihnen wohnt und sie ihn irgendwie nicht wieder loswerden. Eigentlich sollte er nach einem Jahr wieder gehen, aber Derek blieb. So wurde er zu einem etwas freakigen und öfter mal belächelten Mitglied der Familie, das eigentlich nur zum Essen auftaucht, nicht viel spricht und schnell wieder in sein Refugium flüchtet. Da wir im Zimmer nebenan schlafen, können wir das Tippen auf der Tastatur die ganze Nacht durch hören.

Stefan: Schnell vergeht die Zeit in Hamilton, nun wird es wirklich dringend Zeit, nach Auckland zu radeln. Auf den letzten Drücker kommen wir dort an. Wir haben uns so viel Zeit gelassen, dass wir jetzt die längste Etappe unserer bisherigen Fahrt hinlegen müssen: 130 Kilometer bis zum Flughafen Auckland. Dann noch alles verpacken und nun geschieht es: Wir stehen am Flughafen und verlassen Neuseeland.

Vier Monate waren wir hier, und doch haben wir das Gefühl, gerade erst angekommen und losgeradelt zu sein. Wir hatten so viel Zeit, und doch hat sie nicht gereicht, um alles zu sehen. Wir gehen sehr ungern, das Land und seine Einwohner sind uns sehr ans Herz gewachsen. Andererseits ziehen hier Herbst und Winter ein, und beim Radeln ist es teilweise doch sehr kühl, da locken mich die warmen Temperaturen unserer nächsten Station Hawaii.

Julia: Neuseeland ist mein Traumland. Die Landschaft ist prachtvoll und abwechslungsreich, die Menschen freundlich und ungespielt hilfsbereit, die Infrastruktur für Reisende mit vielen wunderschön gelegenen Zeltplätzen und Cafés perfekt. Obwohl Jahr für Jahr mehr Touristen die Inseln erstürmen, finden sich noch viele Oasen der Ruhe und unverbaute Natur. Stets wird man mit einem freundlichen »Hallo« empfangen, Hektik ist hier immer noch ein Fremdwort. Der Besucher wird wertgeschätzt, und die spontane Gastfreundschaft ist schlicht umwerfend.

Neuseeland lässt sich gut mit dem Fahrrad erkunden. Um herumzukommen, fährt man zwar meistens auf den Hauptstraßen, aber die neuseeländischen Autofahrer sind besser als ihr Ruf, lassen genügend Abstand, und im Vergleich zu Deutschland ist der Verkehr lange nicht so dicht. Allerdings braucht man reichlich Kondition und Muskeln, meistens bewegt man sich über Hügel fort, die recht steil werden können.

»Haere ra«, auf Wiedersehen Neuseeland, wir kommen ganz bestimmt wieder, um unsere neuen Freunde zu besuchen und all die Ecken zu erkunden, die wir selbst nach vier Monaten noch nicht gesehen haben. Doch jetzt geht es erst mal nordostwärts nach Hawaii. Okay, da ist es zurzeit wärmer als auf Neuseeland, aber werden die als oberflächlich verschrienen Amerikaner mit den freundlichen Kiwis mithalten können? Ich bin skeptisch und mache mir Sorgen, dass es mir dort vielleicht nicht gefallen wird. Stefan klopft mir liebevoll gegen den Kopf »Du spinnst, wir kommen auf eine Trauminsel, können die langen Trikots gegen Badezeug eintauschen, und du machst dir Gedanken, ob dir Hawaii zusagt?! She'll be alright.«

Oahu und Big Island / Hawaii

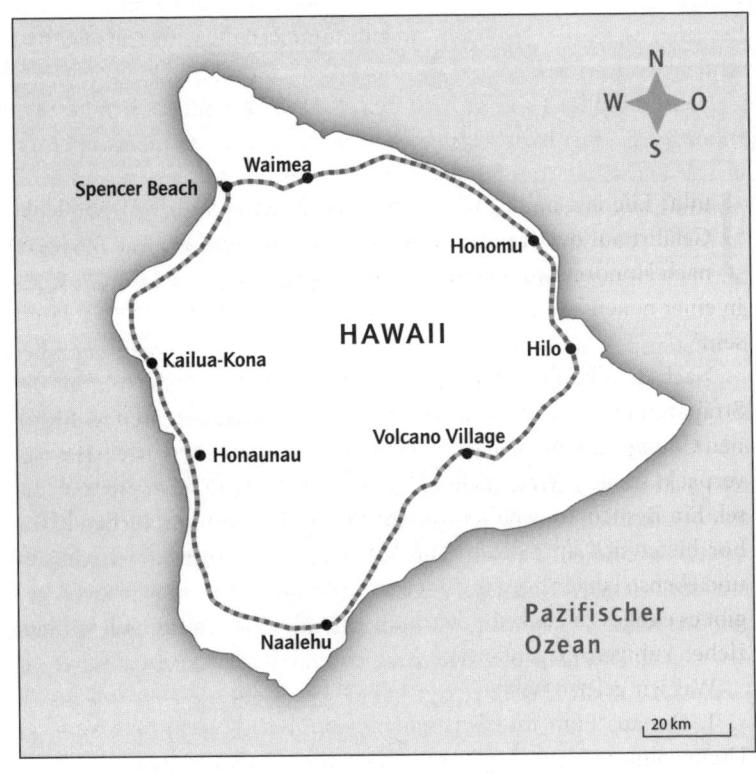

5. Kapitel: Surfin' USA

»Abwechslung ist die Würze des Lebens.«
(Englisches Sprichwort)

Julia: Life is a beach. Wir kommen mit unserem ungewöhnlichen Gefährt auf der Trauminsel aller Surfer an. Der Flug von Auckland nach Honolulu auf Oahu dauert neun Stunden, und schon sind wir in einer neuen Welt. Sonne, Palmen, Sonnenschein, was kann schöner sein?

Nach dem kühlen Neuseeland erholen wir uns auf Oahu von den Strapazen des Radlerlebens. Wir verbringen zehn Tage in einem kleinen Cottage in Kailua, machen Urlaub vom Urlaub und lassen das Rad verpackt stehen. Wir genießen das Strandleben und erforschen die Insel. Ein Besuch am weltberühmten Waikiki-Strand und in Pearl Harbor bietet sich an. Gigantische Hochhäuser, kilometerlanger Strand und ebenso lange Shopping-Meilen, heiße Surfer-Girls und -Boys, hier gibt es einiges zu gucken. Allerdings ein wenig zu städtisch für uns, wir ziehen ruhigere Gegenden vor.

Was wir gelernt haben:

1. Die aus Film und Fernsehen bekannten Blütenketten von den Ureinwohnern Hawaiis gibt es bei der Ankunft nicht mehr »for free«, man muss vorbestellen und 25 US-Dollar dafür berappen.

2. Hula-Hula-Girls in Baströcken sind ganz selten in Natur zu sehen.

3. Boogieboarden ist Surfen für Anfänger und gilt als nicht sehr sportlich.

4. Ja, die Strände sind traumhaft schön, aber eine Million Einwohner plus Touristen sind einfach schwer zu übersehen.

5. Das Motto Hawaiis (ausgesprochen Hah-waiiiiiiii) ist »hang loose«, immer schön locker bleiben. Die dazugehörige Geste ist eine hochgestreckte Hand, von der Daumen und kleiner Finger weit abgespreizt sind. Hat man dann noch keinen Krampf in den Fingern, schlackert man die Hand ganz wild hin und her.

6. Hawaii ist gut für unser Liebesleben, ich renne als ständige Verlockung für Stefan immer im Bikini herum.

7. Nasse Handtücher darf man nicht über einen Stuhl hängen – sagt zumindest unsere Vermieterin.

8. Wacht man morgens mit jeder Menge kleiner juckender Stiche am Bein auf und hat zudem winzige rote Flecken auf dem Bettzeug, haben sich lästige Bed Bugs, Bettwanzen, eingeschlichen, die sich nur durch den Einsatz massiver Chemie entfernen lassen.

Stefan: Ich bin nie richtig gesurft und habe Zweifel, dass ich es jemals tun werde, aber ich verstehe, was daran anziehend ist: das Gefühl der freien Fahrt mit einem Anflug von Gefahr. Das Meer ist groß und der Surfer klein, er flirtet mit dem Abgrund. Und was auch immer passiert: Die Welle wird brechen. Egal, wie gut der Surfer ist, wie elegant er die sich bewegende Wasserwand beherrscht, die Herrschaft wird nicht lange dauern. Jeder Surfgang ist der menschliche Niedergang in Miniatur. Es ist elementar. Und viel Sex hat man als Surfer auch.

Die Sonne scheint, Palmen rascheln im Wind, und die legendären Surferwellen brechen an Hawaiis Küste. Unbeholfen stapfen wir ins ungewohnte Nass und freuen uns zunächst, dass die Wassertemperatur eher an die heimatliche Badewanne als an einen Gletschersee auf Neuseeland erinnert. Unsere Radlerbräunung ist unverkennbar – wo normalerweise das kurze Radtrikot die Haut bedeckt, blendet reines Weiß den interessierten Betrachter. Arme, Beine, Kopf hingegen sind braun. Wir haben einen natürlichen weißen Badeanzug an.

Die Wellen sind für uns beeindruckend, nur 20 Meter vom Strand entfernt bäumen sie sich gut anderthalb Meter hoch auf. Ich halte das Boogieboard, das aussieht wie eine zu groß geratene Schwimmhilfe oder ein zu kleines Surfboard aus festem Schaumstoff, fest umklammert und springe damit noch etwas unsicher auf eine dieser Wellen. Whosch, ein Ruck erfasst das Board und mich, wir werden wie ein Stück Treibholz in schäumender Brandung rasant an den Strand gespült. Erster Versuch geglückt. In Erwartung höchster Anerkennung durch meine Ehefrau drehe ich mich um und strahle wie ein Honigkuchenpferd. Komisch, die anderen Surfer um mich wissen diese Tat einfach nicht zu würdigen. Aber, o Schreck, wo Julia gerade noch stand, ragen jetzt nur zwei weiße, strampelnde Füße aus dem Wasser. Das ist nicht Julias bevorzugte Haltung.

Meine perfekte Boogieboard-Welle hat sie einfach umgespült und zum unfreiwilligen Bodysurfer gemacht. Ich eile ihr entgegen und sie taucht prustend und hustend auf. »Was ist passiert?«, rufe ich, als ich zu ihr komme. Sie gibt mir einen Blick, den Ehefrauen für ihren Ehemann reservieren, wenn er etwas unglaublich Blödes gesagt hat. »Die Wellen haben mich umgehauen«, sagt sie, steht, meine helfende Hand ignorierend, auf und spuckt Wasser aus. Das Salzwasser läuft ihr noch Stunden später aus Ohr und Nase. Das üben wir noch! Doch wir haben Feuer gefangen und springen in den nächsten Tagen immer wieder mit den Boogieboards ins Wasser.

Schnell vermissen wir unser Tandem und freuen uns, in den nächsten zwei Wochen um Big Island zu radeln. Als wir unseren Vermietern von unserem Vorhaben erzählen, warnen sie uns eindringlich: »Hier fährt NIEMAND Rad. Zelten ist auch nicht gut, die Festland-USA schicken uns ihre Obdachlosen herüber, nach dem Motto ›Dort ist es das ganze Jahr warm, wäre das nicht schön für euch?‹ So sind die meisten Zeltplätze eher Obdachlosenheime. Die werden zwar jede Woche geräumt, aber einen Tag später sind alle wieder da. Die können bestimmt gut ein neues Zelt oder Isomatten gebrauchen. Nahe der Städte ist es besonders schlimm, da hängen auch noch die Drogensüchtigen herum. Schwache Typen, die sich nicht gerne weit von der Stadt weg bewegen, aber wenn sie bei euch am Zelt stehen und euch eine Waffe an den Kopf halten, fühlen sie sich stark. Passt gut auf euch auf!«

Julia: Als Stefan in Kailua-Kona auf Big Island unser Rad zusammenbaut, werden wir von zwei greisen Kanadiern angesprochen. Sie fallen auf, weil sie klein sind und sich mit ihren weißen kurzen Haaren extrem ähneln. Die beiden sind schon seit einem Monat hier und wollen auch noch eine Weile bleiben, seit zehn Jahren sind sie schon unterwegs, und am meisten macht es ihnen Spaß, in Länder der Dritten Welt zu reisen. Ihr Tipp für uns: »You must look tougher, not so friendly!« Dabei stehen sie vor uns, mit den freundlichsten Gesichtern der Welt und mir gerade mal bis zur Schulter reichend.

Hawaii, auch Big Island genannt, ist die größte, südlichste und jüngste Insel des Archipels: 700 000 Jahre alt und doppelt so groß wie alle anderen Inseln zusammen. Sie hat nur 150 000 Einwohner und verfügt über die geografische Vielfalt eines kleinen Kontinents. Sie entspricht nicht dem klassischen Bild von Hawaii, wie man es auf Postern in Reisebüros sieht. Hier gibt es schneebedeckte Berge, schwarze Strände und wilde Klippen. Big Island beherbergt aufgrund der extremen Höhe seiner Vulkane viele verschiedene Vegetationsstufen – von tropisch bis alpin.

Gut 500 Kilometer werden wir bei der Umrundung der Insel zurücklegen. Wer sich darunter gemütliche flache, an Traumstränden entlangführende Strecken vorstellt, liegt allerdings falsch. Am ersten Tag führt unser Weg vom lebhaften Kona an der Westküste ausgehend nur die ersten zehn Kilometer flach am Meeresufer und an Ferienresorts vorbei. Dann erklimmen wir die Auffahrt zur hoch gelegenen Ringstraße. Die neuseeländische Kondition kommt uns bei der Bergauffahrt zugute. Nur an die 35 °C sind wir nicht ganz gewöhnt. Schwitz.

Auf dieser Straße bewegen wir uns Richtung Süden. Sie wird schmaler, die Besiedelung dünner. Kaffeefarmen des Kona-Kaffeelands tauchen immer wieder auf. Die Anbaubedingungen für den weltberühmten Kaffee – der einzige, der in den großen USA angebaut wird – finden sich nur an der Südwestküste der Insel. Er gedeiht unter optimalen Boden- und Witterungsbedingungen in einer Höhe von 250 bis 750 Metern an den Vulkanhängen. Die insgesamt 600 Farmen sind alle recht klein – im Schnitt nur einen Hektar groß. Kaffee wird hier seit dem frühen 18. Jahrhundert angebaut. Aus 100 Pfund handgepflückten und sonnengetrockneten Früchten werden bloß 12 Pfund Kaffee, deshalb ist er recht teuer. In Deutschland kosten 500 Gramm im Feinschmeckerversand erschreckende 44 Euro. Seine Reputation als einer der besten und meistgesuchten Kaffees der Welt trägt zum Preis bei. Vor Ort ist er dann doch etwas günstiger, 25 US-Dollar werden pro Pfund veranschlagt. Probiert haben wir ihn, aber für deutsche Kaffeezungen schmeckt er recht schwach. Oder sollten die Cafébetreiber dünnen Kaffee brühen, um am braunen Gold zu sparen?!

Stefan: Es geht weiter entlang der mittlerweile recht hügeligen Ringstraße. Im Gegensatz zum kosmopolitischen Oahu ist diese Insel eher ländlich und teilweise recht spärlich besiedelt. Wir fahren nach Naalehu, der südlichsten Stadt der USA. Im Garten des kultigen Punalu'u Bake Shops verzehren wir unter Palmen das hier gebackene pinkfarbene Guavenbrot. Dabei kommen wir mit Einheimischen ins Gespräch. Eine durchtrainierte Hawaiianerin ist fasziniert von unserer Tour. »Diese Insel hat eine spirituelle Aura und mit dem Rad lasst ihr den Spirit frei an euch heran. Das tun nur die wenigsten Touristen.« Kiki blickt uns mit ihren mandelbraunen Augen an: »Übermorgen am Vulkan, im Nationalpark, geben wir eine Vorführung. Ich bin in einer Tanzgruppe der bekanntesten Schule in Hilo und würde mich freuen, wenn ihr kommt.«

Wenig später sitzen wir wieder im Sattel und erreichen am frühen Nachmittag den Punalu'u Beach Park direkt am Strand, wo wir unser Zelt aufschlagen. Ein paar dubiose Gestalten gibt es hier auch, aber der Großteil sind Familien und Paare, die einen Wochenendausflug machen.

Als wir am nächsten Morgen aus unserem Zelt herauskommen und auf den Strand schauen, begrüßt uns eine große Meeresschildkröte, die sich gerade friedlich auf dem schwarzen Strand sonnt und sich nicht stören lässt. Hang loose auf Hawaii. Wir taufen sie Spirit. Nach einer Weile will sie wieder ins Wasser, ihr mühsames Fortbewegen an Land und ihr uraltes Aussehen rühren uns sehr, wie eine Oma, die sich langsam an ihrem Stock vorwärtsbewegt. Doch kaum hat sie das Wasser erreicht, schwimmt sie anmutig davon.

Julia: Heute ist es anstrengend, 60 Kilometer nur bergauf, sechs Stunden langsame und zähe Fahrt bis in das Village des Volcanoes-Nationalparks, unserem Tagesziel. Während wir auf den Vulkan zufahren, hängt mir der Geruch von Schwefel in der Nase, gelber Nebel und der Duft von wilden Blumen des Regenwaldes durchziehen die Luft. Die Landschaft verwandelt sich vom Regenwald in eine Lava-Mondlandschaft, eine raue, gewaltige und baumlose Schönheit auf über 1500 Quadratkilometern lebensfeindlichem vulkanischem Gestein. Trotzdem wird dieser Anblick über so viele Stunden hinweg eintönig. Nach 1200 Höhenmetern bin ich froh, dass wir ihn erreicht haben, den Hawaii Volcanoes National Park. Ein Ruhetag im dschungelartigen Village drängt sich förmlich auf.

Die namengebenden Vulkane sind teilweise noch aktiv. Der kleinste der Vulkane, der Kilauea, macht ein paar Tage nach unserem Besuch sogar weltweit Schlagzeilen mit den stärksten Eruptionen seit 50 Jahren und Erdbeben bis zur Stärke von 4,7. Abends können wir bei einer Wanderung in der Ferne die Lava ins Meer fließen sehen. Der Ort

Kalapana an der Südostküste wurde bei den Ausbrüchen des Kilauea zwischen 1983 und 1986 von Lavaströmen zerstört. Während wir auf den erstarrten Lavaflüssen herumklettern und Fotos von den bizarren Mustern machen, werden wir uns der Macht der Natur bewusst. Sie wirkt ebenso zerstörend wie auf der anderen Seite Neues schaffend, was sich in den kleinen Farnen zeigt, die aus den Brüchen und Schlingen der Lava herauswachsen. Seit 1983 vergrößert sich Big Island jedes Jahr an dieser Küstenregion, wo heiße Lava in den Ozean fließt und fragile Lavaplatten bildet. Ein erhebendes Gefühl, diesen dramatischen Entstehungsprozess neuen Landes mit eigenen Augen zu sehen.

Stefan: Wir besuchen das Informationszentrum des Nationalparks. Wo normalerweise Ranger Programme für Touristen veranstalten, tritt heute die Tanzgruppe unserer Bekanntschaft aus dem Bake Shop auf. Unsere verzweifelte Suche nach Hulamädchen wird endlich von Erfolg gekrönt. Der Leiter der Tanzschule ist wie alle Tänzer traditionell gekleidet: jeweils ein Blätterkranz um Kopf und Hals, halb nackter Oberkörper und ein großes Stück Stoff als Rock. Am Boden sitzend und auf der Strandtrommel den Takt vorgebend, kündigt er seine Schüler respektvoll, aber mit Humor an. Vor der sattgrünen Kulisse des Regenwalds treten Kinder, Frauen und Männer nacheinander zu klassischer hawaiianischer Musik auf. Der Meister gibt auch den Gesang vor. Die Tänzer sind zum Teil mit Farnen bekleidet, die restliche Kleidung ist jedoch eher unauffällig – einfarbige kurze Röcke und Oberteile – und längst nicht so grell wie die Kostüme der Tänzer in den Hotelshows. Wir sitzen im Gras und lassen uns in vergangene Zeiten entführen.

Vorgegebene Schrittfiguren folgen dem Takt der Musik oder des Sprechgesangs, der ganze Körper erzählt eine Geschichte. Aufgrund seines erzählenden Charakters dient der Hula nicht nur der Unterhaltung, sondern auch der Bewahrung der Überlieferung. »Hula ist die Sprache des Herzens und deshalb der Herzschlag des hawaiianischen Volkes«, heißt es. Als Highlight tritt zum Schluss ein junger hawaiianischer Architekt auf, einer der eifrigsten Schüler der Schule. Er wiegt gute 150 Kilo, was ihn aber nicht davon abhält, mit nacktem Oberkörper und Bastrock aufzutreten. Leichtfüßig und würdevoll führt er die korrekten Bewegungen aus. Mit wippendem Bauch und Rock nimmt er sich selbst nicht besonders ernst, und das Publikum ist restlos begeistert.

Julia: Die Frau steigt aus ihrem Jeep, sieht uns, nimmt das vollgepackte Rad wahr und fragt entsetzt: »Seid ihr verrückt?« Diesen Satz hören wir täglich, wenn wir mit unserem Tandem auftauchen. Wir sind ja gewarnt worden, und tatsächlich – auf den 500 Kilometern um Big Island sehen wir nicht einen anderen Tourenradler. Warum bloß nicht? Ob es an der drückenden Schwüle liegt, an den ständig drohenden Regenschauern auf der tropischen Seite der Insel, an den Temperaturen um 40 °C in den aufgeheizten Lavafeldern auf der Sonnenseite der Insel? Oder an den Kletterpartien? An brutalen Steigungen bis 19 Prozent? An den Wachhunden, die keine Radfahrer kennen und einen wütend jagen? Oder daran, dass einige Amerikaner das Rad nicht als adäquates Fortbewegungsmittel ansehen und als Autofahrer dem Radler gerne zeigen, wer der Herr der Straße ist? Wahrscheinlich eine Mischung aus allem. Aber was verpassen die Autofahrer in ihren klimatisierten, viel zu schnellen Gefährten nicht alles! Das Singen von Tausenden tropischer Vögel bei der gemütlichen Fahrt durch den Regenwald oder das Krachen in den Büschen, wenn schwarze Wildschweine vor uns das Weite suchen. Das Rauschen der Brandung. Und am Abend den Stolz, wenn man sich die endlose Straße entlang auf den Vulkan hinaufgekämpft hat. Die Anerkennung, die einem dafür entgegengebracht wird. Die vielen Kontakte, die der Radfahrer am Tag knüpft. Also denken wir wie jeder arme Irre: Alle anderen sind verrückt, nur wir nicht!

Nach der anstrengenden Kletterei im Nationalpark genießen wir auf dem Weg nach Hilo die wohlverdiente Abfahrt, an diesem Tag müssen wir kaum treten. Uns verfolgt nur ein Wunsch: Hoffentlich hört der Downhill nie auf. Unser schweres Tandem wird von der Schwerkraft angezogen wie ein Magnet. In der Spitze fahren wir bis 90 Stundenkilometer und sind froh, dass die Hydraulikbremsen uns immer rechtzeitig stoppen.

An diesem Tag erleben wir vier Klimazonen: Die feuchten Wälder und Lavafelder des Nationalparks hinter uns lassend, zeigen sich nach 500 Höhenmetern Abfahrt Macadamia-Nussbäume, noch tiefer sind wir von gelbem und grünem Grasland umgeben. Der Weg führt uns durch das Marihuana-Country, das Rauschmittel ist hier genauso heimisch wie Hulatanz und Ukulelenmusik. Zu weit weg von der Straße stromern wir also lieber nicht, um die Anbauer nicht durch unsere Anwesenheit zu provozieren.

Die Abfahrt endet tatsächlich erst am Meer, auch wenn wir nach und nach an Schwung verloren haben. Gegen Ende herrscht recht dichter Verkehr, bis Hilo erreicht ist. Hilo ist eine ethnisch vielfältige Stadt mit einer ergrauten Fassade, auf der windzugewandten Seite der Insel sind Tsunamis eine konstante Bedrohung. Als regenreichste Stadt der USA hat Hilo gerade mal 82 regenfreie Tage. Zitat eines Bewohners: »Hier setzt jeder Moos an.«

In dem auf dieser Seite der Insel seltenen Sonnenschein radeln wir im Paradies, entlang schmaler, kurvenreicher Wege geht es durch pures Grün. Dichter Regenwald, Farne, Eukalyptus, lianenartige Luftwurzeln und Palmen auf Pisten, vorbei an der sprühenden Gischt eines tiefblauen Ozeans. Später pedalieren wir durch ländliche Ansiedlungen, deren Häuser in tropischen Farben leuchten – türkis, meergrün, orange und zitronenfarben. Zwischendrin verwöhnt uns ein gesunder Pausenstopp mit den besten fruchtigen Smoothies der Welt bei »What's Shakin'«. Die Drinks haben so schöne Namen wie Groovy Guava und Passion Paradise, ausgewählte Kombinationen von Papaya, Bananen, Erdbeere, Guavensaft, Mangos und Ananas. Da mag ich kaum weiterfahren.

Stefan: Wir rollen gegen halb fünf auf den gut bewachten Zeltplatz Spencer Beach, paradiesisch gelegen, direkt am Strand. Kaum errichten wir unser Camp, erscheint die ältliche, streng dreinschauende Rangerin. »Hier gibt es Regeln, junger Mann. Ich weiß, ihr seid aus Europa und liebt FKK. Aber WIR ziehen uns nirgendwo am Strand um oder aus, das hat in den Toiletten zu erfolgen.« Yes, Ma'am!

Wir gehen zur Erfrischung im hier seichten Meer schwimmen, unser Abendessen nehmen wir während des Sonnenuntergangs zu uns, dann gesellen wir uns zu anderen Campern beim Barbecue und bestaunen die Sterne. Nach einem herrlichen Schlaf zum Klang der Wellen geht es morgens noch einmal ins Meer, und wieder zeigt sich eine Schildkröte, ihr weises Haupt streckt sich uns keck aus dem Wasser entgegen. Das Leben ist schön.

Der Weg zurück zum Start- und Zielpunkt Kona führt über breit ausgebaute Seitenstreifen durch eine brütend heiße Lavagegend – hier ist die Radstrecke der weltberühmten Hawaiian Ironmen. Es fahren also doch Radfahrer hier! Glühender Asphalt lässt uns spüren, was die Ausnahme-Triathleten durchmachen müssen. Regelmäßiger Gegenwind macht die Abschlussstrecke zu einer echten Strapaze. Hügelig ist das Ding auch noch, je mehr unsere Geschwindigkeit sinkt, desto mehr steigt unsere Bewunderung für die Triathleten, die 180 Kilometer auf dem Rad schaffen müssen, nachdem sie geschwommen sind und bevor sie noch einen vollen Marathon laufen.

Das quirlige Nachtleben von Kailua-Kona bietet eine schöne Entschädigung. Mit Cocktails stoßen wir auf die Big Island an. Ein Aufenthalt in einem Ferienresort bildet den Abschluss. Wir finden: Das gehört definitiv zu einem echten Hawaii-Aufenthalt dazu. Und dank Discount-Internetbuchung ist das auch in unserem Budget drin.

Allerdings gestaltet sich das mit dem Rad gar nicht so einfach. Als wir vor die Empfangshalle des Hotels radeln, mustern uns die Parkplatzjungs erst mal kritisch und fragen dann amüsiert, ob sie unser Tandem einparken sollen. Wir bekommen unsere Schlüssel, halten den Lageplan des Resorts in unseren Händen (hätte uns das schon stutzig machen sollen?) und dürfen das Rad mit aufs Zimmer nehmen. Klingt gut, aber zunächst müssen wir das Tandem fast einen Kilometer über einen schmalen Fußweg zu unserem Unterkunfts-Turm schieben. Alle anderen Gäste werden mit einer Bahn hinkutschiert, aber in die passt das Tandem nicht hinein. In unserem Turm angekommen, stellen wir fest, dass unser Zimmer im siebten Stock liegt und das Fahrrad nicht in den Fahrstuhl passt. So schleppen wir das Tandem nebst Gepäck eben die sieben Stockwerke hoch. Das Fitnessstudio besuchen wir nicht mehr und genießen dafür die gigantische künstliche Pool-Landschaft, den obligatorischen Mai Tai in der Hand.

Am nächsten Tag fürchten wir die Schlepperei, da kommt jemand vom Personal mit einem riesigen Koffergestell aus einem Raum mit der Aufschrift »Nur Personal«. In diesem Raum erhaschen wir den Blick auf einen großen Lieferantenfahrstuhl. Nach kurzer Diskussion mit einem uniformierten Mann lässt er uns durch und wir fahren ins Untergeschoss.

In dieser Unterwelt des Ferienparadieses gibt es ein eigenes Leben, unzählige Bedienstete mit Handtüchern, Koffern, Werkzeug oder Getränken wuseln oder fahren hier auf kleinen Transportwagen geschäftig hin und her. Wir fragen uns, ob es eigentlich mehr Gäste oder mehr Bedienstete in diesem Paradies gibt. Uns wird fröhlich entgegengewunken, als wir im Hoteluntergrund einfach der Nase nach einem breiten Gang durch ein Labyrinth folgen, das kein Ende zu nehmen scheint. Erst nach einem Kilometer zeigt sich Tageslicht am Ende des

Tunnels. Wir gelangen über eine Lieferantenrampe in die Freiheit und radeln in den Sonnenschein, die massive Kulisse des Hotels hinter uns lassend.

Entgegen aller Warnungen haben wir es geschafft, Big Island in sieben Radeltagen zu umrunden, das war anstrengend, aber es hat sich gelohnt. Radeln auf Hawaii: nur etwas für Verrückte? Ein klares Nein. Wer Kondition mitbringt und wem viel Verkehr nichts ausmacht, der wird das hawaiianische Lebensgefühl hautnah erleben.

Alaska

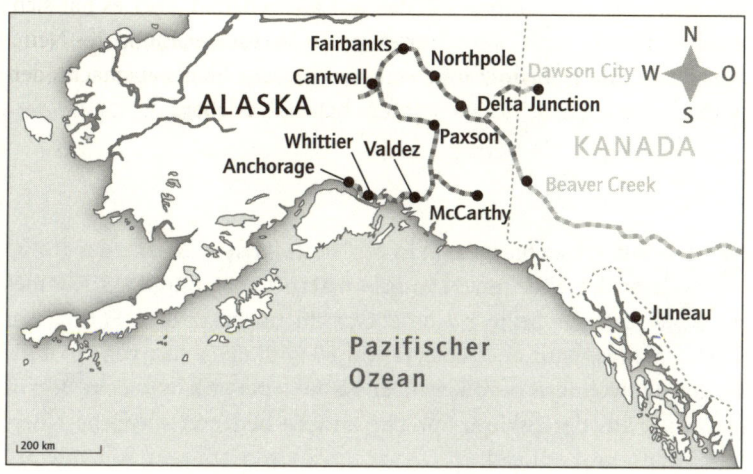

6. Kapitel: In die Wildnis – Last Frontier Alaska

*»Für einen unternehmungslustigen Geist
gibt es nichts Zerstörerischeres als eine feststehende Zukunft.«*
(Chris McCandless, Abenteurer)

Stefan: Unser Startpunkt in der Neuen Welt ist Alaska, der größte Staat der USA mit 2250 Kilometern Länge und 4333 Kilometern Breite. Seine Fläche entspricht ungefähr dem Fünffachen Deutschlands, wird aber anstatt von 80 Millionen nur von 0,7 Millionen Einwohnern bevölkert. Der Name leitet sich von dem Begriff Alakshak aus der Eskimo-Sprache ab und bedeutet – welche Überraschung – großes Land.

Beim Landeanflug auf den Flughafen Anchorage sehen wir weiß: dicke Schneefelder, die wie Eiscreme auf den Bergketten sitzen. Nur die obersten Grate schauen heraus. Dabei ist es Ende Mai, bald Sommer. Wohin wir auch blicken, Einsamkeit und Ehrfurcht gebietende Felsmassive, lediglich die Landefläche des Flughafens und ein paar Gebäude lassen erahnen, dass es hier menschliche Zivilisation gibt.

Natürlich erwartet uns am Flughafen kein Fahrzeug mit Allradantrieb und Schneeketten, unser Transportmittel fliegt in einem großen Pappkarton verpackt im Laderaum mit. Auch das unwirtliche Alaska werden wir mit dem Tandem befahren. Keine Glasscheibe soll uns von Natur und Menschen trennen, wenn wir die Freiheit suchen, die in unserem früheren, straff organisierten Alltag verloren gegangen ist. Mühsam und anstrengend wird es werden. Aber das war es auch für die Goldsucher des 19. Jahrhunderts, die damals hierher kamen. Und genau wie sie wollen wir ein uns unbekanntes Land erkunden – und das Glück finden. Die Route wird uns über den Alaska Highway führen, der von Delta Junction nach Dawson Creek in der kanadischen Provinz British Columbia reicht. Er hat eine Länge von 2288 Kilometern. Wie viele Tage und wie viel Mühe wird er uns abverlangen?

Eine Lautsprecherdurchsage unterbricht meine Gedanken: »Die

Temperatur in Anchorage beträgt 8 °C bei leichtem Regen. Herzlich willkommen in Alaska.«

Julia: Bis jetzt hatten wir uns auf die Umrundung von kleinen Pazifikinseln spezialisiert, nun beginnt der Ernst des Lebens. Zumindest für mich. Wäre ich alleine unterwegs, hätte ich mir niemals Alaska als Ziel ausgesucht. Viel zu wild ist das Image, um nicht zu sagen, herb und maskulin; kalt, öde, einsam, und dazu ständig Bären, die über einen herfallen könnten. Zugegeben, ein sehr oberflächliches Bild, aber ich fühle mich wohler bei warmen Temperaturen und bin eher vorsichtiger Natur. Doch Alaska ist Stefans großer Traum, und ich habe leichtsinnigerweise versprochen, an der Erfüllung seines Traumes mitzuwirken.

Lange habe ich die Vorstellung von Alaska und davon, wie unsere Reise dort aussehen mag, verdrängt. Doch nun sehe ich die menschenfeindlichen Gipfel und Gletscher rund um die Stadt Anchorage und bin einer Panik nahe. Worauf habe ich mich da eingelassen, hier sollen wir radeln? Wo sind da überhaupt Straßen?

Gleich in der Landehalle des Ted Stevens Anchorage International Airport erwarten uns ein riesiger ausgestopfter Bär und unsere Freunde Daniel und Sven, die uns drei Wochen lang begleiten wollen. Darüber freue ich mich, besonders weil ich in meiner »Bären-Vorbereitung« gelesen habe, dass Gruppen ab vier Personen nicht angegriffen werden. Da nehme ich auch in Kauf, mich gleich mit drei Männern herumschlagen zu müssen!

Unser Millennium Alaska Hotel passt perfekt in die Umgebung, rustikal mit dunklem Holz eingerichtet und die Eingangshalle geschmückt mit ausgestopften Bären und Elchen. Sogleich wird auf der Wiedersehensfeier in der Fancy Moose Lounge des Hotels der Beschluss gefasst: Ab heute geht keiner mehr allein in die Büsche, um sein Geschäft zu verrichten. Zu gefährlich.

Nach unruhigem Schlaf wache ich am nächsten Morgen früh auf. Nun liegt also eine weitere Etappe unseres Lebens »on the road« vor uns. Vor zwei Tagen radelten wir noch unter der Sonne Hawaiis, jetzt befinden wir uns in Alaska. Den Tag verbringen wir komplett damit, auszupacken, unsere Räder zusammenzuschrauben, die Ausrüstung zu vervollständigen und Lebensmittel einzukaufen. Wir kaufen kiloweise Spaghetti ein, um ja nicht in der Wildnis zu verhungern.

Anchorage – englisch: Ankerplatz – hat als größte Stadt Alaskas knapp 300 000 Einwohner und ist zugleich industrielles Zentrum des Landes. Trotzdem ist Juneau an der Westküste die Hauptstadt Alaskas, die einzige Hauptstadt der USA, die nur mit dem Flugzeug oder per Boot erreicht werden kann. Angeblich sind in Anchorage die klimatischen Bedingungen durch das maritime Umfeld weniger extrem als im Hinterland Alaskas, aber das kommt mir zurzeit überhaupt nicht so vor, ich friere! Von Kultur scheint man hier nicht viel zu halten, das einzige Opernhaus Alaskas wurde 1976 geschlossen. Immerhin gibt es zwei Universitäten und einige bekannte Eishockeyspieler stammen von hier.

Anchorage ist keine Schönheit. 1964 verursachte ein schweres Erdbeben – das stärkste, das je in den USA gemessen wurde – Todesfälle und großen Sachschaden. Diesem Erdbeben fielen viele historische Gebäude zum Opfer, sodass stattdessen nun architektonisch wenig ansprechende schlichte Funktionsbauten vorherrschen. Die Häuser sind meistens einstöckig und lieblos zusammengewürfelt. Eine vom Hotel aus zu Fuß zu erkundende Innenstadt gibt es nicht, zum Supermarkt begeben wir uns per Hotel-Shuttlebus, dann per Taxi zum nächsten Laden. Stefan und ich wollen ein Pfefferspray gegen Bären kaufen.

»Guten Tag, wir sind den ersten Tag in Alaska, werden morgen zu einer großen Radtour aufbrechen, viel zelten und bräuchten bitte ein Pfefferspray.« Der Verkäufer trägt ein kurzärmeliges T-Shirt, auf dem innerhalb des Umrisses von Alaska steht: »It's not the end of the world, but you can see it from here«. Er hat eine rote Nase und beäugt uns kritisch. »Spray? Na, wenn ihr unbedingt wollt. Ich hab immer eine Knarre dabei, wenn ich in die Wildnis gehe. Das ist der beste Schutz.« Der Verkäufer schaut uns auffordernd an, aber wir lehnen dankend ab. Bei genauerem Hinsehen sind an der Verkaufstheke viele Fotos von Jägern angebracht, die blutüberströmte Geweihe und Büffelköpfe stolz in die Kamera recken. Ganz schön blutrünstig. Frauen sind auch darauf, ebenfalls bewaffnet, in Tarnkleidung und ihre Trophäen zeigend. Hier passe ich eindeutig nicht hin.

Stefan: Mein erster Blick – ich muss es zugeben – gilt nicht meiner Ehefrau, sondern ich schaue auf die Tropfen am Fenster und in einen Himmel, den man positiv als grau in grau beschreiben kann. Die Ausfahrt aus der Stadt durch dichten Autoverkehr Richtung Süden gestal-

1 In Otorohanga unter Kiwis, den Natio-
nalvögeln der Neuseeländer.

2 Lebensrettender Pub im neuseeländischen Nirgendwo.

3 Freilaufende Pinguine in Oamaru, Neuseeland.

4 Farbenpracht im Tongariro National-park, Drehort von »Herr der Ringe«.

5 Tandem-Dame Saphira am Meer in den Catlins.

6 Neuseeländischer Humor – der Zeltplatz ist geöffnet.

7 Maori beim Haka in Rotorua.

8 Sehr sympathischer Briefkasten auf Oahu.

9 Schildkröte vor unserem Zelt auf Big Island.

10 An der Radstrecke der Iron Men auf Hawaii.

11 Hawaiianische Krieger.

14

15

12 Zelten unter Fichten in Alaska.

13 Der Denali Highway bei Sonnenschein.

14 Idyllischer Zeltplatz am Fluss.

15 Das erwartet einen auf dem
   Denali Highway nach starkem
   Regen: eine Schlammschlacht.

16

17

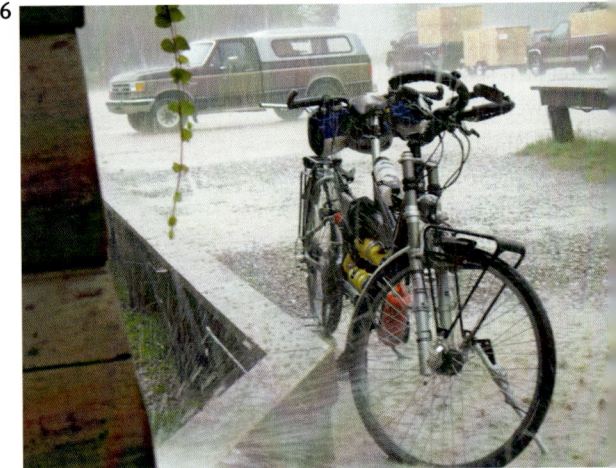

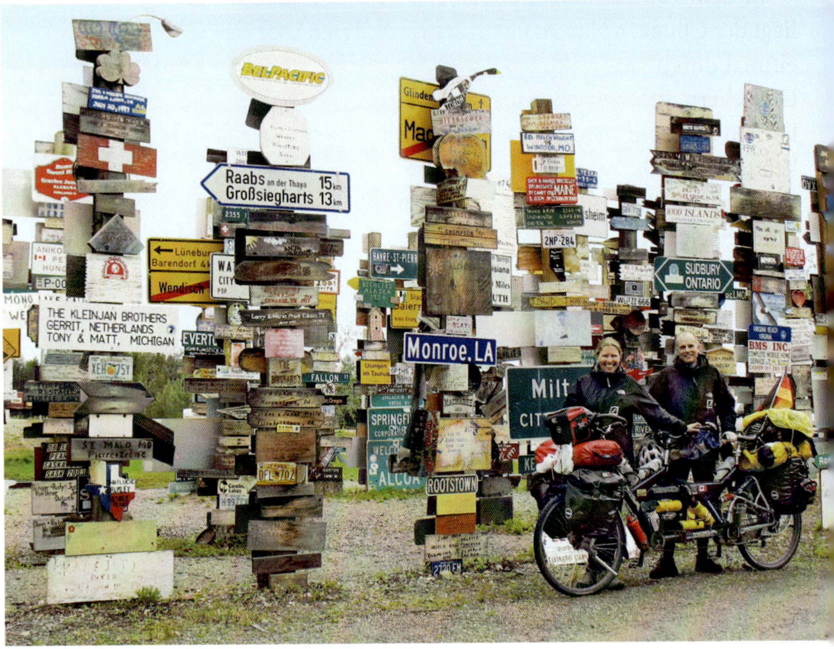

16 Immer wieder Regen auf dem ALCAN.

17 Schilderwald in Watson Lake, Yukon.

tet sich schwierig und ein böser Gegenwind macht uns die erste Fahrt schwer. Wir sehen aus wie Kleiderzwiebeln auf Rädern, die große Freiheit ist das noch nicht.

Wir verlassen Anchorage, um die Kenai-Halbinsel zu erkunden. Sie wurde ursprünglich von den Dena'ina-Indianern, einem Stamm der Athabasken, bewohnt. Russische Pelzhändler siedelten sich hier erstmals vor über 200 Jahren an. Tourismus und die Ölindustrie gehören mittlerweile zu den wichtigsten Einkommensquellen der Halbinsel. Wegen ihrer abwechslungsreichen Landschaften – Berge, Gletscher, Seen, Flüsse, Strände – zieht die Kenai jedes Jahr Tausende Touristen aus aller Welt an. Und dann gibt es immer wieder ein paar bedingt zurechnungsfähige Radfahrer, die sich hierher verirren.

In dem von uns nun zu befahrenden nordöstlichen Teil der Kenai liegt der Chugach National Forest, mit anderen Worten, wir fahren erst einmal durch viel Wald. Später erwartet uns eine von prähistorischen Gletschern geformte Seenplatte, deren Beschreibung uns angelockt hat. Im Moment versteckt sich diese Schönheit hinter den grauen Wolken und betrübt vergießt der Himmel ein paar Tränen.

Zumindest lässt der dichte Verkehr nach, nachdem wir den Stadtrand erreicht haben. Plötzlich kracht unser Vordergepäckträger mit unserem Gepäckberg nach vorne, und alle Taschen fliegen infolge einer beherzten Vollbremsung herunter. Ich hatte ihn offensichtlich nicht richtig angeschraubt. Zerknirscht entschuldige ich mich bei Julia, die skeptisch dreinblickt. Ich kenne ihre Zweifel: Wird sich das Tandem auf den ewigen Schotterpisten bewähren und oder bräuchten wir doch ein Mountainbike? Ich bin optimistisch, das vollgefederte Koga-Miyata-Reisetandem hat sich bisher sehr gut gemacht. Aufgezogen habe ich breite Schwalbe-Marathonreifen, die unser Gewicht hoffentlich gut tragen. Ich schraube alles fest, die wartenden Jungs und Julia sammeln erst das Gepäck ein und frieren dann sichtlich aufgrund des kalten Windes, der vom Fjord heranpfeift.

Anchorage ist im Rückspiegel verschwunden. Es ist schon spät geworden und uns ist nicht nach Zelten. Zu kalt, zu regnerisch. Unsere Rettung ist ein heruntergekommenes Motel. Nachts gehen wir all unsere Sachen durch, um noch einmal Gepäck zu reduzieren. Der Mülleimer wird voll.

Der nächste Tag ist weniger windig, dafür aber noch kälter. Langsam enthüllt die Landschaft ihre ersten Reize, schüchtern blicken schneebedeckte Gipfel aus ihrem Wolkenumhang. Unter uns gleitet der Asphalt hinweg, dreckiger Schnee liegt am Wegrand und das Thermometer am Tacho zeigt erfrischende 7 °C. Immer wieder einsetzender Nieselregen treibt uns an. Die riesigen Gletscher in der Ferne verstärken das Gefühl der Kälte.

Vom Portage Valley Highway biegen wir auf eine kurze schlammige Piste ab, die uns zu einem kleinen Campingplatz bringt. Die Besitzerin des Black Bear Campgrounds heißt uns herzlich willkommen, obwohl der Platz offiziell so früh in der Saison noch gar nicht geöffnet hat. Entschuldigend grinsend erklärt sie uns, dass wir nicht zelten können, nach einer Woche Dauerregen sei alles hoffnungslos verschlammt. Dankbar nehmen wir die »Ausrede« an und ziehen in eine spartanische Holzhütte.

Wir stehen früh auf, denn wir wollen die Fähre von Whittier entlang der Gletscher nach Valdez nehmen. Während der Fahrt dorthin lichtet sich der Morgennebel langsam und das Portage-Tal zeigt sich in seiner vollen Schönheit. Rechts und links klammern sich Tannen an die Flanken der massigen schneebedeckten Berge. Das Tal ist nach dem Portage-Gletscher benannt, den wir uns gerne anschauen möchten. Der Gletscher ist ein Produkt der letzten Eiszeit und er sieht alt und müde aus. Nicht so groß und mächtig wie auf den Fotos in unserem Reiseführer. Am Portage Lake steht das Besucherzentrum des Gletschers und es sind ein paar Touristen da, um sich die gefrorene Attraktion anzuschauen. Im Sommer werden sie zu Tausenden hierhin kommen, um einen der am einfachsten zugänglichen Gletscher zu bewundern. Das einzige Problem: Er ist nicht mehr richtig hier. Im Besucherzentrum müssen die Ranger vor allem eine Frage beantworten: »Wo ist der Gletscher?«

Ein geduldiger Ranger erklärt uns wehmütig, dass der Gletscher vor 13 Jahren noch in den See hineinragte und kalbte und er das Krachen des Eises hören konnte. Aber heute hat er sich in eine entfernte Ecke des Sees zurückgezogen und ist kaum noch zu sehen. Der Gletscher schmilzt pro Jahr ungefähr 50 Meter ab, der Klimawandel ist hier so gut sichtbar wie kaum in einer anderen Gegend der Welt.

Er führt weiter aus: »Alaska ändert sich stündlich. Im hohen Norden werden die ersten Indianerdörfer infolge des erhöhten Meeresspiegels überschwemmt. In der Tundra um Fairbanks taut der Permafrostboden auf, die Straßen versinken förmlich im Sumpf. Alle Gletscher hier schrumpfen im Rekordtempo, viele Touristen kommen nun noch zu uns, um die Schönheit zu bewundern, bevor sie ganz verschwunden ist. Der Klimawandel ist da und er hat Alaska fest im Griff.«

Julia: Die Fährfahrt durch den Prinz William Sound hält unserem Bild einer romantischen Fahrt entlang kalbender Gletscher nicht stand, die eisigen Berge sieht man nur ganz in der Ferne. Wahrscheinlich sind auch diese Gletscher schon zu weit abgeschmolzen. In dem ein paar Jahre alten Reiseführer liest es sich, als könne man sie von der Fähre aus buchstäblich anfassen.

Das eintönige Fahrgeräusch macht mich stumpfsinnig. Zumindest treffen wir auf der Fährfahrt andere Reise-Radler. Ein alaskisches Mädel mit einem großen breiten Lächeln voller weißer Zähne, das ein paar Wochen lang alleine durch Alaska radeln möchte. Den Thompson Pass, den wir am nächsten Tag von Valdez aus auf dem Richardson Highway überqueren wollen, bezeichnet sie als »nothing horrible«. Da sie eher vom Typ unrasierte Beine und »Ich wäre lieber ein Mann und bin härter als ihr« ist, sind die Jungs nur wenig interessiert.

Dann doch lieber mit Sjaak gesprochen, einem Holländer mit erstaunlich schlechtem Englisch und noch erstaunlicherem, schwer beladenem Rad, der von Alaska nach Argentinien fahren will. Selbst der starke Daniel kann das Rad nicht hochheben, wie sein eher schmächtiger und unauffälliger Fahrer es fortbewegen kann, ist uns ein Rätsel. Da sage noch mal jemand, wir wären zu schwer bepackt! Der schüchtern wirkende Sjaak hat sich vorgenommen, überall zu bleiben, wohin man ihn einlädt. Wir tauschen E-Mail-Adressen aus und sind gespannt, wie seine Reise verlaufen wird. Später erfahren wir, dass er es tatsächlich geschafft hat.

Ankunft in Valdez, dem nördlichsten eisfreien Hafen der Welt. 1989 gelangte der Ort zu trauriger Berühmtheit, als der Öltanker Exxon Valdez voll mit Öl 40 Kilometer vom Hafen von Valdez entfernt durch einen Manövrierfehler havarierte. Der betrunkene Kapitän lag zu dieser Zeit im Bett und hatte die Steuerung seinem unerfahrenen Dritten Offizier übergeben.

Die Stadt selbst wurde nicht betroffen, doch verpesteten die 40000 Tonnen Rohöl das empfindliche Ökosystem. Über 2000 Kilometer Küste wurden verseucht. Hunderttausende Fische, Seevögel und andere Tiere starben als direkte Folge des Unglücks. Langfristig vergiften sich die dort lebenden Tiere weiterhin schleichend über die Nahrungsaufnahme, da die Ölreste immer noch nicht abgebaut sind. Das Unglücksschiff wurde nach einer Reparatur wieder in Betrieb genommen. Es transportierte noch bis 2002 Öl durch asiatische Gewässer und diente als Namensgeber für das Hauptquartier der Bösewichte im Hollywood-Blockbuster »Waterworld«.

Dem Kapitän konnte kein kriminelles Verhalten nachgewiesen werden; er wurde zu einer Geldstrafe von 5000 US-Dollar wegen Vollrauschs verurteilt. Der Eigner des Schiffes, der Ölgigant Exxon, musste letztendlich 2,5 Milliarden Dollar Bußgeld zahlen. Die Säuberungsarbeiten führten paradoxerweise zu einem kurzzeitigen wirtschaftlichen Aufschwung in Valdez, die Katastrophe entzog jedoch dem benachbarten Indianerstamm der Chugach die Lebensgrundlage – die fischreichen Gewässer.

Der Ort ist für unsere Maßstäbe recht klein und unspektakulär. Alaskaner finden die Stadt mit ihren rund 4000 Einwohnern schön, bezeichnen sie auch gerne als Alaskas »Little Switzerland«. Für uns sieht die Stadt wie ein Haufen planlos hingestreuter Häuser aus, zudem liegt leichter Fischgeruch in der Luft. Wir finden mitten in der Stadt einen Zeltplatz.

Heute ist wieder ein Abend, an dem ich ein wenig unruhig bin. Der morgen anstehende Thompson Pass hat gut 800 Höhenmeter. Dafür werden wir wohl einige Stunden brauchen. Außerdem wird hier besonders vor Bären gewarnt. Noch scheint die Vorstellung von Bären mitten auf der Straße etwas abstrakt, aber das gekaufte Bärenspray hängt in meiner Reichweite am Rad. Stefan probiert das Spray schon einmal aus, eine Sekunde lang soll »man« sprühen, um es zu testen.

Stefan: Das Bärenspray ist im Grunde genommen eine überdimensionierte Variante des Pfeffersprays, das man in Deutschland im Handtaschenformat kaufen kann. Es dauert eine Weile, bis ich das Spray entsichert habe. Ich mache im Geiste eine Notiz, dass ich das im Ernstfall etwas schneller machen muss. Meine dann auftretende Panik wird mir sicherlich helfen. Ich stelle mich in übertriebene Angriffsposition, halte das Spray von mir weg und drücke ab. Ein beeindruckend großer Strahl braunen Zeugs schießt meterweit heraus. Ich bin von der Wirkung positiv überrascht, selbst einen kleinen Rückschlag gibt es. Sollten wir einen Bären treffen, sind wir gerüstet, zumindest nicht völlig hilflos. Einen Haken hat die Sache: Der Bär muss mir schon recht nahe sein, damit er gut zu treffen ist.

Zur weiteren Beruhigung wirbt das Spray damit, von dem Überlebenden einer Grizzlybär-Attacke entwickelt worden zu sein. Werbeträchtig prangt sein von Bärenklauen zerfetztes Gesicht auf der Spraypackung. Bei genauerem Hinschauen sehen die Narben stark nach Karnevals-Make-up aus.

Julia: Der Morgen weckt uns mit lachendem Sonnenschein, wir frühstücken kräftig. Soll heißen, wir vertilgen eine ganze Packung Weißbrot. Dann geht es los. Innerhalb von fünf Minuten haben wir Valdez auf dem Richardson Highway verlassen und kaum ein Auto kommt noch an uns vorbei. Die Temperatur steigt auf 28 °C, wir können unser Glück kaum fassen. Die Straße folgt schlängelnd dem Keyston Canyon, durch den sich der Lowe River seinen Weg gebahnt hat. Hier befinden sich auch die Bridal Veil und die Horsetail Falls, in der Sonne glitzernde steile Wasserfälle direkt am Rande des Highways.

Bei einer Rast an einem Parkplatz sehen wir eine Dame, die reichlich kitschige Pferdegemälde aus ihrem alten VW-Bus heraus verkaufen will. Sie trägt Westernlook, besonders auffällig: rote Cowboystiefel. Am meisten beeindruckt uns ihr Colt mit elfenbeinfarbenem Beschlag, den sie an der Hüfte trägt. Haben wir etwas verpasst, ist hier Jahrmarkt?

Sie trägt eine sehr stoische Miene zur Schau und ignoriert uns. Über unseren Beobachtungen und Witzen vergesse ich meine Bedenken und bin so entspannt, dass mich der nun folgende harte Anstieg über zwölf Kilometer etwas überrascht. Keine gute Ausgangslage, denn ich habe über die Jahre festgestellt, dass ich Bergfahrten besser überstehe, wenn ich darauf vorbereitet bin. Mental, meine ich, die Beine sind sowieso gut trainiert, sodass sie sich nur noch selten beschweren. »Ignorance is bliss« – dieses Motto stimmt nicht für mich. Wenn ich nicht weiß, dass etwas Anstrengendes vor mir liegt, »performe« ich schlechter. Meine Jungs ziehen mich gerne mit »Busfahrerin Julia und ihr Plan« auf, da ich ständig über Karten, Höhenprofilen und Wegbeschreibungen hänge.

Mit sieben Stundenkilometern geht es bergan, erst gerade, dann in großen weiten Serpentinen. Ewig zieht sich das Asphaltband vor uns, rundherum erstrecken sich schneebedeckte Gipfel in unendliche Weiten. Bei knallblauem Himmel ein perfektes Postkartenmotiv. Daniel und Sven werden zu immer kleineren schwarzen Punkten am Horizont. Vor uns, nicht hinter uns. Wir genießen den Augenblick, der recht schweißtreibend ist angesichts der auf einmal hohen Temperaturen. Von Milepost zu Milepost arbeiten wir uns hoch, bewundern leuchtend bunte Blumen am Straßenrand, deren Wurzeln durch den Asphalt brechen.

Dreieinhalb Stunden später rollen wir auf dem Besucherparkplatz des Worthington-Gletschers ein, unter dem Applaus der auf uns wartenden Freunde. Zur Belohnung hat mir Daniel eine Tafel Schokolade im Souvenirshop gekauft, die ich sofort gierig aufesse. Schnell machen wir noch einen kurzen Gang zum Gletscherrand. Hier erfreut uns der Humor des Tourismusverbandes. Auf einer Schautafel wird der im Gletscher heimische Eiswurm beschrieben als ein Lebewesen »mit einem Gesicht, das nur die eigene Mutter lieben kann«.

Der Shop macht zu, es ist bereits 17 Uhr und wir machen uns an die Abfahrt. Leider verlieren wir nicht alle Höhenmeter und so fahren wir nur knapp einen Kilometer bergab. Danach geht es flach voran auf dem Richardson Highway, der den dunklen Wald zerschneidet. Es wird zwar nicht richtig dunkel zu dieser Jahreszeit in Alaska, aber das Licht verändert sich, wird fahler und blasser. Ankunft an der Tiekel River Lodge bei Meile 56 um 21 Uhr, Tages-Tachostand: 100 Kilometer. Schnell noch die Zelte aufschlagen, duschen und Spaghetti kochen. Ein perfekter Radeltag!

Die Lodge ist mitnichten ein herrschaftliches Haus, wie die Bezeichnung vielleicht vermuten ließe, sondern eine kleine, leicht heruntergekommen aussehende Behausung auf einer mit Gras bewachsenen Lichtung. Überraschenderweise sind die beiden Besitzer Ben und Stephen zwei junge Männer mit schicken schwarzen Designerbrillen. Bier dürfen sie nicht verkaufen, schenken aber jedem von uns eine Dose aus ihrem Privatbesitz. Plüschige Handtücher zum Duschen sind gratis. Auf unsere Frage: »Gibt es hier Bären?«, sagen sie nur: »Nein, aber durchgedrehte Elche, wundert euch nicht, wenn sie über eure Zeltleinen stolpern.« Das ist uns heute egal, wir schlafen tief und fest nach den Anstrengungen des Tages.

Am nächsten Morgen tischt Ben uns ein massives Frühstück auf: Spiegelei, Speck, Bohnen und bereits eingebutterten, triefenden Toast. Auf den nächsten 80 Kilometern fallen unsere heiß geliebten Café-

Stopps mangels Versorgungsstationen leider aus. Heute werden wieder Meilen gemacht, um am Ende des Tages an einem einsamen Campingplatz anzukommen und von Tausenden von Moskitos umzingelt zu werden.

Stefan: Nach der Überquerung des Thompson Passes haben sich die Landschaft und das Klima rasant verändert. Die ständig vom Meer herantreibenden Regenwolken bleiben an den Bergketten hängen – auf der Kenai Peninsula kann es bis zu 300 Regentage im Jahr geben, im Inneren Alaskas nur ein Fünftel davon. Auf dem Richardson Highway ist nicht viel Verkehr. Die Weite dieses Landes ist kaum fassbar, rechts und links dieses einsamen Pfades aus Asphalt, der sich durch die Landschaft schlängelt, liegen Hunderte von Quadratkilometern quasi unberührter Wildnis. Bewohnt von Bären und Elchen, die jederzeit auf dem Highway auftauchen könnten. Langsam kommt das viel beschworene Alaskagefühl auf, Forscherdrang und ein Kribbeln erfassen mich. Wie müssen sich die Goldsucher gefühlt haben, die nicht einmal ansatzweise wussten, was sie auf ihrem langen Weg durch die Wildnis erwarten würde?

Der Richardson Highway folgt in seinem Verlauf einem alten Trail der Goldgräber. Während der Goldrausch im Yukon seinen Zenit überschritten hatte, verbreitete sich die Kunde, dass in der Nähe von Fairbanks »das Gold auf der Straße liegt«. Heerscharen von Goldsuchern reisten an. Veteranen, die im Yukon keinen Claim mehr abstecken konnten, aber auch Neulinge, Arbeiter aus der ganzen Welt, die ihr bisheriges Leben aufgaben und – teilweise samt ihrer Familie – in die Goldfelder zogen, um dort ihr Glück zu suchen.

Was genau hat die Menschen so gelockt? Gold ist das einzige Edelmetall, das den Menschen von jeher so sehr fasziniert hat, dass er bereit war, dafür seine Gesundheit und sein Leben aufs Spiel zu setzen. Durch seine Seltenheit und Schönheit wurde dem Gold eine eigene Mystik zugeschrieben. Doch war es nicht nur der materielle Gegenwert oder der mystische Lockruf; gleichzeitig fanden große gesellschaftliche Umstrukturierungen statt. Durch die Industrialisierung wurden viele Menschen in ihrer Heimat entwurzelt. Wer nichts zu verlieren hat, kann nur gewinnen, müssen sie sich gedacht haben, als sie sich auf dem Weg, auf dem wir jetzt radeln, vorwärts quälten. Auf alten Bildern sieht man ganze Familien mit all ihrem Hab und Gut in Planwagen, die in morastigen Flussdurchquerungen festsitzen, umgeben von Schwärmen von Moskitos, oder grimmige Männer, die auf Hundeschlitten tollkühn Schneebrücken über Flüssen queren.

In den Büchern steht, dass der Weg beschwerlich war. Das scheint mir eine Untertreibung zu sein. Selbst im asphaltierten Zustand ist der Weg anstrengend. Wie muss es erst sein, mit seinem ganzen Hausrat zunächst über den schneebedeckten Thompson Pass zu ziehen und dann, einem holprigen Trail folgend, zig Flüsse zu durchqueren, Bärenattacken abzuwehren und sich von den Moskitos zerstechen zu lassen? Für uns moderne, zivilisierte Menschen unvorstellbar. Ohne Auslandskrankenversicherung, ohne ADAC oder die Möglichkeit, 110 zu rufen, und mit der nur vagen Aussicht auf eine neue Existenz. Kurzum: ohne Netz oder doppelten Boden. Viele Goldsucher starben bereits auf dem Hinweg. Sie verhungerten, verunglückten oder wurden überfallen. Ihre Entschlossenheit und ihr Mut schweißten sie zusammen. Sie bauten sich unter abenteuerlichen Bedingungen ein neues Leben auf. Viele blieben, selbst als es kein Gold mehr zu finden gab, da sie sich ihrer neuen Heimat zugehöriger fühlten als ihrer alten. Noch heute gibt es Goldsucher in Alaska und in der kanadischen Provinz Yukon.

Was ebenfalls bleibt, ist der lange Highway und ein Teil seiner alten Infrastruktur. Im Laufe der Zeit entwickelten sich Versorgungsstationen, die sogenannten Roadhouses, für die Goldsucher. Pro Tag schaffte man damals um die 40 Kilometer, dann wurden die Tiere oder auch die Menschen müde. Dementsprechend wurden in diesen Abständen Versorgungsstationen am Wegesrand gebaut. Die gute Nachricht für uns Radfahrer: Viele sind immer noch bewirtschaftet, typischerweise als Bar und »Liquor Store«, und bilden damit das Zentrum des sozialen Lebens der umliegenden Blockhütten.

Als wir am Abend ein altes Roadhouse, die Tonsina River Lodge, betreten, bestellen wir erst mal vier Bier. Ob wir hier zelten können, ob es eine Dusche gibt, ob es etwas zu essen gibt – unwichtig, erst mal wird ein Bier bestellt. Die Lodge ist einstöckig und mit Holz verkleidet, ein rosa Flamingo steht davor. Auf dem Platz vor der Lodge sind zwei Parkuhren aus New York City aufgestellt, angesichts der riesigen Fläche und den drei verloren davor stehenden Pick-ups schlicht absurd. Der offensichtlich humorvolle Besitzer der Lodge heißt Mark, er ist Mitte 50, wiegt das doppelte seines Alters in Kilo, hat einen schwarzgrauen Vollbart und lange Haare. Nicht wie ein Hippie, eher wie ein

Rocker. Die Aufschrift auf seinem verblichenen schwarzen T-Shirt ist nicht mehr zu lesen.

Er steht hinter einer imposanten Bar, die mit einer riesigen Sammlung Tequila aufwarten kann. An den Wänden hängen Budweiser-Werbeposter mit leicht bekleideten Mädels. Weiter hinten im großen Raum befindet sich das »Restaurant«: ein paar Diner-Tische, eine Karaoke-Station und ein gigantisch großer Fernseher. Mark scheint uns zu mögen, wir dürfen umsonst zelten. »Mein Campingplatz ist vor zwei Jahren überschwemmt worden, hatte keine Lust, alles wieder zu richten, also stellt euer Zelt irgendwo hin. Dusche fünf Dollar pro Person.« Wir zahlen, duschen und fahren über das, was mal ein Campingplatz war. Nur mit Mühe finden wir eine einigermaßen ebene Fläche und bauen die Zelte auf. Nach den obligatorischen Spaghetti mit Tomatensoße geht es zurück in die Lodge. Hier haben sich mittlerweile einige Gäste an der Mangy Moose – Räudiger Elch – Bar eingefunden. Gemäß Marks Werbeslogan »We're all here because we ain't all there.« Übersetzt: »Wir sind alle hier, weil wir ein bisschen bekloppt sind.«

Julia: Zehn Uhr abends, unsere Kleidung und wir sind wieder sauber, der Hunger ist gestillt und wird es dringend Zeit für Schnäpschen. Ich überzeuge Daniel, welche an der Bar zu besorgen. Daniel bestellt Tequila, schließlich ist Mark sehr stolz auf seine umfassende Sammlung. Mark probiert es mit einem günstigen Tequila und stellt das Glas vor Daniel hin.

»Was soll denn das sein?«

»Tequila, die Marke mögen hier alle.«

»Das seh' ich, aber du hast doch bestimmt was Schöneres in deiner Sammlung?«

Mark sucht ein bisschen zwischen den Flaschen herum, dann holt er einen sehr besonderen Flakon mit goldener Flüssigkeit hervor und schenkt Daniel wieder ein Glas ein.

»Was soll das jetzt?«

»Das ist mein bester Tequila.«

»SO kann ich den nicht trinken.«

»???«

»Mann, das ist goldener Tequila, dazu braucht man Zimt und Orangen.«

Mark schaut perplex.

»Wie, ihr trinkt den pur? Das geht aber nicht, schau mal in der Küche, ob ihr nicht was dahabt.«

Mark verschwindet und taucht Minuten später mit einem verstaubten Zimtglas und drei zermatschten Orangen auf.

»Na prima, dann kann es ja losgehen. Orangen in Scheiben schneiden, Zimt drauf. Erst trinken, dann in die Scheibe beißen.« Die erste Runde Tequila wird standesgemäß genossen, und Mark ist hellauf begeistert. Dass man goldenen Tequila mit Orange und Zimt trinkt, hat sich hier oben noch nicht herumgesprochen. Er gibt gleich noch eine Runde aus. Und noch eine.

Stefan: Mitternacht in der beschwingten Tonsina River Lodge.

»Sag mal, Mark, was ist denn das für ein altes dreistöckiges Haus neben deiner Lodge?«

»Ein Geisterhaus, in Raum 18 hat sich mal eine arme Seele erhängt, die geht immer noch um.«

»Glaub ich nicht, aber ich nehme noch einen Tequila.«

»Das kannst du in Internetforen nachlesen«, behauptet Mark und schenkt großzügig nach. »Wenn ihr wollt, kann ich euch das Haus zeigen.«

Der spätere Blick ins Internet zeigt folgenden Eintrag auf der Website »Investigation of Paranormal in Alaska«: »Tonsina Road House und Lodge … Der anwesende Geist bewohnt Raum 18 der vernagelten Behausung und wurde beobachtet, wie er aus dem Fenster seines Zimmers im dritten Stock schaute. Es wird gesagt, dass er gerne den Saloon nebenan besucht und schon hinter der Bar gesehen wurde. Er hilft den Bedienungen, indem er die Kühlschranktür öffnet. Darüber hinaus wurden Zigaretten gerochen und Schritte gehört.«

Sven stimmt einem Besuch des Geisterhauses berauscht zu und auch die übrig gebliebenen Gäste – zwei schwer angeschlagene Damen namens Shirley und … Namen habe ich vergessen – sind hin und weg vor Begeisterung. Wir gehen hinüber – das Haus ist tatsächlich gespenstisch. Die alte Einrichtung fliegt herum, als sei eine Bombe eingeschlagen. Es ist wie bei den Nachtwanderungen, die ich als Kind so gerne gemacht habe. Überall knirscht und knackt es. Der innere Dialog: »War da nicht etwas?! Kann nicht sein! Oder doch?«, spukt durch den Kopf, während ich nach außen natürlich wie alle anderen vorgebe, ganz entspannt zu sein.

In einigen Zimmern hängen Galgen, die Betten sind noch da, wenn auch total heruntergekommen. »Die Lodge«, erklärt uns Mark, »wurde in den 1930er-Jahren von Arbeitern bewohnt, mittlerweile ist sie seit Jahrzehnten verlassen. Zu teuer, sie zu renovieren. Abreißen kostet auch zu viel. Also lasse ich sie einfach stehen. Wenn ihr wollt, könnt ihr hier schlafen, am besten in Raum 18, dann stattet euch Charlie vielleicht einen Besuch ab.« Daniel und Sven sagen Ja und beschließen, im gleichen Raum zu schlafen, damit sie sich gegenseitig nicht erschrecken können. Ich habe zum Glück eine gute Ausrede, im Zelt zu schlafen – Julia, die erst gar nicht zur Besichtigung mitgekommen ist und alleine weiter an der Vernichtung der Tequilavorräte arbeitet. Wir gehen zurück in die Lodge und versacken ebenfalls.

Ich tanze mit Sven zur Schnulze »She's Like the Wind« aus dem 1980er-Jahre-Tanzfilm »Dirty Dancing«, kurz darauf überlässt mir Mark die Bar – wahrscheinlich ob der Tanzeinlage. Meine Getränkepreise schwanken arg. Wie eigentlich die gesamte Bar. Wir bringen Mark und den beiden Damen bei, das deutsche »Prost« zu sagen und dann verabschiedet sich die Dame, deren Namen ich vergessen habe. Ihr Mann holt sie ab, er hat einen Bären geschossen, und den müssen sie jetzt noch gemeinsam ausnehmen.

Julia: Ich wusste doch, dass wir heute nicht radeln würden. Mühsam schälen wir uns aus den Schlafsäcken und wollen in die Lodge zum Zähneputzen. Geht aber nicht, Mark ist noch nicht auf und damit der Laden geschlossen. Draußen wartet die Postbotin am Steuer eines großen Trucks und trinkt genüsslich ihren Kaffee. Ich sage ihr, dass ich so einen jetzt auch gut gebrauchen könnte. »Das glaub ich dir gern, Schätzchen, besonders diesen hier, da ist nämlich Baileys drin, der macht so schön warm.« Ich sage dazu lieber nichts. Es ist halb neun Uhr morgens.

Etliche alkoholfreie Kaffees später machen wir uns auf den Weg zu den Fischrädern am McCarthy River. Mark stellt uns für die 100 Kilometer lange Strecke seinen heruntergekommenen Pick-up zur Verfügung. Die Fischräder von Chitina präsentieren sich uns in einer Endzeit-Landschaft à la »Mad Max«. Einsam drehen sich verwitterte Lachsfangräder am Fluss, Staub liegt in der Luft. Keine Menschenseele weit und breit.

Marks Empfehlung folgend, geht es dann nach McCarthy, einem

abgelegenen Ort innerhalb des Wrangell-St. Elias National Park. Dieser ist mit rund 53 320 Quadratkilometern der größte Nationalpark in den USA, knapp sechsmal so groß wie der Yellowstone-Nationalpark. Neun der sechzehn höchsten Berge der Vereinigten Staaten liegen hier. Wir erleben packende Landschaft abseits unserer Fahrradroute. Bergziegen, Schwarzbären, Grizzlybären, Bisons, Karibus und andere Tiere leben in dieser großen und von der Zivilisation wenig berührten Wildnis. Etwa 80 Prozent der Landfläche bestehen aus Schnee, Eis und Felsen. Angeblich wurde hier ein Radler von einem Schwarzbären vom Rad gezerrt und getötet.

Mark empfiehlt uns, viel Bier mitzunehmen (vier pro Person, fragt sich nur, wer dann noch fahren soll), um die Landschaft zu verdauen. »You'll never know what's out there.« Außerdem sollen wir ihm von der 30 Kilometer entfernten Tankstelle mit Tante-Emma-Laden eine große Packung Zimt mitbringen.

Durch die von vielen Rissen durchzogene Windschutzscheibe sehe ich etwas im Gebüsch. Etwas Großes, Braunes, Zottiges. Auf vier Beinen stehend. Es hat ein Geweih und ist ein Elch! Friedlich Grashalme malmend, steht er da und glotzt uns träge an. Wenige Hundert Meter später passieren wir einen vergammelten Rastplatz, als ich etwas Schwarzbraunes, Hundeartiges an einer Feuerstelle sehe. Oh, mein Gott, das ist kein Hund, das ist ein Schwarzbär! Der hebt irritiert den Kopf, knabbert noch ein bisschen an einem Stück Holz, dann trollt er sich ganz langsam ins Dickicht und wirkt irgendwie schmollend, weil wir ihn gestört haben. Immer wieder blickt er sich nach uns um, während sein dickes Hinterteil im Wald verschwindet. Wir sind froh, ausnahmsweise in einem Auto zu sitzen und starren ihm nach. Nur ein bisschen klein war er, kleiner, als wir einen Bären erwartet hätten. Gefühlte tausend Schlaglöcher später – Marks Federung ist im Eimer – erreichen wir das verwahrloste, wie eine Geisterstadt wirkende historische McCarthy.

Im Jahre 1900 entdeckten zwei Männer einen großen grünen Fleck in den Bergen zwischen dem Kennicott-Gletscher und dem McCarthy Creek. Was zuerst wie eine große Grasfläche aussah, stellte sich als größter Kupferfund aller Zeiten heraus. Ein Abbauunternehmen wurde gegründet und die Copper River Northwestern Railway erbaut, um das Kupfer an die Küste zu transportieren. Kupfer im Wert von 200 Millionen Dollar wurde von ihr transportiert. Schnell wuchs das Städtchen

Kennicott, bekannt für seine besonders strengen Verhaltensregeln, inklusive Prostitutions- und Alkoholverbot. Doch es entstand noch ein weiterer Ort, fünf Meilen entfernt, mit Restaurants, Billardhallen und Saloons: McCarthy. Um die 800 Menschen lebten dort. 1938 wurde die Mine aufgrund des fallenden Kupferpreises geschlossen, der Eisenbahnverkehr eingestellt, der letzte Zug nahm die meisten Einwohner mit. Die Gebäude wurden dem Verfall überlassen und sind heute ein kleines Touristen-Highlight. In McCarthy leben jetzt nur noch 35 Einwohner, im Sommer werden es ein paar mehr, wegen der Hochsaison. Die Gegend war laut Mark das Lieblingsjagdrevier von Countrylegende John Denver. Beliebt ist er bei den Alaskanern trotzdem nicht, denn er soll gesagt haben: »Das Problem mit Alaska ist, dass es voll von Alaskanern ist.«

Stefan: Beim Abschied hat Mark immer noch dasselbe, ehemals schwarze T-Shirt an wie vor drei Tagen. Er bittet uns, ihm »noch gerade« zu helfen, den Müll rauszutragen. Daniel, Sven und ich sind 15 Minuten damit beschäftigt, ehemalige Ölfässer, randvoll mit Bierflaschen, in einen Container zu schütten. Eine Altglastonne würde sich lohnen. Dann entschuldigt Mark sich für Präsident Bush, er habe ihn nicht gewählt. Die Republikaner stellen seit 1981 den Gouverneur Alaskas. Die Alaskaner lassen sich nicht gerne Vorschriften machen und wollen am liebsten ihre Ruhe haben. Die Entschuldigung hätten wir im als durch und durch konservativ geltenden Alaska nicht erwartet. Aber auch das ist typisch Alaska – den typischen Alaskaner gibt es nicht. Goodbye Mark!

Wir folgen dem Richardson Highway weiter Richtung Norden. Es wird noch flacher und wir kommen gut voran. Während der nächsten Tage fahren wir durch dichte, dunkelgrüne Fichtenwälder. Ein intensiver frischer Nadelduft liegt in der Luft. Parallel zu uns verläuft die Alaska Pipeline, durch die Öl von Prudhoe Bay an der Beringsee zum Hafen von Valdez gepumpt wird.

In Alaska wird ein Viertel der US-amerikanischen Öls gefördert, und das Ölfeld in Prudhoe Bay ist das größte Nordamerikas. Die knapp 1300 Kilometer lange Pipeline verläuft größtenteils oberirdisch, wir können mit den Rädern ohne Probleme heranfahren. Die Pipeline ist warm und wir nehmen rittlings Platz. Zwischen unseren Beinen fließen schätzungsweise 5,6 Tonnen Öl pro Minute in Richtung Valdez, um dort in riesige Tanker gepumpt zu werden, die dann ihre Ladung nach Süden bringen.

Direkt am Highway steht ein verwittertes Schild, das den Weg zum »Knife Man« zeigt. Eine Schotterstraße windet sich recht steil zu seinem Heim. Wir wollen schon umdrehen, da sehen wir ein einsames Blockhaus, davor stehen zwei riesige geschnitzte Bären aus Holz. Ein dritter Bär liegt am Boden, aber der ist nicht aus Holz. Nach dem ersten Schock stellen wir fest, dass es ein frisch geschossener Schwarzbär ist und nur noch Schädel und Fell übrig sind. Die Zunge hängt dem Tier aus dem Maul, und der Boden ist rot. Mir wird ein wenig übel, und mit gemischten Gefühlen klopfen wir an die Tür. »Kommt rein, kommt rein!« Ein alter Kauz im gelben Fleecepulli und Rauschebart erhebt sich zur Begrüßung und schüttelt uns die Hand. Er sieht aus wie »Der Mann aus den Bergen«, eine Sendung, die ich als Kind geschaut habe. Er kommt gleich zur Sache und zeigt uns in echter Verkäufermanier seine Messer. Ich frage mich, ob er sich nicht wundert, vier Radfahrer in seiner Hütte zu haben.

Es gibt hochwertige Messer, hauptsächlich für die Jagd, aber scheinbar auch für alle anderen Anlässe. 180-fach gefalteter Stahl, fein verzierte Klingen und kunstvoll geschnitzte Griffe. Ich denke an den Bären vor der Tür. Hier ist für jeden etwas dabei – wenn man ein gutes Messer braucht und 250 US-Dollar übrig hat. Wir deuten an, dass wir nur aus Interesse da sind und nichts kaufen wollen, aber der Knife Man lässt sich nicht beirren und zeigt uns seine ganze Sammlung. Er freut sich, dass so früh in der Saison schon Besucher da sind. Als er fertig ist, taucht seine Frau auf und präsentiert uns im Anschluss ähnlich enthusiastisch ihren handgefertigten Schmuck und Goldnuggets, die die beiden auch verkaufen. Angesichts solcher Leidenschaft verabschieden wir uns fast mit etwas schlechtem Gewissen, nichts gekauft zu haben, aber den beiden scheint es nichts auszumachen.

Julia: Der Denali Highway, den wir am nächsten Tag erreichen, verläuft entlang des Südhangs der Alaska Range und führt durch weitgehend unberührte, von Gletschern geformte Gebirgslandschaft. Er ist ein wilder, einsamer, 50 Jahre alter Highway und war ursprünglich die einzige Verbindung zur heutigen Touristenattraktion Denali National Park. Auf ihm toben sich die Einheimischen aus, per Geländewagen im Sommer, per Hundeschlitten im Winter.

Die Bezeichnung Highway ist mal wieder irreführend, eigentlich handelt es sich um eine Piste, denn von den 218 Kilometern sind nur 38 Kilometer asphaltiert, der Rest besteht aus grobem Schotter. Die Pistenbeschreibung verspricht tiefe Schlaglöcher, Wellblech, bei Sonnenschein Staubtrockenheit und massiven Schlamm bei Regen. Und wer ist davon vollkommen begeistert? Natürlich, mein Göttergatte und seine beiden Kumpane. Dieses Abenteuer wollen sie sich nicht entgehen lassen, ich hingegen bin etwas misstrauisch, ob das wirklich so ein Spaß wird.

17 Uhr, in der Paxson Lodge direkt an der Kreuzung des Denali Highway mit dem Richardson Highway. Wir sind bereits fünf Stunden geradelt und haben 70 anstrengende Kilometer durch stetige »rolling hills« – jeder war ein wenig höher als der letzte – und kräftigen Gegenwind hinter uns gebracht. Die Räder sind besonders schwer bepackt, da wir im letzten größeren Ort Glennallen einen Großeinkauf für die bevorstehenden einsamen Tage auf dem Denali Highway gemacht haben. Eigentlich wollte ich unser Nachtlager in Paxson aufschlagen. Die Lodge ist eine herbe Enttäuschung, zum Teil sind Scheiben an den Fenstern eingeschlagen, die Betreiber unfreundlich, die Toiletten völlig verdreckt, und der bestellte Kaffee ist so dünn und schlecht, dass wir ihn kaum anrühren. Außerdem werden wir von zwei kleinen, sehr ernsthaft aussehenden Kindern bedient, die wie kleine Vampire aussehen. Sie machen uns Angst.

»Julia, willst du hier etwa bleiben?!« Entsetzt guckt mich Daniel an.

»Na ja, eigentlich habe ich genug für heute.«

»Aber es ist furchtbar hier, die Kinder sehen aus wie bei ›Chainsaw Massacre‹ und fallen heute Nacht vielleicht über uns her.«

»Pst, nicht so laut, vielleicht verstehen sie ja Deutsch!«

»Mir doch egal, ich bleibe nicht hier!«

»Das Ding hier entspricht auch nicht meiner Vorstellung von einer schönen Schlafstätte, aber bis zum nächsten Zeltplatz sind es noch über 40 Kilometer!« Ich übertreibe, es sind 34 Kilometer.

»Na und, es wird doch jetzt im Juni nicht dunkel, komm schon, das schaffen wir noch.«

»Aber irgendwann wird es trotzdem kalt.«

»Na und, dann bewegen wir uns eben schneller. Außerdem habe ich gehört, dass die Tangle River Lodge bei Kilometer 32 ganz tolles Essen machen soll. Die haben bis um acht auf, das ist doch ein echter Ansporn!«

»Ihr habt doch heute schon zwei Burger gegessen!«

»Die sind schon wieder verbrannt, und für diesen miesen Kaffee brauche ich heute noch einen Ausgleich.«

»Och, Mann, meint ihr wirklich?«

Ja, meinen sie. Grummelnd gebe ich nach, also fahren wir doch noch weiter und biegen gen Nordosten auf den Denali Highway ein. Ich hatte die schwache Hoffnung, dass die ersten Kilometer flach bleiben könnten, doch schon nach der ersten Kurve zeigt sich das Gegenteil, eine Erhebung nach der anderen ist vor uns zu sehen. Sven und Daniel fahren voraus und sind bald verschwunden.

Hier wachsen keine Bäume mehr, Stefan und ich fahren nun durch jene gelb-beigefarbene Steppe, die man als Tundra bezeichnet. Der Wind gönnt mir heute nichts, erst ist er noch sanft, dann bläst er kräftig – gegen uns. Ich komme mir sehr verlassen vor. Auf Alaskas Straßen ist im Vergleich zu Deutschland sowieso schon wenig los, aber hier scheint nicht ein einziges Auto mehr vorbeizukommen. Wir sind also ganz auf uns alleine gestellt. Ein komisches Gefühl. Dagegen hilft nicht gerade, dass links am Straßenrand das weiße Gerippe eines Tiers liegt, fein säuberlich abgenagt. Der Größe nach vermutlich ein Karibu, gerissen von einem Wolf oder Bären. Das glaube ich zumindest.

Wenn der Wind eine Atempause macht, ist es unglaublich still hier, jedes Rascheln im Gras, jeder knirschende Stein unter unseren Reifen ist zu hören. Das Pochen des Bluts in meinen Ohren. Der angestrengte Atem, wenn es den nächsten Hügel hinaufgeht. Die Natur und wir, sonst nichts. Die Ruhe macht mich nur noch angespannter, hier in dieser absoluten Wildnis kann ich mir sehr gut einen Bären an der Straße vorstellen. In einem Informationsheft raten alaskische Nationalpark-Ranger, sich so schnell wie möglich in ein Auto zu begeben, wenn man unvermittelt auf Meister Petz trifft. Guter Rat, aber was mache ich, wenn kein Auto da ist? Mich hinter dem Fahrrad verstecken?

Der Blick auf den Tacho verrät, es ist nach 20 Uhr und ich bin ziemlich am Ende. Die letzten Kilometer klammere ich mich an die Hoffnung, dass das Roadhouse noch irgendeine Art von Essen für uns haben wird. Zum Selbstkochen fühle ich mich schon zu schwach. Obwohl das sowieso immer Stefan macht, aber der hat auch keine Lust mehr. Endlich erscheint ein antik-ländliches doppelstöckiges Gebäude am Horizont, das »Open«-Schild leuchtet uns fröhlich entgegen. Eine letzte kleine Abfahrt, Stefan schaltet noch einmal einen Gang höher und wir rollen auf das Gasthaus zu. Meine Lebensgeister erwachen wieder, ich lasse den Lenker los, strecke den Rücken, schmeiße die Arme hoch, nehme den Kopf nach oben. Meine Muskeln schmerzen, doch ich fühle mich frei. Frei und müde.

Vor dem Haus angekommen, falle ich fast aus dem Sattel und krieche in den dunklen Gastraum. Nichts kann mich mehr aufhalten, doch es tritt mir tatsächlich noch ein Mann in den Weg und sagt: »God bless you, you are brave.« Danke, aber ich muss jetzt trotzdem dringend hinein. Dort sitzen Sven und Daniel beim Bier, nehmen mich begeistert in den Arm und loben mich, dass ich durchgehalten habe. Essen gibt es auch noch, Grundbedürfnis erfüllt, mir geht es wieder gut. So gut, dass ich mit den anderen bis Mitternacht in der Bar bleibe. Etwa zehn andere Gäste sind auch hier, wo sie alle herkommen, ist mir ein Rätsel. Sehen mal wieder nach Jägern aus, Gummistiefel, grüne Hose, Karohemd und Baseballkappe im Tarnmuster. Lustiger ist die Wirtin, sie ist dick und hat einen gigantischen Busen. Sie ist außerdem sehr klein, sodass sie ihre Brüste jedes Mal auf dem Tresen ablegt, wenn sie eine Bestellung aufnimmt. Zur Freude der Männer.

Apropos Grundbedürfnis, da war doch noch was? Stimmt, wir brauchen noch einen Zeltplatz. Wir finden ein Wildniscamp eine Meile vom Roadhouse entfernt. Schnell noch die Zelte aufgebaut, dann fallen wir mal wieder in einen komaartigen Tiefschlaf. Für die monumentale Landschaft haben wir vorher trotzdem noch ein Auge übrig. Der Anblick des durch die Mitternachtssonne beleuchteten Sees, um den rundherum noch Schnee liegt, ist ein echtes Erlebnis. Die Sonne taucht die umliegenden Bergmassive in rötliches Licht, kurzzeitig verharren wir in ehrfürchtiger Bewunderung, dann folgen wir dem Ruf der Wildnis – in diesem Fall dem Ruf unseres Schlafsacks. Erster Tag des Denali Highway überstanden!

Stefan: Ich mag den Denali Highway. Er ist abgeschieden und ungezähmt und verkörpert damit all das, was ich mir unter Alaska vorgestellt habe. Inklusive der Gefahr, von jemandem weiter oben in der Nahrungskette zusammen mit ein paar Blaubeeren verspeist zu werden. Was ich nicht mag: Sven und Daniel lassen uns weit hinter sich. Zeit, zu handeln. Freund hin – Freund her. Abends in der Lodge, nach dem vierten Bier, komme ich auf dem Weg zum Plumpsklo an den Rädern vorbei – und lade, wie schon seit Tagen geplant, Sven ein paar

Steine in die Werkzeugtasche. Leider passen nur kleine Steine rein, aber ich fühle mich besser. Das Schönste weiß ich jetzt noch nicht – er wird die Steine erst ganz am Ende der Tour bemerken. Mit einem fabelhaften Gesichtsausdruck.

Julia: Der zweite Tag beginnt mit perfektem Wetter bei 25 °C. Wir fahren nun auf Schotter. Der Himmel ist so klar und weit, bei unglaublicher Fernsicht können wir die Ausblicke auf die uns umgebenden Bergmassive wirken lassen. In der offiziellen Highway-Beschreibung steht: Bei Trockenheit kann der Denali Highway zu einer staubigen Angelegenheit werden. Das ist nicht übertrieben, wie wir heute erfahren dürfen. Für Wohnmobile und Mietwagen ist der Highway ab hier verboten, nur noch allradgetriebene Vehikel sind erlaubt.

Anstrengende Hügel und Berge bleiben auch heute unsere treuen Begleiter. Vom höchsten Punkt der Strecke, dem Mac Laren Summit auf 1245 Höhenmetern, bieten sich Ausblicke auf die schneebedeckten Gipfel der Alaska Mountain Range in der Ferne, die von der Alaska Peninsula bis zum Yukon Territory reicht. Sie lassen uns die Erschöpfung vergessen, genau wie die kristallklaren Bergseen entlang des Weges.

Tierausbeute des heutigen Tages: ein im Gebüsch weidender Elch und drei auf einem Schneefeld ruhende Karibus, die alaskischen Verwandten des Rentiers. Ihr Fell ist dicht und lang, sehr hell. Durch diese fast weiße Farbe sind sie auf die Entfernung vor Feinden getarnt. Eine dichte Unterwolle schützt sie im harten arktischen Klima vor dem Frost. Die könnte ich in der Nacht auch gebrauchen.

60 Kilometer später erreichen wir das nächste Roadhouse, die Mac Laren River Lodge, wo wir wieder kostenlos am idyllisch gelegenen Fluss in der Nähe einer Brücke zelten dürfen. In dem kleinen Hauptgebäude befinden sich neben dem Gastraum ein Kamin mit großem Sofa, ein Fernseher und eine riesige Videokollektion. Das Familienleben der übergewichtigen und herzlichen Besitzer spielt sich ebenfalls dort ab. Oma trinkt Tee auf dem Sofa, der Vater nimmt sein Abendbrot am Tisch neben uns zu sich.

Am anderen Ufer befindet sich eine Schlittenhundezucht mit dem Namen Crazy Dog Kennels. Die Besitzer sind John und Zoya, die sich hier ihren Traum verwirklichen. Zoya, schlank, dunkelhaarig und sehr hübsch, ist ein ehemaliges international gefragtes Model, John ein blonder großer Mann mit frischem Gesichtsausdruck. Zoya stammt ursprünglich aus Wisconsin und kam 2002 mit großen Träumen und noch größerer Entschlossenheit nach Alaska, alles über das Outdoor-Leben, Schlittenhunde und das Iditarod-Rennen zu lernen. Ihren Alltag beschreibt sie so: »Stell dir vor, du gehst jeden Morgen in dein Büro und 40 Freunde begrüßen dich mit einem breiten Lächeln. So ist es in unserer Hundestation.« Eine Pionierin in dem von Männern geprägten Sport.

Ihr Partner John stammt aus Alaska und ist hauptsächlich als Fischer tätig. Außerdem kümmert er sich mit Zoya um ausgemusterte Schlittenhunde aus dem Tierheim, fast die Hälfte ihres Stalls besteht aus solchen Findelkindern. John erzählt uns mit flammender Begeisterung von den Eigenschaften und Persönlichkeiten seiner einzelnen Huskys. Einige von ihnen springen laut bellend um uns herum. Der Stallgeruch von nassem Hundefell vermischt mit Erde ist intensiv.

Das Iditarod-Rennen – laut Slogan »The last great race on earth« – ist das längste Hundeschlittenrennen der Welt. Es geht über mehr als 1150 Meilen von Anchorage nach Nome, führt die Musher – die Hundeschlittenführer – und ihre Hundemannschaften über zerklüftete Gebirgsstrecken, gefrorene Flüsse, durch dichten Wald, einsame Tundra und Meilen windgepeitschter Küste. Ein Rennen, wie es nur in Alaska möglich ist, in Erinnerung an vergangene Zeiten.

Seinen Ursprung nahm dieses Rennen 1925 in Nome. Dort wurde unter den Einwohnern, vorwiegend Goldsuchern, Diphtherie diagnostiziert, und es begann ein Wettlauf mit der Zeit, um die benötigte Medizin von Anchorage nach Nome zu schaffen. 20 Musher transportierten das Serum auf einer alten Poststrecke in nur fünfeinhalb Tagen bis an die Beringsee. Der schnellste Fahrer beim Iditarod-Rennen 2007 brauchte mit seinen tapferen Huskys immerhin neun Tage und fünf Stunden.

Stefan: Während nachts die Huskys heulen und ich den Fluss murmeln höre, überkommt mich eine tiefe Zufriedenheit. Ich fühle mich trotz meiner schmerzenden Beine und aller Anstrengungen beim Bergehochfahren im Einklang mit der Welt. Die Menschheit ist weich geworden, wir leben in einem Zeitalter, das dominiert wird von Stunden vor der Glotze. Stunden vor dem Computer. Stunden im klimatisierten Auto. Es ist ein Zeitalter, das körperliche Anstrengungen abgeschafft hat. Aber gerade diese Anstrengungen berühren mich tief im Inneren, bringen mich in die Gegenwart, machen mich lebendig und menschlich. Radfahren bringt mir genau die Erfahrungen, die mich das Leben voll schätzen lassen. Sehr bald bringen die Anstrengungen mir auch einen tiefen Schlaf.

Wir verlassen die winzige menschliche Ansiedlung im Nirgendwo. Die Straße führt von einem Tal zum nächsten, wir sind wieder unterhalb der Baumgrenze. Der Wald wird immer dichter, die Straße schmaler und unebener, die Schottersteine fußballgroß. Hin und wieder hüpft ein Eichhörnchen oder ein Hase vorbei. Hier am Berghang sollen sich die Bären besonders gern aufhalten. Ich beobachte die Umgebung. Doch bei den vielen braunen und beigefarbenen Flecken – Bäume und Felsen – fällt es schwer, einen Bären auszumachen.

Wir begegnen heute einem einzigen weiteren menschlichen Wesen, einer Joggerin. Sie macht Urlaub im eigenen Land und lässt sich von ihrem Mann einfach irgendwo absetzen und später wieder einsammeln. Sie erklärt uns, dass es in Alaska einfach nichts Gesundes zu essen gebe und man nicht schlank bleiben könne, da müsse man schon Sport treiben. Wir sind froh, dass wir beim Radeln einige Kalorien verbrauchen. Unsere von der Roadhouse-Besitzerin geschmierten Sandwiches hatten es in sich, Thunfisch mit mindestens einem Glas Mayonnaise vermischt, das andere mit zentimeterdickem Corned Beef belegt. Dazu eine Tüte Chips. So sieht das klassische Alaska-Mittagssandwich aus.

Noch ein weiteres Tal, ein altes Werbeschild mit Einschusslöchern darin, und wir erreichen das Gracious House. Ein Roadhouse, das in seinem Blockhausstil ein wenig an die Schweiz erinnert. Es ist so alt wie der Highway und unser heutiges Tagesziel. In freudiger Erwartung eines weiteren klassischen Roadhouses treten wir durch die niedrige Tür ein – und prallen fast zurück. Das ist kein Roadhouse, das ist ja ein American Diner im Miniaturformat. In der Mitte steht eine Theke, um die herum sich etwa zehn grelle Plastikbarhocker verteilen, richtige Esstische gibt es nicht. Alles in der Farbe von Softeis und sehr im Stil der 1950er-Jahre. Ein bisschen ungemütlich, aber wir haben Hunger und wollen hier zelten.

»Ein Zeltplatz? Ja, da ist einer, liegt eine Meile zurück, den Berg runter, nachts am See kommt manchmal eine Elchkuh vorbei und bringt ihrem Kleinen das Schwimmen bei.« Wir schauen uns kurz an. Den schwer erklommenen Hügel wieder hinunterzufahren kommt überhaupt nicht infrage. »Hier zelten? Ach ja, hinter dem Hauptgebäude ist ein Platz, der ist, glaube ich, sehr günstig, Moment, ich muss mich konzentrieren, sonst komme ich nicht auf den Preis.« Die überschminkte, nicht mehr ganz junge Dame mit unendlich viel hochtoupiertem Haar kramt endlos in ihrem schon etwas löcherigen Gedächtnis. Eine halbe Stunde später wissen wir, wo wir unsere Zelte hinstellen dürfen. Dann soll es den Gracious House Burger geben, die Dame verspricht uns den größten Burger, den man in Alaska kriegen kann. Während wir auf den Burger warten, lernen wir die anderen Bedienungen kennen, insgesamt sind es vier, ganz schön viele für so wenige Gäste. Da außer uns kein anderer da ist, werden wir alle zwei Minuten gefragt, ob wir noch Kaffee wollen. Ansonsten haben sie viel Zeit, sich untereinander zu streiten und schlechte Stimmung zu verbreiten. Ihre albernen Häubchen auf dem Kopf, die sie tragen müssen, könnten vielleicht ein Grund dafür sein.

Dann kommt der Burger, aber die Dame hat ihr Nest wohl schon lange nicht mehr verlassen, von »gracious« keine Spur, das ist ein ganz normal großer Burger. Schwere Enttäuschung.

Julia: Die angeschlossene Sluice Box Bar (Sluice Box = Goldwaschrinne) ist eine Wellblechbehausung, in der eine Theke mit vier Barhockern steht. Hier treffen wir zwei weitere Bewohner dieser Gegend, eine Art Hausmeister, der sich während einer kurzen ATV-Fahrpause ein Bier genehmigt, und Bud, den Besitzer. Sven wundert sich, dass er nur Cola trinkt, obwohl sein Gesicht deutliche Zeichen ausgiebigsten Alkoholkonsums zeigt. Gut getarnt, hat der liebe Bud sich unter dem Tresen ordentlich Rum hineingetan. Mit seinem von roten Äderchen durchzogenen und von grau melierten Schläfen umrahmten Gesicht kommt er beim Erzählen sehr nah an uns heran. Besonders an mich – die einzige Frau hier. »And this young lady is travelling with you as well?« Wir versuchen uns ein bisschen zu unterhalten, was leider schnell zu einigen rechten politischen Tiraden führt, aha, hier haben wir offensichtlich einen eingefleischten Republikaner vor uns.

Bud sieht ein wenig nach Cowboy aus: rotes Flanellhemd, Levis und abgetragene Lederweste. Er scheint Mitte 50 zu sein und hat ein eigenes Flugzeug. »Geht schneller als mit dem gottverdammten Auto, wenn ich nach Anchorage will.« An den Wänden hängen unzählige vergilbte Fotos, die von früheren wilden Partys erzählen. Darauf angesprochen, kommt Bud regelrecht ins Schwärmen über alte Zeiten. In der Nähe des Roadhouses gab es früher eine Mine mit mehr als 100 Arbeitern, die regelmäßig Durst hatten und bei Bud vorbeischauten. Seit vielen Jahren ist die Mine geschlossen. Von der guten Stimmung ist nichts mehr zu spüren, in der einen Stunde, die wir es hier aushalten, kommt lediglich ein angetrunkenes Pärchen herein, das in Deutschland als Penner durchgehen würde, harten Alkohol kauft und wieder verschwindet. Wohin, bleibt ein Rätsel. Wohin wir gehen, ist klar, in unsere Zelte. Ab Mitternacht trommelt Regen aufs Zelt, zunächst noch zögerlich, dann immer heftiger.

Am nächsten Morgen bauen wir in einer Regenpause die Zelte ab und begeben uns auf den aufgeweichten Highway. Die ersten beiden Geländewagen, die an uns vorbeifahren, sehen aus, als seien sie in ein gigantisches Schlammloch getaucht worden.

Stefan: Das kann nicht gut gehen. Wir haben zwar extra breite Touringreifen aufgezogen, aber wo der Highway war, ist jetzt nur noch eine Matschsuppe. Ich bin generell kein Freund von Suppe. Der Regen hat wieder mit voller Stärke eingesetzt und seine kleinen Wasserfäuste trommeln unablässig auf unsere Regenmontur. Mit Mühe schieben wir das Rad auf den Highway, der Schlamm schmatzt klebrig unter unseren Reifen. Wir setzen uns auf das Tandem und fahren an. Die Räder sinken bis zur Felge ein und ich mache ein paar Schlenker, um das Gleichgewicht zu halten. Dabei dreht das Hinterrad durch und wir kommen unsanft in einer Pfütze zum Stehen.

Kurzzeitig scheint das Fahren ausgeschlossen zu sein, doch wir beißen die Zähne zusammen und probieren es weiter. Nicht aufgeben. Am Rand des Highways geht es etwas besser. Hier ist der Untergrund ein bisschen fester, wenn auch einige Steine herumliegen. Die Geländewagen haben ihre Fahrspuren hinterlassen, kleine Bäche haben sich darin gebildet. Bald geht das Treten noch schwerer als vorher. Ein Blick nach unten verrät mir ganz schnell, was die Ursache ist. Der lehmige Schlamm hat sich zwischen Reifen und Schutzblech festgesetzt und droht, die Räder ganz zu blockieren. Mit einem Messer schneide ich den Dreck heraus. Ungefähr alle zwei Kilometer.

Dennoch kommen wir langsam in einen Rhythmus. Zu allem Überfluss ist es hügelig. Bergauf schaffen wir es kaum und die Fahrt bergab ist schlichtweg gefährlich. Das schwere Tandem schlingert auf dem glitschigen Untergrund und die Federung arbeitet hart, um zumindest die gröbsten Stöße abzufangen. Ich kann die Piste bei dem Regen kaum erkennen. Ein Blick auf den Tacho kann mich auch nicht aufmuntern: Nach zwei Stunden Fahrtzeit haben wir 17 Kilometer geschafft. Trotz der Anstrengung sind wir beide total ausgekühlt, Julia klagt über Kopf- und Halsschmerzen. Das ist ganz schlechtes Timing. Ich versuche, stärker in die Pedale zu treten, um sie so schnell wie möglich ins Zelt zu bekommen. Wir müssen es zumindest bis zum Bruscana Campground schaffen.

Der Zeltplatz ist noch 20 Kilometer entfernt und mit jedem Kilometer, mit jedem Hügel werden wir langsamer. Intensiv ist kein angemessenes Wort für diese Kraftanstrengung. Meine Oberschenkel brennen. Nach einiger Zeit kommt die Erlösung: Der Regen wird schwächer und hört bald ganz auf. Das Wasser läuft von der Piste ab, und nach einer weiteren Stunde geht es besser voran.

Den Regen haben wir eingetauscht gegen einen Schwarm Moskitos. Und sie sind nicht alleine. Sie haben ihre Freunde mitgebracht, die unglaublich großen und aggressiven Pferdebremsen. Weil wir nur quälend langsam vorankommen, hat die Teufelsbrut es leicht, mit uns mitzuhalten. Viel Angriffsfläche bieten wir ihnen nicht, nur unsere Gesichter sind frei. Erst als wir dort noch DEET auftragen, geben sie einigermaßen Ruhe.

Vor uns zieht sich der Highway durch grünen Busch. Graue Wolken verbreiten eine trübe Stimmung und geben nur ab und zu einen Blick auf die schneebedeckten Berge um uns herum frei. Julia wird immer wieder von Schüttelfrost heimgesucht. Ich mache mir Sorgen und bin froh, als wir nach weiteren fast unendlichen drei Stunden den Wildnis-Campground erreichen. Kein guter Ort für meine kranke Frau. Ich baue ihr schnell das Zelt auf, sie legt sich sofort in den Schlafsack und fällt in einen unruhigen Schlaf.

Stocksteif liegen wir nachts im Zelt, als laute Geräusche zu hören sind. Ein Bär? Ich greife nach dem Bärenspray und luge aus dem Zelt. 30 Meter entfernt reibt sich eine Elchkuh lautstark an einem Baum. Julia kann das nicht begeistern, was mich in meiner Sorge bestätigt – sie wird morgen nicht gesund aufstehen. Ich fasse an ihre Stirn – Fieber. Sie kann hier nicht bleiben, sie muss dringend in ein richtiges Bett und in ein warmes Zimmer.

Es hilft alles nichts. In der Wildnis gibt es keinen Taxiservice. Wir beschließen, die letzten 50 Kilometer in Angriff zu nehmen und möglichst einen Geländewagen zu stoppen, der uns mitnehmen kann. Julia sieht aschfahl aus, klagt aber nicht und setzt sich tapfer aufs Rad. Treten kann sie nicht mehr viel, aber zum Glück sind wir ja auf einem Tandem. Mit nur 50 Prozent Motorleistung kriechen wir die Hügel hoch, die beiden Jungs schieben uns immer mal wieder, wenn es die Piste zulässt.

Nach einer Stunde hören wir ein Motorgeräusch. Ein rostiger Pick-up kommt von hinten. Wir winken Hilfe suchend. Der Fahrer, ein alter Indianer, hält sofort an. Wir erklären ihm die Situation, und er willigt ein, uns mitzunehmen. Wir laden das Tandem hinten auf den Pick-up, dort ist es in Gesellschaft eines All Terrain Vehicles. Der Indianer stellt sich als Sid vor, er war fischen und fährt gerade zurück nach Cantwell. Dort ist das nächste Motel. Sid ist Ende 50, hat sanfte Augen und ein zerfurchtes Gesicht. Er erklärt mir, dass es selbstverständlich sei, sich hier in der Wildnis zu helfen. Er stellt für das »arme Mädchen« die Heizung an und erzählt uns während der unsanften Fahrt von seiner Heimat. Ich bin erleichtert und danke ihm mehrmals überschwänglich dafür, dass er uns mitnimmt. Er erwidert:»Dank nicht mir. Mein Volk hat ein Sprichwort:›Es gibt heilige Geister, die heilige Verrückte wie euch beschützen.‹« Er lacht herzhaft und schaut mich dabei an, ich lache auch und hoffe, dass er bald wieder auf die Piste schaut. Julia bekommt davon nichts mit, sie scheint zu schlafen. Wie sie das bei dem Geholpere macht, ist mir schleierhaft.

Der Schotter wird zu Asphalt, wir erreichen die Kreuzung mit dem George Parks Highway. In Cantwell lässt es sich Sid nicht nehmen, uns direkt vor dem Motel abzusetzen. Wir danken ihm und bieten ihm Spritgeld an, aber er lehnt dankend ab und sagt nur: »Sieh zu, dass sie gesund wird, und dann geht wieder in die Natur und erfreut euch an ihrer Schönheit.«

Julia: Mein Hals kratzt, meine Lymphknoten sind absurd angeschwollen, und ich habe Fieber. Ich nehme Antibiotika, hänge im Bett herum, und mir wird langweilig. Stefan soll mir etwas zu lesen besorgen. Der nächste Buchladen ist weit weg in Fairbanks. Stefan geht in den Gastraum des angeschlossenen Restaurants, um zu schauen, was dort herumliegt. Die Auswahl: ein vor Testosteron strotzendes Jagdmagazin, eine alte Klatsch-und-Tratsch-Zeitung und ein vergilbtes

Buch mit Jack Londons Kurzgeschichten. Ich entscheide mich für Letzteres.

Von Jack London weiß ich, dass seine Erzählungen wie »Wolfsblut« und »Ruf der Wildnis« von Disney als Familienabenteuer verfilmt wurden und dass die einen ihn glühend als echten Mann der Wildnis verehren, während andere ihn als verfetteten Alkoholiker, der nicht zu seinen selbst aufgestellten Werten stand, verachten. Mal sehen, wie er schreibt, eine Biografie von ihm ist in dem Buch auch enthalten. Auf jeden Fall passt er sehr gut hierher, schließlich war der arktische Norden Nordamerikas zur Zeit des Goldrauschs eines seiner Reviere.

In »Ruf der Wildnis« und in »Wolfsblut« bearbeitet London den Konflikt zwischen Natur und Kultur am Beispiel eines Haushundes, der in ein Wolfsrudel gerät. Der Haushund ist in der Zivilisation schwach geworden und den Wölfen unterlegen. Ein Bild, das sich auf die Menschen übertragen lässt, die starken und wilden Naturburschen auf der einen und die sogenannten kultivierten Menschen auf der anderen Seite. O je, ich bin wohl domestiziert und schwach, deshalb bin ich krank geworden. Und meine kerngesunden Begleiter sind Naturmenschen. Immerhin kümmern sich alle sehr lieb um mich, anstatt mir zu drohen, mich zu zerfleischen.

Ich lese, dass der 1876 geborene Jack London in jungen Jahren unter anderem Landstreicher, Seemann und Robbenjäger war, was zu seinem wilden Image beitrug. 1897 packte das Goldfieber auch ihn, und er machte sich auf den Weg in den verheißungsvollen Norden. Die Suche nach Gold blieb erfolglos und schon bald kam er, von den Härten des Klondike gesundheitlich schwer angeschlagen, aber zumindest am Leben, nach Kalifornien zurück, schrieb Erzählungen über Tiere und das harte Leben einfacher Menschen. So wurde er zum gefeierten Autor und Journalisten. Schreiben war für ihn ein Weg aus der Armut. Die zur damaligen Zeit einsetzende Massenproduktion von Magazinen und Zeitschriften verhalf seinen Kurzgeschichten zur weiten Verbreitung, und so war er einer der ersten amerikanischen Schriftsteller, der mit seinen Werken tatsächlich Geld verdiente. Zeitweise betrug sein Jahreseinkommen 2500 US-Dollar, was in der heutigen Zeit 75 000 US-Dollar entspräche.

In jungen Jahren noch voller Optimismus und Glauben an die individuelle Stärke, wurde er zunehmend desillusionierter; er betrachtete sich als Sozialist und unterschrieb seine Briefe gern mit: »Yours for the revolution«. London war zweimal verheiratet, wird aber auch als jemand, der hinter jedem Rock her war, porträtiert. 1910 zog er sich auf seine Farm zurück, wo er ein natürliches Leben führen wollte, ohne die industrialisierten und entfremdeten Einflüsse des modernen Lebens. Allerdings mit einer privaten Bibliothek von 15 000 Büchern. Zu diesem Zeitpunkt war er bereits seit langem Alkoholiker, jedoch oder vielleicht gerade deswegen ein großer Befürworter der Prohibition. Im Alter von 40 Jahren verstarb London. Bis heute ist die Ursache seines frühen Todes ungeklärt und trägt noch immer zu seinem Mythos bei.

Schließlich lese ich das »Jack London Credo«:

> *I would rather be ashes than dust!*
> *I would rather that my spark should burn out in a brilliant blaze*
> *than it should be stifled by dry-rot.*
> *I would rather be a superb meteor, every atom of me*
> *in magnificent glow, than a sleepy and permanent planet.*
> *The function of man is to live, not to exist.*
> *I shall not waste my days trying to prolong them.*
> *I shall use my time.*

Was für ein Leben. Ein Mann voller Widersprüche. Ich muss zugeben, seine Biografie fasziniert mich mehr als seine Erzählungen, die in ihrer Sprache heutzutage etwas altertümlich wirken und mir zu sehr den starken, harten Mann betonen.

Stefan: Julia tut mir leid, krank sein ist nie schön, aber hier ist es besonders unangenehm. Das kleine Zimmer in unserem drittklassigen Motel hat keinen Fernseher und der nächste Hausarzt ist beunruhigende 250 Kilometer entfernt. Ich versuche, ihr den Aufenthalt so angenehm wie möglich zu machen. Aber das kann nicht darüber hinwegtäuschen, dass wir in einer ganz schönen Absteige gelandet sind. Das Motel sieht aus wie ein alter Schuppen und hat fünf Zimmer, die uns beim Einchecken stolz als sehr sauber vorgestellt wurden. »So clean, you can smell it.« Der ätzende Geruch eines chemischen Reinigers beißt in der Nase. Die Toilette sieht aus, als hätte sie schon mehrere Erdbeben hinter sich, der Spülkasten steht kurz davor abzufallen, über den Boden zieht sich ein breiter Riss. Im Hauptgebäude spielt sich das Leben der wenigen Menschen hier ab. Es gibt ein kleines Restaurant mit billigen Plastiktischdecken, die Einheimischen kommen einfach rein und zapfen sich selbst einen Kaffee oder eine Cola.

Daniel und Sven fahren am Morgen ohne uns weiter, ich winke noch und tauche wieder in das Leben der Lodge ein, unserem Zuhause für die nächsten Tage. Ich stelle fest, dass es extra günstige Preise für Einheimische gibt, Durchreisende zahlen mehr. Nach zwei Tagen werde auch ich erfreulicherweise – oder ist es eher ein schlechtes Zeichen? – zu den Locals gerechnet und zahle nur noch die Hälfte.

Ab drei Uhr macht die Bar auf und den Nachmittag über hängen dort zwei bis drei traurige Trinker. Abends wird es voller, alles, was noch laufen kann, trifft sich in der Kaschemme. Die Holzfäller, der Mann von der Post, die Mädels aus der Tankstelle und Straßenarbeiter, die am Highway arbeiten. Ich gönne mir abends auch gerne ein Bier und mische mich ein wenig unter die Leute. Rosie, die Barbesitzerin, hat mich nach ein paar Tagen irgendwie ins Herz geschlossen und stellt mich einigen von ihnen vor. Die Menschen sind einfach und geben sich hart wie das Land, das sie umgibt. Neben mir sitzt ein Greis, sein Gesicht sieht aus wie eine topografische Landkarte, in der Sonne, Wind und Zeit tiefe Spuren hinterlassen haben. Er mustert mich und lacht mich herzlich an, wobei ihm sein Gebiss fast herausfällt. Sein Teint ist indianisch und seine Augen erscheinen uralt. Er trägt natürlich ein Holzfällerhemd. Vor ihm steht eine Dose Bier, er hat sein weniges Geld vor sich auf die Bar gelegt. Der Barkeeper kann sich einfach die Dollars nehmen. Rosie stellt ihn mir als Frank vor.

Frank kommt einmal die Woche auf ein Bier in die Bar und alle grüßen ihn freundlich. Die kleine Gestalt ist 103 Jahre alt und freut sich offensichtlich, einen Deutschen in ihrer Bar zu treffen. Allzu viele Touristen haben sich hierhin noch nicht verirrt. Umgehend erzählt er mir von seiner letzten Jagd, wobei Rosie immer wieder »übersetzen« muss, was er sagen will. Er ist schon sehr greisenhaft und das schlecht sitzende Gebiss macht es nicht unbedingt einfacher, ihn zu verstehen. Ich erfahre, dass er von einem Jäger mitgenommen wurde, um Karibus zu jagen. Als die Herde aufgespürt ist, nimmt Frank das Gewehr und schießt fünfmal. Fünf Karibus fallen zu Boden. Der Jäger ist mehr als erschrocken, Frank hätte laut Jagdordnung nur ein Karibu schießen dürfen, aber wer sollte ahnen, dass der alte Mann noch so ein guter Schütze ist. Frank giggelt vor sich hin und freut sich wie ein Kind. Ich frage ihn, wann er denn jagen war. Frank weiß es nicht mehr so genau,

Rosie hingegen kennt die Antwort: vor 15 Jahren. Skeptisch schaue ich ihn an und er lacht und sagt noch einmal: »Fünf Schüsse, fünf Karibus!« Zur Krönung des Abends bietet mir Rosie, »weil wir uns doch so gut verstehen«, einen Joint auf ihrem Zimmer an und es ging – glaube ich – nicht nur ums Rauchen. Zeit, diesen Ort, der aus einem schlechten Hollywoodfilm stammen könnte, zu verlassen.

Julia: Von Cantwell ist es nicht mehr weit zum Denali National Park, einem der schönsten Nationalparks der USA. Sein Name leitet sich vom indianischen Wort »Denali« – der Hohe – für den Mount McKinley ab, der sich auf dem Gebiet des Nationalparks befindet. Hier treffen wir wieder auf Sven und Daniel.

In das Innere des Parks gelangt man nur über eine etwa 100 Kilometer lange Straße, die am George Parks Highway abzweigt. Lediglich die ersten 15 Kilometer der Straße sind befestigt. Danach sind keine privaten Pkws mehr erlaubt. Wer weiter in den Park hineingelangen möchte, muss dies zu Fuß, per Fahrrad oder mit einem der Pendelbusse tun, die regelmäßig von Mai bis September die Parkstraße befahren. Da ich immer noch recht schwach bin, lassen wir das Tandem stehen und begeben uns in einen Bus. Acht Stunden dauert die Fahrt auf äußerst harten und unbequemen Sitzen, aber ich will mich nicht beschweren.

Erneut geht es durch Wald, später durch Tundra, die sich in höheren Lagen in karge Felslandschaft verwandelt. Der kurze Sommer bringt jährlich um die 300 000 Besucher in den Park, entsprechend teuer sind die Unterkünfte, die oft auch von Bären besuchten Zeltplätze sind Monate im Voraus ausgebucht. Vom Bus aus sehen wir dann auch zum ersten Mal Grizzlybären, die von Weitem wie hellbraune, im Gras weidende Schweine aussehen. Sie wirken viel weniger mächtig, als man sie in Filmen oder Büchern sieht. Sie lassen sich nicht von dem anhaltenden Bus stören, der für sie nur ein weiteres Ding in der Landschaft ist. Ein Blick auf den 6195 Meter hohen Mount McKinley bleibt uns leider verwehrt, der Gute zeigt sich nur drei bis vier Tage im Monat.

Stefan: Sven und Daniel müssen leider wieder an ihren Schreibtisch zurück. Wir nehmen Abschied von unseren Mitradlern, der Zug bringt sie nach Anchorage und wir setzen unseren Weg in Richtung Alaska Highway fort. Alleine und uns etwas verlassen fühlend. Anders als Sven und Daniel kehren einige Abenteurer, die es nach Alaska zieht, nicht wieder zurück in ihre Heimat. Entweder gefällt es ihnen so gut, dass sie bleiben, oder sie sterben in der Wildnis. Einer der bekanntesten Vertreter ist Chris McCandless. Nicht mehr als 35 Kilometer von unserem jetzigen Standpunkt entfernt ist er verhungert. Wir sind am Abzweig des Stampede Trails vom Highway. Im Jahre 1992 ist Chris, der sich auf seinen Reisen Alex Supertramp nannte, von hier aus in die Wildnis gezogen, um der Zivilisation für eine Saison den Rücken zu kehren und der Wildnis zu huldigen.

Chris verachtete Materialismus und hatte den Kontakt zu seinen Eltern seit Jahren abgebrochen. Er hatte Bestnoten auf dem College und seine Eltern in dem Glauben gelassen, er studiere Jura. Sein Geld für die Ausbildung hatte er an die Wohltätigkeitsorganisation Oxfam gespendet. Er folgte den Idealen der großen Naturalisten Henry David Thoreau und Jack London. Er wollte von dem leben, was das Land hergab, weit weg von der Zivilisation, und er wollte in einem Tagebuch seine spirituellen Fortschritte und seine körperliche Verfassung beschreiben, während er den Naturgewalten trotzte. Chris war nur bedingt gut vorbereitet. So nahm er absichtlich keine Karte mit, um das Abenteuererlebnis zu steigern. Er wäre mit Karte wahrscheinlich noch unter den Lebenden, denn dann hätte er einen Weg zurück über den Teklanika River gefunden. Er überquerte ihn früh im Jahr und der Fluss wurde während der drei Monate seines Aufenthalts von einem Flüsschen zu einem reißenden Strom. Auf dem Rückweg wagte er nicht, diesen wieder zu überqueren und wollte bis zum Ende der Schneeschmelze warten. Also blieb er in der Wildnis; eine Karte hätte eine provisorische Brücke wenige Kilometer stromabwärts gezeigt. Schließlich vergiftete er sich aus Versehen an einer Pflanze und verhungerte elend. Seine letzte Nachricht war: »Ich hatte ein glückliches Leben und danke dem Herrn. Lebt wohl und möge Gott euch segnen!«

Viele Alaskaner halten ihn für einen spinnerten Träumer, andere jedoch sehen in ihm eine Art Antihelden zur jetzigen Gesellschaft. Unter Letzteren ist der bekannte Schriftsteller Jon Krakauer, der Chris' Geschichte in seinem Buch »In die Wildnis« mit Liebe zum Detail erzählt. Ich mache ein Foto vom Stampede-Trail-Schild und spiele kurzfristig mit dem Gedanken, den Trail selbst zu erkunden. Allerdings ist Julia gerade erst genesen und so fahren wir weiter zum nördlichsten Punkt unserer Tour – nach Fairbanks.

Am nächsten, sehr sonnigen Radeltag haben wir dann doch noch Glück und sehen den Mount McKinley. Wir erfahren von einer Kellnerin einen »inoffiziellen« Punkt, an dem wir den mächtigen Berg direkt vom Highway aus sehen können. Erst noch von Wolken verhüllt, offenbart er kurze Zeit später seine wahre Größe. Wir hatten sein Vorgebirge schon für den eigentlichen Berg gehalten, doch als sich die graue Hülle verflüchtigt, überragt der ferne Riese die umliegenden Berge bei Weitem.

Abends erreichen wir den Ort Nenana und sind überrascht, in eine Glücksspielmetropole gekommen zu sein. Über 300 000 Dollar können hier gewonnen werden, mit günstigen 2,50 Dollar Einsatz ist man dabei. In dem kleinen Städtchen stehen keine prachtvollen Hotelbauten, keine Leuchtreklamen, und leichte Mädels sind auf der Straße auch nicht zu sehen. Aber: Alle wetten hier darauf, wann im Frühjahr das Eis des Tanana-Flusses bricht. Nicht nur auf den Tag, sondern auf die Minute. Dazu wird alljährlich ein riesiges Dreibein auf den Fluss gestellt. Wenn es in den Fluss einbricht, steht der Siegeszeitpunkt fest. Dieses Jahr haben neun Menschen auf die Minute richtig getippt. Mittlerweile wird das Spiel sogar von Klimaforschern genutzt, aufgrund der lückenlos vorhandenen Datenreihe lassen sich ihrer Meinung nach auch hier die Auswirkungen der Klimaerwärmung verfolgen. Das Wettspiel ist eine alte Tradition, die 1917 von – wahrscheinlich gelangweilten – Minenarbeitern begonnen wurde. Auch Julia und ich wetten mit.

In Fairbanks, der »Golden Heart City«, genießen wir die Annehmlichkeiten einer Stadt. Zudem – und dafür sind wir die letzten Tage auch richtig in die Pedale getreten – wird das Midnight Sun Festival gefeiert. Es ist der längste Tag des Jahres, die Sonne scheint genau 21 Stunden und 49 Minuten. Das kleine Volksfest lockt Jahr für Jahr knapp 35 000 Besucher an, was die Einwohnerzahl von Fairbanks leicht übertrifft.

Es gibt zwar keine eigentliche Innenstadt oder Fußgängerzone, aber ein paar zentrale Straßen sind gesperrt und Bands spielen abwechslungsreiche Livemusik. Fröhlichen Country, traurigen Country, lustigen Country, ironischen Country. Manchmal auch nur normalen Country. Wer keinen Country mag, hat ein Problem. Das ist ungefähr genauso schlecht wie Vegetarier zu sein. Das Schild an einer Burger-Bude: »Vegetarier ist ein anderes Wort für schlechter Jäger« spiegelt die Einstellung wider. Obwohl die Nahrungsgrundlage für Vegetarier eigentlich nicht schlecht ist, denn der amtierende größte Kohlkopf der Welt kommt aus Alaska und bringt über 57 Kilo auf die Waage. 21 Stunden Tageslicht zahlen sich eben aus – das Gemüse wächst in der kurzen Saison prächtig. Zu essen scheint es keiner.

Das ungesunde Essen hat seine Spuren hinterlassen. Bei dem sonnigen Wetter zeigen die Leute weiße bleiche Haut, die sich über Fettröllchen und ausgeprägte -rollen spannt. Die Statistik sagt, dass 60 Prozent der Alaskaner übergewichtig sind. Damit liegen sie sogar über dem US-Durchschnitt. Eine weitere Tatsache, die wir durch einen Rundblick sofort bestätigen können: Die Alaskaner konsumieren am meisten Eis pro Kopf in den Staaten. Ich muss an die Trickfilmfigur Homer Simpson denken, der sagt: »Ah, Alaska, dort, wo man nicht zu fett und nicht zu betrunken sein kann.« Gerne würden wir ein paar kleine dicke Jungs aus Fairbanks auf ein Fahrrad setzen.

Julia: Ein einschneidendes Datum für Alaska war der 21. November 1942, der Tag der offiziellen Einweihung des Alaska Highways, des ALCAN (ALaska-CANada). Nach der Fertigstellung war der Highway zunächst eine reine Schotterpiste. Seitdem wurde die Straße immer weiter ausgebaut und begradigt, mittlerweile ist sie komplett asphaltiert. Dadurch ist der ALCAN heute etwa 60 Kilometer kürzer als die ursprüngliche Strecke. Was immer wieder zu Verwirrungen bei den Entfernungsangaben führt. Für den Autofahrer nicht gravierend, für uns Radler schon!

Wir stehen beim blumengeschmückten Verkehrsamt in Fairbanks an einem Schild mit der Aufschrift: »Mile 1523, Dawson Creek to Fairbanks«. Die Meilenzählung des Alaska Highways beginnt in Dawson Creek, Kanada, und endet in Fairbanks, Alaska, unserem Startpunkt. Wir fahren den Highway demzufolge rückwärts. Viele Menschen stehen um uns herum, bestaunen das Tandem.

»Wo fahrt ihr denn hin?«

»Wir starten jetzt auf dem ALCAN und wollen ihn auf ganzer Länge befahren.«

»Mann, ihr seid ja verrückt, das ist schon mit dem Auto ein ewig langer Weg!«

»Wissen wir, aber wir haben Zeit und es macht uns Spaß.« Diese Aussage werde ich noch hinterfragen müssen.

»Na dann, viel Glück!«

Wir schwenken den Lenker nach Süden und fahren auf den Highway, den wir ab heute über 2400 Kilometer lang nicht verlassen werden. Nun sind wir auch nicht mehr allein. Das niedlichste Stofftier aller Zeiten, ein Stoff-Husky, den wir Wolf getauft haben, begleitet uns auf Stefans Lenker. Es hängt ihm ein bisschen die Zunge heraus, aber das macht nichts. Für uns ist er ein wunderbarer Begleiter, der nach einem Regen genauso miserabel aussieht, wie wir uns fühlen.

Stefan: Der erste Stopp am ALCAN ist das Örtchen North Pole. Ein gigantischer Weihnachtsmann steht am Highway und unterstreicht damit die viel beworbene Tatsache, dass hier sein zu Hause ist. Hier ist 365 Tage im Jahr Weihnachten. Geschäfte verkaufen alles rund ums heilige Fest und es glitzert und funkelt wie Las Vegas bei Nacht. Kinder können an den Weihnachtsmann in North Pole schreiben und bekommen eine Antwort, jedenfalls wenn die Eltern vorher zehn US-Dollar bezahlt haben. Der Weihnachtsmann ist definitiv geschäftstüchtig. Wir schicken einige Postkarten ab – der Stempel »North Pole« im Postamt ist immerhin umsonst.

Der Highway führt relativ eben an einer Airforce Base vorbei, die donnernden Flieger kommen uns nicht sehr weihnachtlich vor. Danach hat uns die Stille wieder und der Verkehr lässt deutlich nach. Während der nächsten zwei Tage, auf dem Weg nach Delta Junction, sehen wir einige Elche am Straßenrand, die zum Glück friedlich gestimmt sind und sich schnell wieder in den Wald trollen. Im kleinen Städtchen angekommen, sehen wir ein weiteres dem Alaska Highway gewidmetes Denkmal. »Sind wir schon am Ende angekommen?«, frage ich Julia im Scherz, denn man könnte auch sagen, dass es jetzt erst richtig losgeht. Delta Junction und Fairbanks streiten sich um das offizielle Ende des Alaska Highways, und so haben einfach beide ein Denkmal aufgestellt. Ein Schild sagt uns, dass wir jetzt noch 2288 Kilometer vor uns haben. Das ist erschreckend viel, wir sind früh dran und radeln lieber noch 30 Kilometer weiter zum Silver Fox Roadhouse.

Zu der Versorgungsstation gehören zwei Häuser, mehrere kleine Hütten und eine alte Tankstelle. Wir betreten den kleinen Laden, keiner da. Interessiert schauen wir uns um – der Raum ist mit vielen Trophäen und Jagdfotos geschmückt. Wir betrachten gerade den Namensgeber der Lodge, einen ausgestopften Silberfuchs, als uns der Besitzer Dan begrüßt, ein kleiner, hagerer Mann mit ordentlich gekämmtem Haar und einem satten Akzent. Dan ist begeistert, als wir ihm von unserer Tour erzählen, und besteht darauf, uns sein kleines Jagdmuseum zu zeigen, das sich praktischerweise im Nebenraum des Tankstellenshops befindet. Die Sammlung von Fellen repräsentiert einen Querschnitt der alaskischen Säugetiere und ist liebevoll zusammengestellt. Nichtsdestotrotz kommen wir uns wie auf dem »Friedhof der Kuscheltiere« vor. Besonders imposant ist ein lebensgroßes ausgestopftes Bison, das durch seine schiere Größe beeindruckt: Es blickt auf uns herab.

Dan freut sich, als wir spontan beschließen, eine der urgemütlichen günstigen Holzhütten mit einem »Million Dollar View« auf die Alaska Range zu mieten. Sie wird im Winter – also zur Bison-Jagdzeit – von Jägern bewohnt, die den massigen Tieren in ihrem nahe gelegenen Revier auflauern.

Der passionierte Jäger und Angler Dan bringt uns frischen Heilbutt und gibt uns die Anleitung zum Kochen gleich mit dazu: klein schneiden und die Fischstücke in eine Mischung aus heißem Wasser, weißem und braunem Zucker, Butter und Salz zu einem echten Leckerbissen zusammenkochen. Für den nächsten Tag bietet Dan uns seine All Terrain Vehicles an und verpflichtet seinen Enkel Jesse – der Vierzehnjährige ist hocherfreut –, uns auf die Bisongründe zu führen. Wir bleiben und am nächsten Morgen fahren wir mit dem ATV auf einer Piste mitten hinein in die Wildnis. Die ATVs sehen aus wie Geländemotorräder mit vier Rädern, sind schneller als wir dachten, mit 50 Stundenkilometern folgen wir der rasenden Staubwolke von Dans Enkel.

Gut, dass es hier keine Verkehrskontrollen gibt. Die ATVs sind erst ab 16 Jahren zugelassen, aber Jesse versichert uns mit schelmischem Grinsen selbstbewusst: »Das ist kein Problem, ich fahre die schon, seit ich acht Jahre alt bin, hier gibt es keine Kontrollen.« Die ATVs sind nur für eine Person zugelassen, aber Dan ist sich sicher: »Da sind schon viel Dickere als ihr zu zweit sicher drauf gefahren.« Einen Helm gibt es auch nicht, also setzen wir die Fahrradhelme auf, was zumindest lustig aussieht. Der Staub dringt uns in alle Poren.

Zum Abendessen servieren uns Dan und seine quirlige philippinische Ehefrau Eva frischen Lachs und Kartoffeln mit asiatischem Gemüse. Die Stilrichtung würde in Frankfurt wahrscheinlich als »Fusion Food« bezeichnet und überteuert in Schicki-Micki-Restaurants angeboten werden. Dort würde allerdings auf dem Tisch kein riesiger Pott mit Margarine stehen. Die Zwei-Kilo-Packung trägt den verheißungsvollen Namen »I can't believe it's not butter«. Bevor es losgeht, verkündet Dan: »Dies ist ein Haus Gottes, wir beten vor dem Essen.« Also fassen wir uns an den Händen und er dankt Gott für die Gaben und bittet darum, dass wir eine sichere Reise haben mögen. Während sich unsere beiden Gastgeber großzügig das ominöse Buttersubstitut auf die Kartoffeln schmieren, als würden morgen schlechte Zeiten anbrechen, versucht Eva uns zu überzeugen, unbedingt noch einen Tag zu bleiben, um morgen mit ihr zurück nach Delta Junction zu fahren. Morgen ist Independence Day, der amerikanische Nationalfeiertag.

Mit einem VW Jetta – ein toller Verbrauch, wie Dan lobend erwähnt – fahren wir am nächsten Tag nach Delta Junction. Im Ort findet ein Volksfest statt. Überall sammeln sich kleine Menschentrauben, der Geruch von Popcorn schwebt in der Luft und ein Stimmenwirrwarr erfüllt den kleinen Ort. Auf der einen Straßenseite findet eine Militärparade statt: vier Soldaten, die zu Marschmusik aus dem Lautsprecher die amerikanische Flagge hissen. Wir überqueren die Straße und folgen Trommelschlägen, bis wir zu einer Wiese gelangen. Menschen sitzen in drei Kreisen um eine Tanzfläche, drum herum sind mehrere kleine Stände aufgebaut. Hier werden indianische Kunst, Souvenirs und Getränke angeboten. Wir erfahren, dass hier ein Pow Wow abgehalten wird, ein modernes Indianerfest. Hier können alle teilnehmen, also nicht nur Indianer. Es wird gemeinsam gesungen, getanzt und die Indianerkultur als wichtiger Bestandteil der amerikanischen Identität geehrt.

Gerade kündigt der Ansager, der aussieht wie ein Fernsehpriester in Jeans, eine weitere Tanzgruppe an. In traditionellem Federschmuck und Mokassins kommen vier Tänzer auf die Grasfläche. Eine Gitarre begleitet die Trommeln, anmutig bewegen sich die Tänzer und singen in ihrer alten Sprache. Wieder in Englisch, schaltet sich der Ansager ein und fordert das Publikum auf mitzutanzen, als Wertschätzung für die echten Tänzer. Viele lassen sich nicht zweimal bitten und bald tanzt eine ansehnliche Zahl Menschen in zwei Kreisen umeinander. Am Ende geben sich alle demonstrativ die Hand, indem der äußere Kreis um den inneren geht. Es ist eine schöne Geste, die ich noch im Kopf habe, als wir wieder zurück zu Dan und Eva fahren.

Julia: »Dawson City? Bah, das ist doch bloß eine Touristenfalle, radelt bloß nicht hin!« »Geht unbedingt nach Dawson City, das ist zwar touristisch, aber sehr hübsch gemacht!« So widersprüchlich sind die Ratschläge, die wir von anderen Reisenden erhalten.

Dawson City liegt bereits in Kanada, im Yukon, dorthin zu fahren, wäre ein gewaltiger Umweg über lange Pisten. Nein, wir wollen lieber am Alaska Highway festhalten. Sehen würden wir das Städtchen aber schon gern. Schwere Entscheidung. Wir erzählen unseren Gastgebern von unseren Überlegungen, da strahlt uns Dan an: »Kein Problem, ihr könnt wieder das Auto haben. Im Gegenzug nehmt ihr Eva mit, die wollte da schon immer mal hin, ich aber nicht, ihr würdet mir also sogar einen Gefallen tun.« Ein Auto ist nicht unser liebstes Fortbewegungsmittel, aber wenn man es so nett angeboten bekommt? Dan hebt noch einmal den Verbrauch hervor und meint, ich müsse ein deutsches Auto ja besonders gut fahren können. Okay, machen wir einen Roadtrip mit einer stets gut gelaunten Philippina.

»Und wie gehört ihr drei zusammen? Kennt ihr euch schon lange?« Der Beamte an der Grenze zwischen Alaska, USA, und Yukon, Kanada, ist ein wenig verwirrt. Ein deutscher Mann am Steuer, daneben seine Frau, beide mit US-Visum. Auf dem Rücksitz eine Philippina, die ein Schreiben ihres alaskischen Mannes dabeihat, dass ihr der Wagen rechtmäßig gehört. Leider ist ihre Aufenthaltsfrist abgelaufen und sie hat nur den Antrag für die Verlängerung ihres Aufenthaltsrechtes dabei. Eva wird schon ganz nervös, aber nach ein paar Minuten Erklärung dürfen wir passieren.

Wir fahren über den Taylor und Top of the World Highway nach Dawson City. Jetzt wird uns klar, warum hier keine Mietwagen fahren dürfen: Die Highways bestehen aus grobem Schotter und ständig gibt es Steinschlag. Das Wetter ist ebenfalls recht übel, graue Wolken hängen über den Bergen und immer wieder regnet es. Wir entdecken zwei Reiseradler auf Liegerädern, die vollkommen kaputt und sehr miserabel aussehen. Wir fühlen uns ein bisschen schlecht, weil wir heute im Auto sitzen, und winken ihnen zu. Ein müdes Lächeln kommt zurück. Sie denken wahrscheinlich auch: »Ihr habt gut lachen in eurem warmen und trockenen Gefährt …«

Nach langen Stunden kurvenreicher Fahrt biegen wir um eine letzte Ecke und sehen den mächtigen Yukon River vor uns. Eine Fähre bringt uns hinüber, dann sind wir auch schon mitten drin in alten Goldgräberzeiten. Mit seinen pastellfarbenen Häusern sieht das Städtchen sehr einladend aus. Dem auf den Spuren der Goldsucher, der leichten

Mädchen und Jack Londons Reisenden vermittelt Dawson noch heute das Gefühl der Wildwestzeit. Staubige, unasphaltierte Straßen, Originalhäuser aus Holz und Saloons mit Schwingtüren, die Angestellten in historischen Kostümen – nur die Autos erinnern einen daran, dass man im 21. Jahrhundert lebt.

Auf dem Höhepunkt des Goldrausches im Jahre 1898 hatten sich in Dawson City über 40 000 Menschen angesiedelt. Die wenigsten wurden reich, denn sie kamen viel zu spät. Die besten Claims hatten sich die bereits in der Region befindlichen Goldsucher gesichert. Oder ihre Ersparnisse wurden ihnen wieder abgenommen, von den Tänzerinnen und in den Spielhöllen, die getreu dem Motto »Mine the Miners« florierten. Überbleibsel dieser Ära ist unter anderem das Spielcasino Diamond Tooth Gertie's Gambling Hall, eine wunderbar erhaltene Spielhölle mit Roulette, einarmigen Banditen und Blackjack sowie einer Bühne, auf der langbeinige Cancan-Tänzerinnen alte Zeiten wieder aufleben lassen. Namensgeberin dieses Etablissements ist die ehrbare Tanzhallenkönigin Gertie Lovejoy, die sich, um sich von den anderen Damen abzuheben, 1898 einen funkelnden Diamanten zwischen ihre beiden Vorderzähne zwängte.

Eine weitere Kuriosität der Stadt kann uns nicht locken: der Sourtoe Cocktail. Etabliert im Jahr 1973, wurde dieser Cocktail zu einer Tradition in Dawson City. Sourtoe ist hier wörtlich zu verstehen, der »toe«, ein Zeh, der »sour«, also getrocknet und mit Salz konserviert ist. Nach den ursprünglichen Regeln musste der Zeh in ein Bierglas voll mit Champagner gelegt werden, und beim Trinken musste er die Lippen des Trinkenden berühren, andernfalls war er oder sie kein wahrer »Sourtoer«. Die Regeln wurden mit der Zeit ein wenig aufgeweicht, mittlerweile kann statt Champagner jedes andere Getränk gewählt werden. Hauptsache, der Zeh berührt die Lippen. »You can drink it fast, you can drink it slow – but the lips have gotta touch the toe.« Ein Schlucken des Zehs wird nicht empfohlen. Prost!

Dann lieber etwas Literarisches. Neben Jack Londons Blockhütte befindet sich in Dawson City die Behausung eines weiteren Autors, der das Leben im Yukon beschrieb: Robert William Service. Geboren 1874 in Glasgow, wanderte er mit 23 Jahren nach Kanada aus und lebte von Gelegenheitsjobs im Yukon. In seinen Balladen zelebriert er die raue Lebensweise des Klondike. In Dawson City ist seine Blockhütte eine Touristenattraktion. Und als wir uns zu dieser Hütte begeben, wartet

»er« auch schon auf uns. Schwarze Anzughose, weißes Hemd, Weste und einen Bowler auf dem Kopf sowie eine Nickelbrille. Und er liest uns aus seinen Büchern vor:

»*Can't you bear the Wild? – It's calling you.*
Let us probe the silent places, let us seek what luck betide us;
Let us journey to a lonely land I know.
Let us whisper on the night-wind, there's a star agleam to guide us,
And the Wild is calling, calling … let us go.«

Stefan: Wir sitzen wieder im alten Jetta und ich scheuche den Wagen über die holprige Schotterpiste. Während die Bäume vorbeirauschen, stelle ich mir vor, wie sich das Ganze mit dem Tandem anfühlen würde. Wie würde es riechen, welche Tiere würde man hören? Zurück in Delta Junction, verabschieden wir uns von unseren neuen Freunden Dan und Eva und steigen hoch motiviert wieder aufs Tandem. Die nächsten Tage vergehen wie im Flug und die Grenze zu Kanada taucht relativ unvermittelt auf. Während wir die ersten kanadischen Kilometer unter die Räder nehmen, verschwindet Alaska im Rückspiegel. Welch ein großes, großartiges Land!

Unberührte Natur und endlose Weite. Und der Mount McKinley. Alaskas Wildnis ist berauschend schön, ergreifend, und manchmal ein bisschen erschlagend. Dichte grüne Wälder, breite Flüsse und hin und wieder noch eisbedeckte Seen. Der Lohn für die Radlerstrapazen ist hoch, noch nie hatten wir so viel Ruhe und Stille entlang des Weges, die Gedanken können frei fließen. Der Ausblick auf klare Seen zwischen den Bergen, wenn man morgens aus seinem Zelt kommt. Die euphorisierende Wirkung des nördlichen Lichts, das selbst während der Nacht nicht ganz verschwindet. Leuchtend bunte Wildblumen am Straßenrand. Wolkenformationen, so massiv und gewaltig, als würden sie gleich vom Himmel fallen. Ja, und die Tierwelt Alaskas nicht zu vergessen: niedliche kleine Erdhörnchen, die frech über die Straße tollen. Majestätische Adler, die hoch in den Lüften schweben. Füchse, Stacheltiere, Hasen und Rehe. Und was ist mit Bären? Die gibt es hier auch und zugegebenermaßen waren zumindest Julias erste Nächte im Zelt nicht besonders ruhig, aber abgesehen vom Denali-Nationalpark und einer ganz verlassenen Straße, haben wir noch keine am Wegesrand gesehen. Womöglich sind zu viele Jäger auf ihren Spuren.

Begegnet sind wir eher Elchen, die gerne mal aus dem Gebüsch herausschauen oder die Straße überqueren. Oder gar mitten in der Nacht auf einem Parkplatz auftauchen. Da sie so niedlich und leicht blöde aussehen, werden sie oft unterschätzt. Doch wir halten lieber einen großen Sicherheitsabstand, sobald ein Elch in Sicht ist.

Was ist Alaska? Alaska ist, wenn mitten durch die Stadt ein Elch latscht. Alaska ist, wenn du um Mitternacht ein Buch liest und kein Licht brauchst, da die Sonne noch scheint. Alaska ist, wenn du nach einer Weinempfehlung fragst und zur Antwort bekommst: Nimm diesen Wein, ist »good shit«. Aber vor allem ist Alaska groß. Nicht nur für Radler, sondern überhaupt. Und die Alaskaner? Sie lesen »Playboy«, trinken Bier in Sportbars, lieben es DVDs zu sehen und essen Eiscreme wie verrückt. Alle fahren einen Pick-up mit mehreren Tausend PS und eine Harley. Zahlen tun sie für das alles mit Kreditkarte. Sie sind zumeist echte Unikate, harte Schale, weicher Kern. Und sie trinken ihren Tequila seit Neuestem mit Orange und Zimt.

Kanada

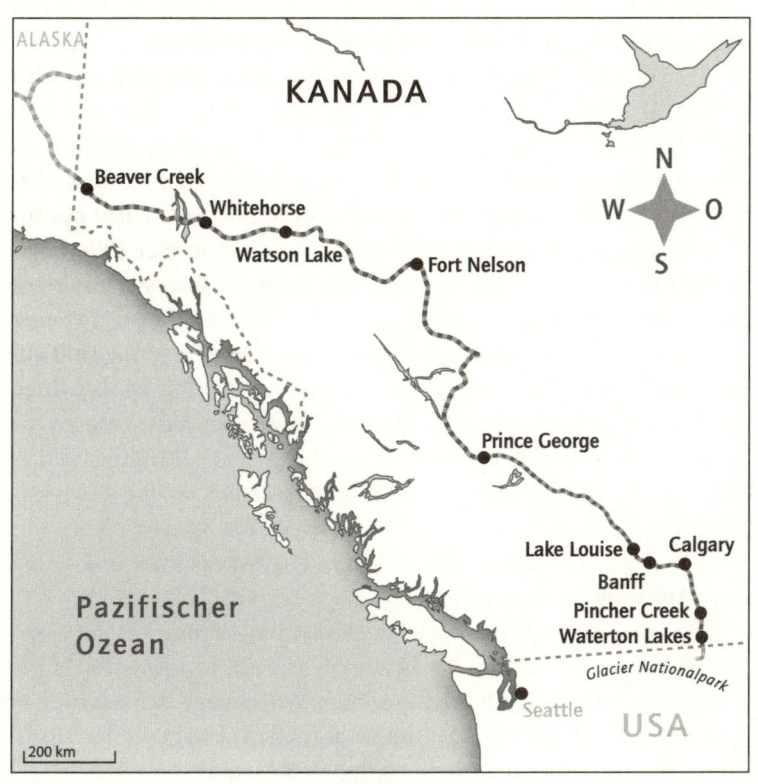

7. Kapitel: Einsamer Highway

»Das Leben ist eine Reise, kein Bestimmungsort.«
(Steven Tyler, Sänger der US-Rockband Aerosmith)

Julia: »Yukon: Canada's True North.« So werden wir in Kanada begrüßt. Von einem großen blauen Holzschild mit weißer Schrift. Die Yukon Territories erwarten uns mit ihrem rauen Charme. Nach sechs Wochen verlassen wir Alaska.

Der Name Yukon geht auf den gleichnamigen Fluss Yukon River zurück, der durch das Territorium und dann nach Alaska fließt. Yukon stammt von »yu-kun-ah«, die Bezeichnung des Flusses durch die Gwich'in-Indianer als »großer Fluss«. Mein neuer Lieblingsdichter Robert Service beschreibt den Yukon als »das Land, wo die Berge keinen Namen tragen, und nur Gott weiß, wohin die Flüsse fließen«. Wir haben knapp 500 Kilometer des Alaska Highways hinter uns – und noch 1935 Kilometer vor uns.

Wir sehen viele Tiere und wenig Menschen. Einmal kommt sogar ein Wolf auf uns zu, langsam heranschleichend, den Kopf leicht gesenkt. Mich versetzt das in Alarmstellung. Will er angreifen oder will er spielen? Hat er Tollwut? Angespannte Sekunden steht er vor uns, dann überlegt er es sich anders, dreht ab und verschwindet im Wald.

Und dann treffen wir dieses Schwarzbärenbaby. Wir sind kaum von unserem Nachtlager auf einem abgelegenen Campground aufgebrochen und auf den Highway gefahren, da sitzt es am begrasten Seitenstreifen. Eine kleine Pelzkugel, schwarz und knuffig starrt es uns eher neugierig als Furcht einflößend an. Ich erschrecke mich trotzdem und treibe Stefan an, schneller in die Pedale zu treten. Der Babybär kaut lieber an einem Grashalm, als uns nachzulaufen.

Bären sind Einzelgänger und normalerweise dämmerungs- und nachtaktiv. Ihre übliche Fortbewegung ist ein langsamer und gemächlicher Passgang. In der Regel klettern Bären gut und können auch ausgezeichnet schwimmen. Mist, also auch kein Schutz in den Bäumen. Aber die blöden Fichten hier sind eh nicht zum Klettern geeignet. Bären fressen praktisch alles, pflanzliche und tierische Nahrung. Auch Radler? Ausschließlich die Mutter kümmert sich um den Nachwuchs, während dieser Zeit ist sie ausgesprochen aggressiv und greift nahezu jeden Eindringling – einschließlich der Männchen – an. Die armen Männer-Bären, einmal Sex gehabt und dann müssen sie auf Abstand bleiben.

Für gewöhnlich gehen Bären Menschen aus dem Weg. Wenn sie aber ihre Jungen oder ihre Nahrungsvorräte bedroht sehen oder sie verwundet sind, kann es zu Angriffen auf Menschen kommen. Mehrere Menschen pro Jahr sterben durch Prankenhiebe oder Bisse von Bären. Haben wir verstanden, wir halten uns gerne fern, aber was machen wir, wenn uns einer auf dem Highway begegnet? Der kanadische Touristenverband rät dasselbe wie der alaskische: »Begeben Sie sich in Ihr Auto und entfernen Sie sich.« Guter Tipp. Schade, dass wir gerade zufällig kein Auto im Gepäck haben.

Und so beginnt unsere Reise durch die Wildnis des Yukon. Flammende purpurne Explosionen von blühendem Fireweed schmücken die Straße, als wir tiefer und tiefer in die Wälder fahren. Fireweed ist ein Nachtkerzengewächs, das nach Waldbränden auf dem verbrannten Boden wächst. Unter die Fichten mischen sich nun auch Zitterpappeln und Pilze so groß wie Essteller. Ein harziger Geruch zieht durch die Luft, manchmal wird es auch ein bisschen modrig, wenn feuchte Wurzeln ans Tageslicht dringen. Der Yukon ist durch seine Wildnis gekennzeichnet, die 90 Prozent des Landes ausmacht. Von den 33 000 Einwohnern leben 24 000 in der Hauptstadt Whitehorse. Da bleibt noch viel Wildnis für die übrigen Einwohner. Und für unsere Erzfeinde, die Moskitos.

»Ich weiß nicht, warum es mir so viel Freude bereitet, Moskitos zu töten«, sagt Stefan während einer kurzen Pause am Wegesrand, wobei er kräftig mit den Armen herumschlägt. »Weil sie böse sind, und du bist auf der Seite der Guten«, antworte ich durch mein Moskitonetz, das mir beim Essen ständig in den Mund gerät. Ich versuche, dem unerbittlichen Kampf einen tieferen Sinn abzugewinnen. »Das bringt dir Zufriedenheit und Genugtuung.« Stefan glaubt nicht so recht daran. Später setzen wir in diesem Kampf eine tödliche Waffe ein: Sie ist grün, sieht aus wie ein klein geratener Tennisschläger, wird mit Batterie betrieben und tötet die Moskitos per Elektroschock. Sehr effektiv und vor allen Dingen sehr, sehr befriedigend. Die Rache ist unser.

Stefan: Der kanadische Kluane National Park besticht zunächst einmal durch seine schiere Größe. In den 22 015 Quadratkilometer großen Park würde Hessen ohne Probleme hineinpassen. Im Nationalpark findet sich das größte zusammenhängende Gletscherfeld außerhalb der Polarregionen. Der Alaska Highway verläuft parallel zur Parkgrenze, und die mächtigen Berge ducken sich im grauen ungemütlichen Dunst. Irgendwo dahinter hält sich auch der Mount Logan versteckt, der höchste Berg Kanadas. Genau ausmachen können wir ihn leider nicht.

Auch hier gehen wir unserem erzwungenen Hobby »Bäume zählen« nach. Die Kilometer ziehen sich wie Kaugummi bei dem Wetter, das mich auch von der Temperatur her an einen grauen Novembertag erinnert. Nur dass wir uns im Juli des Sommers 2007 befinden. Wir sind allein und doch nie ohne Begleiter: Wenn wir zu langsam radeln, umflirrt uns ein Schwarm von Moskitos (bis 9 km/h), dann kommen Bremsen (bis 15 km/h), Blackflies (bis 23 km/h) und schließlich Wespen (bis 27 km/h). Störend sind sie alle.

Die vor uns auftauchende Großbaustelle reißt uns aus dem melancholisch-monotonen Trott. Schon von Weitem höre ich das dumpfe Dröhnen der Maschinen. Mit schwerem Gerät werden die Schäden am Highway ausgebessert – und zwar gleich auf 50 Kilometer Länge. Ein kompletter Fahrstreifen ist gesperrt, der Verkehr rollt jeweils nur aus einer Richtung, während die andere Seite warten muss. Für uns stellt sich die Frage: Wie kommen wir da durch? Der Highway ist nur noch eine Staubpiste. Die Wagenkolonne, die gerade aus der Gegenrichtung durchrollt, sieht aus wie nach einer Saharadurchquerung, sie zieht eine riesige Staubfahne hinter sich her.

Zwei Autos stehen in der Warteschlange auf unserer Seite, wir rollen ganz nach vorne. Dort treffen wir auf eine neue Spezies: das Lollipop-Girl. Ein Lollipop-Girl hält den Verkehr an, mit einem Stoppschild – ihrem überdimensionalen Lolli – bewaffnet. Hübsch ist sie, das bildet einen reizvollen Kontrast zu ihrer derben Bauarbeiterkluft. Auch uns hält sie das Stoppzeichen vor die Nase. Sie erklärt uns mit einem breiten Lächeln, dass wir auf gar keinen Fall eigenständig an der Baustelle vorbeiradeln könnten, das sei aufgrund von Sprengarbeiten zu gefährlich. Wir dürften aber gerne mit dem Leitfahrzeug, dem Pilot Car, mitfahren. Machen wir doch gerne bei dem Staub.

Wir kommen mit dem 23-jährigen Lollipop-Mädel ins Gespräch,

ihr Name ist Dale. Unter ihrem zu großen Bauarbeiterhelm quellen blonde Haare hervor und ihre blauen Augen strahlen, froh, jemanden zum Quatschen gefunden zu haben. Wir freuen uns auch über sie, es ist wie gesagt normalerweise recht einsam hier. »Ich bin nur wegen meines Freundes hier, der arbeitet auf der Baustelle. Um bei ihm zu sein, habe ich mir auch einen Aushilfsjob gesucht. Eigentlich bin ich Studentin. Sie zahlen beim Bau gar nicht so schlecht, Essen und Trinken sind inklusive und ausgeben kann ich nichts, es gibt ja weit und breit keine Möglichkeit dazu.« »Und gefällt dir das?«, frage ich. »Mmmm, es wird ziemlich langweilig, immer nur in der Gegend rumzustehen, noch mal würde ich diese Arbeit nicht annehmen. Jeden Tag dasselbe, erst Bären, dann Autos. Die Bären kommen im Morgengrauen aus dem Wald hervor und beobachten, was wir merkwürdigen Menschen hier machen, dann trollen sie sich wieder. Das bringt auch keine Abwechslung.« Nachdem sie sich dies von der Seele geredet hat, fragt sie uns nach unserem Ziel. Als sie Mexiko hört, bilden sich Denkfalten im hübschen Gesicht und sie fragt: »Mexiko … hmm … da müsst ihr dann wahrscheinlich ab Vancouver fliegen, oder?« Ich antworte: »Nein, da kann man auf dem Landweg hin, durch die USA.« Sie nickt, aber ich sehe ihr an, dass sie mir nicht so recht glaubt. Schnell ist sie aber darüber hinweg und ruft: »Da kommt das Leitfahrzeug, schmeißt einfach euer Rad hinten auf die Ladefläche und Glückwunsch – bald seid ihr hier endlich raus!«

Einfach schmeißen geht nicht, wir müssen alle Taschen abnehmen und auch dann passt das große Tandem gerade so auf die Ladefläche. 50 Kilometer weiter heben wir unser eingestaubtes Tandem und die Ausrüstung unbeschadet vom Pick-up.

Julia: Wenn wir nicht zelten oder in einem Motel zusammenbrechen, nehmen wir eine Blockhütte im Nichts. Beziehungsweise in einem Meer von Bäumen. Zum Beispiel bei einem Schweizer namens Patrick, der neben seiner Husky-Farm Mendenhall Malamute 75 Kilometer nördlich vor Whitehorse eine winzige Blockhütte ohne Strom und Toilette vermietet, dafür aber am Morgen ein Schweizer Frühstück in seiner Haupthütte kredenzt. Die Hütte liegt an einer Nebenstraße zwei Kilometer vom Highway entfernt. Mehrere Pfade in die Wildnis zweigen vom Highway ab. Welcher ist der richtige? Lieber zweimal gucken, bevor wir im grünen Nichts verschwinden und nicht mehr herauskommen! Wir wählen den richtigen Weg und finden den heutigen Unterschlupf. Zehn Huskys und die größeren Malamutes erwarten uns schon. Bildschön sind sie. Bei Vollmond heulen die Wölfe mit den Huskys um die Wette. Stefan fühlt sich als Trapper ganz wohl.

Kilometer 1420: Wir sind in Whitehorse, der Hauptstadt des Yukon. Die Stadt ist ausnahmsweise recht hübsch, die bisherigen Siedlungen waren eher autofahrerfreundliche Anhäufungen von schmucklosen Häusern entlang des Highways. Hier hingegen sind einige historische Häuser erhalten oder die Mauern und Wände sind im Stil der Goldrausch-Ära bemalt, falls das Original schon zerfallen ist. Whitehorse wurde benannt nach den White Horse Rapids des Yukon River, Stromschnellen, deren Kämme wie die Mähnen weißer Pferde aussahen. Sie fielen leider 1958 dem Bau eines Wasserkraftwerks zum Opfer. Wichtige kulturelle Information: Der einzige Sexshop und auch der einzige McDonalds des Yukon befinden sich hier in Whitehorse.

Für ein paar kanadische Dollar führt uns eine adrett kostümierte junge Dame durch die Stadt und zeigt uns die Sehenswürdigkeiten. Sie trägt einen bodenlangen Rock mit Unterrock, dazu eine hochgeschlossene Rüschenbluse, etwas untypisch die Flip-Flops, aber wer will da kritisch sein. In Whitehorse gibt es sogar »Hochhäuser«, die sogenannten Log Skyscrapers. Das bedeutet in Whitehorse: Vier Blockhütten sind übereinandergebaut beziehungsweise -gestapelt. Als hätte es nicht genügend Platz in der Breite gegeben. Noch höher zu bauen ging dann wiederum auch nicht, denn in Whitehorse darf die Höhe von vier Stockwerken nicht überschritten werden. Vorschrift ist Vorschrift, auch bei Blockhütten.

Neben klassischen Sehenswürdigkeiten bestaunen wir die Hundertschaften von Wohnmobilen vor dem Wal-Mart Super Center. Wir lernen: Bei Wal-Mart dürfen die RVs (Recreational Vehicles) über Nacht kostenlos stehen. Schön für die kostenbewussten Wohnmobilbesitzer, unschön für die richtigen Campingplätze, die reihenweise schließen, da keine Gäste mehr kommen. Wohnmobile in Reisebusgröße können bis zu zehn Tagen ohne Wasseranschluss »überleben«. Lebensmittel gibt's direkt bei Wal-Mart nebenan. Zum Schaden der kleineren Läden.

Die entlegenen Tankstellen stellen auch nach und nach ihr Geschäft ein, denn Benzinvorräte werden in den gigantischen Gefährten ebenfalls mitgeführt. Der schöne Ausblick fehlt auf dem Parkplatz zwar, aber man hat ja einen Fernseher dabei. Und meistens noch einen Geländewagen auf dem Anhänger, um die Gegend »light weighted« zu erkunden und zum Beispiel den Sonnenuntergang über dem Yukon River zu genießen. Den Reisenden scheint es zu gefallen.

Was hätte Robert Service wohl dazu gesagt? 1906 trug er bei einem Ehrenbankett folgendes Gedicht mit einer düsteren Vision für die Zukunft der Stadt vor:

Bob Smart's Dream

This is my dream of Whitehorse
When fifty years have sped,
As after the Rogers' Banquet
I lay asleep in my bed.

I tottered along the sidewalk
That was made of real cement;
A skyscraper loomed above me,
Where once I remembered a tent.

...

Then I turned once more to the city,
With its streets like canyons aroar;
And the lights of Taylor & Drury's
Colossal department store:

...

It was all so real, so lifelike
I awoke like a man in a fog,
So I shed a few tears in the darkness,
And groped for the hair of the dog.

Seine Prophezeiung war schon finster, aber angesichts des überdimensionierten Wal-Mart würde er sich vermutlich im Grab umdrehen.

Highlight bei Kilometer 1243: Die Nisutlin Bay Bridge ist mit 584 Metern die längste Wasser überspannende Brücke des Highways. Gut, dass wir die Bibel des Alaska Highways käuflich erworben haben, eine Ausgabe des »Milepost«. Diese Publikation sieht aus wie ein dickes Telefonbuch und ist voll von Werbung, aber sie listet akribisch jeden erwähnenswerten Punkt auf dem Highway auf. Und wenn es nur eine kleine Ausfahrt mit Mülltonne ist, die manchmal den Höhepunkt unseres Tages darstellt, wenn sonst auf 100 Kilometern nichts weiter passiert. Der weitere Weg bis Watson Lake durch die Cassiar Mountains führt über lange Kurven und moderate Steigungen. Heutzutage ist die Strecke gut ausgebaut, aber anstrengend und zugleich langweilig bleibt sie trotzdem.

Stefan: Eine Abwechslung erwartet uns in der nächsten Oase menschlicher Zivilisation: In Watson Lake steht der legendäre Schilderwald. Jeder Reisende auf dem Alaska Highway hat die moralische Verpflichtung, hier ein Schild aus seiner Heimat zu hinterlassen. Als Zeichen, dass man den ALCAN überlebt hat. Tausende von Pfählen und alle umstehenden Bäume sind vollgehängt. Es sieht abenteuerlich aus. Wir sehen Schilder aus allen möglichen US-Städten, aber natürlich waren auch wir reisefreudigen Deutschen da. Pflicht ist Pflicht! Das schwarzgelbe Schild aus Hamburg sehen wir als Erstes, aber auch eines von Rothschönberg. Das klingt fast noch abgelegener als Watson Lake. Während wir durch den Schilderwald spazieren, beschleicht mich der Verdacht, dass der Soldat, der hier 1942 beim Bau des ALCAN sein Stadtschild aus Heimweh als Erster aufgehängt hat, dieses heute bestimmt nicht mehr wiederfinden würde.

Watson Lake, am gleichnamigen See liegend, ist ein Ort mit 1800 Einwohnern. Eine Großstadt nach hiesigen Maßstäben. Bedeutend wurde der Ort durch den Bau eines Militärflugplatzes, der als Tankstopp auf der Flugstrecke nach Norden benötigt wurde. Die Airforce Lodge, das älteste Gebäude der Stadt, wurde während des Zweiten Weltkrieges von Piloten bewohnt. Genau die richtige Unterkunft für uns vor unserer nächsten Fahrt in die Wildnis. Als wir dorthin radeln, erblicken wir als Erstes einen verrosteten Truck aus den Fünfzigern. Mit seinen runden Scheinwerfern scheint er uns freundlich anzuschauen. Wir biegen in die Einfahrt ein, der Schotter knirscht unter unseren Reifen und wir fahren direkt auf die lang gezogene, holzverkleidete Lodge zu. Unter dem grünen Dach leuchtet eine rote Tür, rechts und links davon stehen Bänke. Das nervige Surren von Moskitos liegt in der Luft. Wir lehnen das Rad an eine Bank, öffnen die Eingangstür und glauben Bohnerwachs zu riechen. Ein Tisch mit mehreren Stühlen, ein kleines öffentliches Telefon und an der Wand diverse Bilder mit Luftfahrtmotiven. »Welcome to the Airport Lodge«, dröhnt es fröhlich aus einem der hinteren Räume des Hauses und wenig später biegt ein kräftig gebauter Riese mit Vollbart und langen, ergrauenden Haaren um die Ecke. »Do you have a reservation?« Haben wir nicht, aber dafür habe ich ein feines Gehör. Ein deutscher Akzent ist unverkennbar.

Michael und seine Frau Elisabeth sind deutsche Auswanderer, die sich hier ihren Traum verwirklicht haben. »In Good Old Germany gibt es zu viele Regeln, hier kann ich nachts um halb eins den Rasen mähen und keinen Menschen stört es.« Voller Stolz erzählt uns Michael, wie er die Airforce Lodge Ende der 1990er-Jahre gekauft, selbst komplett saniert und zum Hotel umgebaut hat. Außen ist die Lodge in ihrer Ursprungsform erhalten geblieben. Für die sanitären Anlagen hat er deutsche Technik verwendet, die amerikanische sei ein Graus. Bevor wir unsere Unterkunft beziehen dürfen, müssen wir jedoch die Schuhe ausziehen. Deutsche Sauberkeit. So ganz haben die beiden ihre Heimat nicht zurückgelassen.

Die Räume liegen links und rechts entlang eines langen Korridors, Duschen und Toiletten sind auf dem Gang. Es erinnert ein wenig an eine Luxusjugendherberge. Michael erklärt uns: »Falls ihr einen Laptop dabei habt, ich habe WLAN, das könnt ihr gerne nutzen.« Wenig später sitzen wir am Gemeinschaftstisch und telefonieren über Skype mit der Heimat. Wir sind immer wieder erstaunt, dass selbst die abgelegensten Plätze mit Internet versorgt sind. Entlang des Alaska Highways führt tatsächlich eine Telefonleitung. Noch abgelegenere Lodges verfügen oft durch Satellitenverbindung über einen Internetanschluss. Für uns als Reisende sehr praktisch, wir können unsere Website updaten und den Kontakt zu Freunden und Familie halten. Nichtsdestotrotz geht ein wenig die »Last Frontier«-Romantik verloren.

Ich surfe im Netz und lese eine Bewertung der Airforce Lodge in einem Reiseforum: »Die Anlage ist sehr sauber – und das 24 Stunden lang. Der Grund: Sie wird mit fast militärischer Disziplin geführt, allerdings viel freundlicher.« Dem können wir nichts hinzufügen. Michael kommt vorbei und fragt, ob das Internet auch einwandfrei funktioniere. Mein eifriges Nicken stimmt den deutschen Auswanderer sichtlich zufrieden.

Auf dem Tisch breiten Julia und ich bei einer dampfenden Tasse Kaffee die Karte aus. Wir entnehmen den Kilometerangaben, dass es noch 980 Kilometer bis zum Ende des Highways sind, von dem auch ich langsam ein wenig die Nase voll habe. Frei nach dem Motto »Besser ein Ende mit Schrecken, als ein Schrecken ohne Ende« beschließen wir beherzt, unsere Kilometerleistung pro Tag hochzuschrauben, um den Moskitos und den Nadelwäldern zu entkommen. Wir heben die Tassen und stoßen darauf an, in zehn Radeltagen durch zu sein – egal, ob es regnet, windet oder ob sich Bergketten in unseren Weg werfen.

Am nächsten Tag starten wir früh und sind unglaublich motiviert. Wir fühlen uns, als könnten wir heute noch das Ende des Highways erreichen. Wir erleben den »flow«, wie Glücksforscher diesen Zustand nennen, wir befinden uns vollkommen im Jetzt, vertieft in unsere Beschäftigung, das ständige Treten der Pedale. Ich vergesse die Zeit um mich herum, die Welt scheint stehen geblieben zu sein. In meiner Vorstellung sehe ich uns von oben und freue mich, wie wir Meter für Meter über den Asphalt rollen. Harmonisch treten wir im Einklang, nichts kann uns aufhalten und nichts anderes auf der Welt zählt. Ich bin, weil ich fahre. Ich fahre, weil ich ich bin.

Wir fahren wie auf Schienen und singen lauthals »California Dreamin'«. Da unser beider Gesangstalent nicht sehr groß ist, haben wir bei einigen Freunden Gesangsverbot. Hier stört es keinen und so trällern wir laut und falsch, dass es eine wahre Wonne ist. »I'd be safe and warm, if I was in L. A., California dreamin'. Lalala.«

Am frühen Nachmittag stehen 100 Kilometer auf dem Tacho. Um unser Momentum nicht zu verlieren, machen wir nur eine kurze Pause und treten bald wieder in die Pedale. Meinem Hintern war die Pause offensichtlich nicht lang genug und so holt er mein flowbeduseltes Großhirn nach und nach durch einen ständigen Druckschmerz wieder zurück in die Realität des Alaska Highways. Zunächst ist das Sitzen nur etwas unangenehm, mit zunehmender Kilometerzahl stehe ich jedoch häufiger mit einem herzzerreißendem »Oah …« kurz aus dem Sattel auf, um wenigstens einen Moment Erleichterung zu verspüren. Zum Singen habe ich auch keine Lust mehr.

Ob wir Kalifornien überhaupt je sehen? Nach 140 Kilometern will mein Hintern seine Beziehung mit dem Sattel ganz dringend beenden – aber wir müssen noch 20 Kilometer weiter bis zum nächsten Roadhouse mit kleinem Campingplatz. Das tut weh. Ich fühle mich, als würde ich auf blauen Flecken sitzen. Dauerhaft im Stehen fahren geht leider nicht – erstens ist es zu anstrengend, aber vor allem wackelt unser Tandem zu sehr. Was ist aus dem schönen Flow-Erlebnis von heute Morgen bloß geworden? Die Antwort ist: Flow kann nur auf einer Gratwanderung zwischen Über- und Unterforderung entstehen. Und ich bin den Grat in Richtung Überforderung hinuntergestürzt – und zwar mit dem Hintern voran.

Während der nächsten Tage halten wir trotzdem unsere hohen Kilometerleistungen aufrecht. Fast täglich fährt ein Greyhoundbus an uns vorbei, der legendäre Überlandbus. Ich male mir aus, wie einfach es wäre, dort einzusteigen. Jede Stunde im Bus würde uns einen Tag auf dem Alaska Highway ersparen. Ernsthaft erwäge ich es jedoch nicht. Als Radfahrer habe ich meinen Stolz. Oder eine gewisse masochistische Neigung. Oder beides – eine Sache des Blickwinkels. In jedem Fall denke ich weiter positiv – schließlich bringt uns jeder Kilometer näher ans Ende des Highways.

Julias Stimme reißt mich aus meinen Gedanken: »Stefan, träumst du denn? Vorsicht, ein Elch links!« Und tatsächlich, da steht ein Elch 20 Meter vor uns und schaut uns misstrauisch an. Ich reagiere instinktiv, drehe den Lenker und wir bewegen uns langsam seitlich-rückwärts. Wir haben Glück. Ein Wohnmobil naht und der Elch trollt sich, nicht ohne noch einen letzten feindseligen Blick auf uns geworfen zu haben. Es kommen hier mehr Menschen durch Huftritte von Elchen zu Tode als durch Bärenangriffe.

Julia: Good bye, Yukon. Laut Werbung ist er »larger than life«, der Ort für den wahren Abenteurer, der die Wildnis sucht; dessen Besuch den Menschen und sein Leben so verändern soll, dass er die Welt auf einmal mit ganz anderen Augen sieht. Das stimmt, meine Ansprüche sind ausgesprochen niedrig geworden. Jeder Platz ohne Moskitos, Bären und Bäume ist das Paradies für mich.

Wir erreichen British Columbia. Auch hier ändert sich der Anblick nicht großartig. Die Urlaubserzählungen früherer Kollegen erinnernd, hatten wir in »B. C.« etwas mehr menschliche Bevölkerung erwartet. Trugschluss. Wir sehen noch deutlich mehr Tiere – Bergziegen, Karibus, Bisons, Rehe, Hirsche und etliche Bären. Schwarzbären, um genauer zu sein.

Geschichten über Bären hat irgendwie jeder zu erzählen, und man könnte meinen, dass sie immer wilder ausgemalt werden, als sie sind, um die Touristen zu warnen. Oder gibt es tatsächlich Eltern, die ihr kleines Kind mit Honig einschmieren, damit der Bär angelockt wird und ein besonders schönes Bild von Kind und Bär gemacht werden kann?! Anscheinend ja, zumindest höre ich die Geschichte ein paar Mal, das Kind hat sogar überlebt, allerdings hatte es danach nur noch eine Hand. Eine andere Geschichte erzählt von einem frisch getrauten Ehepaar in den Flitterwochen. Der Mann machte ein Foto von seiner Liebsten und wies sie ständig an, doch noch ein wenig zurückzutreten. Nachdem das Foto geschossen und entwickelt war, stellte sich heraus, dass ein Bär direkt hinter der Dame stand und ihr Gatte den auch noch mit auf dem Bild haben wollte. Ob die Ehe noch fortbesteht, wurde nicht berichtet.

Schaut man sich Fotos des Highways aus den Fünfzigern an, scheinen die Touristen tatsächlich sehr unerfahren im Umgang mit Bären gewesen zu sein. Man sieht sie in ihren Autos, wie sie den Bären Süßigkeiten hinhalten und sie sogar aus der Hand fressen lassen oder versuchen, ihre Kinder auf die Rücken der Tiere zu setzen. Nach den ersten Krankhausaufenthalten und Todesfällen lernte man schnell, besser Abstand zu halten.

Außer dem immer noch ziemlich gleich bleibenden Anblick von Wäldern, Bergen, kilometerlangen Seen und trübem Wetter gibt es weiterhin nur Kolonnen von überdimensionierten Campervans zu sehen. Ein Picknickplatz am Highway besteht deshalb auch nicht aus niedlichen Tischchen mit schöner Aussicht, sondern aus einem großen Betonstreifen, auf dem das Monster-Mobil bequem parken kann. Wir sitzen auf dem Asphalt. Die Fahrer unterhalten sich gerne mit uns, indem sie an uns heranfahren, den Motor laufen lassen und das Fenster zum Gespräch herunterkurbeln. Damit sie den Moskitos nicht ganz so arg ausgeliefert sind.

Kilometer 760: Die 1943 gebaute Brücke über den Liard River ist die letzte verbliebene Hängebrücke auf dem Alaska Highway. Die nächsten 150 Kilometer verläuft die Straße im Wesentlichen entlang des Flusses, sehr schön, das heißt, es ist flach! Ferner befindet sich hier die Zufahrt zum Liard River Hotsprings Provincial Park. Schwefelhaltige Thermalquellen speisen zwei Becken, in denen bei Wassertemperaturen von 42 bis 52 °C ganzjährig gebadet werden kann. Hier gibt es wieder schöne Gruselstorys über Grizzlys, die sich ihre Beute direkt aus den Hotsprings gezogen haben sollen. Für uns gibt es trotzdem ein ausgedehntes Bad in den Hotsprings. Zum Glück besucht uns kein Bär. Dafür müssen wir erst einen satten Hagelschauer abwarten. Die Hagelkörner schlagen mit Wucht in den Matsch, sodass Fontänen von Dreck hochschießen. Der Schlamm spritzt sogar in unser Innenzelt und versaut unsere gesamte Ausrüstung. Das Wetter treibt in diesem Hochsommer mit seinen unzähligen Gewittern und Schauern ein seltsames Spiel.

Einen Tag später. »Stefan, was machen wir hier eigentlich?«

»Nach was sieht es denn aus, radeln, was denn sonst?«

»Schon klar, aber so wirklich, grundsätzlich? Das hier ist ein ewig langer, blöder Highway mit Versorgungsstationen, die 200 Kilometer auseinanderliegen, ich bekomme nichts zu essen, und es ist voll von Bären und Moskitos.«

»Boah, bist du negativ. Komm, reiß dich zusammen, denk an die Wildnis, die wir erleben und das tolle Gefühl, wenn wir am Ziel angekommen sind. Diese Weite ist doch faszinierend, die Einsamkeit und das Wetter so hautnah zu erleben, so etwas haben wir vorher doch noch nie gehabt«.

Na ja, mein Gatte ist ja sehr begeistert. Oder er übt sich im positiven Denken. Ich würde ihn jetzt lieber ein bisschen schlagen. Aber irgendwie reizt mich das Konzept ja auch, so lange einem einzigen Highway zu folgen und ihn in seiner vollen Länge zu erfahren. Aber noch haben wir ihn nicht hinter uns und er hat noch einiges für uns in petto.

Ein Pass, irgendwo auf dem Alaska Highway. Es regnet in Strömen, wir sind in volle Regenmontur gehüllt und schwitzen bei der Auffahrt wie in einer Sauna. Der Wind peitscht kalt über die Felsen. Die Straße gleicht einer Seenlandschaft. Nach Erklimmen des Passes müssen wir entkräftet eine Pause machen, fangen aber sofort an zu frieren. Einen Wetterschutz gibt es die nächsten 80 Kilometer nicht ... außer einem einsamen, stinkenden Plumpsklo.

Nach drei Stunden Regenschlacht bei einstelliger Temperatur fühlen wir uns erbärmlich und kühlen schnell aus. Frieren an frischer Luft oder ein bisschen Wärme mit Verwesungsgeruch als Dreingabe? Wir entscheiden uns für Letzteres. Angesichts unseres Hungers schmeckt das mitgebrachte Schnittchen selbst bei mangels Deckel offenem Klositz. Heißer Kaffee wäre jetzt schön. Zur Ablenkung lesen wir einfallslose Klosprüche. Wer hält hier eigentlich und hat auch noch einen Edding zum Beschmieren dabei? Der Wind heult durch die Ritzen unserer Hütte, der Regen steht beinahe waagerecht.

Als wir aus unserer Pausenbehausung wieder herauskommen, steht ein RV vor unserer Tür. Ein warm eingepackter Senior lässt gerade sein Schoßhündchen Gassi gehen. Er spricht uns kurz an, stellt die obligatorischen Standardfragen und nippt an seiner Thermo-Kaffeetasse. Wir beschweren uns über die Kälte und das Wetter. Dann sagt er: »Ach ja, ich weiß genau, wie ihr euch fühlt. Viel Spaß noch!« Und schon ist er in seinem wohltemperierten fahrbaren Heim verschwunden und lässt uns mit unserem Schicksal hadernd wie begossene Pudel im Regen stehen.

Noch 454 Kilometer: Fort Nelson ist ein Ort mit 4400 Einwohnern, eine ehemalige Pelzhandelsstation. Völlig durchnässt erreichen wir ein Hotel, zelten ist nicht angeraten, wir würden weggeschwemmt werden. Vor dem Hotel stehen ein paar Autos, deren Fahrer gerade ihr Gepäck hereinholen, womit sie sofort aufhören, als sie uns erblicken. Wir werden mit Fragen überhäuft, bis wir dann doch mal dezent darauf hinweisen, dass wir gerne ins Trockene möchten. Das schlammbeschmutzte Tandem dürfen wir nicht mit ins Zimmer nehmen, nun steht es in der Eingangshalle und dient als neue Sehenswürdigkeit für die Gäste.

Stefan: Wir haben Fort Nelson wieder verlassen, sind erneut allein mit der Natur. Rechts und links von uns ragen dünne Fichten in den Himmel. Vor uns zieht sich die Straße unendlich durch die grünen Wälder British Columbias. Wir rollen schweigend, doch plötzlich reißt mich eine Bewegung am Rand des Highways aus meinen Gedanken.

»Julia, da ist ein Bär!«

»O nein, nicht schon wieder, wo?!«

»100 Meter vor uns, auf der linken Seite im Gebüsch. Und der Bär ist nicht alleine, es ist eine Mutter mit einem Jungen.«

»Auch das noch! Los, lass uns anhalten und abwarten.«

Wir stoppen abrupt und ich bewaffne mich mit dem Bärenspray. Es ist ja nicht die erste Begegnung mit dem zottigen Raubtier. Wir warten nun auf ein Auto, das erfahrungsgemäß die Bären hupend vertreibt oder zu unserem Schutz langsam neben uns herfahren wird, während wir an dem Bär vorbeiradeln. In dieser verlassenen Öde kommt allerdings oft eine halbe Stunde lang kein Auto vorbei.

Nach einer Weile des Wartens ergreift Julia plötzlich hektisch meinen Arm und ruft mit leichter Panik in der Stimme: »Scheiße, von hinten kommt auch ein Bär.« Ich drehe mich hastig um und tatsächlich: Ein zweiter Schwarzbär kommt gemächlich trottend auf unserer Straßenseite auf uns zu, er ist vielleicht noch 50 Meter entfernt. Wir sind eingekeilt. Nun ist guter Rat teuer. 50 Meter Abstand zum Herrscher der Wildnis sind nicht viel. Keine Zeit zum Nachdenken, meine Stimme ruft einfach aus mir heraus: »Los, Julia, wir fahren!« Wenige Sekunden später treten wir los, mühsam gewinnen wir mit dem schweren Gefährt an Geschwindigkeit. Wir schreien und rufen, um die Bärenmutter mit Jungem zu vertreiben. Nach hinten drehen wir uns einfach nicht um und hoffen, dass der Bär bei seinem langsamen Schritt bleibt.

Die Bärin vor uns läuft nicht weg – sondern bleibt an ihrem Platz und richtet sich angriffslustig auf. Es ist der Moment, den wir immer gefürchtet haben. Unser Herz schlägt wie wild und wir kommen näher an die Stelle, wo wir sie passieren werden. O bitte, lass sie verschwinden! Noch 35 Meter, 30 Meter … doch was ist das? Ein lautes Brummen erfüllt die Luft.

Ein Holzlaster kommt um die Kurve gedonnert. Der Fahrer sieht uns und die Bären, erkennt die Situation und fängt an, ohrenbetäubend zu hupen. Die Bärenmutter ist abgelenkt, sinkt wieder auf ihre vier Füße. Dann entscheidet sie sich, nicht ohne noch einmal nach uns geschaut zu haben, zum Rückzug in den Wald, ihr Kleines mit der Nase vorantreibend. Wo gerade noch ein Bär stand, rauscht jetzt der Laster vorbei. Der Fahrer streckt uns einen »Alles okay«-Daumen entgegen. Das war knapp, den Holzlaster hat der Himmel geschickt. Wir treten in die Pedale, und nur ganz langsam beruhigt sich unser Herzschlag. Wir sind nervös und verängstigt, ständig suchen wir im undurchdringlichen Nadelwald nach Bären. Am liebsten würden wir uns auf der Stelle ein sicheres Motelzimmer nehmen. Aber das wird nichts – heute werden wir keine Zivilisation mehr sehen, sondern wie meistens zelten müssen. Der Tacho zeigt 112 Kilometer, und es regnet beständig.

Gegen Abend kommen wir an die Stelle, wo der Prophet River State Park sein sollte. Laut »Milepost« ist hier ein Basiscampingplatz, zu Deutsch: ein Plumpsklo und eine Wasserstelle. Wir finden kein Hinweisschild und nehmen auf Verdacht eine Schotterpiste, die in den heute bedrohlich wirkenden Nadelwald hineinführt. Ob das hier richtig ist? Während Julia ein paar der allgegenwärtigen Moskitos auf meinem Rücken erschlägt, entdecke ich ein Schild und freue mich, endlich am Ziel zu sein. Allerdings nur, bis ich es lese: »Prophet River – Bärengefahr – Zeltplatz geschlossen.« Das hat uns auch noch gefehlt. Ich höre von hinten:

»Hier zelte ich nicht. Niemals.«

»Julia, wir müssen hier zelten, der nächste Ort ist über 70 Kilometer entfernt.«

»Nein, nein, nein!«

»Doch, leider, es bleibt uns nichts anderes übrig.«

Wir suchen auf dem verlassenen Platz einen geeigneten Platz für das Zelt. Ich sehe einen riesigen Haufen auf dem Boden – unverkennbar von einem Bären. Großer Haufen heißt für mich großer Hintern, heißt noch größerer Bär. Ich hoffe, dass Julia den Haufen nicht gesehen hat. Ich bin auch unruhig, versuche mir aber vor Julia nichts anmerken zu lassen. Sonst wird es nur noch schlimmer. Außerdem versuche ich daran zu denken, dass es im Nachhinein ja oft die überstandenen gefährlichen Momente sind, die am lebhaftesten in Erinnerung bleiben.

Hektisch springen wir vom Rad und ziehen maulend die Abendgarderobe »Schutzpanzer« über unsere Radkleidung: Zuerst den Moskitohut, dann eine dicke Fleecejacke und schließlich ein zweites Paar Socken – ein Paar Socken schützt nicht vor Stichen. Unsere äußere Erscheinung gibt unseren inneren miserablen Zustand wieder. Die Hände reiben wir mit aggressivem Moskitoschutz ein und lassen die kurzen Radhandschuhe an, um unser Zelt aufzubauen. Am liebsten würden wir auch gleich das Moskitonetz des Zeltes zwischen uns und unsere Peiniger bringen, aber wir müssen noch essen. Im Zelt geht das nicht, außer man legt Wert auf nächtlichen Bärenbesuch. Meister Petz, der sich denkt: »Das riecht doch hier nach Essen, haben die beiden Tierchen dort in dem orangefarbenen Ding vielleicht noch etwas übrig?«

Wir müssen beim Essenkochen einen Sicherheitsabstand von mindestens 200 Metern zum Zelt einhalten. Bären haben einen extrem guten Geruchssinn. Dass wir im leichten Nieselregen kochen müssen, stört uns gewaltig, die uns belagernde Heerschar von Moskitos kaum. Das Essen selbst ist reine Notwendigkeit. Kurz das engmaschige Netz des Huts hochziehen und schnell rein mit den Nudeln. Dann ziehen wir unsere Packtaschen und Packsäcke mit den Vorräten hoch in einen Baum. So rät es jeder Ratgeber für das Verhalten in Bärengebieten. Leider stehen hier aber hauptsächlich Fichten mit ziemlich dünnen Ästen, welche die Tasche nicht halten können. Irgendwann finden wir einen halbwegs geeigneten Baum. Jetzt baumeln unsere Taschen drei Meter über uns und ich bin ziemlich sicher, dass ein Grizzly sie sich immer noch ganz bequem wegangeln könnte. Ich denke an die aufgerichtete Bärenmutter von heute Mittag. Die Taschen lassen sich aber nicht noch höher ziehen, wir haben es zumindest versucht. Das Plumpsklo ist auch geschlossen, und so muss ein Busch als Toilette herhalten.

Julia: Mein Bedürfnis am Busch zu verrichten, entpuppt sich als böser Fehler. Stefan ist bereits im Zelt, während ich meine Radhose nach unten ziehe und mich entblöße. Ist ja keiner da, der mich unsittlich betrachten könnte. Sekunden später sehe ich keine Haut mehr zwischen den Oberschenkeln, sondern nur noch einen schwarzen, summenden Klumpen. Ein komplettes Moskitoheer fällt über die Innenseiten meiner Beine und die weiter oben liegenden empfindlichen Teile her. Panik, Panik, es sticht und juckt sofort überall. Entschlossen reiße ich die Hose wieder hoch und renne schreiend ins Zelt. Zu meinem Ehemann, der jetzt leider zu meinem Retter werden muss, denn die Hälfte des Schwarmes hängt noch an mir, und Stefan darf sie einzeln entfernen. Wohlgemerkt, Duschen gibt es auf dem Platz nicht. Als der letzte Bösewicht beseitigt ist, schälen wir uns aus der restlichen verschwitzten Kleidung. Erschöpft von seiner Mission schläft Stefan ein, während ich die ganze Nacht auf verdächtige Geräusche lausche. Von denen gibt es jede Menge, doch keines ist laut genug, dass es von einem Bären stammen könnte. Ich zähle meine Stiche – insgesamt 51. Das wird ein Spaß beim morgigen Radeln.

Irgendwann ist die Nacht vorbei, sobald es hell ist, betreiben wir Frühstück im Laufen, packen hastig alles zusammen und fahren so schnell wie möglich ab. Zum Glück können wir abends einen Campground mit allen »facilities« erreichen, oh, wie schön kann Duschen sein.

Hier in der Einsamkeit, wo die Tage nach recht gleichem Muster verlaufen – aufstehen, radeln, Pause machen, weiterradeln, ankommen, Zelt aufbauen oder Motel beziehen, essen und schlafen gehen –, ist viel Zeit zum Nachdenken. Menschliche Kontakte sind eher selten, und wenn man mal jemanden trifft, bleibt es beim Austausch der üblichen Informationen, wo will man hin, wo kommt man her, wie lange ist man schon unterwegs. Ein guter Zeitpunkt, um über unsere Partnerschaft nachzudenken. Haben wir uns verändert, hat sich unsere Beziehung gewandelt?

Eigentlich nicht. Schon in Frankfurt waren wir gern zusammen in einem Zimmer, und ob man sich in einer kleinen Wohnung oder auf dem Tandem genügend Raum lassen kann, macht keinen Unterschied. Die Eigenschaften, die man am Partner schätzt und liebt, kommen jetzt vielleicht noch stärker zum Tragen; das Gefühl, diesen Highway gemeinsam Tag für Tag zu meistern, schweißt noch stärker zusammen. Die kleinen vermeintlichen Fehler des anderen zeigen sich auch hier, werden aber durch das Wegfallen von Stress leichter »toleriert« und eher mit Humor genommen.

Wir werden auch immer wieder gefragt, ob wir uns nicht miteinander langweilen oder uns nichts mehr zu sagen haben, doch auch das ist nicht der Fall. Zu viele Eindrücke und Gedanken überkommen einen am Tag, sodass es abends immer etwas zu bequatschen gibt. Aber ob man nun zusammen auf einem Tandem sitzt oder nicht: Das Glück ist nie auf ewig festgehalten, sondern jeden Tag gilt es von Neuem, den anderen zu respektieren, ihm zuzuhören und ihm vor allem nicht als selbstverständlich zu nehmen.

So sieht es aus, wenn man die Dinge gelassen und mit etwas Abstand betrachtet. Trotzdem, 24 Stunden zusammen mit dem Partner auf den unendlichen Highways Nordamerikas unterwegs zu sein, ist manchmal kein Zuckerschlecken. Ein Gespräch zwischen Stefan und mir:

»Möchtest du, dass wir eine Pause machen?« »NEIN.«

»Wir sollen also weiterfahren?« »NEIN.«

»Soll ich uns einen Müsliriegel aus der Hinterradtasche holen?« »NEIN.«

»Soll ich dich in Ruhe lassen?« »NEIN.«

»Kann ich irgendetwas tun, um dich glücklich zu machen?« »NEIN.«

Der Neinsager bin ich. So soll es nicht laufen, Zeit für ein klärendes Gespräch.

»Komm, Schatz, wir sagen uns mal, was uns am meisten aneinander nervt!«

Stefan, während er langsam in Deckung geht und mich respektvoll anschaut: »Du meckerst lieber vor dich hin, als klar zu sagen, was du hast. Und wenn wir schon dabei sind, du drängelst immer, besonders morgens, und brauchst stets einen klaren Plan. Nie kann ich mal vor mich hin trödeln. Außerdem sagst du nur ›Schatz‹ zu mir, wenn etwas nicht stimmt.« Er macht große Augen, jetzt ist es raus, wie werde ich reagieren?

Ich, die nie etwas Böses über meinen Göttergatten sagen würde, versuche, die Reizwörter »nie« und »immer« zu überhören und sage sachlich: »Ich muss ja drängeln, du kommst morgens einfach nicht in Gang und lässt mich alles alleine packen. Noch schlimmer ist, du vergisst immer, wo deine Sachen sind, und fragst mich lieber, als dass du sie selber suchst. Und, und, und …« Ich habe recht und er nicht, das wäre geklärt. Stefan grinst nur und gibt mir einen Kuss. »Ich lieb dich trotzdem, kleiner Meckerpott!«

Auf einem Tandem ist Abstand schwierig. Aber ein Tandem ist wie ein Eheberater. Freud und Leid werden miteinander geteilt. Man ist nicht nur metaphorisch, sondern buchstäblich miteinander verbunden. Und in dieser Verbundenheit bietet das Tandem die Zeit und den Raum, Dinge ins Reine zu bringen. Auch wenn die Gefühle manchmal überkochen und wir uns nicht direkt in die Augen sehen können, macht es das Tandem einfacher, an Problemen zu arbeiten. Je länger wir darauf sitzen, Pläne schmieden, Probleme lösen und gute Gespräche führen, umso positiver ist es besetzt. Es gibt ja auch keine Tür, die ich hinter mir zuschlagen könnte. Und: Ich kann auf dem Tandem einfach nicht mehr als zehn Kilometer fahren, ohne ein Wort zu sprechen.

Ein gutes Training für die Ehe. Nicht immer bekommt der Einzelne genau das, was er will, keiner hat allein die vollständige Kontrolle. Auf der Suche nach einem geeigneten Kompromiss kommen die besten Gespräche auf dem Tandem zustande, werden Gefühle und Gedanken ehrlich ausgesprochen. Mittlerweile sind wir perfekt aufeinander eingespielt: Genauso, wie ich jede Bewegung erahne, bevor Stefan sie macht, nehme ich auch jede seiner Stimmungen wahr, fast kann ich seine Gedanken lesen. Doch spätestens, als wir anfangen, unsere Sätze gegenseitig zu vollenden, sehen wir ein, dass wir uns wenigstens noch ein bisschen getrennt bewegen müssen. Völlige Symbiose ist dann doch nicht das Ziel unserer Partnerschaft.

Stefan: Langsam ist ein Ende des Highways in Sicht. Ich freue mich schon darauf, dass wir demnächst unsere Tage wieder etwas abwechslungsreicher gestalten können. Unsere ALCAN-Tage laufen nach dem Prinzip »Bike – Eat – Sleep – Repeat« ab:

Bike:	Endlose Kilometer, sechs bis sieben Stunden im Sattel, dabei 1000 Höhenmeter schrauben und abends den wunden Hintern pflegen.
Eat:	Müsliriegel und Nudeln. Immer.
Sleep:	Wie die Steine, schlimmer als im Büroalltag. Abends todmüde um zehn ins Bett und morgens um sieben raus.
Repeat:	29 Tage lang. Mit ebenso regelmäßigen Schauern und Gewittern.

Bemerkenswert ist, wie sich unsere Überlebenspläne im Laufe der Zeit geändert haben:

Plan A:	So wenig wie möglich mit sich tragen, Gepäck sparen und besser über die Hügel kommen. Nach kurzer Phase eingestellt, da es Nachschubprobleme gab.
Zeit für Plan B:	So viele Lebensmittel, wie ein Mensch auf dem Fahrrad transportieren kann, kaufen, um zu überleben.
Plan C:	Nicht im Regen fahren. Plan C nicht durchführbar, da es dauernd regnet und wir hier wegwollen.
Plan D:	So schnell wie möglich den Highway hinter uns bringen. Trotz mieser Wetterlage und schweren Gepäcks.
Plan E:	Ich muss hier raus!

Julia: Geschafft, geschafft, wir haben den ALCAN endlich, endlich verlassen. Wir haben auf ihm geschwitzt, geschwächelt, uns beinahe die Füße abgefroren. Wir waren jeden Tag so dankbar, dass es Goretex gibt. Wir waren müde, wund, und an manchen Tagen drohte alles kaputtzugehen. Manchmal schienen wir trotz aller Kraftanstrengung zu kriechen.

Würde ich mich noch einmal entscheiden, ihn zu fahren? Ja, am Ende bin ich stolz und froh, dass wir es geschafft haben. Mein ganz persönliches Glücksgefühl, etwas erreicht zu haben. In der Summe ergeben die guten und schlechten Erfahrungen ein großes Bild, das ich nie wieder vergessen werde und zu dem ich zurückkehren kann, wenn mir der Alltag des Lebens zu hektisch und zu voll erscheint.

Stefan: Dass die Wildnis jetzt hinter uns liegt, realisiere ich erst, als wir in Prince George eine Stadtkarte herausholen müssen und um uns herum McDonalds, Burger King und mindestens drei weitere Fast-Food-Ketten um Kundschaft werben. Wir müssen aber gar nicht essen gehen oder Lebensmittel einkaufen, denn wir sind eingeladen. Der Kinderbuchautor Richard und seine Frau Maggee haben uns per E-Mail ein Bett, eine warme Dusche und ein Abendessen in Prince George angeboten. Dankbar haben wir angenommen und sind ein wenig desorientiert, als wir in der Stadt ankommen. Straßenkreuzungen, Ampeln und mehrspurige Fahrbahnen. Nach knapp 3000 im Wesentlichen geradeaus verlaufenden Kilometern ungewohnt – aber als Ex-Großstädter finden wir den Weg dann doch schnell. Das hutzelige Einfamilienhaus der beiden liegt in einer ruhigen Gegend mit vielen Bäumen. Der Innenstadtverkehr ist nicht zu hören, dafür zwitschern die Vögel. Da heute unser Hochzeitstag ist, haben wir eine Flasche Sekt mitgebracht.

Während der Reise wurden wir ja schon öfter von wildfremden Menschen per E-Mail eingeladen, aber es ist immer wieder aufregend, vor der Tür zu stehen. Wer wird uns öffnen? Was wird uns erwarten? Richard öffnet uns, er hat einen wilden grauen Vollbart, und regenbogenfarbene Hosenträger spannen sich über seinen beachtlichen Bauch. »Da seid ihr ja endlich, schön! Maggee, die beiden Tandemfahrer sind da!« Er mustert das Fahrrad aufmerksam und meint dann: »Das ist aber eine Schönheit. Ich zeige euch erst mal das Haus und euer Zimmer, dann könnt ihr euch in Ruhe einrichten. In einer Stunde gibt es selbst gemachte Hamburger mit Gemüse aus unserem Garten.«

Maggee begrüßt uns ebenfalls, sie ist eine kleine drahtige Frau mit gütigen Augen. Das Haus ist knallig bunt eingerichtet, Richard erzählt beiläufig, dass er hier früher eine Kinderkrippe betrieben hat. Im ersten Stock findet sich ein großer Sportraum, Maggee unterrichtet Yoga. Später stehen wir mit der Flasche Sekt im Wohnzimmer. Vor allem Richard, der mittlerweile eine beeindruckende Küchenschürze trägt, ist hocherfreut und beschließt spontan, noch Freunde einzuladen, um unseren Hochzeitstag zu feiern. Diese kommen bald und haben sogar noch eine Torte für uns gekauft. Wir sind baff.

Die vier haben viele Fragen zu unserer Tour und Deutschland. Besonders interessiert sind sie an der Ökowelle, die durch Deutschland rollt. Maggee erzählt, dass die beiden noch nie bei dem amerikanischen

Superdiscounter Wal-Mart waren, bei dem jede Woche 100 Millionen US-Amerikaner einkaufen, also ein Drittel der Gesamtbevölkerung. Richard: »Mehr als 70 Prozent aller Waren, die Wal-Mart verkauft, kommen aus China und werden dort unter bedenklichen Umständen für Mensch und Umwelt hergestellt. Auch hier in Nordamerika sieht es nicht besser aus – Gewerkschaften werden unterdrückt und viele Beschäftigte können sich aufgrund der Dumpinglöhne nicht einmal eine Krankenversicherung leisten. Das können wir nur boykottieren. Wir kaufen lieber lokal ein, vor allem Lebensmittel. Hier in Prince George gibt es einen tollen Farmer's Market mit frischem Fleisch, Obst und Gemüse aus der Umgebung, damit fühle ich mich deutlich besser.«

»Und wie kommst du dahin, du hast doch gesagt, ihr hättet kein Auto?«

»Ich laufe, es ist nicht weit, und nehme eine kleine hölzerne Einkaufskarre mit.«

»Und was ist mit Getränken?«

»Es gibt eine örtliche kleine Brauerei, wir sind gut versorgt«, meint er fröhlich und hebt die Bierflasche. »Prost, meine deutschen Freunde.«

Wir erfahren von der großen Diskussion über biologische Landwirtschaft und lokalen Konsum. Durchschnittlich werden Lebensmittel in den USA erschreckende 2500 Kilometer weit transportiert, bis sie beim Endverbraucher sind. Das verursacht nicht nur Transportkosten, sondern fördert den Klimawandel und entfremdet vor allem die Verbraucher von der Nahrung. Nicht nur Teenager müssen passen, wenn die Frage aufkommt, was gerade frisch auf den Feldern geerntet wird. Wir erzählen von der Biokiste, die wir ein paar Mal in unsere Wohnung nach Frankfurt bestellt haben. Richard findet das gut und holt eine weitere Runde des lokalen Bieres.

8. Kapitel: Rocky Mountain High

>*»You fill up my senses*
>*like a night in the forest,*
>*like the mountains in springtime,*
>*like a walk in the rain,*
>*like a storm in the desert,*
>*like a sleepy blue ocean,*
>*you fill up my senses,*
>*come fill me again.«*
>(John Denver, Countrysänger)

Stefan: Nur ungern verlassen wir Richard und Maggee. Kaum haben wir Freundschaft geschlossen, müssen wir schon wieder weg. Nach der langen Fahrt durch die kanadische Wildnis kommen wir nun in touristisch erschlossene Gefilde. Wir sehen den nächsten Steigungen und Pässen locker entgegen, denn meine Eltern kommen zu Besuch und werden uns für drei Wochen mit dem Wohnmobil begleiten. Wir freuen uns auf die schönen Abende am Lagerfeuer, es gibt viel zu erzählen.

Ohne Gepäck bestreiten wir gut gelaunt die Auffahrten in den Bergen Kanadas. Wir fliegen förmlich, summen vor uns hin und treffen meine Eltern alle 25 Kilometer an vorher abgemachten Plätzen zum Picknick. Welch ein Luxus, wir werden schon erwartet, und wenn wir uns an den Campingtisch setzen, ist bereits der Kaffee fertig. Dass meine Eltern uns trotz fast 8000 überlebten Kilometern noch sagen: »Fahrt vorsichtig«, nehmen wir gelassen hin. Eltern bleiben Eltern, egal, wie alt man ist.

Ich bin sehr froh, dass die beiden letztendlich akzeptiert haben, dass Julia und ich unsere Karrieren vorläufig beendet haben und nun auf Weltreise sind, anstatt ein Haus zu bauen, einen BMW zu kaufen und Kinder zu bekommen. Jetzt fiebern die beiden mit uns mit und kommen uns sogar in ihrem Urlaub besuchen. Dafür bin ich ihnen sehr dankbar, denn ich weiß, dass die beiden sicherheitsbewusst sind und

das Risiko, einen gut bezahlten Job aufzugeben, selbst niemals einge-
gangen wären.

Wir haben die höchste Stelle des kleinen Passes fast erreicht, als
uns zwei beladene Radfahrer entgegenkommen. Aha, Kollegen! Wir
halten an und werden aufgrund unserer Deutschlandflagge gleich in
der Muttersprache begrüßt. Er hat struppiges Haar und einen leicht
verkniffenen Gesichtsausdruck. Seine Freundin sieht ebenfalls aus, als
wären die beiden nicht zum Vergnügen hier. Um es politisch korrekt
auszudrücken: Sie hat Charakter. Die beiden erzählen uns stolz, dass
sie in nur zehn Tagen über 800 Kilometer heruntergerissen haben und
grundsätzlich, auch bei Minusgraden, zelten. Abschätzig gleitet sein
Blick über unser heute unbeladenes Tandem: »Und ihr, ihr macht hier
nur so einen kleinen Ausflug?«

Ich bin ein friedlicher Mensch, aber das provoziert mich. Julia sagt
arglos: »Wir haben unser Gepäck bei Stefans Eltern im Wohnmobil,
die beiden begleiten uns zurzeit.«

Ich brodele innerlich ein wenig und bereite die Revanche vor: »Und
wie lange seid ihr noch hier?«

»Noch eine gute Woche.«

Ich fange innerlich an zu grinsen. Der gute Engel sagt: »Sei nett,
sag ein paar bewundernde Worte, du weißt schon, gutes Karma sammeln, oder Punkte fürs Paradies.« Der böse Engel freut sich diebisch,
gewinnt ratzfatz die Oberhand und ich pariere ihre Arroganz mit einer
Retourkutsche:

»Ach so, ihr macht nur Kurzurlaub hier.«

Und während ich begeistert von 8000 Kilometern im Sattel und
von der Tour auf dem Alaska Highway erzähle, weicht der abfällige
Gesichtsausdruck unserer Landsleute zusehends, wandelt sich in Ver-
blüffung und zuletzt in Neid. Sie verabschieden sich schnell und Julia
meint trocken: »Tja, nur die Harten kommen in den Garten.«

Ein unangenehmer Kontakt, der unter deutschen Radreisenden leider nicht untypisch ist. Als wäre Reisen mit dem Rad ein Wettbewerb,
kommt es oft zum Schwanzvergleich, ich gebe es zu, speziell unter
Männern. Dabei ist es sinnlos. Für mich hat die Länge oder die Härte
einer Tour nichts mit deren Qualität zu tun. Jeder fährt wie er mag,
es gibt kein »gut« oder »schlecht«. Jeder sollte fahren, um glücklich
zu sein und nicht, um die Lanze »Schau, wie hart ich bin« gegen den
nächsten Pedalritter zu erheben. Und das gilt nicht nur für das Radfah-

ren: Die beste Strategie, um ganz bestimmt keine Glücksgefühle aufkommen zu lassen, ist, sich zu vergleichen und andere zu beneiden.

Julia: Von Prince George führt uns die Route zum Mount Robson, mit knapp 4000 Metern der höchste Berg in British Columbia. Er zeigt sich vor einem klaren blauen Himmel, während Unmengen von Touristenkameras auf ihn gerichtet sind. Unsere Route durch die Nationalparks Jasper und Banff, in denen man die verschwenderisch schöne Bergkulisse der kanadischen Rocky Mountains bewundern kann wie an kaum einem anderen Ort, führt uns eindeutig in die meistbesuchte Naturlandschaft Kanadas.

Mit dem Städtchen Jasper, das verblüffende Ähnlichkeit mit einem Schweizer Urlaubsort hat und wo sogar Käsefondue serviert wird, erreicht uns endgültig wieder die Zivilisation. Zeltplätze müssen vorgebucht werden, sind zum Teil komplett belegt. Im kleinen, aber sehr beliebten Ort Lake Louise mit den höchsten Lebensmittelpreisen unserer Tour gibt es kilometerlange Staus, mit diesen Horden von Autos kommt der Ort nicht zurecht. Als plötzlich ein Elch am Straßenrand auftaucht, will keiner mehr weiterfahren, die Autos werden einfach mitten auf der Straße stehen gelassen. Mit gezückten Kameras rückt die Menge dem Tier immer näher auf den Pelz. Dieser chaotische Zustand löst sich erst nach Eingreifen einer Rangerin auf, die zunächst die Menschen zu ihren Autos scheucht und dann den Elch abschirmt. Murrend zieht man sich in sein Mobil zurück.

Die Tour auf einer der schönsten Bergstraßen der Welt, dem Icefields Parkway, beschenkt uns reichlich. Wir bestaunen schneebedeckte Berge, klare Seen, und dazu kleine Städtchen; Wasserfälle, Gletscher, Berge, türkisgrüne Seen, leuchtende Wildblumen, unfassbar schön, Kanada, wie es im Bilderbuch steht.

Stefan: Heute steht im wahrsten Sinne des Wortes ein Höhepunkt an: Wir radeln über den Sunwapta Pass, der auf luftigen 2035 Metern liegt. Wir starten früh, es ist noch kühl an diesem Spätsommermorgen im August. Es läuft gut an, ich schaue zufrieden nach unten und sehe den Asphalt zügig vorbeiziehen. Die Kette, die Julia und mich verbindet, ist ein wenig ausgeleiert, kein Wunder. Sie verbindet Julia und mich, wir müssen immer gleichzeitig treten und dürfen uns gemeinsam an unserem Vorankommen erfreuen. Meine Beine sind nach der langen Fahrt braun gebrannt und muskelbepackt. Wie zwei Kolben bewegen sie sich rhythmisch auf und ab. Unablässig, verstärkt durch Julias Kraft. Heute fahren wir nicht, sondern tanzen ausgelassen den Berg hinauf. Kraftvoll und mit viel Schwung.

Mir wird bewusst, dass solche Bergfahrten eine Kunst sind. Körperliche Stärke, Beweglichkeit und mentale Kraft müssen fein auf zwei Rädern – auf ein paar Quadratzentimetern Bodenkontakt – ausbalanciert werden. Ohne konstante Vorwärtsbewegung kann man ein Rad nicht lange aufrecht halten, es wird zur einen oder zur anderen Seite kippen. Auch das Vorderrad spielt eine wichtige Rolle. Während des Tanzes zeigt es mal ein klein wenig nach rechts, mal ein klein wenig nach links. Das Tandem – wie jedes Fahrrad und das Leben selbst – fährt niemals eine perfekte Gerade. Mit winzigen schlangenartigen Bewegungen windet es sich am Rande der Straße den Pass nach oben. Heute fährt sich das Rad einfach wie von selbst. Ich kann die Augen schließen und trotzdem die Richtung halten.

Radfahren ist eine sportliche Leistung, die fast überall auf der Welt positiv beurteilt wird. Es repräsentiert den menschlichen Drang nach Bewegung in Natur, nach Fortkommen durch eigene Muskelkraft. Zudem schätzen nicht nur die Kanadier, dass man die Anstrengung unternimmt, sich die Schönheiten ihres Landes zu erkämpfen, statt sie nur müde aus dem Fenster eines Busses zu konsumieren. Nach einem Endspurt erreichen wir atemlos und glücklich meine lächelnden Eltern.

Anderthalb Wochen später sitzen wir alle in einer Fast-Food-Filiale in der Nähe des Flughafens von Calgary. Meine Eltern werden bald nach Hause fliegen und für uns wird es Zeit, in den Süden zu kommen, bevor die ersten Herbststürme beginnen. Während ich in der Schlange stehe, komme ich mit einem freundlichen älteren Herrn ins Gespräch. Er hat unser vollgepacktes Tandem gesehen und wie immer ist das Rad der Anknüpfungspunkt der Unterhaltung. Der ältere Herr ist ganz begeistert von unserer Reise und fragt uns, ob wir schon im kanadischen Fernsehen gewesen wären. Gerade als ich verneine, bin ich an der Reihe und ordere für die ganze – heute nicht sehr gesundheitsbewusste – Familie Burger und Pommes. Ich will bezahlen, aber der ältere Herr sagt: »Und einen Kaffee für mich, ich zahle alles zusammen.« Verwundert schaue ich ihn an, aber er lächelt nur und wünscht mir viel Glück.

Julia kommt uns entgegen und er stellt sich ihr kurz vor. Dann drückt er ihr 20 Dollar in die Hand. Sie protestiert, aber er sagt nur: »Bitte nehmt es, es ist ein Geschenk meines Herzens.« Lächelnd verschwindet er mit seinem Kaffeebecher. Am Tisch erzählen wir meinen Eltern die Geschichte und sie können es kaum glauben. Das Bibelwort: »Geben ist seliger denn Nehmen« hat er wörtlich genommen. Die Glücksforschung gibt ihm recht: Schenken erhöht das Glück eines Menschen mehr als eigennütziger Konsum. Aber auch wir auf der Nehmerseite sind glücklich – weniger über das Geld, als vielmehr über so viel Wohlwollen in der Welt uns gegenüber. Wir fassen den Vorsatz, diese Freundlichkeit weiterzugeben.

Der Abschied von meinen Eltern ist schwer, es war eine wunderbare Zeit in einer Bilderbuchlandschaft. Während meine Eltern in der Stratosphäre Richtung Heimat fliegen, kämpfen wir uns ein wenig betrübt durch den Großstadtverkehr Calgarys. Schließlich verlassen wir die »Hauptstadt des Rodeos« und ihre freundlichen Bewohner mit Cowboyhüten und fühlen uns selber als einsame Cowboys auf einem Ross aus Metall.

Die strenge Dame, die uns abends am nächsten Zeltplatz eincheckt, gibt mir aus ihrem Wärterhäuschen heraus ein Ticket, das »auf der Fahrerseite des Autos anzubringen sei«. Ich schaue sie an und dann auf das Tandem. Ich möchte die Dame jetzt gerne fragen, ob es denn die rechte oder die linke Lenkerhälfte sein soll. »Lass das!«, flüstert mir Julia von hinten zu, bevor ich die Frage stellen kann. »Was?«, fragte ich unschuldig. »Ich weiß, was du vorhast, und ich sage dir, lass es einfach.« Grmpf, ein knappes Jahr zusammen unterwegs und sie liest meine Gedanken. Ich hänge das Schild ein wenig rebellisch genau in die Mitte des Lenkers.

Julia: Mit Überschreiten des 4. Septembers, des Labour Day, befinden wir uns nun offiziell in der Nebensaison und die Nächte sind ordentlich kühl. Wir vermissen den schützenden Campervan von Stefans Eltern, statt gemütlicher abendlicher Umtrunke gibt es gefrorene Wasserflaschen im Zelt. Die Fahrt im fahrenden Häuschen war als Abwechslung mal sehr bequem, ebenso genossen wir die elterliche Gesellschaft, aber grundsätzlich ist es schön, wieder die ganze Zeit an der Luft zu sein und das gigantische Westkanada wieder über alle Sinne wahrzunehmen.

Einfahrt in den 1895 errichteten Waterton National Park, Alberta, an der Grenze zu den USA. Motto: »Wo Berge die Prärie treffen.« Zur Begrüßung läuft uns der größte Schwarzbär, den wir bisher gesehen haben, direkt vor das Fahrrad. Wer von uns sich mehr erschreckt, lässt sich schwer sagen. Er verschwindet schnellstens im Gebüsch. Der Nationalpark ist eher klein und in der Nachsaison recht verschlafen, ein echtes kleines Juwel. In seiner Einsamkeit bietet er Bären einen ruhigen Lebensraum, sie können sich genüsslich von Blaubeeren ernähren oder gemütlich nach Wurzeln graben. Da braucht man doch keine Menschen als Futter. Nicht wahr, lieber Bär?

In Waterton befindet sich der schmalste Punkt der Rocky Mountains. Dieser »Punkt« ist für die Rockies magere 60 Kilometer breit und wird als Krone des Kontinents bezeichnet. Hier treffen Ökosysteme aus allen Himmelsrichtungen zusammen. Innerhalb weniger Kilometer gelangt man von windgepeitschter Prärie in saftige Wälder und weiter zu alpinen Wiesen. Gletscher und tiefe Seen verkörpern die Essenz der Rockies. Von Osten aus gesehen scheinen die Berge direkt aus dem Grasland aufzuragen. Im Norden hingegen bilden kleine Vorgebirge einen kontinuierlichen Übergang in die Berge. Die Region bietet eine Vielfalt an Pflanzen, die, obwohl sie normalerweise nicht zusammen wachsen würden, hier eine einzigartige Gemeinschaft bilden. Ein starker landschaftlicher Kontrast auf wenigen Kilometern.

Der Waterton National Park beherbergt nicht nur Schwarzbären, sondern auch eine Menge Grizzlybären. Dass kaum einer der zwei Millionen Besucher, die den Park pro Jahr besuchen, einen Grizzly zu Gesicht bekommt, beruhigt mich nicht wirklich. Grizzlys sind groß, angriffslustig und unglaublich hungrig. Pro Tag benötigt ein Grizzly 30 000 Kalorien – also zwölfmal mehr als ein Mensch. So ein Grizzly braucht also umgerechnet das Äquivalent von 120 Hamburgern. Mahlzeit. Trotz dieser Völlerei können sie bis zu 50 Stundenkilometer laufen. Lance Armstrong könnte ihnen vielleicht davonradeln – wir nicht. Allein der wissenschaftliche Name »Ursus arctos horribilis« lässt mich die Besucher in ihren geschützten Autos beneiden.

Ich will heute ein Hotel.

Stefan: Die neuerliche Bärenbegegnung hat uns etwas mitgenommen und ich bin ehrlich gesagt froh, dass Julia auf einem Hotel besteht. »Wenn du unbedingt willst«, sage ich und freue mich heimlich auf ein kuscheliges Bett, denn es ist wieder Nachtfrost angesagt. Abends kommen wir so in den ungewohnten Genuss einer Videoauswahl, »pay per view« nennen sie das hier. Der Titel »Grizzly Rage: Rasende Wut« springt mir als Erstes ins Gesicht. Laut lese ich der skeptisch dreinschauenden Julia die Filmbeschreibung vor: »Vier Teenager überfahren mit ihrem Wagen versehentlich ein Bärenbaby im Wald. Die 800 Kilogramm schwere Grizzlymutter wird in rasende Wut versetzt – daher auch der einfallsreiche Titel – und jagt die Teenager, die verzweifelt versuchen, aus dem Wald zu entkommen, gnadenlos.« Nein, dieser Film ist nicht die perfekte Vorbereitung für unsere geplante Wanderung im Bärengebiet morgen.

Wir stehen früh auf und nehmen gemeinsam mit acht anderen Wanderern ein Boot über den spiegelglatten Waterton Lake. Die Luft ist glasklar, es hat nachts gefroren. Der Kapitän lädt uns am anderen Seeufer ab und ermahnt uns, rechtzeitig zur Rückfahrt wieder am Steg zu sein: »Es sei denn, ihr wollt hier eine Nacht mit den Bären verbringen. Um den See zurück zum Ort zu laufen, ist keine Alternative. Viel zu weit. Also denkt daran – seid pünktlich wieder da.«

Wir schauen alle ein wenig betreten aus der Wäsche. Den Kapitän scheint es nicht zu stören, denn er meint zu zwei Amerikanern mit kleinen Bärenglöckchen am Rucksack: »Die Dinger könnt ihr übrigens abnehmen, die vertreiben garantiert keine Grizzlys, die denken eher, es würde zum Essen gebimmelt.« Die Amerikaner lachen nervös. Doch der Kapitän fügt an: »Ernsthaft.« Schnell verschwinden die Glöckchen und unser Trupp macht sich an den Aufstieg. Unser Atem kondensiert, als wir dem kleinen Pfad bergan in den dicht bewaldeten Hell Roaring Canyon folgen. Ich bin froh, dass wir gestern mit dem Tandem kein Grizzlybaby überfahren haben. Das Ziel unserer Wanderung ist ein kleiner Bergsee namens Crypt Lake, die Wanderung gilt als eine der schönsten Kanadas.

Wir gehen im gleichen Tempo wie ein anderes Paar und bald stellt sich heraus, dass die beiden auch Deutsche sind. Wir sind so ins Gespräch vertieft, dass wir kaum wahrnehmen, wie sich der Tannenwald immer mehr lichtet, während wir in Serpentinen an Höhe gewinnen. Unser Mitwanderer war lange Tierarzt, bevor er den Beruf wechselte. Ich frage ihn, ob er etwas vermissen würde. Antwort: »Nein.« Schweigen. »Obwohl: Mal wieder einen Hund kastrieren, das wäre schon etwas.« Ich schaue ihn zunächst entgeistert an, dann brechen wir in Gelächter aus.

Bald kommen wir zu dem Teil der Wanderung, den wir alle mit Spannung erwartet haben. Dieser Streckenabschnitt ist laut Trail-Beschreibung »aggressiv und nicht geeignet für Menschen mit Höhenangst, Platzangst oder Fettleibigkeit.« Was damit gemeint ist, sehen wir jetzt direkt vor uns: Auf einem fußbreiten Pfad entlang eines steil abfallenden Berghangs geht es zu einer Leiter, die in luftiger Höhe zum Eingang eines 25 Meter langen, engen Tunnels führt. »Der Verfasser hat recht«, denke ich, als ich von der Leiter aus in den Tunnel blicke, »Höhenangst wäre jetzt ganz unpraktisch.« Platzangst in dem Tunnel, dessen Ende man nicht sehen kann – auch schlecht. Und hat man ein paar Pfunde zu viel um die Hüften, bliebe man einfach stecken. Keines der Attribute trifft auf mich zu, also alles ungefährlich – ein naturgeschaffener Spielplatz für Erwachsene.

Nach drei Stunden Aufstieg erreichen wir den Crypt Lake und sind damit gleichzeitig direkt an der Grenze zu den USA. Eine Zollstelle fehlt hier oben, die Bergketten reichen aus. Nach einem schnellen Picknick – »Mein Gott, das Boot wird uns zurücklassen!« – wandern wir den gleichen Weg zurück. Wir sind eine gute Stunde zu früh am Bootssteg.

Einen weiteren Ratschlag des Kapitäns befolgen wir auch – ordentlich singen und rufen, um etwaige Bären auf Abstand zu halten. Besonders gern singen wir »Wer vom Aussterben bedroht ist, klatsche in die Hand«. Passt irgendwie hierher. Es hat funktioniert: Uns sind keine Grizzlys begegnet. Wilde Hunde haben wir auch keine gesehen – aber die haben bestimmt mein Gespräch mit dem Tierarzt belauscht.

USA

9. Kapitel: Weiter Himmel über der Prärie

»Die schönsten Momente im Leben sind die,
in denen du spürst: Du bist zur richtigen Zeit am richtigen Ort.«
(Lebensweisheit)

Stefan: Von Kanada aus gibt es drei Routen durch die USA in Richtung Mexiko. Die Küstenstraße Highway No. 1 ist die erste Option. Der Weg verspricht eine großartige Küstenlandschaft, faszinierende Städte wie Seattle oder San Francisco und ist der direkte Weg nach Süden. Einziges Manko für Radfahrer: ozeanisches Klima im Norden, das heißt eine Menge Regen. Der zweite Weg verläuft im Inland, einige Hundert Kilometer parallel zur Küste, windet sich durch die endlosen Wälder und Felder Oregons und bietet als Highlight den kalifornischen Yosemite-Nationalpark. Die dritte Route ist die längste und schwierigste. Die einsame Inlandroute führt durch das Cowboy Country Montanas und den Yellowstone-Nationalpark, dann weiter in die Wüsten des Südwestens mit ihren klangvollen Nationalparks wie Arches, Bryce oder Zion. Wir müssen nicht lange überlegen, wir lieben Berge und Wüsten. Das zumeist trockene Klima lockt uns ebenfalls. Auf in die amerikanische Prärie!

Ziel unserer nördlichen Panamericana-Tour ist Land's End auf der Halbinsel Baja California in Mexiko. Die gesamte Panamericana hat keinen festen Verlauf, als Träume weckender Mythos folgt sie den Ideen derer, die auf ihr reisen. Fest steht nur: Sie verbindet Alaska mit Argentinien, erstreckt sich damit über die gesamte Nord-Süd-Ausdehnung Amerikas. Auf ihr durchquert man einsame Wildnis und quirlige Metropolen. Man taucht ein in das Leben eines Kontinents, der sich die Neue Welt nennt. Der hohe Norden liegt nun hinter uns und die Abenteuer des Wilden Westens erwarten uns.

Julia: Kanada befindet sich auf der Landkarte eingeklemmt zwischen Alaska und den »Lower Fortyeights«, den restlichen 48 Staaten der

USA. Es ist Mitte September und wir wollen wieder in die USA einrei-
sen. Wir machen uns auf den Weg an die Grenze im Süden der kanadischen Provinz Alberta. Wir sind erst wenige Kilometer unterwegs, da
platzt uns der gerade noch frisch aufgepumpte Schlauch. Macht nichts,
wir haben einen Ersatzschlauch dabei. Das Auswechseln bereitet schon
etwas Mühe, es herrschen wenig herbstliche 30 °C und am Highway
findet sich kein Schattenplatz. Nach knapp einer halben Stunde geht es
weiter, wir erreichen die Grenze und essen noch auf der kanadischen
Seite unseren Pausensnack im Schatten einer großen Mülltonne.

Der Staat Montana in den USA ist zum Greifen nah, gleich sind wir
da. Leider macht uns das Tandem einen Strich durch die Rechnung,
der andere Schlauch ist mittlerweile aufgrund der hohen Temperatur
ebenfalls geplatzt und lässt sich nicht mehr flicken. Einen zweiten haben wir nicht dabei, der steht nur auf der Einkaufsliste. Fortbewegung
per Tandem unmöglich. Wir sind gestrandet, direkt an der Grenze,
im Niemandsland. Mittlerweile ist es 16 Uhr, um 18 Uhr macht die
Grenze zu, der letzte kanadische Ort liegt 40 Kilometer hinter uns. Die
Grenzbeamten werden ein wenig unruhig, fragen sich, was sie mit uns
machen sollen. Ein Aufenthalt an der Grenze ist nicht erlaubt, doch
wie soll man uns »entfernen«? Wir sind ratlos.

Da taucht von kanadischer Seite ein großer roter Ford Pick-up mit
einer ebenso großen, kurzhaarigen Fahrerin auf – unsere Rettung.
Stefan rennt zu ihrem Wagen und setzt sein gewinnendstes Lächeln
auf: »Hallo, wir haben ein Problem, unser Rad ist zusammengebro-
chen und wir müssen von der kanadischen Grenze weg.« »Hm, mein
Fahrerhaus ist voll mit Taschen und Krams, aber wenn es euch nichts
ausmacht, hinten auf die Ladefläche zu gehen, könnt ihr gerne mitfahren.« Nein, das macht uns nichts aus, Hauptsache, hier weg. »Super,
danke, das machen wir! Wir heißen übrigens Julia und Stefan und sind
aus Deutschland.« »Hi, nice to meet you, my name is Sherry.«

Geduldig wartet sie, bis all unsere Taschen, das Rad und wir verladen
sind. Die kanadischen Uniformträger sehen deutlich erleichtert aus
und bedanken sich bei Sherry, dass sie uns mitnimmt. Wir rollen langsam los, unsere Fahrerin schäkert ein bisschen mit den amerikanischen
Grenzbeamten und schon fahren wir über die Grenze hinweg in die
USA ein. Der Wind pfeift ordentlich auf der Ladefläche des Pick-ups.

Nach einer halben Stunde ist der Zeltplatz im kleinen Ort St. Mary
erreicht. Spontan beschließen wir, den Abend zusammen zu verbrin-

gen, Sherry wird die Nacht auf der Ladefläche ihres Pick-ups verbringen. Wir laden sie zu Burger und Bier ein. Sherry stammt aus L. A., ist aber lieber in der Natur. Mit ihren 53 Jahren hat sie schon viel vom nordamerikanischen Kontinent gesehen, war aber noch nie außerhalb ihres Landes. Ihr Fazit über die US-Amerikaner: »Wir fahren zu große Autos und verpesten die Umwelt, wir essen zu viel Fast Food und deshalb sind wir zu fett.« Ohne allzu großes Bedauern schließt sie sich bei dieser Beschreibung selbst mit ein. Nach reichlich Bier legen wir uns schlafen und treffen uns am nächsten Tag zum Frühstück.

Ich bin beim Aufstehen ein bisschen traurig, denn heute findet in Frankfurt die Hochzeit von guten Freunden statt, und wir sind an so einem besonderen Tag im Leben unserer Freunde nicht dabei. Den ganzen Tag denke ich an die beiden: »Jetzt geben sie sich vielleicht gerade das Jawort, ein Toast beim Sektempfang, das festliche Essen, ihre Überraschung im Gesicht, wenn ein eigens von uns gedrehtes Video bei der Feier vorgeführt wird, das ausgelassene Feiern, und wir können es nicht mit ihnen teilen.« Es ist nicht das erste wichtige Ereignis bei unseren Freunden, das wir leider verpassen.

Als Ablenkung fahren wir heute auf einer Straße mit dem schönen Namen »Going-to-the-Sun Road«. Sie wird als eine der Radler-Traumstraßen der Welt betrachtet. Wir haben wieder Glück, die 85 Kilometer lange Going-to-the-Sun Road wird dieses Jahr früher als sonst gesperrt, und wir kommen gerade noch rechtzeitig. Am letzten geöffneten Tag können wir auf ihr den Logan Pass überqueren.

Was für eine Straße – sie führt durch das eisige Herz des Nationalparks, folgt den Ausläufern des Lake Mc Donald und des Saint Mary Lake und schmiegt sich an die Klippen der kontinentalen Wasserscheide, wo sie den Logan Pass überwindet. Im Hochsommer ist sie berüchtigt für ihre Verkehrsstaus. Wir schrauben uns mit allen anderen Gefährten drei Stunden lang auf den über 2000 Meter hohen Pass, dann folgt eine schier endlose Abfahrt mit atemberaubenden Ausblicken.

Die Road ist die einzige Straße, die den Glacier National Park durchquert. Sie ist zweispurig und ausgesprochen eng und kurvig. Ein Traum für alle Zweiräder, ein Albtraum hingegen für die großen Wohnmobile, die werden aufgrund ihrer Breite und Größe nämlich verbannt und dürfen hier nicht fahren. Der Name stammt vom Going-to-the-Sun Mountain, der sich östlich hinter dem Logan Pass zeigt. Hier soll die indianische Gottheit Sour Spirit auf der Rückkehr zur

Sonne ihren Gesichtsabdruck hinterlassen haben, nachdem sie dem Stamm der Blackfeet auf Erden das Jagen beigebracht hatte. Aufgrund der Autoabgase ist es recht diesig, sodass ich das Gesicht leider nicht sehen kann.

Abends treffen wir uns wieder mit Sherry und lernen durch sie auch Monica kennen, die einen besonderen Kunstladen im Apgar Village betreibt. Ihr deutscher Vater Hans und Mutter Toni Jungster errichteten 1960 den im schweizerischen Stil gehaltenen Montana House Regional Craft Shop. Ihre Tochter Monica führt den Laden und ihre Mission fort, die Kreativität, Künstler und Kunsthandwerker Montanas zu fördern, zu zelebrieren und die Native American Art wiederzubeleben. Über 450 Künstler waren hier bislang ausgestellt.

Wie alte Freunde sitzen wir zu viert zusammen im einzigen Restaurant des Ortes, das konsequenterweise heute den letzten Abend in dieser Saison geöffnet hat. Denn: keine offene Straße gleich keine Gäste. Wir tauschen uns über das Leben, die Menschen und das Reisen aus. Aus dieser zufälligen Begegnung werden zwei ganze Tage, die wir zusammen verbringen. Sherry freut sich, dass sie nun Teil unserer Geschichte geworden ist, sie bezeichnet sich als »ein Komma in eurer Story«. Und wieder zeigt sich: Aus Unglück entspringt oft etwas Schönes. Wir sagen nur ungern »Goodbye«, aber sind entschlossen, Sherry in L. A. noch einmal zu treffen.

Stefan: Der Flathead Lake, an dessen Ostufer wir gerade entlangradeln, wurde von Gletschern der Eiszeit geformt. Er ist mit 48 Kilometern Länge der größte natürliche See im Westen der USA. Fast 200 Kilometer Uferlinie erstrecken sich auf beinahe 320 Quadratkilometern Montanas. Rechts und links des Sees schlängeln sich Scenic Highways. Unserer ist die Route 35, die dem kurvenreichen Ufer folgt und majestätische Ausblicke auf den See, die Berge und die raue Schönheit Montanas bietet. Die Anwohner des Sees betrachten ihn als spirituelle Erfahrung, aber auch als guten Fischgrund für Forellen. Wir treffen kaum Menschen und kommen uns vor, als wären wir die Ersten, die diesen See entdecken.

Der Name Flathead stammt von den Salish-Flathead-Indianern, die die Flathead Indian Reservation am südlichen Ende des Sees bewohnen. Ein paar kleine Inselchen finden sich auch auf dem See. Und an seinem Ufer liegt die Flathead Lake Brewing Company. Deren Motto lautet: »Great Views, Great People and Great Beers«. Bier trinken im Barraum, die Brauerei besichtigen und sich dann zurücklehnen, um Berge und See zu bewundern, so ist es schön. Der Gründer Terry Leonard reiste während seiner zehn Jahre bei der US Navy durch die Welt und fand die große Liebe seines Lebens: Bier. Aus aller Herren Länder trug er die besten Braumöglichkeiten für Bier zusammen und gibt seine Leidenschaft nun in Form von handgemachtem Bier höchster Qualität an seine Kunden weiter.

Beschwingt bringen wir die restlichen Kilometer zum nächsten Zeltplatz hinter uns. Durch die ausgedehnte Pause ist es spät geworden, sodass wir direkt in den Sonnenuntergang hineinradeln. Durch ein Loch in der dunkler werdenden Wolkendecke glüht uns das letzte Licht entgegen, als ob es uns den Weg weisen will.

Julia: Montana – der Staat des Montanus, also der »Bergstaat« – ist außerdem das selbst ernannte Big Sky Country. Die Namensgeber haben nicht gelogen, der Himmel wölbt sich unendlich groß und weit über dem Cowboy-Land. Kein Wunder, dass hier »In einem fernen Land« und »In der Mitte entspringt ein Fluss« gedreht wurden. Montanas Spitzname »Treasure State« (»Staat der Schätze«) begründet sich durch die Vielzahl an Bodenschätzen und natürlichen Ressourcen wie Erdöl, Kohle, Kupfer, Silber und Gold. Die Weite und Einsamkeit, ja, manchmal auch Langeweile für manchen hier aufwachsenden Jugendlichen zeigen ihre Schattenseite. Überall sehen wir Schilder mit der Warnung »Meth not once«, die in Deutschland auch als Ice bekannte Partydroge scheint hier schon in den Schulen weitverbreitet.

Auf der Suche nach einem Laden, wo wir unsere stets hungrigen Radlermägen befriedigen können, kommen wir durch Orte, in denen sich die wenigen Bewohner hinter ihren Türen verschanzt haben und nur ein paar drohend knurrende Straßenköter auf der Straße herumstreunen. Diese Tristesse ist nicht gerade eine Ausführung der ländlichen Idylle, wie man sie gerne hätte. Doch ein paar Orte weiter kann es schon wieder anders aussehen, ein warmes Familienrestaurant mit gratis Nachfüllkaffee und älteren Damen, die einen mütterlich bewirten. Draußen verfärbt sich das Laub in seinen schönsten Herbstfarben und in der Weite sind schneebedeckte Berge zu sehen. Wie die Blätter ihre Farbe wechseln, verschiebt sich auch meine Wahrnehmung dieses weiten Landes, Montana entfaltet seinen herben Charme.

Die Bewohner Montanas haben einen ebenso skurril-herben Humor. Vor ein paar Jahren fingen einige von ihnen an, sich Sorgen da rüber zu machen, dass zu viele Campervan-Touristen nach Montana kommen könnten, weil sie es als »last best place« zu schätzen wissen. Sie sahen nur zwei Alternativen. Die erste, Löcher in die Wohnmobile zu schießen, sobald diese die Staatsgrenze überqueren, wurde verworfen, weil man es vorzog, Geld für Bier statt für Munition auszugeben. So griff man lieber zur zweiten Alternative: Gerüchte verbreiten, dass es in Montana absolut nichts zu sehen und nichts zu tun gebe. Und wie macht man das in den USA? Amis lieben als Souvenir T-Shirts jeglicher Art. Also wurde ein neues Montana-T-Shirt produziert. Aufschrift: »Montana sucks. Now go home and tell all your friends!« Die Website der »Montana sucks«-Organisation ruft nun jeden Staatsbürger Montanas auf, so ein T-Shirt zu kaufen und in andere US-Staaten zu reisen, damit die gesamten USA lernen, dass man auf keinen Fall nach Montana reisen – und erst recht nicht dorthin ziehen sollte. Menschen aus Montana wollen ihr Montana für sich behalten.

Stefan: Mir gefällt es in Montana. Ich könnte glücklich sterben in Montana: Die Sonne scheint über mir, wir gleiten dahin, und eine leise Frage kreist in meinem Hirn: »What if this is it, if the heavens come and take me now?« Was passiert, wenn wir jetzt über ein Schlagloch brettern und ich auf meinen Kopf stürze und sterbe? Oder ein rasender Irrer im Auto erwischt mich? Was wäre, wenn ich jetzt weg wäre? Was würde ich über mein jetziges Leben sagen? Über die Sorgen, die Ängste, aber auch die Freude, die Erfüllung meines Traumes? Hier bin ich: Ruhe, Wind, Himmel, das Geräusch der Straße. Ich bin genau im Hier und Jetzt und ich bin uneingeschränkt glücklich. Wenn jetzt alles vorbei wäre – ich würde glücklich und ohne Reue gehen. Diesen Zustand hatte ich vor dieser Reise nie, ich hätte immer noch gedacht: »Ich wollte doch noch um die Welt radeln.«

Wir erreichen das 43 000-Seelen-Städchen Missoula. Der Name geht ebenfalls auf einen Ausdruck der Flathead-Indianer zurück und bedeutet »am kalten, kühlenden Wasser«. Missoula zeichnet sich außerdem durch eine ausgesprochene Fahrradfreundlichkeit aus. Was nicht zuletzt an der hier ansässigen Adventure Cycling Organisation liegt, durch die wir schon Peter und Lyman auf Neuseeland kennenlernen durften. Die Mission der Organisation: »Alt und Jung zum Radeln zu inspirieren. Zu helfen, die Landschaften Amerikas sowie sich selbst zu entdecken und dabei Spaß zu haben und fit zu werden.« Ich bin lebenslanges Mitglied: http://www.adventurecycling.org.

In Missoula haben wir eine Einladung von Julie, die sowohl bei Adventure Cyclist arbeitet als auch Mitglied in der Organisation warmshowers.org ist. Die »Warmduscher« sind ein Netzwerk von Gastgebern, die durchreisenden Radfahrern eine Unterkunft anbieten – das reicht von der Erlaubnis zu zelten bis zum kuscheligen Gästebett. Wir haben warmshowers.org ein paar Mal auf der Reise genutzt und immer gute Erfahrungen gemacht. Es ist eine schöne Möglichkeit, auch in den Alltag der Menschen einzutauchen.

Julie hat uns ihre Anschrift per E-Mail geschickt und wir fahren direkt zu ihrem Haus, das in einem beschaulichen Teil der Stadt liegt. Einfamilienhäuser reihen sich brav aneinander und der Herbstwind treibt die Blätter raschelnd über den Asphalt. Bäume säumen die Straßen und werfen ihre langen Silhouetten in der untergehenden Sonne auf die breiten Zufahrten. Bald finden wir Julies Haus und fahren die Einfahrt, in der kein Auto steht, hinauf. An der Tür hängt ein Zettel: »Welcome Julia and Stefan. The door is open, please help yourself to food and drinks in the fridge. I will be back at 5 p.m.« »Herzlich Willkommen Julia und Stefan. Die Tür ist offen, bitte nehmt euch Essen und Trinken aus dem Kühlschrank. Ich werde um fünf Uhr da sein.«

Das Vertrauen, das sie uns entgegenbringt, überwältigt uns fast. Julie kennt uns nicht und bietet trotzdem ihr Haus an. Wir treten ein, und da es Viertel vor fünf ist, setzen wir uns nur in die Küche, trinken ein Glas Wasser und warten auf unsere Gastgeberin. Die dynamische Radfahrerin mit langen braunen Haaren und einem aufgeweckten Blick lässt nicht lange auf sich warten. Mit breitem Lächeln begrüßt sie uns und schaut sich erst mal in aller Ruhe unser Fahrrad an. Wir bedanken uns für das Vertrauen und fragen, ob sie denn keine Angst gehabt habe, dass irgendjemand in das Haus eindringt. Sie lacht: »Kurz habe ich daran gedacht, aber mal ganz ehrlich: Wer mich bestehlen will, lässt sich auch von einem Schloss nicht aufhalten. Und über euch habe ich im Internet gelesen, Globetrotter auf dem Rad wie ihr klauen bestimmt nicht.« Dann fragt sie uns, ob wir zelten oder lieber im Keller schlafen wollen. Angesichts des angesagten Nachtfrosts sind wir dankbar für das Bett im Haus.

Abends sitzen wir am Kaminfeuer zusammen, trinken Bier aus einer lokalen Brauerei und Julie erzählt uns, warum ihre Tätigkeit bei Adventure Cyclist mehr ist als nur ein Job. Es ist ihre Berufung. »Das Fahrrad ist das effizienteste Werkzeug, das jemals entwickelt worden ist, um Energie in Bewegung zu transformieren. Im Gegensatz zum Auto, das wie keine andere Erfindung der Menschheit verheerenden Schaden auf diesem Planeten angerichtet hat, ist das Fahrrad ein Juwel der Schöpfung. Radfahren ist umweltfreundlich, fördert das Miteinander, ist gesund und dem Auto damit in vielerlei Hinsicht überlegen. Vor allem auch beim Reisen. Dass sich das Reiseverhalten der autofanatischen Amerikaner ändert, dafür kämpfe ich.«

Da widersprechen wir nicht und sind hocherfreut, als Julie uns am nächsten Morgen mit zum Hauptsitz der Adventure Cyclist Association nimmt. Die Organisation wurde Anfang der Siebziger gegründet, Tausende von Radfahrern fuhren damals zum 200-jährigen Jubiläum der USA quer durch das Land – von Küste zu Küste. Die Fotos von der Fahrt schmücken das Hauptquartier. Auch die ersten Fahrräder, die in den 1970er-Jahren über die Panamericana rollten, sind ausgestellt. Wir staunen gerade über die damals noch so einfache Technik, als Julie sagt: »Und das ist Greg Siple, einer der Gründer von Adventure Cyclist. Ihm gehört das Rad an der Wand.« Überrascht drehen wir uns um und blicken einem kleinen älteren Herrn mit Wuschelhaaren ins freundliche Gesicht. Wir verstehen uns auf Anhieb gut und er übernimmt den Rest der Führung. Er schwärmt von all den Radfahrern, die schon auf ihren Touren hier vorbeigekommen sind. Von allen macht er ein Foto für das Archiv des gemeinnützigen Vereins. Natürlich auch von uns. Er baut eine große Leinwand auf, wir holen die bepackte Saphira und er schießt einige Fotos in verschiedenen Posen. Wenn unser Trip vorbei ist, will er einen Artikel über uns schreiben. Wir sind geehrt, versprechen Kontakt zu halten und verabschieden uns auch von unserer Gastgeberin Julie. Der Besuch in Missoula hat uns inspiriert und motiviert – denn von uns Radverrückten gibt es viel mehr als wir dachten!

Julia: Die Nächte bringen Frost, Stürme peitschen über die endlosen Kornfelder. In den Läden ist alles voll mit Halloweenartikeln. Radfahrer treffen wir keine mehr und die »Automenschen« – also eigentlich alle außer uns – blicken uns mitleidig an. Keine Frage, der Herbst ist da. Wir fahren von Missoula bis Bozeman und sind froh, dass wir ohne Schnee über die Continental Divide gelangen. Erneut erleben wir großzügigste Gastfreundschaft in Bozeman, der fünftgrößten Stadt Montanas, bei Erin, Graham und deren Kindern Lucy und Ben. Graham ist der Sohn von Lyman, den wir über die ACA auf Neuseeland kennenlernten. Graham ist Architekt und dementsprechend sieht sein Haus wie ein Muster in »Schöner Wohnen« aus. Von der Terrasse aus lässt sich wunderbar das Sternenmeer betrachten, in unserem Gästezimmer weckt uns morgens die Herbstsonne, die, trotz der Jahreszeit immer noch hell und warm wirkend, hinter Montanas Bergen hervorblinzelt.

Von Bozeman aus machen wir einen Abstecher nach Seattle, um später zum Livestrong-Wohltätigkeitsrennen gegen Krebs nach Portland zu fahren. Seattle, die Hauptstadt des Grunge-Rocks, glänzt mit einer spektakulären Skyline und entspannter Atmosphäre. Wir trinken – wie es sich hier gehört – literweise Kaffee. Starbucks wurde hier gegründet, genau wie die Band Nirvana. Die Musikszene lebt und abends gehen wir in ein Grunge-Konzert, das sich nach meiner nicht maßgeblichen Meinung als Trash-Metal-Konzert entpuppt. Kein Gesang, nur Gebrüll. Dazu unrhythmisches Zupfen an der Gitarre und wildes Getrommel. Eine Melodie ist nicht zu erkennen, aber Hauptsache, der Style stimmt … Den meisten anderen Gästen gefällt es. Morgen geht es weiter nach Portland, um für Livestrong zu fahren. Die Wetteraussichten – 90 Prozent Regenwahrscheinlichkeit bei 8 °C. Besser als in Bozeman, wir erhalten von Graham eine E-Mail, dass es in Bozeman bereits schneit. Ups.

Stefan: Der Regen prasselt in dicken Tropfen auf eine Heerschar von Radfahrern. Es ist noch halb dunkel, ein Blick auf den Tacho verrät: Es ist halb acht und die Temperatur beträgt erfrischende 5 °C. Ungeduldig warten wir im Nasskalten und endlich ist es so weit: Lance Armstrong tritt auf die Bühne und fragt: »So this is Portland?« Johlen im Regen, die Stadt ist berüchtigt für ihr Wetter. Er bedankt sich bei allen Fahrern, es konnten insgesamt 1,7 Millionen Dollar eingesammelt werden.

Dann der Startschuss und wir setzen uns mit dem Pulk in Bewegung. Die Hinterräder ziehen kleine Wasserfontänen hinter sich her. Inmitten von Rennrädern kassieren wir mit unserem Boliden einige

Sprüche: »That is the Hummer of bikes« oder »Look, Sylvester Stallone's bike«. Wie viele Kilometer die zum Teil nagelneu aussehenden Räder um uns herum auf dem Buckel haben? Unsere Saphira könnte ihnen viele Geschichten erzählen. Ich finde, die Meilen stehen unserer schweren Dame gut, und als all die ultraleichten Rennräder sie umzingeln, lächelt sie nur milde und sonnt sich in der Bewunderung.

Trotz der ausgelassenen Stimmung ist der Anlass der Fahrt ein ernster und wir werden immer wieder daran erinnert, denn viele Teilnehmer haben ihre Fahrt einem an Krebs verstorbenen Familienmitglied oder Freund gewidmet. Ein Fahrer vor uns fährt mit einem Schild »In Memory of Mom«.

Wir fahren auf der 70-Meilen-Strecke, die längste Route mit 100 Meilen wurde wegen des schlechten Wetters gesperrt. Es regnet den ganzen Tag hindurch und trotz Funktionskleidung sind wir bald vollkommen durchnässt. Aber wir haben es geschafft, bis auf unglaubliche 200 Meter hinter Lance zu kommen. Was sagt man dazu? 200 Meter! Das war kurz vor dem Start, danach müssen wir zugeben, ihn nicht mehr gesehen zu haben … Es gibt einige Stopps, die Freiwilligen kommen gar nicht mit dem Aufwärmen von Kakao und Tomatensuppe hinterher. Der Kurs führt um einen See herum, und es geht die ganze Zeit über »rolling hills«. Wir treten kräftig in die Pedale, immer wieder kommen wir an motivierenden Plakaten von Livestrong vorbei, wie »Livestrong means to pedal your heart out, even if it hurts«. Einen neuen Tandemfahrer-Witz anstatt des alten »Die Frau tritt nicht!« lernen wir auch. Ein Radfahrer fährt an uns vorbei, bremst kurzzeitig auf meiner Höhe ab und raunt mir zu: »Pssst, da ist jemand hinter dir, und sie ist verdammt nah!«

Nach fünf Stunden kommen wir wie die begossenen Pudel ins Ziel gerollt. Es gibt eine After Race Party, und während wir unseren Kalorienhaushalt wieder auf Vordermann bringen, werden laufend Menschen interviewt, die Krebs überstanden haben, und die Arbeit von Livestrong wird vorgestellt. Livestrong finanziert Krebsforschung, hilft Betroffenen und klärt auf. Hinterher läuft eine Diashow, die Fotos von Opfern zeigt, denen Teilnehmer ihre Fahrt gewidmet haben. Fotos von kleinen Kindern, deren Eltern als Unterschrift »We will never forget you, this ride is for you« gewählt haben, oder Bilder von Vätern, deren Kinder mit »We miss and love you« unterzeichnet haben. Es sind unglaublich ergreifende Bilder, wir müssen beim Anblick von so viel

Leid, Trauer, aber auch Mut und Engagement die Tränen unterdrücken. Wir sind unheimlich froh, durch die von uns gesammelten Spenden von über 1500 Dollar ein wenig dazu beizutragen, jetzt und heute Menschen mit Krebs zu helfen. Ein großartiger Erfolg, den wir uns nicht erträumt hätten. Das wäre nie ohne Hilfe gegangen und wir danken hier noch einmal unseren großzügigen Unterstützern von ganzem Herzen.

Julia: »Ist die Schildkröte tot oder schläft sie nur?« Große braune Kulleraugen schauen mich fragend an. Erleichterung macht sich im dazugehörigen Kindergesicht breit, als ich erkläre, dass sie noch lebt und sich einfach nur am Strand von Hawaii ausruht.

Wo bin ich? In der Schule! Zurück in Bozeman, Montana. Eine Zeitreise. Eine Stunde sind wir zu Gast in der zweiten Klasse von Ben, Sohn unserer lieben Gastfamilie, und erzählen von uns und der Reise. Das Tandem haben wir mit in die Klasse gerollt, und sogar einen Beamer gibt es, auf dem wir Fotos zeigen. Und unseren Fernsehauftritt bei Sat1. Das beeindruckt die Schüler und Schülerinnen besonders. Die Jungen und Mädchen sind sehr wohlerzogen, melden sich artig und erzählen begeistert: »Mein Großvater kam aus Frankreich, wir sind Nachbarn!« »Ich habe auch ein Fahrrad, mit ganz tollen Reifen, die nicht kaputtgehen.« Eine ausführliche Beschreibung des Fahrrads und sämtlicher Erlebnisse damit folgen. »Ich war schon im Yellowstone, da ist es ganz toll!« »Ich mag Tiere!« Ja, Hasen, Hunde, Katzen etc. Wird eifrig aufgezählt. Bei der Frage nach der Hauptstadt Deutschlands läuft es nicht ganz so gut. »Mmmh, England?« »Nein, London!« Da geben wir gern ein bisschen Nachhilfe. Ben ist stolz, dass er uns seinen Schulfreunden vorstellen kann. Am liebsten würde er uns dabehalten. Als wir ihm erklären, dass wir vor dem Winter durch den Yellowstone-Nationalpark kommen wollen, weil es sonst zu kalt zum Zelten wird, bietet er uns großzügig an, dass wir seinen Vater, Graham, mitnehmen dürfen, der sei nämlich immer schön warm beim Zelten.

Stefan: Wir wollen ja eigentlich gar nicht weg aus dem nicht nur menschlich warmen Heim von Erin und Co., aber der Winter ist uns ganz dicht auf den Fersen. Wir bekommen schließlich Möhren als Wegzehrung mit auf den Weg. Die meiste Zeit fahren wir entlang des Yellowstone River durch das Paradise Valley. Das Tal bringt uns an die

Nordseite des hoch gelegenen Yellowstone-Nationalparks. Der Wettergott hat offensichtlich eine andere Definition von »paradiesisch« als wir, es regnet in Strömen. In dieser inspirierenden Umgebung wohnt übrigens Christopher Paolini, der junge Erfolgsautor, dessen »Eragon«-Romane die Herzen aller Anhänger von Fantasy-Romanen im Sturm erobert haben. Eine der Hauptfiguren ist eine sehr tapfere, aber auch eigenwillige Drachendame. Ihr Name: Saphira. Damit habe ich auch verraten, woher unser saphirblaues Tandem den Namen hat.

Wir gewinnen an Höhenmetern und der Tacho zeigt am Nachmittag nur noch 1 °C an, Schnee mischt sich in den Regen. Wir bibbern vor Kälte, als wir das noble Chico Hot Springs Hotel erreichen. Der Aussicht auf heiße Quellen können wir heute wirklich nicht widerstehen und buchen uns das günstigste Zimmer in dem altehrwürdigen Hotel. Unser erster Weg führt uns zum Pool, wo wir sofort auffallen: »Ihr könnt aber nicht von hier sein, mit der Bräune, so viel Sonne gibt es hier doch gar nicht.« Es ist mittlerweile dunkel, die dichten Dampfschwaden steigen, durch die Scheinwerfer hell erleuchtet, auf. Dicke Schneeflocken fallen in den Pool, in dem wir mit Mütze sitzen. Habe ich schon erwähnt, dass es hier kalt ist? Wir erkundigen uns an der Rezeption nach dem Wetterbericht. »Macht euch keine Sorgen, die Straßen bis zum Parkeingang werden geräumt. Den Park werden sie wahrscheinlich erst einmal schließen.« Wir lesen auf dem Internetausdruck, den der hilfsbereite Angestellte uns reicht: »FREEZE WATCH. THESE CONDITIONS COULD KILL CROPS AND OTHER SENSITIVE VEGETATION.«

Das hatten wir befürchtet. Wir sind ein bisschen zu spät dran, wir haben zu viel Zeit im Norden verbracht, das rächt sich jetzt. Der Winter kommt, die Zeit, draußen zu sein, ist nicht nur für »sensitive vegetation« vorbei. Das denken nicht nur wir, sondern auch die Bären des Yellowstone-Nationalparks. Auch hier werden wir gewarnt: Die Bären haben dieses Jahr nicht genug zu fressen gefunden und sind nun im Herbst verstärkt auf der Suche nach Nahrung, um sich einen Fettvorrat anzufressen, bevor sie sich bei kalter Witterung in einen Bau oder eine Höhle zurückziehen. Einige Zeltplätze im Park sind deshalb geschlossen worden. Die Umstände sind also alles andere als verlockend, aber wenn wir den riesigen Nationalpark umfahren müssten, würden wir weitere wertvolle Tage verlieren.

Am nächsten Morgen scheint die Sonne über das vollständig verschneite Tal. Die Straßen sind noch frei und wir schaffen es bis Gardiner, der kleinen Stadt am Nordeingang des Nationalparks. Der Großteil des Yellowstone-Parks liegt weit über 2000 Meter hoch, daher ist es dort oben deutlich kälter als hier im Tal. Die Durchgangsstraßen sind komplett zugeschneit und gesperrt. Die Ranger werden mindestens einen Tag brauchen, um sie zu räumen.

Wir nisten uns zwei Nächte günstig in einem Motel ein – die Touristensaison ist vorbei. Dann heißt es warten. Glücklicherweise werden am nächsten Tag einige Straßen im Park wieder geöffnet, unter anderem unsere Durchfahrtsstrecke. Der Ranger am Eingang schaut uns mit einem kritisch leicht nach rechts geneigten Kopf an und rät uns von der Durchquerung ab. Zu kalt da oben, außerdem sind für heute Nachmittag weitere Schneefälle angesagt, die sich in einen Schneesturm verwandeln könnten. Weitere Schneefälle? Dann würde die Durchgangsstraße wieder gesperrt und diesmal vielleicht nicht nur für zwei Tage. Wir danken für die Fürsorge und versprechen, richtig Tempo zu machen. Auf den nächsten neun Kilometern scheint die Sonne und wir klettern aus dem Tal auf das Hochplateau. Es fahren nur wenige Autos, und ein Kojote schaut uns von einem Felsen aus noch kritischer als der Parkranger an. Die Zeit, die ich brauche, um die Handschuhe abzustreifen und zum Fotoapparat zu greifen, reicht dem kleinen Jäger, um sich aus dem Staub zu machen. Eine Karriere als Wildnisfotograf kann ich wohl vergessen.

Nach einer Stunde erreichen wir das Örtchen Mammoth im Nationalpark. Unsere einzige Verpflegungsstation für heute hätte ruhig etwas später kommen können. Trotzdem gönnen wir uns ein zweites Frühstück, um Kraft zu haben, und beobachten aus dem überteuerten Café heraus, wie graue Wolken den Himmel verdüstern. Wir statten dem Information Center eine Stippvisite ab, um ein Wetter-Update zu bekommen. Die Dame vor uns in der Warteschlange hat zum Glück nur eine Frage an den Ranger: »Wo ist der Souvenirshop?« Es gibt hier auch wirklich nichts zu tun. Der Ranger hat leider kein Update und so machen wir uns an die verbleibenden 80 Kilometer. Die Strecke könnte uns normalerweise nicht mehr schrecken, aber das Fahren in der Kälte schlaucht extrem.

Die Sonne hat sich für heute offensichtlich schon verabschiedet und ein eisiger Wind ist aufgekommen. Kurz hinter Mammoth liegen Thermalfelder, von denen dicke Dampfschwaden aufsteigen. Diese

Schwaden werden vom schneidenden Wind vorangetrieben und zerfetzt. Wir ziehen über unsere Wintertrikots im Zwiebelprinzip die Goretex-Jacken. Gerne hätten wir die Jacken als »Joker« für die Abfahrt aus dem Park heraus behalten, aber dafür ist es einfach zu kalt. Der Atem kondensiert in der glasklaren Luft.

Eine Bewegung vor uns. Etwas Großes mit braunem Fell. Ein Bison. Schock. Einer? Eine Herde. Stumm kommen die Urviecher näher – mitten auf der geräumten Straße. Offensichtlich ist ihnen das Laufen im Schnee zu anstrengend. Ein schwarzer Pick-up überholt uns und sein Fahrer muss heftig auf die Bremse treten; die Bisons ziehen unbeeindruckt, die komplette Straßenbreite einnehmend, weiter. Er kann nicht vorbei. Optimales Timing für uns, wir suchen Schutz hinter dem Pick-up und stellen uns, nur mit der Kamera und einer optimistischen Grundhaltung bewaffnet, hinter das Tandem.

Der erhabene Leitbulle kommt näher, ignoriert den Pick-up und wittert in unsere Richtung. Er erinnert mich eher an ein Mammut als an ein Wildrind. Er hat ein dichtes, dunkles Fell und zwei kurze gebogene Hörner. Diese Viecher können bis zu 900 Kilogramm schwer werden. Bis zu 50 Stundenkilometer können sie auch rennen. Er überragt uns bei Weitem, senkt seinen gigantischen Schädel, wittert noch mal, schnaubt und zieht dann weiter. Mein Herzschlag hat ausgesetzt und jetzt schießt Adrenalin durch meinen Körper. Die Herde folgt dem Bullen und nimmt von uns kaum Notiz. Nur ein »kleines« Kalb kommt neugierig etwas näher, traut sich aber auch nicht recht an uns heran. Der Pick-up fährt ab, wir hingegen blicken der mächtigen Herde noch lange nach. Dann liegt die Landschaft wieder in jungfräulichem Weiß vor uns und der beißende Wind erinnert uns daran, weiterzufahren.

Wir haben erst die Hälfte der Strecke hinter uns und frieren aufgrund der erzwungenen Pause erbärmlich. Außerdem sind wir von den vielen Anstiegen geschafft und bräuchten etwas zu essen. Im eisigen Wind stehen zu bleiben, ist keine Option, und wir setzen darauf, dass wir am Norris Geysir in wenigen Kilometern irgendwo ein windgeschütztes Plätzchen finden können. Wir haben Glück – das Informationscenter hat zwar zu, doch die Toilette ist noch offen. Wir greifen unsere Sandwichs, gehen in die Toilette und stellen fest, dass diese ein wenig mit dem Wasser aus dem Thermalfeld beheizt ist. Dieses Klo mit seinen kuscheligen 10 °C Innentemperatur hat uns der Himmel geschickt.

Den Geysir lassen wir links liegen, denn erste Schneeflocken fallen vom Himmel. Zwei Stunden später peitscht uns der Wind den Schnee während der Abfahrt ins Gesicht. Treten müssen wir nicht mehr, der Tacho zeigt über 40 Stundenkilometer, und wir frieren ohne Bewegung erbärmlich. Vor allem meine Hände machen mir große Sorgen. Erst brannten und kribbelten sie vor Kälte so stark, dass ich es kaum aushalten konnte. Jetzt sind sie taub und ich kann sie fast nicht mehr bewegen, was das Bremsen auf der matschigen Abfahrt nahezu unmöglich macht. Julia zieht mir einen Handschuh aus, die Hand ist gräulich-weiß und steht damit kurz vor einer Erfrierung. Not macht erfinderisch: Julia holt Plastiktüten heraus und knotet sie mir über die Handschuhe. Das Ganze zeigt nach einer Viertelstunde Wirkung, das abartige Brennen und Kribbeln kommt wieder zurück.

Es ist zum Wahnsinnigwerden. Zu allem Überfluss wird es auch langsam dunkel. Glücklicherweise ist es nicht mehr allzu weit, die letzten qualvollen Kilometer folgen wir einem Fluss zum Örtchen West-Yellowstone. Eine Herde Hirsche springt über die Straße, und ein Elch glotzt uns von der anderen Seite des Flusses interessiert an, aber all das kann mich nicht mehr von dem stechenden Schmerz in den Händen ablenken. Nach über neun Stunden in der Kälte erreichen wir den Ort. Das Tandem schieben wir direkt ins Motelzimmer und lassen Badewasser ein. Meine Hände traue ich mich erst nach einer geraumen Weile ins Wasser zu tunken, sie sehen jetzt krebsrot aus. Ich alleine wäre nicht auf die Idee gekommen, mir Plastiktüten über die Hände zu knoten. Und selbst wenn ich daran gedacht hätte – ich hätte es aufgrund der Unbeweglichkeit nicht geschafft.

Die späte Durchquerung des Yellowstone-Nationalparks hat uns direkt in die Eiszeit versetzt. Die Zeitreise hat uns die Welt der Schneestürme, Bisonherden und Vulkane gezeigt. Eine schöne und unbarmherzige Welt.

Julia: Der Park bietet Attraktionen für einen wochenlangen Aufenthalt, aber wir wollen nicht noch einmal eingeschneit werden und ziehen weiter. Wir verlassen den alpinen Yellowstone und fahren bei bis zu 15 °C in den Grand Teton National Park. Herbstfarben, Kartoffelfelder und der mit 2550 Höhenmetern bisher mächtigste Pass erwarten uns. Die langen Thermohosen können eingepackt werden, wir kommen nach Jackson, Wyoming, einen Ort des Wilden Westens am

Grand Teton National Park, wo wir den zehntausendsten Kilometer unserer Tour feiern.

Der Nationalpark ist geprägt von einem Massiv mit drei Gipfeln, die der französische Entdecker, ein offensichtlich einsamer Zeitgenosse, Les Trois Tétons genannt hat, was so viel bedeutet wie »Die drei Titten«.

10. Kapitel: Die unerträgliche Leichtigkeit des Radelns – der Wilde Westen

> *»Aus dem Auto heraus kann man überhaupt nichts sehen;*
> *du musst aus dieser gottverdammten Falle herauskommen*
> *und dich zu Fuß fortbewegen, besser noch auf allen vieren kriechen,*
> *über den Sandstein und die Kakteen. Wenn kleine Blutspuren auf*
> *deinem Weg auftauchen, dann, ja dann vielleicht wirst du etwas sehen.«*
> (Edward Abbey, Schriftsteller)

Julia: Bei einem Besuch im Internet gucke ich, was ich über uns und unsere Tour im Netz finde. 820 Treffer für »Bankerbiker«, da ist ganz schön was zusammengekommen. Wir leben in einem ganz neuen Zeitalter. Waren Reisende früher über Monate einfach verschwunden, bis sie sich per knisternder Leitung oder auch nur per wochenaltem Brief melden konnten, sind wir nur einen Mausklick entfernt. Auf der einen Seite großartig, eine vernetzte Welt, Kommunikation in jede Richtung möglich. Auf der anderen Seite auch anstrengend, ständig bekommt man Feedback von anderen. Ungefragt und oft sehr positiv, ermunternd. In manchen Fällen aber auch vernichtend und bösartig, und man fragt sich, was man diesen Menschen getan haben könnte, die einen ja noch nicht einmal persönlich kennen. Meistens freue ich mich über unseren virtuellen Begleiter, aber nun freue ich mich noch mehr, dass wir bald unsere realen Freunde Wiebke und Ralf in Moab begrüßen und in den Armen nehmen können.

Vor uns liegen aber erst noch ein paar Tage mit vielen Kilometern. Tage, in denen wir es genießen, auf dem Rad zu sitzen, in der Oktobersonne zu fahren. Wir fühlen uns wohl. Jeden Abend nur zwei Entscheidungen: Wo schlafen wir, was essen wir? Das ist ein einfaches Leben, nur solche »Probleme« zu haben!

Stefan: Die Landschaft hat sich auf unserer Fahrt nach Süden ständig verändert – die Bäume sind zunächst Sträuchern gewichen, dann einer Steppenlandschaft und nun fahren wir ein in das Land der roten Steine: das Land der Felsbögen, der wirren steinernen Formationen, des immer blauen Himmels, der extremen Trockenheit – kurzum: in die Wüste, die von den Mormonen Utah getauft wurde. In das Red Rock Country.

Die Strecke nach Moab sah auf der Karte hart aus – ein kleines Stück von 140 Kilometern ohne jegliches Anzeichen von Zivilisation – keine Stadt, nur eine Geisterstadt namens Cisca, keine Tankstelle, nicht mal Trinkwasser gibt es. Nicht besonders begeistert geben wir Saphira die Sporen. Wir fahren auf der Interstate 70 Richtung Westen. Die Interstate ist in beide Richtungen zweispurig. Die Gegenrichtung kann man manchmal gar nicht sehen, denn die Interstate schlängelt sich geschickt durch die roten Felsformationen. Wir haben einen Seitenstreifen für uns und begegnen keinem Menschen.

An einem Aussichtspunkt suchen Eidechsen Schutz in Saphiras Schatten. Es ist nahezu heiß. Wir schlucken so viel wie amerikanische Autos. Der Asphalt flimmert und es ist bergig. Eine leichte Brise kommt auf. Aus der leichten Brise wird ein ordentlicher Wind, der kühlt, aber leider nicht von hinten kommt. Und so werden wir langsamer und langsamer … und es wird später und später. Ich schimpfe lauthals, schreie in den Wind und führe Selbstgespräche. Aber sonst geht es mir noch gut. Julia macht keinen Mucks, vielleicht verschluckt auch nur der Wind ihre Worte. Mit zehn Stundenkilometern quälen wir uns vorwärts und erreichen, während gewaltige schwarze Wolkengebirge frontal auf uns zukommen, endlich das wunderschöne Tal des Colorado River und folgen ihm nach Süden in Richtung Mexiko.

Auf der Karte haben wir gesehen, dass einige Kilometer weiter südlich ein primitiver Campingplatz sein muss – den wollen wir jetzt so schnell wie möglich erreichen. Der mittlerweile heftige Seitenwind wühlt den Colorado River auf und kleine Wellen platschen ans Ufer. Seitliche Windstöße sind auf einem Tandem mit großer Angriffsfläche besonders schlecht abzufedern. Wir fahren über eine kleine Brücke und tatsächlich – der Campingplatz liegt vor uns. Mittlerweile sind die Wolken direkt über uns, es ist dunkel geworden. Roter Sand wird aufgewirbelt und wir bauen in Windeseile unser Zelt auf, schmeißen die Packtaschen unter die schützenden Apsiden und warten auf den Gewitterausbruch. Tatsächlich fallen bald ein paar Tropfen, doch vor allem reißen Sturmböen am Zelt und blasen Sand hindurch. Wir sind in der Wüste. Hier ist alles etwas extremer und trockener als zu Hause.

Das Unwetter zieht nach einer Stunde ab und vollkommen versandet kommen wir aus dem Zelt, um unsere Umgebung genauer zu betrachten. Der Colorado River fließt zehn Meter von uns entfernt, im Laufe der Jahrtausende hat er sich tief in einen Canyon eingegraben. Zu beiden Seiten des Flusses ragen steile rote Felswände hoch in den Himmel. Den breiten Canyon, in dem wir zelten, hat er durch jahrtausendelange Erosion geformt. Das Wasser des Colorado River erreicht den Ozean heute nicht mehr. Alles verbraucht. Das stimmt nachdenklich, und beim Abendessen diskutieren wir die unglaubliche Wasserknappheit hier im Westen der USA. Diese Diskussion war die Inspiration für folgenden Artikel, den ich als Kolumnist für die DWS schrieb und den ich hier mit freundlicher Genehmigung der DWS abdrucke:

Ein brandheißes Thema – Wasser

Die mächtigen Fluten des Colorado River in den USA, welcher den Grand Canyon formte und circa doppelt so viel Wasser führt wie die Elbe, erreichen heute nicht mehr den Ozean. Sein Wasser wird bis auf den letzten Tropfen verbraucht – von Landwirtschaft, Industrie und Haushalten. Die schnell wachsenden Städte des Westens, wie zum Beispiel Las Vegas oder Los Angeles, benötigen dringend mehr Wasser. Doch woher nehmen? Nicht nur im Südwesten herrscht Knappheit. Auch Florida hat nicht genug Wasser für seine rasant wachsende Bevölkerung. Die Great Lakes im Nordosten werden immer kleiner. Eine verheerende Dürre in Georgia gefährdet die Wasserversorgung von Millionen. New Yorks Wassertanks sind so leer wie noch nie. Kein Wunder, denn hier sind die antiquierten Wasserleitungen zum Teil noch aus Holz. Kurzum – die Wasserreserven können den Durst der USA nicht länger löschen. Die Regierung schätzt, dass in den nächsten fünf Jahren aufgrund einer Kombination von steigenden Temperaturen, Dürren, Bevölkerungswachstum, Verstädterung, Müll und Verschwendung in 36 Staaten das Wasser knapp werden wird. Die amerikanischen Versorger werden ernsthafte Maßnahmen durchführen müssen, damit die Amerikaner nicht auf dem Trockenen sitzen. Das

18

19

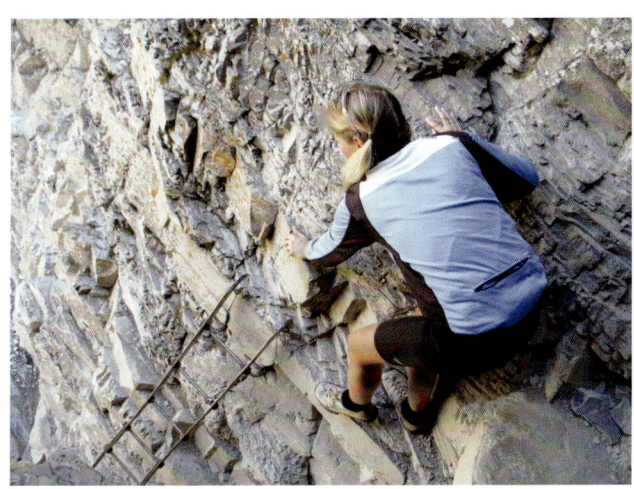

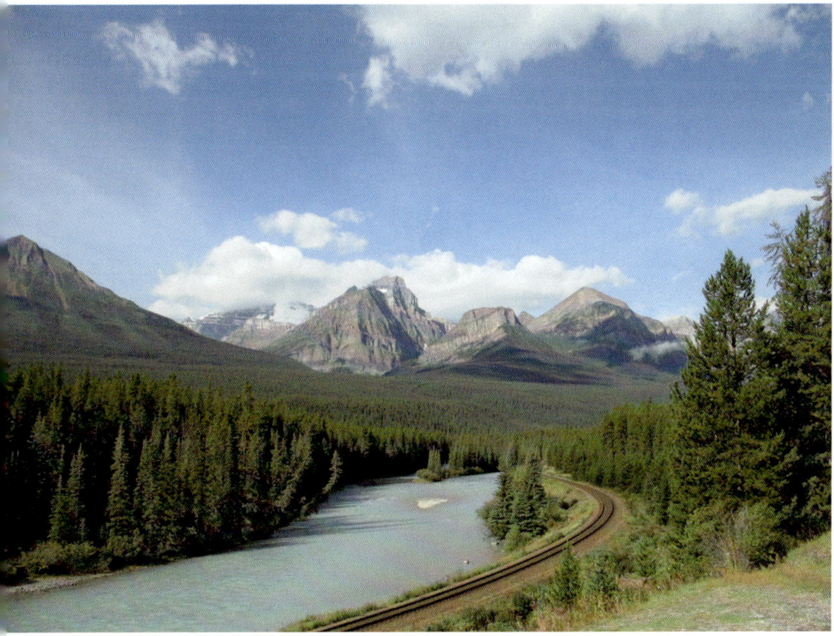

18 Man muss auch mal vom Rad steigen: Kletterpartie bei einer Wanderung im Glacier Nationalpark, Alberta.

19 Auf dem Weg nach Lake Louise in British Columbia.

20 Endlose Weite in »Big Sky Country« Montana.

21 Winterlandschaft im Oktober im Yellowstone Nationalpark.

22 Im Mountainbike-Mekka Moab.

23 Der Capitol Reef Nationalpark in Utah.

24 Im Tal des Todes: neue Attraktion am Zabriskie Point.

25 Die Pazifikküste Kaliforniens.

26

27

26 Kalifornisches American Diner.

27 Ein Sonnenuntergang in der Desierto Central.

28 Todos Santos: DAS Hotel California.

29 Günstige Unterkunft in einer Garage bei El Cien.

30 Auf der wilden Ostküstenstraße.

28

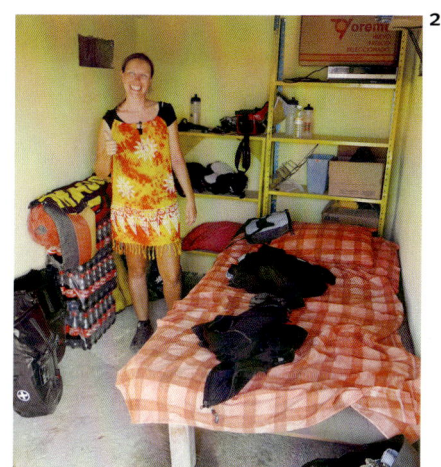

29

30

31 Truckstop an der MEX1.

32 Der »Sandspit« an der Bahia
Concepción – ein perfektes
Reiseführerbild.

33 Inkastätte Machu Picchu.

32

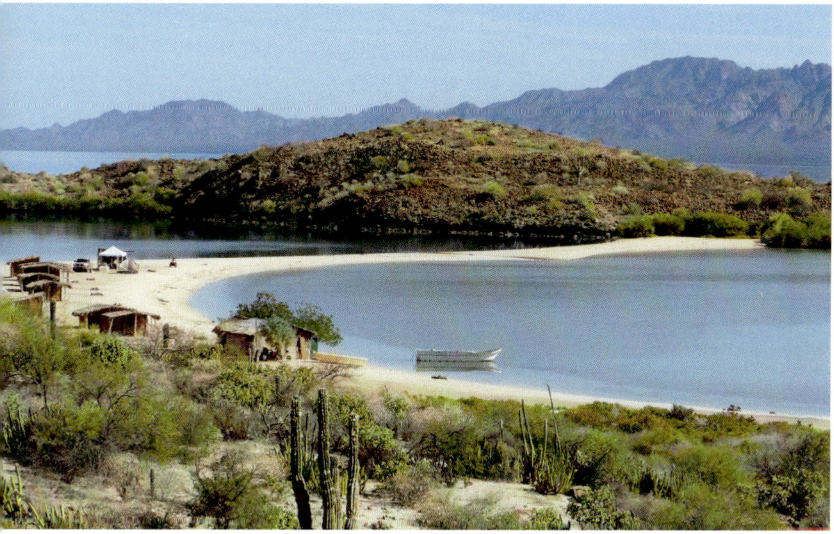

33

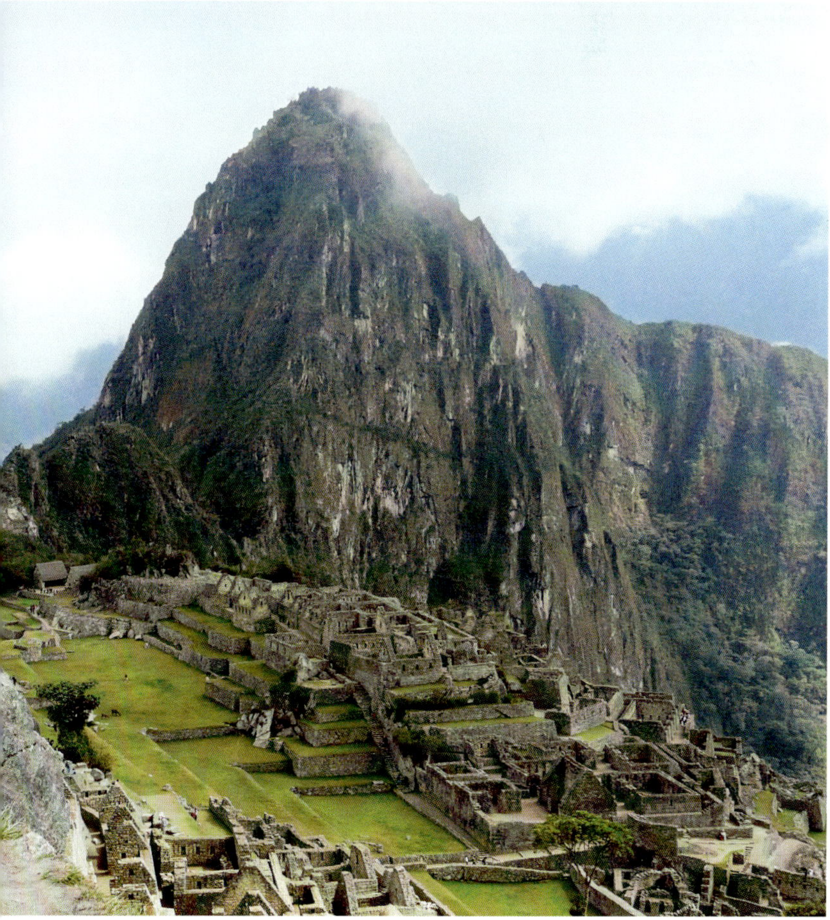

34 Uros-Mädchen vom Titicaca See.

35 Stadtausfahrt Puno mit Blick auf den Titicaca-See.

36 Ein echter Höhepunkt der Reise: der Andenpass Abra La Raya.

bedeutet große Investitionen entlang der gesamten Wertschöpfungs-
kette: Wasserversorgung, Wasserinfrastruktur und Wasserreinigung.
Der Preis zur Gewährleistung einer sicheren Wasserversorgung ist hoch.
Experten schätzen den Investitionsaufwand alleine in den USA auf eine
Milliarde Euro in den nächsten 30 Jahren. Die Investitionen werden die
Auftragsbücher der Wasserindustrie füllen.

Wassermangel ist nicht nur Amerikas Problem, es ist global: Australien
ist inmitten einer jahrelangen Dürre. Asien besitzt 60 % der Weltbevölkerung, aber nur 30 % des Trinkwassers. Das führt dazu, dass die Hälfte der
chinesischen Städte schon heute an akutem Trinkwassermangel leidet.
So bedrohlich die Situation auch jetzt schon sein mag: Durch Bevölkerungswachstum und Klimawandel ist eine dramatische Verschärfung der
Knappheit zu befürchten. Wissenschaftler der UN gehen davon aus, dass
2050 ca. zwei Milliarden Menschen nicht genug Wasser haben werden.
Das sind fast doppelt so viele Menschen wie heute. Gewaltige Investitionen sind also nicht nur in den USA, sondern rund um den Globus nötig,
um den Durst zukünftiger Generationen zu stillen. Unternehmen aus den
Bereichen Wasserversorgung, Wasserinfrastruktur und Wasserreinigung
dürften hiervon langfristig profitieren. Für Investoren ergeben sich daraus attraktive Investitionschancen rund um den Rohstoff, der nicht zu
Unrecht das »blaue Gold« genannt wird.

Wir selbst nutzen den Fluss auch. Wir kochen unsere Spaghetti mit
seinem Wasser und machen darin unseren Abwasch. Mutet vom Konzept her doch sehr romantisch an, ist aber gar nicht so simpel. Zunächst
muss eine Stelle gefunden werden, wo das Wasser kräftig fließt, was am
Rand eines Flusses nicht gerade einfach ist. Dann muss es schnell so
tief werden, dass man den Kochtopf auch unter Wasser halten kann.
Andererseits will man keine nassen Füße bekommen, also am liebsten
auf einem festen Stein stehen, um nicht im Matsch einzusinken. Kurzum, es ist Zeit für ein Geständnis: Was ich auf dieser Reise am meisten
materiell vermisse, ist meine heiß geliebte Spülmaschine.

Wir folgen dem Verlauf des Flusses, der sich elegant wie eine flüs-
sige blaue Schlange durchs rote Gestein windet. Vom gestrigen Sturm
ist nichts zu spüren, und das magische Gefühl stellt sich ein, dass wir

mühelos mit den Fluten Richtung Moab gespült werden. Eine kleine Ranch taucht urplötzlich auf. Der Canyon ist hier breit und es wird auf kleiner Fläche Wein angebaut. Wir holen uns ein Eis und ruhen aus, als ein braun gebrannter Mann in Kakikleidung auf uns zu tritt und sagt: »Schönes Rad. Aber gefährlich.«

Julia – eher verwirrt als besorgt: »Gefährlich?«

Kaki-Mann: »Nicht für dich Mädel, für ihn.«

Ich (Eiscreme schleckend): »Wieso?«

Kaki-Mann: »Du hast einen Ledersattel. Er hebt seinen Finger und lässt ihn eindrucksvoll einknicken. »Bin ich in den Siebzigern auch gefahren. Dann habe ich keine Erektion mehr bekommen. Du verstehst schon, kein Sex mehr.« Er schaut ernst und lächelt dann: »Jetzt läuft es aber wieder.«

Ich (mit Körpersprache signalisierend: zu viel Information): »Noch merke ich nichts.«

Kaki-Mann: »Kommt plötzlich. Wollte dich nur warnen. Gute Fahrt, ich muss weg, wir machen einen Ausritt.« Er verabschiedet sich und schreitet zu einer kleinen Gruppe, die mit Pferden auf ihn wartet. Er winkt noch einmal und schwingt sich auf den Ledersattel seines Pferdes.

Moab – der Name der Stadt, in der ich vor elf Jahren fast mein Leben gelassen hätte. Die Erinnerung verursacht bei mir immer noch eine Gänsehaut. Ein Scherz der Einheimischen ist: Moab steht abgekürzt für: Mormons, Ores, Artists, Bicycles. Das gibt den Charakter des abgelegenen 5000-Einwohner-Ortes mitten in der Wüste gut wieder. Gegründet von den Mormonen, wurde hier später Uranerz (Erz = Ore) abgebaut, heute haben viele Künstler ihren Wohnsitz in der Stadt. Moab aber ist vor allem eines: ein Mekka der Mountainbiker.

Hier, wo das breite Spanish Valley gute Siedlungsmöglichkeiten bietet, machten Mormonen 1855 erstmals den Versuch, eine Missionsstation einzurichten. Doch Ute-Indianer, der Stamm, nach dem Utah benannt wurde, überfielen die frommen Männer und töteten drei von ihnen. Es dauerte über 20 Jahre, bis das Gebiet dauerhaft besiedelt war, überwiegend von Mormonen. Diese gottesfürchtigen Leute konnten aber nicht verhindern, dass Moab schon bald den Ruf der wildesten Stadt Utahs bekam. In den nahen Bergen suchten Prospektoren ihr Glück, und Cowboys, Händler und alle Arten von Abenteurern überquerten hier den Colorado. Doch Moab hat sich gemausert, längst hat der Tourismus seinen Einzug gehalten. Das Städtchen liegt inmitten eines weitverzweigten Szenariums aller nur erdenklichen Arten und Größen von Schluchten, die Canyon-Freaks aus der ganzen Welt begeistern. Heute hat Moab knapp 5000 Einwohner und ist dennoch die größte Ortschaft im Südosten Utahs. Lange lebte man hier von den umliegenden Uranminen, von denen aber in den vergangenen Jahren viele geschlossen wurden.

Wir entschließen uns, über Jeep Trails mit so klangvollen Namen wie »Wipe Out Hill« und »Hell Roaring Rim« zu fahren, um die Geländegängigkeit unseres vollgefederten Koga-Tandems ohne Gepäck zu testen. Zunächst geht es vier Kilometer bergauf zum Trailhead. Die Gegend ähnelt einer Mondlandschaft – rötlich, hügelig und sehr steinig. Der Trail führt gnadenlos über die Steinberge. Und ich meine »Steine« – nicht Geröll. Die Haftung ist einmalig. Die Reifen kleben geradezu am Stein. Wir bewältigen unfassbare Steigungen. Nur wir und Saphira. Die Hitze. Die Steigung. Ich würde kein Königreich der Welt für unsere Federung tauschen. Auf den Abfahrten können wir uns kaum im Sattel halten. Gnadenlos steil und manchmal böse uneben. Das Tandem macht super mit. Bis wir uns an eine zu steile Auffahrt machen: Wir sind beide über die Lenker gebeugt und fahren mit aller Kraft im Wiegetritt. Dann ein metallisches Krächzen und die Kette verhakt sich, nur mühsam können wir einen Sturz abwenden. Was passiert ist? Das größte Ritzel hinten hat sich umgeklappt – zwischen die Speichen. So etwas habe ich in meinem Leben noch nicht gesehen. Mit einer Zange biege ich das Ritzel wieder heraus, aber wir können es nicht mehr benutzen. Da wir fürchten, dass auch die Kette Schaden genommen haben könnte, drehen wir um und fahren auf direktem Weg in den Poison Spider Bicycle Shop.

Das deutsche Wort »Fahrradgeschäft« ist nicht die richtige Bezeichnung für diesen Bike Shop. Der Laden ist ein Tempel, hier wird ein unvergleichlicher Bike-Kult betrieben. Außen ziert neben MTBs auch die namensgebende riesige Giftspinne die Fassade. Zig Bikes stehen herum, deren Besitzer fachsimpeln und die neuesten Bremsen und Schaltungen diskutieren. Im Laden arbeiten darf nur, wer selbst Biker ist. Schnell bildet sich eine Traube um uns, als wir unser Tandem in den Laden schieben. Ein Tandem mit Vollfederung und Oversized-Rahmen haben sie selbst hier noch nicht gesehen. Das Interesse schlägt in Begeisterung um, als wir erzählen, dass wir aus Alaska hierher geradelt sind. Dann zeige ich ihnen das verbogene Ritzel und wir gewinnen Heldenstatus: »Jungs, die beiden hier haben das Ritzel zertreten, voll krank!« Die Augen des Mechanikers strahlen: »Ihr seid Tiere, krank. Super – beim Fahren werden keine Gefangenen gemacht. So etwas habe ich noch nicht gesehen, ein zertretenes Ritzel.« Ich fühle mich geehrt – das englische Wort »sick« ist im Bikerslang fast eine Heiligsprechung, allerdings ärgere ich mich trotzdem über die Kosten.»Kostet euch nur das Material, ist mir eine Ehre, das kurz auszutauschen. Trinkt einen Kaffee und schaut euch im Laden um, ist gleich fertig.« Die vielen kultigen Accessoires mit der allgegenwärtigen Spinne sehen wir nur aus dem Augenwinkel, so werden wir belagert und über unsere Tour befragt. Unser Tandem ist bald repariert und wir bekommen obendrein einige Spinnenaufkleber geschenkt. Wir kleben sie auf den Helm und nehmen sie mit auf unseren Weg in Richtung Süden.

Julia: Ich gönne mir heute eine Auszeit und hänge einfach in Moab herum. Vorzugsweise im Buchladen »Arches Bookstore« mit angeschlossenem Café. Während ich Kaffeebohnen für Stefan kaufe und dabei lerne, dass der in Deutschland sogenannte »Coffee Plunger« in den USA eine »French Press« ist, komme ich ins Gespräch mit einer Deutschen. Sie jobbt im Hundesalon nebenan, betont aber, dass sie ja eigentlich Glaskünstlerin ist. In Moab gibt es viele echte und auch Möchtegernkünstler, aber nicht immer reichen die Verkäufe in den liebevollen Souvenirshops, um das Leben zu finanzieren.

Zeit, meine Beine etwas zu vertreten. Während meiner Ortsbegehung, die nicht allzu lange dauert, da der Ort wirklich nicht groß ist, spüre ich, dass hier eine spezielle Art von Humor, ein bestimmter rauer Typ, vorherrscht. Ich sehe T-Shirts mit dem Aufdruck »It's not MY president«, Kalender, die den Countdown bis zum Ende der Bush-Ära herunterzählen, Aufkleber, auf denen steht: »Put the fun between your legs« (hier geht es selbstverständlich um das Radfahren) oder auch »PETA«, eigentlich eine Organisation, in der sich Menschen für den ethischen Umgang mit Tieren einsetzen, hier flugs umgedeutet in »People eating tasty animals«.

In einem Radladen arbeiten nur Frauen. Gefällt mir. Hier gibt es interessante Gespräche: »Wie geht es dir, ich habe dich ja ewig nicht gesehen. Hast du Kinder?« »Nein, es klappt nicht. Und bei dir?« »Meine Mutter ist an Krebs gestorben.« »Ach je, ich muss dann mal wieder.«

»Ja, tschüss, lass es dir gut gehen.« Menschenleben im Stakkato-Takt erzählt.

Mein Gatte fährt heute auf einem Leih-Mountainbike den Poison Spider Trail – von dem er vor zehn Jahren von Rangern um halb vier nachts gerettet worden ist.

Rückblende: Auszug aus Stefans Tagebuch vom 29. Juni 1997:

»Es ist Mitternacht. Tausend Sterne erhellen den Himmel. Es ist die Hölle. Ich liege auf einem riesigen Felsen und versuche zu schlafen. Rücken an Rücken mit Simon, die Arme im Trikot und zugedeckt mit einem Halstuch, zittere ich vor mich hin. Es wird kälter. Wir rücken zusammen. Eine Sternschnuppe fällt vom Himmel. Ich wünsche mir, dass es vorbei ist.

Um neun Uhr an diesem unheilvollen Tag wachte ich auf und faulenzte mit Simon und Rachel im Aufenthaltsraum des Hostels. Wir guckten ›The Meanings of Life‹ und ›Vibes‹ an, aßen und planten unsere Trips. Um drei Uhr schmissen sie uns raus und Simon und ich entschieden uns, den Poison Spider Mesa Trail zu erfahren. Das ist die Mutprobe für Insider und Bikeartisten. Diese Warnung konnte uns auch nicht abhalten. Warum auch. Auf dem 25 Kilometer langen Weg zum Trail füllten wir unsere Wasserflaschen an einer Quelle. Endlich gelangten wir zum Trailhead. Das Poison-Spider-Mesa-Gebirge ist ein von tiefen Canyons umgebenes, wüstenähnliches Gebirgsmassiv. Außer ein paar total verrückten MTBlern wohnen hier Klapperschlangen, Skorpione, riesige Krähen und Skorpione. Like Paradise.

Der Trail führte steil in diese Hölle. Die Steigungen waren unglaublich, die Downhills mörderisch. Um circa 18.30 Uhr machten wir eine kleine Pause am Little Windows Arch. Drei Platten (ich hatte zwei …) aufgrund der Kakteen kosteten Zeit. Also entscheiden wir uns, gleich zurückzufahren. Leichter gesagt als getan. Die MTB-Zeichen führen uns immer weiter in diese Hölle. Das Hinterland ist zwar wunderschön und bizarr – aber brutal! Endlich der Downhill. In einer Staubwolke schossen wir ins Tal und verloren den Trail! Eine Stunde ins falsche Tal und wir endeten um 20 Uhr in einer Sackgasse. Panik ergriff uns. ›Forward out of hell.‹ Nach Luft schnappend, versuchten wir im letzen Tageslicht aus dem Canyon zu entfliehen. Nach einer Stunde hatten wir die Schlucht endlich hinter uns gelassen. Aber wir hatten absolut die Orientierung verloren. Und es wurde dunkel – und ich hatte nur meine Sonnenbrille ... Wir konnten einfach den Main Trail nicht mehr finden. Es wurde zu gefährlich, zu fahren. So kletterten wir mit den Rädern auf das nächste Kliff. Friedlich lag die Stadt im Tal. Uns trennten nur drei Kilometer von der Stadt – leider wäre der erste Schritt 200 Meter tief gewesen. Wir wussten – we are fucked up.

Wir entschlossen uns, wegen der verdammten giftigen Tiere einfach entlang des Kliffs zu schieben, bis wir zu einem Weg ins Tal fänden. Unsere Gespräche waren seltsam. ›You know Albert Camus?‹ ›Yeah – the outsider – one of my favourite ones!‹ ›Then you know – there is hope beyond hope!‹ So kletterten wir halb blind durch die nächtliche Hölle. Wir waren so langsam, doch da, eine Jeep-Piste! Beruhigt folgten wir der Piste und kamen zu einem riesigen Steinplateau! Und wieder verließen wir unseren Weg und liefen in Kreisen, um einen Weg zu finden. Raus! Wir wollen raus. Nicht den Hauch einer Chance. Verzweifelt entschieden wir uns, unser Nachtlager mitten auf den Felsen aufzuschlagen, um den Skorpionen und Moskitos zu entgehen ...

Mit dem Blick in den Sternenhimmel driften unsere Gespräche ins Surreale. Mit zitternden Körpern schlagen wir die Zeit tot. Doch was ist das? In der Ferne können wir Jeeps sehen! Mit der Kamera versuchen wir SOS-Signale zu senden. Keine Chance! Und wir sind durstig. Unsere Lippen bluten, die Kruste splittert ab. Durst. Verzweifelt schreien wir um Hilfe. Wieder fallen wir in diesen Halbschlaf. Es wird kälter. Die Moskitos treiben uns in den Wahnsinn. Unterdessen trieb die Sorge Rachel in den Wahnsinn. Sie alarmierte den Sheriff und die Suchtrupps schwärmten aus in die Hölle ...

Ist es eine Halluzination? ... Um halb vier Motorengeräusche ... Da – ein Licht auf dem Felsen. Simon rennt in die Dunkelheit – ich signalisiere SOS, SOS, SOS! Und tatsächlich – die Rettung! Zwei Männer auf 4- und 6-Wheel Vehicles. Danke – Gott, wenn es dich gibt. Circa einen Kilometer klettern wir mit unseren Rädern über die Felsen und kommen zu den Geländefahrzeugen. Wir schnallen die MTBs fest, trinken Wasser wie die Verrückten und los geht's. Diese Fahrzeuge sind der Wahnsinn. Selbst die steilsten Felsen erklettern wir. Da es zwei bis drei Stunden Fahrt zurück sind, sind auch die Fahrer wahnsinnig. Mit bis zu 80 Stundenkilometern rasen wir über die Pisten. Dann passiert es. Das ganze Fahrzeug schießt über einen Felsen, gerät in Seitenlage und kippt um. Ich fliege auf den Stein, fühle das warme Blut an meinem Knie. No mercy, das Fahrzeug wird wieder aufgestellt und es geht mit unveränderter Geschwindigkeit weiter. Die Sonne geht auf und um sechs Uhr erreichen wir das Lazy Lizard Hostel. Erleichtert fallen wir in Rachels Arme. Der Höllentrip verursacht 300 US-Dollar Rettungskosten … but I am alive!«

Julia: Diesmal findet Stefan zum Glück den Weg und kommt fröhlich zu mir zurück. Ich bin erleichtert. Nachdem unsere Freunde Wiebke und Ralf in Moab eingetroffen sind, gibt es zur Begrüßung ein erfrischendes Polygamy Porter im Land der Mormonen. Getreu dem Werbeslogan »Why just have one«.

Von Moab aus reihen sich die Nationalparks des Westens auf wie an einer Perlenschnur – der Felsbogenpark Arches, Capitol Reef, das bizarre Amphitheater aus Felssäulen namens Bryce und schließlich der Zion-Nationalpark. Im Arches-Nationalpark hat sich Mutter Natur als Künstlerin ausgelebt. Berühmtester Flecken des Parks: der Delicate Arch. Wie hundert andere wollen wir ihn im Sonnenuntergang sehen. Als wir nach holpriger Wanderung den Aussichtspunkt erreichen, sitzen die Fotografen mit riesigen Objektiven bewaffnet bereit. Wer hat den Längsten? Allzu eifrige Touristen, die unbedingt ein Bild »Ich stehe direkt vor dem Delicate Arch« haben wollen, werden ausgebuht, sie sollen verschwinden, um ein Bild nur vom Steinbogen machen zu können. Ein lustiges Japanergesicht würde da stören.

So ein eigenwilliges, wundervolles, fantastisches Objekt wie der Delicate Arch erinnert uns daran, dass die Welt weit größer und mächtiger ist, als wir in unserem normalen Lebensraum glauben. Auf einmal staunen wir wieder wie kleine Kinder, stehen mit offenem Mund vor diesem Bogen aus Fels und können es kaum glauben, dass solch ein Kunstwerk ohne menschlichen Eingriff entstanden ist.

In dieser Gegend ist es besonders schön, draußen zu sein, im Zelt zu schlafen. Nachts in den Sternenhimmel zu gucken und morgens die Natur beim Aufwachen zu beobachten. Man spürt den Wind durch sein Herz ziehen, spürt die Freiheit der Seele. Für den großen Autor Edward Abbey war es ein Graus, dass die Nationalparks für Autos (»Käfige aus Stahl und Glas«) freigegeben wurden. »Ein Nationalpark ist ein heiliger Ort, und du fährst doch auch nicht in eine Kirche mit dem Auto.« Wenn Herr Abbey wüsste, dass es mittlerweile Drive-in-Kirchen gibt, würde er wahrscheinlich von den Toten auferstehen, um dagegen zu protestieren.

Viele mögen argumentieren, dass man ohne Auto zu wenig sähe.

Doch ist das wahr? Es stimmt, zu Fuß oder mit dem Rad schafft man weniger Meilen am Tag. Also sieht man weniger Landschaft. Doch erlebt man die Landschaft im rauschenden Vorbeifahren auch richtig? Hinterlässt sie einen Fußabdruck in unserer Seele? Mir geht es mittlerweile so, dass ich lieber Weniges intensiv sehe, als alles im Schnelldurchgang. So erkunden wir auch den nächsten Nationalpark, den Capitol Reef, zu Fuß und tanzen vor Freude auf den mannshohen Felsen.

Eine große kurvige »Falte« in der Erdkruste erstreckt sich für 160 Kilometer über das südliche Zentral-Utah. Dieser beeindruckende Knick im Gestein, vor 65 Millionen Jahren durch dieselben enormen Kräfte geschaffen, die auch das Colorado Plateau emporhoben, wird die »Wassertaschen-Falte« genannt. Der Capitol Reef National Park schützt diese Falte und ihr spektakuläres, erodiertes Durcheinander an farbenfrohen Klippen, massiven Felsdomen, starren Monolithen, sich windenden Canyons und grazilen Felsbrücken. Beinahe 200 Millionen Jahre geologische Geschichte sind hier Schicht für Schicht dokumentiert.

Unser Zeltplatz für heute Nacht ist der Fruita Orchard im Capitol-Reef-Nationalpark. Nun, im Oktober, ist er in goldenen herbstlichen Schimmer getaucht und nur wenige andere Camper sind dort. Im Sommer ist hier ab sechs Uhr morgens kein freier Platz mehr zu bekommen. Doch jetzt haben wir die Apfel-, Pfirsich-, Kirsch-, Birnen- und Aprikosenbäume, Weiden und Pappeln, die den Namen »Obstgarten« begründen, fast für uns allein. Manchmal ist es auch schön, spät dran zu sein. Ein einsamer »Golden Eagle« überfliegt bewachend den Platz, und am Eingang kommen in der Abenddämmerung ein paar scheue Rehe hervor. Kaum zu glauben, dass nicht weit entfernt herbe Wüste vorherrscht, in der weniger als 20 Zentimeter Regen im Jahr fallen können, und wenn dieser Regen fällt, dann im Form von Gewittern und Stürmen im Spätsommer, die kurzzeitig trockene, sandige Furten in rasende Ströme verwandeln.

Kaum haben wir dieses Naturwunder verlassen, erreichen wir schon den auf 2700 Metern Höhe gelegenen, in Kiefernwälder eingebetteten Bryce Canyon. Nachts frieren wir bei Minusgraden, der Zeltplatz ist in seiner letzten Woche der Saison. Für viele der eine Million Besucher pro Jahr gilt der Bryce als der schönste der Nationalparks. Eigentlich ist er kein Canyon, sondern ein riesiges, durch Wasser-, Eis- und Winderosion geformtes natürliches Amphitheater mit Türmen und Zinnen.

Besonders auffällig und einzigartig sind die roten, weißen und orangefarbenen Hoodoos, Gesteinssäulen oder sogar cher Steinfiguren, die wie Zuschauer auf den Rängen des Theaters sitzen.

Ein bisschen fühlen wir uns an unser Bankerleben erinnert, als wir über den Navajo Trail in engen Serpentinen die Wall Street hinuntergehen, einen sehr engen Canyon mit steil aufragenden Wänden zu beiden Seiten. Manch Fußfauler geht übermütig hinunter und kommt mit rotem Kopf schwer atmend wieder herauf, beim nächsten Mal bleibt man dann doch lieber am Rand stehen, und der Rest wird auf Postkarten angeguckt.

Wiebke schließt besonders mit den Streifenhörnchen Freundschaft, die hier so sehr an Menschen gewöhnt sind, dass sie über sie hinwegtoben und frech an ihrer Jeans hochklettern. Klettern müssen Wiebke und Ralf im Zion National Park dann auch, nämlich auf den Monolithen Angels Landing, wo Stefan mir am 15. Mai 2002 den Heiratsantrag machte. Wir waren damals gerade mal zehn Monate zusammen, doch ich habe sofort »Ja« gesagt. Den Ring hatte er im Rucksack mit nach oben geschmuggelt, auf Sekt musste er zu seinem Bedauern verzichten.

Nun sind wir wieder auf dem Gipfel des frei stehenden Angels Landing. Er thront 400 Meter hoch über dem Park und von ihm aus bietet sich ein 360-Grad-Rundblick, der atemberaubend ist. Letzteres kann man vom Aufstieg auch sagen, erst führt der Weg noch gemütlich durch einen Canyon, aber den letzten Kilometer geht es an einem Seil über einen Grat steil bergan. Links und rechts davon fällt der Fels steil ab und man schaut in den Abgrund. Höhenangst ist jetzt nicht angebracht. Ein idealer Landeplatz für Engel.

Wir schwelgen in Erinnerungen an Stefans Heiratsantrag. Hinter uns sitzen nicht ganz so romantisch gestimmt Wiebke und Ralf, die nur froh sind, heil hinaufgekommen zu sein. Sekt haben wir leider wieder nicht dabei.

11. Kapitel: Alte und neue Freunde

> *»Friends are the family we choose.«*
> (Amerikanische Lebensweisheit)

Julia: Nach der Natur des Südwestens der USA erwartet uns Sin City, Las Vegas im Bundesstaat Nevada. Es ist nicht einfach, diese Stadt in Worte zu fassen. Das (Nacht-)Leben spielt sich vor allem auf dem Las Vegas Boulevard, dem sogenannten »Strip« ab. Eine bei Tag und Nacht überfüllte breite Autostraße, gesäumt von riesigen, sich in ihrer Beleuchtung und Pracht gegenseitig übertreffenden Hotels, und jede Menge flanierende Menschen. Vom braven Touristen bis zur Bordsteinschwalbe, vom behüteten Töchterchen in High Heels bis zu lüstern schnalzenden Pornobildchen-Verteilern. Ich weiß gar nicht, wohin ich zuerst schauen soll. Viele Hotels haben sich ein Motto gegeben, nach dem sie ausgestattet sind. Die in ihnen befindlichen Spielhallen gleichen sich jedoch sehr: lange Reihen von Geldautomaten, dazu Roulette-, Poker- und Blackjack-Tische. Die Bedienungen sind stets tief dekolletiert und tragen Minirock. Drinks gibt es für die Spieler oft umsonst, da muss das Trinkgeld anderweitig verdient werden.

Die Kasinos haben keine Fenster und nirgends sind Uhren zu sehen, nichts soll den Spielenden davon abhalten, auf sein Spiel zu schauen, oder ihn daran erinnern, wie die Zeit vergeht. Manch einer wirkt wie angekettet an seinen Automaten, seit Jahren spielen echte Zocker nicht mehr mit Bargeld, sondern mit ihren Player Cards, Geldkarten, die man in den Spielautomaten schiebt. Diese Karten – jedes Kasino bietet eine eigene an – baumeln am Handgelenk des Spielers, damit sie nicht geklaut werden können. Wenn dann eine Karte am Automaten steckt, hängt der Arm des Spielers gleich mit daran. Im Caesars Palace – genau, dieses Hotel hat große Säulen und ein paar Gladiatoren stehen herum – können wir uns leider nicht an den Wahlspruch Caesars halten: »Veni, vidi, vici!« Sämtliche Versuche, die Bank zu sprengen, scheitern und wir müssen den Verlust von 20 US-Dollar verkraften.

Der Las Vegas Strip ist über sechs Kilometer lang und so manchem schmerzen die Füße vom langen Laufen. Lösung der faulen amerikanischen Touristen: Sie nehmen sich Mobility Scooter, die ursprünglich für gehbehinderte Menschen gedacht waren und an aufgemotzte Rollstühle mit Motor erinnern. So rollen sie von Casino zu Casino, auch vom All-you-can-eat-Buffet zum nächsten, ein voller Magen läuft eben nicht gern. Alkohol auf offener Straße ist verboten, aber in den Casinos passt der Drink auch noch ans Gefährt. Wird Las Vegas irgendwann zum kompletten Drive-in-Erlebnis? Erschreckende Entwicklung.

Dafür gibt es zu meiner Freude in Las Vegas wieder mal ein »Größtes Ding der Welt«-Objekt. Diesmal ist es das größte Hawaiihemd der Welt. Ich frage mich nur bescheiden: Warum hängt das in Las Vegas und nicht auf Hawaii?

In Las Vegas geht es viel um Geld und um Sex. Passenderweise ist heute der 31. Oktober und damit Halloween. Halloween ist hier nicht so, wie man es sich vorstellt, mit lustig verkleideten Kindern, die von Haus zu Haus ziehen und nach Süßkram fragen. Auf den Partys in Vegas geht es vor allem darum, sich ein möglichst freizügiges Kostüm anzuziehen und sich dann vollkommen zu betrinken. Hört sich für uns nach einer unterhaltsamen Abwechslung an. Erste Hürde: Wir brauchen ein Kostüm, um überhaupt auf eine Party eingelassen zu werden. Jeder von uns bekommt den Auftrag, für unter fünf US-Dollar eine Kostümierung im Billig-Discounter zu finden. Kein Problem, nach einer Viertelstunde bin ich eine Fee mit roten Flügeln. Stefan will als würdiger Alt-Zauberer gehen, doch mit seinem Hut hält ihn jeder für Harry Potter. Er ist ein bisschen beleidigt, dass er nur als Zauberschüler durchgeht. Wiebke gibt ein süßes Häschen an der Seite ihres Voodoo-Priesters Ralf.

Nach einem strengen Blick des Türstehers an der Cantina Diablo, deren riesige Werbefigur, eine gehörnte Domina, uns anlockte, dürfen wir hinein, nur Stefan als junger Harry Potter muss seinen Ausweis zeigen. Über zwei Stockwerke wabert Technomusik und von einer Balustrade aus können wir in Ruhe den Amerikanern beim verrückten Treiben und Feiern zusehen. Von lieben Kinderkostümen keine Spur, hier geht es darum, sexy zu sein und alles zu zeigen, was man hat. So wird Rotkäppchen zum Schlampen-Rotkäppchen mit großem, rotem Umhang und roter Unterwäsche. Hier werden heute nicht viele allein nach Hause gehen, und wer von Natur nicht schön genug bzw. üppig genug ausgestattet ist, bei dem wird eben künstlich nachgeholfen.

Sehr zu meinem Vorteil: Ein Entertainer veranstaltet kleine Spielchen, beim nächsten Spiel dürfen nur Frauen mitmachen, die a) keine künstlichen Fingernägel, b) keine Kunsthaarverlängerung und c) keine Silikonbrüste haben. Da bleiben nicht mehr viele im Saal übrig. Als es dann darum geht, wer am lautesten schreien kann, übertöne ich mühelos meine Konkurrentinnen. Schließlich ist meine Stimme vom lauten Singen auf dem Alaska Highway geschult. Toll, ich habe ein T-Shirt gewonnen.

Da man für diese Party über 21 sein muss, geht es nicht wirklich jugendfrei zu. Schon vor einiger Zeit sind mir zwei Frauen aufgefallen, die als Tina Turner in jungen bis nicht mehr ganz so jungen Jahren verkleidet sind. Sprich: Pudelperücke auf dem Kopf und glitzerndes Minikleid. Ein paar Stunden später treffe ich sie wieder. Auf dem Damenklo. Sie werden gerade vom Sicherheitsmann aus einer Toilette herausgezogen, weil sie mit einem Dildo »Sex in der Öffentlichkeit« hatten. Da lässt dann selbst Las Vegas nicht mit sich spaßen. Genauso wenig wie die lesbische Freundin einer als Soldatin verkleideten Dame, die mich zum Tanzen auffordert. Arglos gehe ich mit auf die Tanzfläche, stets um kulturellen Austausch bemüht, nur um kurze Zeit später eine Flasche Bier von der eifersüchtigen Partnerin über den Kopf geschüttet zu bekommen.

Besser haben es da die Kunden und Kundinnen der Bedienungen in Unterwäsche, die jedem Fotomodell Konkurrenz machen könnten. Gibt man ihnen einen Dollar, wird einem Wodka direkt aus der Flasche in den Mund geschüttet. Danach wird einem liebevoll der Mund mit einer Serviette abgewischt, tiefe Einblicke in den gut bestückten BH inklusive.

Las Vegas im Schnell-Intensiv-Durchlauf. So spannend und anders das für kurze Zeit ist, nach zwei Tagen langt es. Wiebke und Ralf müssen wir nun leider auch Auf Wiedersehen sagen, für sie heißt es: »Zurück zur Arbeit.«

Stefan: Unsere Sinne sind vollkommen überflutet von Eindrücken, überall blinkt und glitzert es. Und wir stehen das erste Mal während unserer gesamten Tour im Stau. Mit voll beladenem Tandem mitten auf dem legendären Strip von Las Vegas. Rechts trennen uns drei verstopfte Spuren vom Casinoeingang, links versuchen zwei Abbiegespuren dem Wahnsinn zu entkommen. Nach dem Trubel ist der Ruf der

Wildnis wieder besonders groß. Noch drei Ampelphasen, dann geht es weiter.

Las Vegas liegt in einem Tal, einer riesigen trockenen Schüssel, umgeben von teilweise sehr hohen Bergen. Ein Tal voller Leben in der ansonsten unwirtlichen Gegend. Las Vegas ist mit mehr als 1,5 Millionen Einwohnern die größte Stadt Nevadas und mit einem Zuzug von 4500 Menschen pro Monat die am schnellsten wachsende Stadt der USA. Somit dauerte es eine ganze Weile, bis wir die menschliche Besiedlung verlassen können. Beim langen Weg hinaus haben wir Zeit zum Nachdenken. Dieses Jahr kommt uns keiner mehr besuchen. Unsere deutschen Freunde bereiten sich auf den Winter und vielleicht auch schon Weihnachten vor. Und wir fahren in die Wüste, ganz allein auf uns gestellt.

In dieser schnellen Welt geht es oft nur noch darum, Besitztümer anzuhäufen, vermeintliche Sicherheit zu erhalten. Und doch träumen die Menschen von einem einfacheren Leben. Diesem Traum sind wir auf unserem langsamen Weg näher gekommen. Nur so viel Ausrüstung wie nötig dabei und Essen und Trinken, so sind wir auf das Einfachste gerüstet.

Menschen zu treffen können wir gar nicht vermeiden, auch wenn wir es wollten, sie kommen zu uns und bieten Gespräche und Gastfreundschaft. Doch echte Freundschaft ist schwer zu schließen, dafür sind wir meistens nicht lange genug an einem Ort. So vermissen wir Freunde und Familie oft, auch wenn viel Ablenkung am Wegesrand auf uns wartet. Hier draußen gibt es viel Neues, aber ein starkes Band verbindet uns immer noch mit unserem Zuhause. Mit Freunden, mit denen man teilen kann, ist das Leben schöner und glücklicher. Bei nächster Gelegenheit werden wir wieder nach Hause telefonieren!

Erst bei angehender Dämmerung bauen wir unser Zelt auf. Wir zelten unter dem Sternenhimmel im Red Rock Canyon. Das einen Kilometer entfernte Besucherzentrum dieser offiziellen Conservation Area in der Mojave-Wüste bietet freundlicherweise einen eigenen Bicycle Pavillon, wo wir unsere Wasservorräte auffüllen können. Für uns geht es weiter in Richtung Tal des Todes, dann durch die Wüste Richtung Los Angeles. Noch 700 Kilometer trennen uns von den Fluten des Pazifiks. Morgen wollen wir die ersten 95 Kilometer fahren, der Highway führt über einen hohen Pass. Da es schon um fünf Uhr nachmittags stockdunkel ist, müssen wir früh aufstehen, um das Tagespensum im Hellen zu schaffen.

Die letzte Versorgungsstation vor der langen Passauffahrt ist eine große Tankstelle. Schon zwei Stunden nach Sonnenaufgang ist es mächtig heiß geworden und wir wollen unsere Wasservorräte auffüllen. Als wir ankommen, tritt ein athletischer Mittvierziger durch die Tür und drückt uns im Vorbeigehen zwei eiskalte Flaschen Gatorade in die Hand. »Die könnt ihr gebrauchen«, sagt er und winkt zum Abschied. Wir bringen gerade noch ein »Danke« hervor, da ist er schon bei seinem Auto. Verdutzt schauen wir uns an – dass Menschen uns gegenüber großzügig sind, durften wir schon öfter erleben, aber die meisten haben zumindest gefragt, wer wir sind und wohin wir fahren. Danke, Unbekannter.

Der Pass ist definitiv amerikanischer Art – das heißt nicht zu steil. Die breite Interstate zieht sich in weiten Bögen hinauf, zu steile Stellen wurden durch massive Sprengungen begradigt. Für den Tourenradler sehr angenehm, im kleinen Gang können wir rund durchtreten und unseren Rhythmus finden. Die Kehrseite der Medaille ist, dass er sich ewig lang zieht. Die sieben am Tandem befestigten Literflaschen Wasser leeren wir eine nach der anderen, zwischendurch schmeißen wir immer wieder einen Snack ein. Die Körper sind wie Maschinen – wenn Hochleistung erbracht werden soll, ist der Verbrauch an »Kraftstoff« entsprechend hoch. Wir fahren wie in Trance und genießen die Ekstase, die dieses Auspowern mit sich bringt. Die Freude an der Qual wird bei solch intensiven Fahrten manchmal zum Selbstzweck und erhält einen fast fetischistischen Charakter. Zur späten Mittagszeit haben wir es auf den Pass geschafft, unsere Energievorräte haben wir lustvoll leidend verbrannt.

Hier oben gibt es eine kleine, feine Ansiedlung all derer, denen es unten in Las Vegas zu heiß ist. Außerdem befindet sich hier der Mountain Springs Saloon, ein berühmt-berüchtigter Bikertreff. Selbstbewusst passieren wir das Schild »Bikers only«, denn wir fühlen uns zugehörig. Wir stellen unser Tandem zwischen chromglänzende Harley-Davidsons und aggressiv aussehende hochgezüchtete japanische Rennmaschinen. Kein normaler Tourist würde die Spelunke betreten, aus der Rockmusik dröhnt und über deren Tür ein weiteres Schild hängt: »Men: No Shirt – No Service. Women: No Shirt – No Charge.«

Als Pedalritter sind wir gezwungen, uns auch dem Unbekannten auszusetzen – und das ist auch gut so. Während der Tourist vorsichtig vielleicht noch ein Foto vor der wilden Bar mit den Maschinen davor gemacht hätte, gehen wir »ins Bild hinein« und werden Teil des Geschehens. Wir stoßen die Schwingtüren des Saloons auf und die Blicke der in schwarzes Leder gekleideten Biker richten sich ungläubig auf uns. An die Decke sind unzählige Dollarnoten gepinnt und ein paar Spielautomaten blinken vor sich hin. An der Bar stehen zwei leicht bekleidete Frauen mit Cocktails in der Hand – die beiden Bedienungen haben ihre beste Zeit schon hinter sich.

Wir schauen den Jungs freundlich in die Augen, grüßen, als gehörten wir hierher, und gehen zur Bar. Ich bestelle mir ein großes Bier. Das scheint das Eis zu brechen und die beiden Bardamen sprechen uns neugierig an. Von Alaska bis runter nach Mexiko – das hat hier noch nicht einmal jemand mit dem Motorrad gemacht. Nach großem Geschrei – »Fuck, I cannot believe this« – werden wir zum Zentrum des Interesses und stehen bald in einer Gruppe zum Teil doch recht angetrunkener Biker. Während wir uns mit einem Burger stärken, erfahren wir einiges über das Motorradfahren und welche Touren sie schon gemacht haben bzw. wovon sie träumen: von der ganz großen Tour oder vom ultimativen Motorrad. Am Ende kommen einige sogar mit und schauen sich unser »Bike« an. Ich frage sie, ob ich ein Foto von ihnen mit Julia machen kann und sie stimmen johlend zu. Auf dem Foto steht Julia zwischen den harten Kerlen und lacht mit ihnen um die Wette. Mit Menschen, die wir sonst wahrscheinlich nie getroffen hätten. Wir sind »im Bild«, wir haben den Ort nicht nur kurz für ein Foto aufgenommen, wir haben seine Seele gesehen und waren für eine kurze Zeit mitten im Geschehen.

Julia: Ein paar Mesquite-Bäume und kleine Ansammlungen von dürrem Gras bieten den einzigen Schatten in einer Landschaft, die sich mit ihrer ausgeblichenen Erde und ihren verdrehten Felsen für Stunden in jede Richtung erstreckt. Wir erreichen die Death Valley Junction, hier beginnt offiziell Kalifornien. Und auf einmal, an dieser einsamen Kreuzung, die als Tor zum Tal des Todes, dem heißesten, niedrigsten und härtesten Ort des Kontinents, fungiert – steht da ein Opernhaus, das sich aus dem Sand erhebt wie ein kleines Wunder. Seit über 30 Jahren bietet hier Marta Becket ihr selbst geschriebenes, selbst inszeniertes und selbst gespieltes Programm aus Tanz, Pantomime und Musical an. Die Gäste: Mormonen, Trucker, Cowboys, Farmarbeiter, Hippies, Träumer, Touristen und Spieler, die ihr Geld an den nahe gelegenen Spieltischen Nevadas verloren haben. Und wir, zwei Radler auf ihrem Gefährt.

Marta ist mittlerweile rüstige 83 Jahre alt, die ehemalige Primaballerina gibt jeden Samstagabend eine Vorstellung. Ihre faszinierende Geschichte beginnt mit dem kleinen Mädchen, das in New York City aufwuchs. Im Alter von drei Jahren entdeckte sie ihren brennenden Wunsch zu tanzen, den sie nie wieder verlor. Ihr Vater war Zeitungsreporter und bekam deswegen oft Tickets für Konzerte, Oper, Ballett und Theater. Mindestens einmal wöchentlich gingen Marta und ihre Eltern zu einer Vorstellung. »Draußen in der realen Welt schlugen sich Leute, kreischten, hupten aus ihren Autos heraus«, sagt sie, »aber im Inneren, im Theater, unterhielten sie sich, sangen und tanzten. Ich wusste, dies ist der Ort, wo ich hingehöre.«

Als junge Frau tanzte sie am Broadway. Aber Marta wollte mehr, ihre eigenen Tänze choreografieren, ihre eigenen Kostüme entwerfen und ihre eigene Show haben. Das alles gelang ihr und sie ging mit ihrer Show auf Solotournee. Nach Monaten des Reisens fanden sich Marta und ihr Ehemann im Frühjahr 1967 in Kalifornien ein. Sie entschieden sich, ein Woche Campingferien im Death Valley zu verbringen. Eines Morgens stellten sie einen platten Reifen an ihrem Anhänger fest. Ein Parkranger schickte sie zur Death Valley Junction, um dort den Reifen reparieren zu lassen. Während ihr Ehemann sich um die Reparatur kümmerte, fing Marta an, die alten Gebäude zu erforschen. Wie hypnotisiert ging sie die Kolonnade des ehemaligen Amargosa Hotels entlang, bog um eine Ecke und entdeckte das größte Gebäude der Häuseransammlung. Es war ein Theater! Sie traute ihren Augen kaum.

An der Rückseite dieses Gebäudes fand sie ein Loch in einer Tür, durch das sie nach innen sehen konnte. Sie erspähte eine kleine Bühne mit verblassten Vorhängen. Dreck lag überall auf den Bodendielen, einige Reihen hölzerner Bänke standen vor der Bühne. Es war klar, das Theater war schon seit einiger Zeit verlassen. Es schien das einzige unbenutzte Gebäude an der Death Valley Junction zu sein. »Während ich durch das kleine Loch blickte, hatte ich das eindeutige Gefühl, dass ich die andere Hälfte von mir selbst betrachtete. Das Gebäude schien zu mir zu sagen: ›Nimm mich, mache etwas mit mir, ich biete dir ein Leben.‹« Am nächsten Tag trafen Marta und ihr Ehemann die Vereinbarung mit dem Städtchen, das Theater für 45 US-Dollar im Monat zu mieten und die Verantwortung für die nötigen Reparaturen zu übernehmen. Sie nannte das Theater »Amargosa Opera«.

Marta feierte ihre Premiere am 10. Februar 1968. In dieser Nacht tanzte sie für ein Publikum von zwölf Erwachsenen, Kindern und Enkelkindern. Von diesem Tag an öffneten sich die Türen des Amargosa-Opernhauses pünktlich um 19.45 Uhr und der Vorhang teilte sich um 20.15 Uhr. Das Publikum bestand aus Einheimischen und neugierigen Touristen, und manchmal kam überhaupt niemand. Deshalb malte Marta ein Publikum auf die Wände des Theaters. Sie brauchte vier Jahre, um die Arbeit an den Wandbildern abzuschließen. Ihr gemaltes Publikum besteht aus Charakteren, wie sie sich im 16. Jahrhundert hätten einfinden können: König und Königin, Adlige, Stierkämpfer, Mönche und Nonnen; eine Dame, die zu einer Musikbegleitung tanzt, Damen der Nacht und Zigeuner; Kinder, die von einer Gouvernante bewacht werden, die wiederum von einem Herrn umworben wird, der im Balkon oben sitzt – sie alle machen die Wände lebendig. Marta sagt, dass sie nicht Jahre im Voraus plant. Im Moment tanzt und malt sie. Sie hat ihre eigene Welt in einem kleinen Theater, das sonst niemand wollte. »Ich bin dankbar dafür, den Platz gefunden zu haben, an dem ich meine Träume erfüllen und mit den Vorbeikommenden teilen kann, solange es mir möglich ist.«

Zum Opernhaus gibt es ein skurriles, aber schönes Motel, in dessen staubigen Plüschteppichen man beinah versinkt. Da wir die einzigen Gäste sind, haben wir nach Schließung der Rezeption um 17 Uhr das Gebäude ganz für uns allein. Wir stöbern durch die mit Fotos und Zeitungsausschnitten über Marta geschmückten Flure. An den Wänden unseres Zimmers, Raum 22, tanzt eine Ballerina auf einer Kugel und Clowns und Akrobaten führen Kunststückchen zu Ehren eines verstorbenen Gastes und Zirkuskünstlers namens Red Skelton auf. Wieder einmal sind wir in einer der ungewöhnlichen Situationen, die für unsere Reise typisch geworden sind. Erfüllt von den vielen Geschichten, schlafe ich den ruhigsten Schlaf meines Lebens.

Aus der künstlichen Welt Las Vegas führt uns unser Weg in ein Land natürlicher Extreme: in den Death Valley National Park, ins Tal des Todes. Wir staunen über seine manchmal brutale Schönheit. Der ausgetrocknete Salzsee Badwater liegt 70 Meter unter dem Meeresspiegel. Die Bergketten, die das Tal umgeben, entziehen den Wolken Feuchtigkeit, bevor sie das Tal erreichen können. Unter dem gnadenlosen blauen Himmel heizt die Sonne das Tal so auf, dass Temperaturen über 50 °C im Sommer keine Seltenheit sind. Jetzt im November ist das Death Valley für uns wirklich angenehm, tagsüber 33, nachts 15 °C.

Das Tal des Todes wurde im Jahre 1849 von Goldgräbern so benannt, die mit ihren Planwagen eine Abkürzung zu den kalifornischen Goldfeldern suchten. Die Pioniere hatten auf der unbekannten Route bald kein Wasser mehr und suchten verzweifelt nach einem Weg, der sie aus dem Tal führen könnte. Viele starben und nur ein Planwagen schaffte es über die westliche Bergkette, die Panamint Range. Als ein Pass erreicht war, drehte sich der Legende zufolge ein Pionier um und rief: »Goodbye, Death Valley!« Der Name blieb. Das trockene Tal sieht aus wie eine apokalyptische steinige Einöde. Auf den ersten Blick wirkt das Tal des Todes trostlos, trotzdem bietet es einiges: So findet man aufgrund chemischer Reaktionen farbige Felsen wie von einem Künstler gemalt, großflächige faszinierende Salzgebilde, Badwater und die bekannten Sanddünen in der Mitte des Tals. Diese Gesteinsformationen beim Zabriskie Point sind die Sedimente des ehemaligen Lake Zabriskie, der vor neun Millionen Jahren austrocknete. Die Landschaft um den See wurde durch Michelangelo Antonionis Film aus den 1970er-Jahren, »Zabriskie Point«, bekannt.

In Furnace Creek, Zentrum des Tales des Todes, glauben wir eine Fata Morgana zu sehen. Es tummeln sich in der vermeintlich einsamen Wüste 3000 »49ers«, meist rüstige Rentner, die hier das Andenken an die 1849er Pioniere pflegen. Den ganzen Tag wird gefeiert und geschlemmt, geschlafen wird in Wohnmobilien, die aus allen Teilen der USA angereist sind. Die Anzahl der mobilen Heime würde auch die größten Planwagentrecks von früher vor Neid erblassen lassen.

Stefan: Die Felsen leuchten rötlich, es ist halb fünf am Nachmittag und die Sonne geht unter im Tal des Todes. Seit einiger Zeit ist uns auf der Straße kein Auto mehr begegnet. Eine kleine sandige Piste zweigt von unserem immer noch in der Hitze flimmernden Asphaltband ab, auf dieser fahren wir einfach ins Unbekannte. Nach ein paar Minuten ist die Straße außer Sicht und wir beginnen im schwächer werdenden Licht unser Zelt aufzubauen. Keine Schlangen, Skorpione oder große böse Krabbelspinnen in Sicht; es ist absolut windstill und ruhig. Ich höre Julias friedliches und ruhiges Atmen, jedes noch so winzige Geräusch gelangt in dieser absoluten Stille an mein Ohr.

Wenig später faucht der Kocher und es ist komplett dunkel. Der Blick in den Sternenhimmel ist fantastisch. Um halb acht geht Julia schlafen und liegt bald reglos und ein bisschen vor sich hin sabbernd neben mir. Ich lese noch ein wenig. Ein heißer Wind kommt plötzlich auf, in den sich bald schon erste Böen mischen. Also schnell nach draußen und die Sturmleinen anbringen. Aufgewirbelter Sand erfüllt die Luft, von den Sternen ist nichts mehr zu sehen. Es ist vollkommen dunkel, und obwohl es unerheblich ist, verspüren wir ein komisches Gefühl, weil die nächsten Menschen ganze 70 Kilometer weit weg sind, auf dem offiziellen Campingplatz in ihren Wohnmobilen oder im Luxusresort. Schnell wieder ins Zelt, dessen Stangen biegen sich bedenklich. Der Wind trägt den Sand durchs Zelt, Sand ist überall: zwischen den Zähnen, in den Ohren und natürlich auf der Kleidung. Wir halten uns an den Händen und hoffen, dass es nicht anfängt zu regnen, denn dann könnten Springfluten auftreten. Unser Platz ist zwar erhöht, aber der Sturm ist so ohrenbetäubend und gewaltig, dass wir alles für möglich halten. Um halb eins lässt der Sturm nach, unser orangefarbenes MSR-Zelt hat dank der zwölf Heringe und Sturmleinen gehalten und wir schlafen friedlich ein. Als wir morgens bei Sonnenaufgang um sechs aus dem Zelt schauen, ist der Himmel wolkenlos und kein Wind weht. Das hier ist die Wildnis, unberechenbar und bezaubernd. Was bleibt, ist die Erinnerung an einen romantischen Abend, der einer der schönsten der Tour war. Und an reichlich Sand in den Ohren.

Radfahren in der Wüste: Ist das nicht langweilig? Keineswegs, wir haben den Westen der USA als eines der reizvollsten Teilstücke unserer Tour erfahren. Im Auto erlebt man es anders, hier rauscht die Landschaft vorbei und man nimmt sie als eintönig wahr. Der Kojote am Wegesrand bleibt unentdeckt, keine Eidechsen huschen vor einem über die Straße. Obwohl, vielleicht tun sie das doch, aber dann werden sie leider überfahren. Der heiße Wind, der Geruch von Sand werden eingetauscht gegen die Klimaanlage. Beim Wüstenfahren versinken wir oft in Gedanken, jeder in seine eigene Welt. Manchmal träumen wir auch zusammen. Wir werden eins mit der Umgebung, ungestörtes Radeln im perfekten Flow, nur der Gesang der Reifen und wir. Wir beide, umgeben von nichts als grenzenloser, berauschender Weite. Wir sind einfach da und lassen dieses faszinierende Nichts auf uns wirken. Und ich denke, dass ich jetzt in diesem Moment mit niemand anderem hier sein möchte.

Von 65 Metern unter dem Meer schrauben wir uns auf 1010 Meter, um das Tal wieder zu verlassen. 20 Liter zusätzliches Wasser inklusive. Den Hinweis in der Broschüre des Nationalparkservices kann man dann doch nicht ganz von der Hand weisen: »Die Benutzung eines Autos ist im Park unerlässlich.« In stundenlanger Fahrt quälen wir uns hinaus aus dem Tal des Todes. Aber der Park ist auch eine Lehrstunde für mich: Seine schlichte Kargheit, der klare Weg vor mir, diese alle Sinne beruhigende Atmosphäre scheinen mir ein Versprechen eines neuen Lebensweges zu sein, egal, was auch später zu Hause passieren mag – den Blick aufs Wesentliche im Leben werde ich mir nicht mehr verstellen lassen.

Kurz vor Sonnenaufgang erreichen wir Shoshone, ein 100-Seelen-Dorf mit einer Hippiekommune inklusive indischem Café. Die Wüste lebt. Der heiße Wind weht durch die verlassene Stadt, wie John Wayne trete ich aus dem Motel. High Noon. Der Sand auf der Straße knirscht unter meinen Sohlen und ich schreite mit unserer roten Benzinflasche bewaffnet die einzige Straße des Ortes hinunter. Direkt vor mir steht zum Glück nicht mein Duellgegner, sondern die Versorgungsstation des Nestes – die Tankstelle. Einmal volltanken, denke ich mir, und zapfe für unseren Kocher eine Fünftelgallone Benzin erster Güte – man gönnt sich ja sonst nichts – ab. Die letzten 0,8 Liter sind für das Erhitzen von vielen Kilos Spaghetti draufgegangen. Ich betrete den Laden, und um den Umsatz hier richtig anzukurbeln, kaufe ich noch Nahrungsmittel und eine Zeitung. Heute ist schließlich unser Ruhetag. Zurück im Motel schlage ich die Zeitung auf, während Julia am Laptop munter E-Mails tippt. Es wird bald Weihnachten und um das Blatt zu füllen, haben die Redakteure ihre Leser gefragt, was diese sich zu Weihnachten wünschen. Hier die Ergebnisse:

Nr. 1 Ein Computer

Nr. 2 Frieden

Nr. 3 Ein Big Screen TV

Frei nach dem Motto: Ich bin mir nicht sicher, ob das Big Screen TV nicht noch billiger wird, da kann der Weihnachtsmann dann doch vielleicht der Welt eher Frieden bringen. Doch halt, stopp, das war etwas voreilig: Falls nur eine Sache drin ist, ich brauche dringend einen neuen Computer. Von Frieden habe ich ja so direkt nichts. Also: her mit dem Computer und frohe Weihnachten!

Ich öffne in Entrüstung über die Amis die Tür (ich selbst und auch die Leser hätten sicherlich nur altruistische Motive auf der Liste gehabt), und während ich die frisch gefüllte Benzinflasche an den Primus-Brenner schraube, um einen kräftigen Kaffee zu brauen, ruft Julia: »Als die Tür offen war, hat der Rechner ein Netz gefunden und ich konnte E-Mails runterladen! Und weißt du was? Der kleine Piet ist da und gesund.« Piet ist der Sohn des nimmermüden Daniel, der uns in Alaska begleitet hat, und wir haben während unserer Reise die Schwangerschaft seiner Frau Ines komplett verpasst. Wir freuen uns für die beiden und bedauern, nicht bei ihnen zu sein. Das ist der Preis, den der Reisende zu zahlen hat. Und nicht nur das: Wenn der heiße Wüstenwind bläst und man den Deckel vor lauter Aufregung nicht auf den Topf tut, ist das Kaffeewasser versandet. Wäre mit Herd nicht passiert.

Julia: Manch einer mag einen amerikanischen Highway für nicht besonders abenteuerlich halten. Aber worum geht es denn beim Reisen und Radfahren? Darum, unterwegs zu sein, sich zu bewegen, Neues zu erleben, sich vielleicht auch einmal selbst zu hinterfragen und neue Ansichten und Menschen kennenzulernen. Dazu muss man nicht unbedingt in die exotischste Ferne schweifen. Deutsche Reisende gelten übrigens als äußerst ernsthaft und korrekt in den USA! Dafür traut sich mancher Ami nicht mehr, außerhalb seines Landes zu reisen, weil er Angst hat, wegen seines ehemaligen Präsidenten Bush einen schlechten Ruf im Ausland zu haben.

Einen ebenso schlechten Ruf hat Los Angeles. »Geht da bloß nicht hin, eine schreckliche Stadt!«, »Was wollt ihr denn da, könnt ihr euren Flug noch umbuchen?« Das hören wir oft auf unserem Weg nach Los Angeles. Nur noch drei Radeltage trennen uns von diesem großen Ziel.

Am nächsten Tag zischt der Verkehr auf dem vierspurigen Highway an uns vorbei, verrückt und schnell. Erstaunlich, dass hier Fahrräder erlaubt sind. Jede Ein- und Ausfahrt wird zur Nervenprobe für uns, kommt kein Auto, können wir fahren? Gegen Nachmittag wird der Verkehr noch dichter, die Autos folgen ihren eigenen kleinen Lichttunneln durch die aufkommende Dunkelheit, nichts ahnend von allem, was in der Umgebung vor sich geht, nur danach strebend, sich zu beeilen, hinzukommen, irgendwohin, wohin auch immer.

Die meisten Häuser, die wir sehen, stehen an den Neben- und Zufahrtsstraßen, umgeben von schrottig aussehender Farmausrüstung. Sie wirken verlassen, abweisend. Manchmal stromern struppige Hunde herum. Menschen sind nicht zu sehen. Ein merkwürdiges Gefühl, in Kalifornien, dem bevölkertsten Staat der USA, zu sein und doch so alleine zu sein. Wir nehmen an unserer letzten Station vor L. A. namens Barstow ein günstiges Motel.

Stefan: Im Großraum Los Angeles werden pro Tag im Schnitt zwei Leute umgebracht. Unser Tagesziel heute ist es, nicht genau diese beiden zu sein. Ambitioniert, wie sich herausstellt. Zum Glück bewahrt uns ein Engel – unsere neue Freundin Sherry, die wir in Montana trafen – davor, unser Schicksal auf die Probe zu stellen und bietet an, uns abends einige Meilen vor der Stadt im Pick-up abzuholen. Die Aussicht auf ein All day Breakfast beim vereinbarten Treffpunkt, Denny's All American Restaurant, lässt uns am nächsten Tag in die Pedale treten. Autos und Trucks fahren an uns vorbei, voll von gut angezogenen Familien auf dem Weg in den sonntäglichen Gottesdienst, vielleicht stoßen sie danach bei Denny's auch zu uns.

Ein weiterer Abschnitt unserer Reise ist fast vorbei: Die von uns gewählte Inlandstrecke durch den Wilden Westen geht zu Ende und wir treffen in Los Angeles wieder auf die Küstenroute der Panamericana. Die letzten Meilen legen wir stilvoll auf der legendären Route 66, der »Mother Road«, zurück. Ein wenig wehmütig sind wir schon, aber es geht ja weiter gen Süden. Der Verkehr wird immer dichter und hektischer, mehrmals fürchten wir um unser Leben. Als wir den mit Sherry vereinbarten Treffpunkt erreichen, entklammern sich meine verkrampften Hände vom Lenkrad. Das Wiedersehen mit Sherry ist sehr herzlich und wir freuen uns auf ein paar Tage bei ihr.

Julia: In L. A. erwarten uns Zilliarden Autos und ein niemals endendes Meer aus Fast-Food-Ketten, Motels, Einkaufszentren und »Suburbia«, ausgedehnten Einfamilienhaussiedlungen. Sherry zeigt uns die Stadt, in ihrem riesigen knallroten Ford Pick-up rollen wir über den Walk of Fame. Wir besichtigen auch die Universal Studios, ein unglaubliches Spektakel – speziell nach der Einsamkeit der Wüste. Außerdem bringt Sherry uns in den In & Out Burger – Freunden des Films »The Big Lebowski« bestens bekannt. Dort gibt es die leckersten Pommes der USA.

Dank unserer mütterlichen Freundin Sherry, die uns die schönen Ecken des Millionen-Molochs zeigt, und unseren persönlichen guten Erfahrungen wird L. A. entgegen aller Warnungen ein perfekter Abschlussaufenthalt auf dem nordamerikanischen Kontinent, der viele Monate unsere Heimat war und es immer ein bisschen bleiben wird. Jeden Abend sitzen wir in Sherrys kleinem Häuschen zusammen und plündern ihren Kühlschrank, den sie für uns mit allem, was das Herz begehrt, gefüllt hat. Bei selbst gekochtem Essen und Wein diskutieren wir bis tief in die Nacht. Über das Leben in Deutschland, Sozialhilfe, Obdachlose in den USA. Über die Liebe und das Reisen. Und natürlich über Politik, denn der Wahlkampf für die Präsidentschaftswahlen 2008 tobt. So widerlegt Sherry das allgemeine Bild, das wir in Deutschland von den Amerikanern haben: Freundlich seien sie, ja, aber ein bisschen aufgesetzt und nicht zu tief gehend, nur oberflächlicher Small Talk, und einen Tag später haben sie einen sowieso wieder vergessen. Nicht nur bei Sherry erfahren wir das genaue Gegenteil.

In L. A. lernen wir auch die Fahrraddemos der Critical Mass kennen. Die Aktionen der »Kritischen Masse« gibt es weltweit, mehrere nicht motorisierte Verkehrsteilnehmer treffen sich scheinbar zufällig auf den Straßen und machen auf ihre Belange und Rechte gegenüber den Motorisierten aufmerksam. Mittlerweile gibt es diese Demos auch in Deutschland, in Freiburg zum Beispiel finden sie monatlich statt. In San Francisco findet die Critical Mass wöchentlich statt, auf einmal sind alle Fahrräder gleichzeitig am gleichen Ort unterwegs, sozusagen eine Rush Hour der Fahrräder. Und das in einer Stadt, in der es mehr zugelassene Autos als Stellplätze gibt. In L. A. nennt sich die Bewegung »Midnight Ridazz« und ist der Albtraum aller Autofahrer. Wie immer gibt es radikale Vertreter auf beiden Seiten, aber viele radeln auch einfach nur mit, um das Interesse am Radfahren in L. A. zu steigern. Wenige von ihnen halten sich als Radfahrer für moralisch überlegen und überstrapazieren die Rechte, die sie als Radfahrer haben. Von radikalen Auseinandersetzungen zwischen Auto- und Radfahrern halte ich wenig, von gleichberechtigter Nutzung der Straße hingegen viel.

Es heißt Abschied nehmen von Sherry und unser neues Gefährt zu begrüßen. Ein jetzt silberner Twin Traveller von Koga Miyata, den wir auf den Namen »Fujur« getauft haben. Vorschläge unserer Freunde, das Tandem doch »Battlecat« zu nennen, haben wir überhört. Unser altes Tandem ist in Holland bei Koga und wird dort nach der Dauerbelastung analysiert. Für unsere Tour in Richtung Mexiko sind wir schwerer beladen als vorher – mit zusätzlich zehn Kilogramm Ersatzteilen und Werkzeug. Wir verlassen L. A. auf dem Santa Ana River Bike Trail und erreichen die Traumroute Pazifik Highway No. 1. In einer Woche werden wir den »Tortilla Curtain« überqueren und in Mexiko in eine für uns neue Welt eintauchen. Aber zum Abschluss noch einmal Kalifornien, wie man es sich vorstellt: Sonne, Strand und viele sportliche Menschen. Dazu herrlich trockener kalifornischer Chardonnay und Öko-Lebensmittel, die grüne Welle hat erfreulicherweise auch die USA erfasst.

Der PCH, Pacific Coastal Highway, gilt zu Recht als eine der Traumstraßen Amerikas. Den Radler fordert er mit kräftigen Hügeln heraus, belohnt aber reichlich mit Ausblicken auf den strahlend blauen Pazifik und dem frischen Geruch von Gischt in der Luft. Lebhafte Städtchen wechseln sich mit der Stille der Natur ab. Der Highway ist auch sehr beliebt bei den Einheimischen. Zum Glück gibt es sogenannte Hiker/Biker-Plätze, wo für fünf US-Dollar immer noch ein Platz für den »Nicht-Autofahrer« freigehalten wird.

Der PCH ist unser persönliches Radelparadies. Wir fahren auf breiten Seitenstreifen oder gar auf eigenen Radwegen, es duftet nach Eukalyptus und Meer. Bei der Picknickpause am Strand gesellen sich Seelöwen und Seeotter zu uns, einmal erspähen wir sogar einen Wal. Morgens hängt noch kalter Nebel über der Küste – ein guter Grund, spät aufzustehen. Am Nachmittag begleitet uns Rückenwind – wir fliegen! Abends schlafen wir im Zelt beim Rauschen der Brandung ein. Für das leibliche Wohl ist ausreichend gesorgt, Kaffee serviert man hier in echten Tassen statt in Pappbechern, Fast-Food-Burger werden durch lokale Bioprodukte ersetzt. Und wer ist schon mal durch ein Artischockenfeld geradelt?

Julia: Auf den letzten Kilometern in Nordamerika denke ich an unsere dort verbrachte Zeit. Die Fahrt öffnete uns die Augen, die Seele und das Herz für das amerikanische Land. In unseren früheren Leben flogen wir schon darüber hinweg oder fuhren mit dem Auto darin herum, doch mit dem Fahrrad durch Amerika zu fahren ist unvergleichlich, man beginnt das Land zu fühlen.

Bei dem Gedanken an Mittel- und Südamerika haben wir ein Kribbeln im Bauch. Doch wir freuen uns auf eine neue Herausforderung.

Wir sind gespannt, was uns widerfahren wird. Unsere letzte Nacht in den USA verbringen wir im schäbigen Grenzort San Isidro. Wir hören Geschichten von Mexikanern, die sich über die Grenze schmuggeln, man erzählt uns, wie sie sich Notunterkünfte aus Wasserflaschen und Decken bauen und durch die Gärten der Einwohner flüchten. Manchmal klingeln sie auch an den Türen und bitten völlig entkräftet um Wasser und Decken.

Im Fernsehen sehen wir schaudernd ein Interview mit dem Bürgermeister des 1,5-Millionen-Molochs Tijuana. Der Bürgermeister warnt Touristen aufgrund der aktuellen Schießereien zwischen Drogenkartellen vor Reisen in seine Stadt. Es herrschen Unruhen, da es etliche Festnahmen von Drogenbossen gab, die einige Kartelle geschwächt und so die Machtbalance aus dem Gleichgewicht gebracht haben. Mit den bewaffneten Auseinandersetzungen wollen sich die Gangster die größtmöglichen Stücke am lukrativen Drogengeschäft sichern. Bilder von zerschossenen Wohnwagen erscheinen auf dem Bildschirm.

Eines ist sicher: Wenn wir die Grenze bei Tijuana, Mexiko, erreichen, verlassen wir das Bekannte und begeben uns ins Ungewisse. Lateinamerika wird unsere Heimat für die nächste Zeit sein – und wir hoffen, dass die Lage nicht so schlimm ist, wie das sensationslüsterne Fernsehen sie darstellt.

Baja California / Mexiko

12. Kapitel: Welcome to Tijuana

»Welcome to Tijuana
Welcome to Tijuana
Tequila, sexo y marihuana
Welcome to Tijuana
Con el coyote no hay aduana.«
(Manu Chao, Weltmusiker)

Stefan: Das große Schild »Mexiko – keine Rückkehr in die USA« ist trotz des Nieselregens gut zu erkennen und eindeutig. Wir verlassen die USA und die westliche Zivilisation. Auf der fünf-spurigen Autobahn fahren wir auf die unheimlich wirkende Grenz-anlage zu. Regen fällt in hässlichen Bindfäden. Der Verkehr rollt zügig an uns vorüber, keiner interessiert sich für Einreisende nach Mexiko. Die Tortilla-Grenze, wie die Grenze zwischen Mexiko und den USA hier genannt wird, ist nur in unsere Richtung sehr durchlässig. In der Gegenrichtung steht eine endlos lange Autoschlange, deren Ende sich im Grau des Regens verliert. Der Seitenstreifen, auf dem wir fahren, ist mit Unrat aller Art bedeckt: zerbrochene Bierflaschen, Plastiktüten und Müll sämtlicher Fast-Food-Ketten.

Ein Militär-Lkw mit maskierten Soldaten steht auf dem Parkplatz neben dem Grenzgebäude, die Maschinengewehre sind auf die Fahr-bahn gerichtet. Denn die Drogenkartelle besitzen ebenfalls automati-sche Waffen – sie sind zum Teil besser ausgestattet als die als generell korrupt und damit nutzlos angesehene Polizei. Daher wurde jetzt das Militär in die Grenzstadt beordert, um die Ordnung wiederherzustel-len. Die Maskierung bewahrt die Soldaten davor, erkannt zu werden. Einmal identifiziert, würden die Soldaten von den Gangstern bedroht oder ihre Familienmitglieder gekidnappt werden.

Der Grenzübertritt aus dem Großraum San Diego nach Tijuana ist einer der am stärksten befahrenen Grenzübergänge der Welt und wir befinden uns mitten in dem Getöse. Ich überwinde mein Unbeha-gen und frage einen von vier Soldaten, die gerade einen rostigen Ford durchsuchen, wo wir denn unser Visum für Mexiko bekämen. Er zeigt auf eine Tür im Betonklotz. Hinter der Tür sitzt ein grobschlächtiger mexikanischer Grenzbeamter, der es vorzieht, uns erst einmal zu ignorieren und stattdessen auf einen laut plärrenden Schwarz-Weiß-Fernseher zu starren. Nervös behalten wir das Tandem draußen im Blick – wir wollen nicht gleich hier bestohlen werden. Das TV hat einen ziemlich schlechten Empfang und bei der nächsten Bildstörung wendet sich der Grenzer von der schwülstigen Seifenoper ab und uns zu. Wir reichen ihm unsere Reisepässe und er sagt nur: »Nebenan zahlen.« Das tun wir an einer mit Panzerglas gesicherten Kasse und kehren wieder zu ihm zurück. Ohne uns anzuschauen, knallt er den Stempel auf die Pässe und gewährt uns die maximale Aufenthaltsdauer von sechs Monaten. »Gracias« – danke – murmeln wir und kehren schnell zurück zum Tandem.

Jetzt sind wir in Mexiko eingereist und haben ein Visum – aber der Ausreisestempel der USA fehlt uns. Ohne den sind wir offiziell nicht ausgereist und bekommen nach Ablauf unseres Visums den Status »überfällig« in den USA. Bei der nächsten Einreise könnte das zu ernsten Komplikationen führen. Solche Probleme hat man nur, wenn man die USA auf dem Landweg nach Mexiko verlässt, denn auf den Flughäfen ist alles geregelt. Nirgendwo ist auf unserer Straßenseite ein amerikanischer Beamter zu sehen. Wir fragen einen maskierten Soldaten und der empfiehlt, über den Fußgängerüberweg zurück zur Einreise zu gehen.

Wir schieben das Tandem bis zu einer Treppe, auf der es zu Fuß wieder zurück an die Grenze geht. Hier kommen wir mit dem langen Rad nicht hoch, wir müssen uns trennen. Ich blicke mich um: Wir stehen an einem Taxistand, wo neben vielen Fahrern auch noch etliche andere Gestalten herumhängen, um ihre vermutlich dubiosen Geschäfte zu machen. Schnell entscheiden wir uns: Ich passe auf das Tandem auf, während Julia versucht, den Ausreisestempel zu besorgen. Kaum ist sie verschwunden, werde ich von den stämmigen Mexikanern umringt und ausgefragt. Einige von ihnen sind besonders dunkelhäutig – wahrscheinlich kommen sie aus Chiapas, einem der ärmsten Teile Mexikos im Süden. Was wir hier machen, woher wir kommen und wie viel das Tandem kostet, wollen sie wissen. Mein Magen hat sich zusammengekrampft, es ist unmöglich, alle Taschen am Tandem im Blick zu behalten und sich darauf zu konzentrieren, ja nichts Falsches zu sagen. Unsere wasserdichten Taschen werden befühlt, zwei Mexikaner haben sich hingekniet und schauen sich in aller Seelenruhe die Schaltung an. »Ein Geschenk«, sage ich, »das Tandem ist ein Geschenk meiner Familie. Ich weiß nicht, was es kostet.« Ich glaube mir zwar selbst nicht, aber zum Glück fragt keiner weiter nach. Ein verschlagen aussehender Mexikaner mit schwarzen Zähnen deutet »aus Spaß« an, eine Tasche stehlen zu wollen. Ein paar Umstehende lachen, ich teile seinen Humor nicht und drohe im halb im Spaß mit Faust. Wo ich doch so ein guter Boxkämpfer bin. Bei aller Angst darf ich auf keinen Fall Schwäche zeigen. Das Reisen hat mich gelehrt: Auch in den brenzligsten Situationen ist es am besten, so zu tun, als sei das alles normal, als würde man alles kennen. Als gehöre man hierher – als sei man Teil der Umgebung.

Zum Glück kommt Julia wieder, sie wurde brüsk von den Amis abgebügelt, es gibt keinen Ausreisestempel. Keine Zeit, sich darüber Sorgen zu machen, nichts wie weg und so schnell wie möglich zum circa 60 Kilometer entfernten Hotel an der Küste, wo wir vorgebucht haben. Ich fühle mich auch beim besten Willen nicht als Teil dieses traurigen Ortes. Wir fahren hektisch los und ich sauge nervös die abgasschwangere Luft ein. Der Regen perlt von unseren North-Face-Jacken ab, deren Logos wir mit Gewebeband überklebt haben, um keinen Anlass für einen Raubüberfall zu geben. Tipp eines anderen Weltenbummlers. Verkehrszeichen in spanischer Sprache machen uns unmissverständlich klar, dass wir in einer für uns neuen Welt angekommen sind. Der Autobahnzubringer ist leicht zu finden, aber eng und mit Schlaglöchern übersät. Zudem machen ihn Ölschlieren ausgesprochen rutschig, dichter Verkehr rauscht an uns vorbei. Die Hügel vor uns sind stark bebaut – große Betonklötze und wild errichtete Behausungen, die uns an Slums erinnern. Schlecht oder nicht gepflasterte Pisten führen zu halb fertigen Rohbauten, in denen Obdachlose und Drogensüchtige herumhängen, oder zu Wellblechbehausungen, die dem Regen kaum standhalten können.

Unter keinen Umständen wollen wir diesen Zubringer verlassen, denn wir hoffen, auf ihm nicht überfallen zu werden. Autos können eigentlich nicht halten und außer ihnen sollte sich keiner hier aufhalten. Der Zubringer führt direkt an der Grenze entlang zum Meer, wo die kostenpflichtige Autobahn beginnt. Der Seitenstreifen ist maximal 30 Zentimeter breit und daneben geht der bröckelige Asphalt sofort in einen steilen Abhang über. Die Lkws und Autos rauschen in hoher Geschwindigkeit nur wenige Zentimeter an uns vorbei. Ausweichen unmöglich, wir würden sofort ernsthaft stürzen. Julia sagt schon lange nichts mehr.

Wenig später befinden wir uns auf einer Höhe mit der stark befestigten Grenzanlage zur Rechten. Ein Streifen dürres Gras, nur wenige Meter breit, dann ein hoher Stacheldrahtzaun, vor dem eine kleine Piste entlangführt. Es erinnert an alte DDR-Zeiten. Im anhaltenden Regen sehe ich die drei dunklen, zerlumpten Gestalten, die neben einem kleinen Busch hocken, erst, als wir auf 100 Meter herangekommen sind. Was bitte machen die hier auf der Schnellstraße? Und vor allem: Was machen wir jetzt? Ich bremse, halte uns an und spreche mit der immer bleicher werdenden Julia über meine Entdeckung. Abwarten, bis die drei weg sind? Wer weiß, wie lange das dauert. Vielleicht kommen ja auch noch mehr? Nein, wir wollen hier nicht bleiben, wir wollen schleunigst weg.

Weg – ja – aber wohin? Die Schnellstraße überqueren und in die Slums? Auf den Grenzzaun zu, vor dem Jeeps mit bis an die Zähne bewaffneten Soldaten patrouillieren? Wir fahren los und beim Näherkommen kann ich erkennen, dass die drei hingekauerten Männer auf ein Handy schauen. Dass ich erleichtert bin, ist übertrieben. Aber immerhin warten sie nicht auf uns, sondern auf ihr Zeichen, über die Grenze zu stürmen. Auf der anderen Seite steht ein sogenannter »Kojote«. Seine Aufgabe ist es, die Bewegungen der US-Patrouille zu verfolgen und deren Standort per Handy weiterzugeben. Auf der anderen Seite warten dann die Läufer – wie die drei Männer vor uns – auf ihr Zeichen, um die Grenze illegal zu überqueren.

Diese schauen uns in einer Mischung aus Verwunderung und Verärgerung an, aber wir sind schnell vorbei. Vor uns zieht sich die Autobahn nun einen steilen Hügel hinauf, den wir schon vor dem Grenzübertritt gesehen haben. Wir quälen uns in voller Regenmontur eine 14-Prozent-Steigung hoch, wie mir der Tacho verrät. Die Zahl steht genau neben den 7 Stundenkilometern, unserer aktuellen Geschwindigkeit. Mehr geht absolut nicht und wir atmen schwer. Vor Angst und Anstrengung bin ich unter der Goretex-Jacke nass geschwitzt und zu allem Überfluss rutscht immer wieder das verdammte Hinterrad weg. Ölspuren und nasser Sand, darunter bröckeliger Asphalt: Hier findet auch der beste Reifen kaum Halt. Krampfhaft halte ich den Lenker fest und versuche, das schwere Tandem zu balancieren, ohne zu große Schlenker in Richtung des mörderischen Verkehrs zu machen. Ich stelle mir vor, nicht ich selbst zu sein, sondern uns nur von oben zu sehen. Zwei winzige Gestalten, die im Regen versuchen, einen Hügel hochzufahren, um ihre Haut zu retten. Ich bin Akteur in einem Film, bei dem man hofft, dass es ein Happy End geben wird. Eine laute Sirene direkt hinter uns lässt mich jäh aus dieser Vorstellung erwachen.

»Scheiße, Polizei.« Direkt hinter uns fahren zwei Streifenwagen der mexikanischen Polizei, der Fahrer macht uns durch Handzeichen unmissverständlich klar, dass wir stehen bleiben sollen. Das fällt nicht schwer. Kurz nicht getreten, rollen wir fast schon rückwärts. Die Polizisten steigen aus, mustern uns kurz und fragen dann: »Was macht ihr hier? Und wo ist eure Gruppe?« »Wir wollen alleine durch Mexiko radeln und fahren nach Süden«, antworte ich in schlechtem Spanisch. »Habt ihr euch einmal umgeschaut?« Der Leitende, ein junger Mann mit aufgeweckten Augen, spricht Englisch mit starkem Akzent. Er wedelt mit der Hand vage in Richtung Slums und schüttelt den Kopf. »Ihr seid leichte Opfer für den Abschaum hier. Das können wir nicht zulassen, wir sind die Touristenpolizei.«

Von der Touristenpolizei habe ich gelesen, dass sie wegen der vielen Verbrechen an Touristen und dem Einbruch des Fremdenverkehrs um über 90 Prozent geschaffen wurde, um Sicherheit zu bieten. Ich bin beruhigt: Er scheint wirklich um unser Wohl besorgt zu sein und kein korrupter Beamter, der nur auf eine Bestechung aus ist. »Von der Touristenpolizei habe ich in einer amerikanischen Zeitung gelesen«, nicke ich ihm anerkennend zu, »danke, dass Sie uns helfen wollen. Ein stolzes Lächeln erscheint auf seinem Gesicht, er zeigt auf sich und sagt: »Ich bin der Leiter dieser Einheit hier.« Auch Julia lächelt ihn jetzt schwach an und ich erkläre, dass dies meiner Meinung nach der einzige schnelle Weg aus der Stadt sei, und nach kurzer Überlegung sagt der Mann: »Bueno, wir geben euch eine Eskorte, bis ihr das direkte Grenzgebiet verlassen habt. Vorher nehmen wir noch eure Personalien auf – für den Fall der Fälle.«

Während der Regen weiter fällt und der Verkehr, um eine Fahrbahn beraubt, etwas langsamer vorbeirauscht, schreibt der andere Beamte sorgfältig alle Angaben aus den leicht zerfledderten Pässen ab. »Für den Fall der Fälle«, hallt es in meinem Kopf nach, als wir wieder losfahren. Falls wir doch erschlagen, überfallen und irgendwo am Wegesrand aufgefunden werden? Damit man uns dann identifizieren kann? Beruhigend.

Der massive Hügel ist noch längst nicht bewältigt und mit unseren zwei Begleitfahrzeugen im Schlepptau, die mit Blaulicht fahren, kriechen wir den Berg hoch. Wir sehen weitere gehetzte Gestalten, die an der Grenze auf den Übertritt warten. Einige von ihnen – wahrscheinlich die mit Drogen in der Tasche – flüchten beim Anblick der Polizei über die Autobahn, andere bleiben einfach stoisch sitzen und stören sich nicht an den Ordnungshütern. Sie starren weiter auf ihr Handy und warten auf die SMS, die ihnen sagt, dass sie jetzt in das Land ihrer Träume kommen können. Wenn sie schnell genug rennen können und nicht im Stacheldraht des Grenzzauns hängen bleiben, der mit viel Geld von der Bush-Administration verstärkt wurde und der von einigen Menschenrechtsorganisationen als menschenunwürdig bezeichnet wird.

Mehr als 3200 Kilometer lang ist die gesamte Grenze zwischen Mexiko und den USA. Um die 500 Kilometer sind bereits eingezäunt, mit Stahl, Stacheldraht, Flutlichtern und Bewegungsmeldern. Jeden Tag brechen mehr als 1000 Menschen aus Lateinamerika auf, um die Grenze zu überwinden und den amerikanischen Traum zu leben. Geschätzte 12 Millionen illegale Einwanderer soll es in den USA geben, von denen wiederum jeden Tag um die 400 wieder abgeschoben werden. Jährlich sterben mehrere Hundert Menschen bei dem Versuch, illegal die Grenze zu übertreten.

Dieser Hügel ist der schlimmste Anstieg, den ich je bewältigen musste, noch nie habe ich mir so gewünscht, oben anzukommen. In keinem Rennen, unter keinen anderen Umständen. Ich treibe mich an und lenke mich ab, indem ich in meinem Kopf einen alten Heavy-Metal-Song mitschreie. Eigentlich nur den Refrain, den Rest habe ich nie verstanden: »Forward out of hell« – Vorwärts, raus aus der Hölle. Die Meter ziehen sich wie Kaugummi – hoffentlich ist der Polizei das Tempo nicht zu langsam. Nach einer Ewigkeit sind wir oben auf dem Hügel, etwas später biegt der Autobahnzubringer dann endlich auch von der Grenze ab, hupend beschleunigen unsere Beschützer, fahren an uns vorbei und winken uns zu. Wir heben die Hand zum Abschied und sehen ihnen nach, doch schon bald hat der Verkehr die Streifenwagen verschluckt.

Überhaupt, der Verkehr. Die meisten Fahrer rasen und fahren ohne

Licht, die Lkws nehmen grundsätzlich den Fuß nicht vom Gas. Ständig werden wir angehupt – ja, wir wollen auch nichts wie weg von hier. Bei jedem Hupen fahren wir zusammen, es könnte ja auch die Warnung sein, dass der Fahrer nicht mehr ausweichen kann. Eng ist hier gar kein Ausdruck. Einige Fahrzeuge kommen so nahe, dass uns der Luftzug fast umhaut. Einer streift sogar die Deutschlandflagge, die hinten auf unseren Gepäcktaschen als Abstandhalter befestigt ist. Das Schlimmste ist, dass viele nicht einmal bremsen könnten, wenn sie wollten. Diese Wracks sind so alt, dass ich mich überhaupt frage, wie sie auf die Geschwindigkeit gekommen sind.

Endlich ist es so weit: Die Schnellstraße weitet sich zur gebührenpflichtigen Autobahn, der Seitenstreifen verbreitert sich auf einen Meter und der Großteil des Verkehrs biegt ab. Gebühren können sich viele Mexikaner nicht leisten. Wir fahren auf eine große Gebührenstation zu, wie man sie auch von französischen Autobahnen kennt. Rechts hinter einem Parkplatz liegt eine kleine Raststätte.

Ich würde jeden Preis zahlen, um auf die Autobahn mit breitem Seitenstreifen zu gelangen. So weit kommt es aber leider nicht. Ein aufgeregter Mann mittleren Alters in Uniform kommt wild gestikulierend auf uns zugelaufen und ruft: »No, no!« Nein? Wir erwägen kurz, ihn einfach zu ignorieren, doch er scheint unseren Gedanken zu erraten und schneidet uns den Weg ab. Ich bin entschlossen – so kurz vor der rettenden Autobahn lassen wir uns nicht aufhalten. Der untersetzte Mann hat seine Kappe gegen den Regen tief ins Gesicht gezogen und feuert eine Salve auf Spanisch auf uns ab. Fahrräder seien auf der Autobahn verboten! Wir erklären ihm, dass die Polizei uns hierher geschickt und uns verboten habe, zur Grenze zurückzukommen. Das sei nicht sein Problem, die Touristenpolizei unterstehe einer anderen Behörde als er. Julia hat eine gute Idee: »Bitte rufen Sie die Touristenpolizei und fragen Sie, was wir tun sollen. Wir bewegen uns hier nicht weg.« Sie verschränkt die Arme demonstrativ vor der Brust und schießt giftige Pfeile aus ihren in diesem Licht dunkelblauen Augen auf den Bürokraten ab.

Die Idee gefällt ihm überhaupt nicht und ich steige entschlossen vom Fahrrad ab, damit er merkt, dass er uns nicht los wird. Einen Moment schaut er uns ratlos mit einem genervten Gesichtsausdruck an, dann greift er wichtigtuerisch zum Funkgerät und quakt etwas Unverständliches. Wenig später kommt ein zweiter Uniformierter angelaufen, der sich die Situation vom Untersetzten erklären lässt. Er ist wenig erfreut, dass wir jetzt auch sein Problem sind, und versucht uns ebenfalls zur Umkehr an die Grenze zu bewegen. Erfolglos. Dann meint er nur: »Wir können euch nicht durchlassen, versucht doch per Anhalter weiterzufahren.« Wir schauen uns an – überall wird vor Kidnapping gewarnt und wir sollen uns freiwillig in die Gewalt irgendeines Fahrers begeben? Auf der anderen Seite ist die Idee gar nicht so schlecht, denn ich will so schnell wie möglich in den sicheren Hafen unseres Hotels. Wir schauen uns auf dem Rastplatz um und ich sehe einen großen schwarzen GMC Sierra. Der riesige Pick-up mit kalifornischem Kennzeichen hat protzige Alufelgen und einen riesigen Kühlergrill. Wir schieben schnell zu dem Fahrzeug. Im Fahrerhaus drängelt sich eine siebenköpfige Großfamilie, nur der Fahrersitz ist frei. Großfamilien sind normalerweise keine Kidnapper, denke ich und bringe unser Anliegen auf Englisch vor. Mir wird – nicht zu freundlich – auf Spanisch geantwortet, doch auf den Fahrer zu warten. Das Familienoberhaupt kommt mit Zigaretten bewaffnet gerade aus der Tankstelle auf uns zu. Er ist nicht begeistert, meint dann aber: »Na gut, wenn ihr das Tandem auf die Ladefläche bekommt.« »Bekommen wir, bekommen wir, nur eine Minute.«

Das ist natürlich untertrieben, und während wir die Gepäcktaschen auf den nassen Boden werfen, kommen zwei andere Familienmitglieder neugierig aus der Kabine geklettert. Vom Alter her würde ich auf Opa und Onkel tippen. Der schweigsame Onkel hilft uns ungefragt, indem er die Gepäcktaschen auf der Ladefläche verstaut. Der Opa hingegen fragt uns aus und ist begeistert, als er erfährt, dass wir aus Deutschland kommen. Mit einem vielsagenden Grinsen berichtet er von seinem Besuch auf dem Oktoberfest und davon, dass er die Deutschen seitdem mag. »Bier, großes Bier, he, he, Bier bitte!«, sagt er auf Deutsch und schlägt mir vor lauter Begeisterung über seine Sprachkenntnisse auf die Schulter. Er gibt mir das Gefühl, ich hätte schon persönlich dort mit ihm auf den Tischen getanzt und später das dralle Dirndlmädel vernascht. »Schade, dass ihr nicht vorne mitfahren könnt, ich würde gerne mit euch reden. Ich bin übrigens Antonio.« Wir stellen uns auch vor, nennen noch den Namen des Hotels, was der Fahrer mit einem knappen Nicken zur Kenntnis nimmt.

Wir klettern auf die nasse Ladefläche zwischen unsere Taschen und versuchen eine einigermaßen bequeme Position dicht hinter dem Fahrerhaus zu finden, um vom Fahrtwind ein wenig geschützt zu sein. Der Regen hat fast aufgehört, als wir durch die Zahlstation fahren. Der Wind kühlt uns schnell ziemlich aus, da wir unter den Jacken nass sind. Mehr anziehen können wir nicht, denn die Taschen liegen unter dem Tandem begraben. Brrr. Ich nehme Julia so gut es geht in den Arm, und wir ziehen uns die Kapuzen tief ins Gesicht. Die Ausläufer des Molochs Tijuana – nach Einschätzung vieler die gefährlichste Stadt Mexikos – gleitet mit gut 100 Stundenkilometern an uns vorbei. Jetzt müssen wir nur von unserer Großfamilie an der richtigen Stelle abgesetzt werden.

Auf einem großen Hügel entdecken wir nach einer halben Stunde Fahrt eine große Jesusstatue. Die haben wir auf der Homepage unseres Hotels abgebildet gesehen, hier muss es irgendwo sein. Der GMC bremst stark und wir kommen etwas unsanft auf dem Seitenstreifen zu stehen. Tatsächlich sind wir nur 50 Meter vom Hotel entfernt. Es gibt nur ein kleines Problem: Die gebührenpflichtige Autobahn ist durch einen Zaun und eine Böschung von der parallel verlaufenden Straße getrennt, an der das Hotel liegt.

Egal! Der namenlose Onkel, der Fahrer und der aufgeregte Antonio sind schnell bei uns. Zusammen laden wir ab und werfen das Gepäck über den Zaun. Ein paar Taschen kullern die Böschung bis zur Straße hinunter. Das Wachpersonal unseres Hotels beobachtet unser Treiben neugierig. Als Letztes heben wir das Tandem über den Zaun, es fällt ein wenig unsanft ins Gras – was soll's. Wir bedanken uns herzlich und verabschieden uns. Antonio meint zum Abschied: »Passt auf, nicht alle werden es gut mit euch meinen. Aber genießt trotzdem mein Land!« Dann lacht er wieder, brüllt »Prost« und humpelt zurück zum Pickup. Wir haben keine Zeit, uns Sorgen zu machen, sondern tragen erst mal die restlichen Taschen den begrasten kleinen Hang hinunter. Die Wachmänner haben sicherlich noch keine Touristen auf diese Art anreisen sehen und begrüßen uns mit einem breiten Grinsen.

Wir überqueren den Parkplatz und betreten die Empfangshalle des Hotels. Die Tür schwingt hinter uns zu und die Motorengeräusche verstummen. Wir hören unsere eigenen Schritte deutlich, als wir zur Rezeption gehen und einchecken. Alles läuft glatt und bald schließen wir auch die Tür unseres Zimmers, das luxuriös mit Kamin, Coach und Minibar ausgestattet ist. Die Sicht auf den mittlerweile von Sonne beschienenen Pool, der direkt ins Meer überzugehen scheint, passt so gar nicht zu dem Tag. Es klopft und wir bekommen von einer Kellnerin in blütenweißer Uniform zwei Begrüßungs-Margaritas auf Kosten des Hauses gebracht. Das ist aber nett. Wir stoßen an. Darauf, dass es ab morgen nur noch besser werden kann.

Julia: In der Nacht plagen mich Albträume. Hände greifen aus dem Dunklen nach mir, ich werde verfolgt und gewürgt. Um diese Träume zu deuten, braucht man keine Ausbildung. Die Mitarbeiter des Hotels geben sich alle Mühe, dass wir uns wohlfühlen, kleiner Spanisch-Sprachkurs inklusive. Dafür lassen sie sich von uns die wichtigsten Sätze auf Deutsch sagen, falls noch einmal Touristen aus Deutschland kommen sollten.

Wir sind derzeit fast die einzigen Gäste, was den Vorteil hat, dass wir den Pool für uns alleine haben. Für das Zimmer zahlen wir einen Spottpreis, die Betreiber sind froh, dass überhaupt noch jemand kommt. Eine Bestätigung, dass wir uns in Mexiko befinden, bekommen wir vom Hoteldirektor persönlich, sodass wir uns offiziell bei den US-Behörden abmelden können und nicht in den USA als sich dort illegal Aufhaltende gesucht werden.

Ursprünglich wollten wir mexikanische Pesos abheben, sobald wir über die Grenze kommen. Das haben wir gestern lieber gelassen, aber nun brauchen wir Geld. Da die Gegend rund um das Hotel als nicht sicher bezeichnet wird, nehmen wir ein Taxi, das direkt vor dem Hotel steht, zum nächsten Geldautomaten. Der Fahrer ist äußerst gesprächig und kann ziemlich gut Englisch. »Hört mal, das sage ich jetzt nur, weil ihr meine Freunde seid: Wenn ihr mit dem Fahrrad unterwegs seid, haltet nie an, wenn euch zugewunken wird. Und fahrt bloß nicht im Dunkeln, das ist zu gefährlich. Aber je weiter ihr von der Grenze wegkommt, desto sicherer wird es, glaubt mir.«

Wir halten vor der Tankstelle mit angeschlossenem Bankomat. Möglichst unauffällig wollen wir Geld abheben, schauen uns um, ob dubiose Typen in der Nähe herumstehen. Leider macht der Geldautomat bei jedem Schein, den er ausgibt, ein Geräusch wie ein Spielautomat, der gerade den Hauptgewinn ausspuckt. Und da es kleine Scheine sind, macht er viele Geräusche. Da könnte man auch gleich schreien: »Hey, hier, ich habe die Taschen voller Geld.«

Als wir wieder ins Taxi steigen, fällt mir auf, dass Taxis in Lateinamerika auch nicht immer als sicher gelten. Und nun weiß unser Fahrer, der gerade mit seinem Handy telefoniert, dass wir Geld dabeihaben. Nachdem er aufgelegt hat, fahren wir los. Kurze Zeit später hält er vor einer Taco-Bude und fragt, ob es okay sei, dass er sich was zu essen holt. Wir nicken, aber meine Fantasie geht mit mir durch. Wenn er Kumpanen Bescheid gesagt hat, dass wir bei ihm sind, und sie uns jetzt überfallen? Der Fahrer bringt uns zwei Colas mit. Als ich den ersten Schluck nehme, finde ich, dass sie komisch schmeckt. O nein, sind da K.-o.-Tropfen drin? Meine Sinne sind auf das Äußerste gespannt und ich stelle das Trinken ein. Der gutgläubige Stefan trinkt seine Flasche brav leer. Wir fahren weiter und landen wohlbehütet wieder im Hotel. Der Taxifahrer wollte einfach nur freundlich sein. Ich schimpfe innerlich mit mir selbst, nicht so argwöhnisch zu sein. Ein bisschen wird es wohl noch dauern, bis ich das Erlebnis an der Grenze vergessen habe und mich in Mexiko wohlfühle.

Jetzt sind wir also auf der Baja California, dem »Finger«, der auf Mexikos Westseite in den Golf von Kalifornien hineinragt. Die Halbinsel ist mit 1300 Kilometern länger als der italienische Stiefel. Baja California bedeutet auf Deutsch Niederkalifornien. Historisch gesehen bezeichnete Kalifornien nämlich ursprünglich die Landschaft, die den nordwestlichen Teil der spanischen Kolonialbesitzungen in Amerika ausmachte. Der Nordteil, also der heutige US-Bundesstaat Kalifornien, hieß bis Mitte des 19. Jahrhunderts Oberkalifornien, Alta California. Den Südteil bildet die Halbinsel Baja California.

Das amerikanische Oberkalifornien und das mexikanische Niederkalifornien entwickelten sich nach der Trennung unabhängig voneinander. Nordkalifornien erlebte vor allem durch den Goldrausch eine wahre Bevölkerungsexplosion, während der Süden weiterhin eine dünn besiedelte Randzone Mexikos blieb. Im Laufe der Zeit verzichtete der Norden allmählich auf das »Ober-« und trägt seitdem alleine den Namen »Kalifornien«. Die unterschiedliche Entwicklung hält bis zum heutigen Tage an. Kaliforniens Bevölkerung wächst unaufhörlich, dagegen ist Niederkalifornien bis auf die an der Grenze gelegenen Millionenstädte Tijuana und Mexicali eine der am dünnsten besiedelten Regionen Mexikos. Was die beiden Kaliforniens gemeinsam haben, ist wüstenähnliche Landschaft mit hohen Gebirgen in unmittelbarer Küstennähe. Mit dem Unterschied, dass sie in Oberkalifornien komplett besiedelt ist. In Niederkalifornien kann man noch sehen, wie die heute verstädterte Küstenlandschaft vor 200 Jahren ausgesehen haben muss.

Nachdem wir das Grenzgebiet verlassen haben, wird Mexiko gleich ein bisschen schöner. Auf dem Weg nach Ensenada, der größten Stadt des Nordens, wagen wir uns erneut auf die kostenpflichtige, eigentlich für Radfahrer gesperrte Autobahn. Kein Aufpasser da, diesmal müssen wir nicht per Anhalter auf einem Pick-up mitfahren. Vom wunderbar breiten Seitenstreifen aus genießen wir eine wilde Steilküste und merken unsere Waden an den Anstiegen doch gewaltig. Dafür hupen uns die Mexikaner aufmunternd – hoffen wir – an. Nach kurzen Gesprächen stellen wir fest, dass sie uns sehr wohl gesinnt sind. Für verrückt erklären sie uns trotzdem.

Wir erreichen Ensenada, die selbst ernannte »Perle am Pazifik« und touristisches Zentrum des Nordens, in zwei Radeltagen. Langsam entspannen wir uns und können auch schon wieder ans Ausgehen denken. Zum Start gibt es Margaritas in Hussong's Cantina, der ältesten Kneipe Ensenadas, die in den 1950er-Jahren auch von Marylin Monroe geschätzt wurde. Bei Margaritas in der traditionellen Bar und der Musik der Mariachi kommt das erste Mexikogefühl auf. Einheimische sitzen freundlich und einladend Tisch an Tisch mit den ausländischen Besuchern.

Zur mexikanischen Musik gehören scheppernde Trompetenklänge in Kombination mit wild gezupften Gitarren und ausgefeilten getrommelten Rhythmen. Das Mariachi-Ensemble ist eine typisch mexikanische Musikerformation, in der bis zu 20 mit großen Sombreros und Stiefeln ausgestattete Musiker ihre Instrumente mit voller Leidenschaft spielen. Diese Ensembles werden auch zu gesellschaftlichen Anlässen engagiert, wie etwa zu Beerdigungen. Sie spielen ebenfalls die Serenatas, die in Liebe entbrannte Jungmänner mitten in der Nacht vor den Balkonen ihrer Angebeteten zum Beweis ihrer Liebe darbieten lassen. Oder sie musizieren eben in Kneipen. In Filmen erhält man oft den Eindruck, als wären sie lästige Touristenübel, aber im Hussong's herrscht echte Begeisterung, ein Song nach dem andern wird geordert und es werden großzügige Trinkgelder gegeben.

Die nächsten Radeltage werden wieder von viel zu dichtem Verkehr und der zu engen Straße geprägt. Die Hunde Mexikos sind uns nicht freundlich gesinnt, sobald wir auftauchen, hetzen sie uns gnadenlos entgegen, bellen sich die Seele aus dem Leib und schnappen zu. Die Satteltaschen hat es schon erwischt, knapp an Julias Wade vorbei. Abends suchen wir spottbillige Hotels in wenig attraktiven Dörfern auf. Beim Inspizieren der Bettlaken holen wir zumeist lieber unsere eigenen Schlafsäcke heraus.

Schnell merken wir, dass die Baja tatsächlich nicht flach, sondern extrem bergig ist. Nach einer besonders gelungenen Schussfahrt ins Tal erreichen wir den kleinen Ort El Rosario, wo es den berühmten Lobster Burrito bei Mama Espinosa gibt. Das kleine, erstaunlich wenig herausgeputzte Lokal, seit den 1950er-Jahren Anlaufstelle der Hollywoodstars, bietet eine der besten Küchen der Halbinsel. Es gibt Plastiksessel und Papierserviette statt weißen Leinens, doch die Wärme der Betreiber lässt es trotzdem gemütlich wirken. Mama lebt zwar nicht mehr, aber Kinder und Enkel führen den Laden liebevoll und immer noch zu relativ günstigen Preisen weiter. Neben dem Lobster Burrito – ein Weizenfladen mit Languste und ganz speziellem Käse – ist Sopa de Caiba, Krebssuppe, die Spezialität. In der Suppe schwimmt ein ganzer Krebspanzer. Um ihn zu knacken und an das essbare Innere zu gelangen, braucht man wirklich Kraft. Eine kleine Herausforderung!

Kaum gibt man uns etwas Leckeres zu essen, bleiben wir erst mal dort hängen. Was aber hauptsächlich daran liegt, dass unser geliebter Laptop, unser Kontakt nach Hause, kaputtgeht. Und am prächtigen Baja Cactus Hotel, dessen mütterliche Empfangsdame Eva uns gleich ins Herz schließt und uns zu Herbergspreisen ein großes und sauberes Zimmer im Kolonialstil gibt. Zeltplätze gibt es auf der Baja kaum, vom Wildzelten wird uns hier wegen der nachtaktiven Drogenbanden dringend abgeraten.

El Rosario ist bei Tag ein ruhiges, leicht vergammeltes Dörfchen, das sich entlang der Straße ausbreitet. Direkt hinter Mama Espinosa macht die Straße einen 90-Grad-Knick nach links. Ansonsten passiert nicht viel, nur manchmal blockiert ein zu großer Laster, der nicht in einem Zug durch die enge Kurve kommt, den Verkehr. Doch kaum ist es dunkel, belebt sich die Straße, aggressive junge Männer donnern in ihren Autos hin und her, schleppen Bier aus den Läden und drücken sich in dunklen Ecken herum. Testosteron und angriffslustige Spannung liegen in der Luft. Selbst unser Hotel schirmt sich bei Einbruch der Dunkelheit hermetisch ab, wir nehmen das als Zeichen, dass wir uns jetzt auch nicht mehr in den Straßen herumtreiben sollten.

Ursprünglich sahen die Nordamerikaner bei Mama Espinosa das Ende der Baja, denn hier hörte bis 1973 der Asphalt auf. Seit die Straße bis hinunter in den Süden zu befahren ist, gilt das Restaurant als Startpunkt der Baja, denn dahinter beginnt die Wüste. Nach der luxuriösen Zeit im Baja Cactus Hotel geht es für uns genau dorthin, in die einsame Desierto Central. Da es in den Monaten zuvor viel geregnet hat, zeigt sie sich uns in den schönsten Farben, so grün hatten wir uns eine Wüste nicht vorgestellt. Auch Wildblumen bereichern den Wegesrand, lila, gelb und rot haben sie sich in ihr bestes Kleid geworfen und verzaubern uns mit ihrem Blütenmeer. Wir können uns nicht sattsehen an den Kakteen, die sich uns entgegenstrecken. Ein wahres Märchenland von Kakteen und sonderbaren dünnen Cirio-Bäumchen, die nur hier wachsen. Sie strecken sich hoch in den Himmel, bevor sie sich zur Seite neigen und wieder in Richtung Boden bewegen. Es herrschen strahlender Sonnenschein und Temperaturen bis 35 °C. Staunend stehen wir unter bis zu zwölf Meter hohen Cardones (Kandelaberkakteen) und Ohrenkakteen mit langen Stacheln, dazwischen liegen riesige Granitblöcke herum, die von einer höheren Macht hierher gewürfelt worden zu sein scheinen.

Endlich nimmt auch der Verkehr rapide ab und ich muss ihn nicht mehr jede Sekunde in meinem Rückspiegel im Auge behalten. Das Fahren auf der Baja wird immer schöner. Unsere Fahrt entschleunigt sich, und da abends nichts auf uns wartet, halten wir immer wieder an und bestaunen die Landschaft. Eine Entschleunigungsoase in der Wüste, der Langsamkeit willentlich ausgeliefert.

Allerdings schleppen wir große Mengen Wasser und Lebensmittel mit auf dem Rad. Es gilt mehr als 100 Kilometer zu überbrücken, um dann abends an einer Kreuzung in der Wüste anzukommen, wo es genau einen kleinen Stand gibt, an dem wir uns Essen und neue Wasservorräte kaufen können. Solche Stände gibt es, da die Transpeninsular stark von Lastwagen befahren ist, welche die gesamte Baja mit Lebensmitteln versorgen. Die Jungs der Straße brauchen ab und zu etwas zu essen, und so bilden die Taco-Stände eine altmodische Form des Truck Stops. Viel zu kaufen gibt es an den Ständen nicht, Chips und süße Getränke, aber einen deftigen Eintopf oder einfache, mit Käse gefüllte Weizenfladen bekommen wir dort oft. Obwohl die Gaststuben hygienisch oft äußerst zweifelhaft aussehen und selten über Kühlschränke verfügen, bekommen uns diese Quesadillas sehr gut, es gibt keinerlei Magenprobleme, zum Vorbeugen trinken wir jede Menge Cola.

Kilometermarke 89 auf der Strecke El Rosario–Catavina. Das heißt, wir haben uns 89 Kilometer lang gegen den heute herrschenden Wind gestemmt. In einer halben Stunde wird es dunkel sein, wir suchen einen Zeltplatz. Da, ein vergammeltes Schild: »RV Park and Loncheria, stay as long as you like«. Ein von alten Reifen gesäumter Betonplatz, ein sich im Wind duckendes altes Häuschen und ein Hinterhof voll Gerümpel sind zu sehen. Hm, hier zelten? Wir schauen mal. Als wir auf den Platz fahren, stürmen uns drei große Hunde kläffend entgegen. »Toll, das große Ding fressen wir als Abendessen«, scheinen sie zu denken. Wir steigen ab und geben uns als Menschen zu erkennen, schon werden uns die vom Schweiß salzigen Waden abgeleckt. Ein noch älter als seine Behausung aussehender Herr steckt den Kopf aus der Loncheria. »Dürfen wir hier zelten?« »Si, claro, stellt euer Zelt direkt hinter mein Haus, dann habe ich euch gut im Auge!« »Und wo gibt es sanitäre Einrichtungen?« »Im Bad!« Er zeigt auf eine gammelige Bretterbude, deren Tür von einem rostigen Riegel gehalten wird. Ein Plumpsklo voller Fliegen, fließend Wasser gibt es nicht. Wir suchen uns einen halbwegs sauberen Platz und stellen das Zelt auf. Auf einem kleinen Steinbrocken sitzend, essen wir Labberbrot mit Thunfisch aus der Dose, während die Hundebande hechelnd um uns herumsitzt und mit großen Augen um Futter bettelt. Macht nichts, wir sind für heute angekommen, haben etwas zu essen, und beim Sonnenuntergang über einer Kakteenwüste wird es noch richtig romantisch. Der alte Mann wünscht uns freundlich »Buenas noches« und versichert uns noch mal, dass er auf uns aufpasst. Die angenehm kühle Nacht verbringen wir unter einem gigantischen Sternenhimmel.

13. Kapitel: Baja Paradies

>*»Selbst die Luft hier ist wundersam, und die Silhouette der Wirklichkeit ändert sich mit jedem Moment. Der Himmel saugt das Land ein und speit es wieder aus. Ein Traum hängt über der ganzen Region, wie eine stimmungsvolle Halluzination.«*
>(John Steinbeck)

Julia: Wir haben es geschafft, die Desierto Central ist durchquert. Lange Tage, bis zu 135 Kilometer am Tag und viele Höhenmeter, liegen hinter uns. Und der schönste Zeltplatz unserer Tour. Wir finden ihn direkt an einer Kreuzung, von der eine Straße zur Bahía de los Ángeles führt. Nur ein paar Wohnmobile scheinen sich manchmal hierher zu verirren, bevor sie in die speziell bei Fischern beliebte, 90 Kilometer entfernte Bucht abbiegen. Zunächst scheint der Zeltplatz verlassen, doch in der Taco-Bude gegenüber finden wir den Besitzer Pedro. In Cowboyhut und Jeans sitzt ein sehr alter kleiner Mann am Plastiktisch und isst seine Bohnen. Nachdem er aufgegessen hat, nimmt er uns mit auf seinen Platz und zeigt uns, wo wir zelten können. Wir sind die einzigen Gäste. Es gibt ein Plumpsklo und der nette Herr fährt extra los, um uns Wasser zum Waschen zu besorgen. Dann sehe ich ihn, wie er liebevoll per Hand sein Hemd wäscht, eine Frau hat er wohl leider nicht mehr, und so lebt er allein und ein bisschen traurig an diesem einsamen Ort.

Der Platz ist gesäumt von Kakteen, und beim Sonnenuntergang können wir schönste Postkartenmotive als Foto verewigen, die dunklen Schatten der stacheligen Kakteenohren zeichnen sich perfekt gegen den zunächst gelb-lila-blauen Himmel ab, der in kürzester Zeit in ein sattes Orangerot übergeht, bevor es dunkel wird und die Sonne dem Sternenmeer gewichen ist.

Pedro hat sein Land mit einem großen Zaun und starken Schloss gesichert. Als er uns am Morgen herauslässt, nimmt er uns kräftig in den Arm und mit leicht wässrigen Augen wünscht er uns eine gute Weiterreise. Ich bin gerührt.

Nun sind wir in Guerrero Negro, übersetzt: der Stadt des schwarzen Kriegers, dem Zentrum des Whale Watching. Mein Walfreund Stefan muss natürlich auch hier Wale gucken gehen. In erstaunlich kleinen Fischerbooten, Pangas, in die zehn Leute hineinpassen, geht es in die Lagune Ojo de Liebre, in der es von freundlichen Grauwalen beinahe wimmelt. Grauwale pflanzen sich im Winter fort und bringen nach elf bis zwölf Monaten ihre Kälber in südlichen Gebieten zur Welt. Hierfür bevorzugen die Walmütter geschützte Lagunen wie diese.

Unser Boot wird von José begleitet. Er gibt nur zwei Instruktionen: »Fasst die Wale nicht an der Flosse an, das mögen sie nicht. Und bitte geht nicht alle auf die eine Seite des Boots, wenn ein Wal auftaucht, sonst kentern wir.« Wir fahren auf unserem Boot und starren aufmerksam ins Meer. José macht Klopfgeräusche und Handbewegungen über dem Wasser, das soll die neugierigen Wale anlocken. Es dauert nicht allzu lange, bis ein dunklerer Streifen Grau unterhalb der Meeresoberfläche erscheint. Das Dunkelgrau sieht ein bisschen gefleckt aus, denn auf der Walhaut siedeln gerne parasitische Muscheln, Seepocken und Walläuse. Der Kopf von Grauwalen ist eher spitz und erinnert entfernt an einen gigantischen Delfin. »Hallo, großer Bruder von Flipper«, denke ich, als sich der Wal uns immer mehr nähert. Er ist nicht alleine, zwei weitere graue Schatten im Meer sind zu erkennen.

»Äh, José, die Wale sind doch größer als das Boot, könnten die das nicht einfach zum Kentern bringen?« »Ja, könnten sie, aber tun sie nicht. Sie sind uns freundlich gesinnt. Als es hier allerdings noch Walfänger gab, haben sie ein großes Boot attackiert und zum Sinken gebracht. Aber die Jäger hatten auch Harpunen dabei, und wir sind in freundlicher Absicht da, das scheinen sie zu spüren.« Beinahe zärtlich spricht er von »seinen« Walen und wird nicht müde, immer neue Tiere heranzulocken.

Die grauen Giganten umkreisen langsam unser Boot und tauchen darunter hindurch. Ihre Jungen bringen sie auch gleich mit. Man kommt sich sehr klein vor in Anwesenheit eines bis zu 15 Meter langen und 34 Tonnen schweren Kolosses. Was für ein Anblick, ich bin hingerissen. Manchmal lassen die Wale sich sogar anfassen, besonders die Kleinen sind beinahe zutraulich, sofern man das von einem fünf Meter langen und einer halben Tonne schweren Wesen sagen kann. Die Mütter scheinen ihr Baby richtiggehend zu uns emporzuheben, es sind sehr soziale Tiere, die auch kranken oder verletzten Artgenossen helfen.

Sechs Stunden verbringen wir bei den Riesen des Meeres, dann müssen wir an Land zurück. Selbst beim Einschlafen schaukelt es in meinem Kopf noch, doch das wiegt mich in einen ruhigen und dankbaren Schlaf. Jetzt kann ich gut verstehen, warum der amerikanische Autor John Steinbeck so fasziniert von den Meeresbewohnern der Baja California war, dass er ein ganzes Buch mit dem klangvollen Titel »Logbuch des Lebens« über sie verfasste.

Stefan: Schweren Herzens verabschieden wir uns von den Grauwalen und fahren wieder in die Wüste. Der Himmel ist, wie oft direkt an der Pazifikküste, bedeckt. Der kräftige Wind peitscht die Wolken über die topfflache Lagune. Der größte Feind des Radfahrers ist weder die Hitze noch die Kälte oder grauer Dauerregen. Es ist der Wind. Der Wind, der uns heute entgegenbläst, fühlt sich an, als würden wir auf der Autobahn den Kopf aus dem Fenster halten. Gegenwind macht selbst den stärksten Radfahrern zu schaffen, und auch auf unserem Tandem mit nur einem Windwiderstand sind wir vor diesem tückischen Feind nicht gefeit.

Im ersten Gang fahren wir mit sieben Stundenkilometern auf dem schnurgeraden Asphaltband leicht ansteigend in Richtung der Sierra-Bergketten, welche die Baja California Sur von Norden nach Süden durchziehen. Die Transpeninsular will es, dass wir von der westlichen Pazifikseite der Halbinsel wieder an die östliche Küste fahren, zum Mar de Cortés, zum Golf von Kalifornien. Kein Hügel, kein Berg und kaum nennenswerte Vegetation – die »ansteigende Ebene« würde sich bestens für Windräder eigenen, nicht jedoch für eine Radtour. Es sei denn, man führe in die andere Richtung. Der Gegenwind nimmt uns zwar den Schwung und strengt an, aber ich fühle wieder einmal, dass wir ein Team sind: Julia und ich verschmelzen zu einer Symbiose mit unserem Tandem. Dieses Team ist stark und sein Wille kann mittlerweile nicht mehr gebrochen werden, auch nicht in der Ebene vor San Ignacio, die für ihren Wind berühmt-berüchtigt ist.

Die Wolkengebilde, die uns jetzt entgegensegeln, sehen bedrohlich aus. Wir halten an, legen unser Tandem auf den Boden und kauern uns in Regenkleidung hinter den Gepäcktaschen zusammen. Während wir auf das Vorbeiziehen des Sturms warten, entdecken wir neben unserem Lager eine besondere Kaktus-Kolonie: die »Kriechenden Teufel«. Über diese besonders auffällige Spezies haben wir in einem Fachbuch gelesen und beschlossen, nach ihr Ausschau zu halten. Der cremig-grüne Stenocereus eruca wächst auf dem Boden, und während sein hinteres Ende abstirbt, wächst sein vorderes Ende jedes Jahr bis zu 60 Zentimeter. So schiebt er sich regelmäßig vorwärts. Die stachelige Raupe kann aber noch mehr: Sie klont sich selbst. Aufgrund seiner Seltenheit und dem Mangel an befruchtenden Bienen oder anderer Pollenträger hat der Teufel auch keine andere Wahl. In seinen absterbenden Teil verpackt er Setzlinge. So entstehen größere Kolonien, wie die, die wir gerade betrachten.

Der kurze Regenschauer ist tatsächlich so schnell vorbei wie er aufgezogen ist. Der Sandboden und die Kakteen verströmen einen würzig-schlammigen Geruch, und als wir wieder aufs Rad steigen, können wir unser Glück kaum fassen: Der Wind hat gedreht. Einfach so. Von jetzt auf gleich. Ich fahre schon lange Rad – aber einen so plötzlichen Umschwung habe ich noch nicht erlebt. Innerhalb von zehn Minuten sind wir aus der Holzklasse des Radfahrens in die erste Klasse katapultiert worden. Schnell stellt sich ein rosarotes Glücksgefühl ein, unsere Reifen singen auf dem dampfenden Asphalt, und wir legen in einer Stunde trotz leichter Steigung fast 30 Kilometer zurück.

Beflügelt erreichen wir bald das kleine Wüstenkaff Vizcaino. Ein typischer Ort: Rechts und links der asphaltierten Transpeninsular erstrecken sich circa zehn Meter breite Sandstreifen für Fußgänger, kläffende Hunde, Händler und langsame Autos. Wir fahren gegen drei Uhr ein und der Ort hält Siesta. Selbst die Hunde nehmen unsere Anwesenheit angriffslos nur zu Kenntnis. Auf der linken Seite steht gleich am Ortseingang eine kleine Bank. Wir sind beruhigt, wir brauchen dringend Bargeld. Der Automat ist anderer Ansicht – er ist »Vorübergehend nicht in Betrieb«. Heute ist Sonntag, morgen sollte die Bank den Automaten befüllen. Ein paar Pesos zum Zelten haben wir noch, aber dann wird es auch Zeit, der nächste Geldautomat ist 170 Kilometer entfernt.

Am nächsten Morgen fahre ich wieder zur Bank am Ortseingang, während Julia das Zelt abbaut und die Sachen zusammenpackt. Schon von Weitem sehe ich die Menschenschlange vor der Bank. Gut 30 Mexikaner warten geduldig an den beiden Schaltern. Ob heute Zahltag ist? Unter den neugierigen Blicken der Menge steige ich vom Tandem, nicke ein freundliches »Buenos dias« und gehe zum Geldautomaten. Der nimmt die Karte, ich tippe meine PIN auf die staubige Tastatur.

Im letzten Augenblick überlegt der Automat es sich anders und meldet wieder: »Vorübergehend nicht in Betrieb«. Ich reihe mich achselzuckend in die Schlange vor den Schaltern ein und beginne zu warten. Mein Vordermann, ein dicker Mexikaner mit lustigem Schnauzbart, meint nur trocken: »Das ist normal, der geht nur selten.« Nach acht Minuten ist ein Kunde an einem der beiden Schalter bedient worden und verlässt die Bank. Wickeln die dort Immobiliengeschäfte ab und planen ihre Altersvorsorge? Bei dem Tempo stehe ich ja noch heute Mittag hier. 29 Menschen vor mir, drei hinter mir.

Ein Motorradfahrer braust heran, bedeckt uns mit einer Staubwolke und geht zum Geldautomaten. Ich freue mich ein wenig, das enttäuschte Gesicht der Pistensau zu sehen – aber nichts dergleichen. Er scheint mit dem Geldautomaten befreundet zu sein, denn er steckt ein Bündel Geld ein und geht zu seinem Motorrad zurück. Eine reaktionsschnelle Mexikanerin mit Baby auf dem Arm löst sich vor mir aus der Schlange und wackelt zum Automaten, ich schreite schnell hinterher. Die anderen geben ihren Platz in der Schlange nicht auf und schauen uns prüfend nach. Die Mexikanerin bekommt auch Geld, mittlerweile stehen hinter mir um die zehn Leute Schlange vor dem Automaten. Ich atme tief ein, als ich die Kammer betrete. Ein Fehler, der Motorradfahrer hat einen ekelhaften Schweißgeruch hinterlassen. Schlimmer noch: Die Mistmaschine nimmt nicht einmal mehr meine Karte! Mit mir reihen sich alle wieder in die Schlange ein. Mit wenig Hoffnung frage ich meinen Vordermann, ob es vielleicht noch eine weitere Bank gäbe. Er schüttelt nur den Kopf. Die Minuten kriechen dahin. Plötzlich dreht sich der Schnauzbärtige wieder um, strahlt mich an und feuert eine aufgeregte Salve Spanisch auf mich ab. Ich verstehe nur »anderer Geldautomat«. Ich kapiere nicht alles, aber der andere Geldautomat steht scheinbar in einem Markt die Straße hinunter »derecha« – also rechts. Ich bedanke mich fast etwas zu überschwänglich und radele zurück in Richtung Zeltplatz.

Rechts zweigt von der Transpeninsular nur eine größere Staubpiste ab, die infrage kommt. Das Örtchen ist größer, als ich gedacht hatte, ich holpere mehr als einen Kilometer über die Piste, bis ich an einen Minimarkt komme. Mein Gefühl trügt mich nicht – hier gibt es keinen Geldautomaten. Die beiden Ladenbedienungen unterbrechen ihr Gespräch nur ungern, sind dann aber Feuer und Flamme zu helfen. Sie zeigen auf eine kleinere Sandpiste, die nach links abzweigt, und meinen lachend: »Nur fünf Minuten«, wobei eine von ihnen kräftige Pedalbewegungen nachahmt und auf meine Beine zeigt. Fünf Minuten später stehe ich an einer Gabelung, zwei Sandpisten durch den Ort stehen mir zur Verfügung. Ich wähle die größere rechte. Weitere fünf Minuten später schiebe ich das Rad leise vor mich hin fluchend durch tiefen Sand. Radfahren nicht möglich. Anhand der umliegenden Berge erkenne ich, dass ich mich zurück in Richtung Transpeninsular bewege – wenigstens etwas.

Ich schiebe an ein paar Werkstätten vorbei, die wie Schrottplätze aussehen. Das täuscht natürlich. Die rostenden, abgewrackten Fahrzeuge sind Ersatzteillager. Dann sehe ich vor mir einen Lkw mit hoher Geschwindigkeit vorbeirauschen – das muss die Transpeninsular sein. In der Nähe ist ein kleiner Taco-Stand mit uralter faltiger Besitzerin. Ich frage sie nach dem Markt mit Geldautomat. Mittlerweile muss der halbe Ort mein Anliegen kennen. Sehr beruhigend. Aber ich habe keine Wahl – ich bin jung und brauche das Geld. Die Señora schaut verdutzt in mein hilfloses Gesicht und zeigt mit einem zahnlosen Lächeln hinter sich: In einer kleinen Zelle vor einer Art Wochenmarkt, der sich hinter einem Zaun versteckt, steht wirklich ein Geldautomat. Ich bin also keinem Gespenst hinterhergejagt. Surrend zieht der Automat meine Kreditkarte ein und es passiert einige unerträgliche Sekunden lang gar nichts. Dann darf ich meine PIN eingeben. Ein Truck fährt draußen vorbei. Die Frage nach der gewünschten Bargeldmenge – super – so weit bin ich bis jetzt noch nicht gekommen. Ich tippe auf den Höchstbetrag. Der Automat scheint zu hängen – war ich vielleicht zu gierig? Dann kommt tief aus dem Inneren das Geräusch, das überall auf der Welt gleich ist: Ein leises Klack, ein Brummen, ein Zählen von Scheinen und ein Surren – ich habe meine Pesos. Mir fällt ein Stein vom Herzen.

Zurück am Zeltplatz erzähle ich Julia von meiner Jagd nach dem Geld. Am Ende fragt sie mich: »Hat der schnauzbärtige Mexikaner bei der Wegbeschreibung ›derecho‹ gesagt?« »Ja, aber nach rechts ging nur diese Staubpiste. Ich hätte nur geradeaus fahren müssen.« »Ich glaube das hat er auch gesagt: ›derecho‹ heißt ›geradeaus‹, ›a la derecha‹ heißt nach rechts.« Überflüssig es zu erwähnen: Natürlich hat sie recht. Ich hätte mir sechs Kilometer Weg mit viel Schieben sparen können, hätte ich bei unseren Spanischkursen ein bisschen besser aufgepasst. Wie sagt der Volksmund doch so schön: »Was man nicht im Kopf hat,

hat man in den Beinen.« Das stimmt. Aber immerhin besitze ich jetzt Ortskenntnisse in Vizcaino.

Julia: Nach einer weiteren Wüstenfahrt ohne viel Wind und mit noch weniger Vorkommnissen erreichen wir die Oase San Ignacio. Bevor die Missionare auf die Baja California kamen, nannten die Indianer sie »Cochimi«, die geschützte Schlucht, sie wurde durch das Flüsschen San Ignacio geformt, den »Bach des Schilfs«. In den letzten 200 Jahren wurden hier unter anderem Weizen, Trauben, Orangen angebaut. Heute werden vor allem Datteln angepflanzt.

Zwei Tage haben wir nichts als Wüste gesehen, jetzt ist der Anblick dieses kleinen Paradieses fast überraschend. Die verschlafene Stadt mit 4000 Einwohnern ist bis heute vom Massentourismus verschont geblieben, es gibt nur eine Handvoll kleiner Hotels und Pensionen. In dem gesamten Ort sind tatsächlich kein Geldautomat und keine Bank zu finden. Zentrum des Städtchens ist die alte Mission. Sie überragt die pastellfarbigen und mit Stuck verzierten Gebäude, die um sie herum errichtet worden sind, bei Weitem. Nahe der Plaza, die von einem großen Schatten spendenden Baum dominiert wird, liegt die Casa Lereé. Ein großer Mesquite-Baum schirmt den verspielt gestalteten Garten im Hinterhof von der gleißenden Sonne ab. Ein Gärtner nickt uns freundlich zu, als wir unser voll beladenes Tandem an den Baum lehnen. Wir betreten ein verwinkeltes, strahlend blaues Gebäude, in dem es angenehm kühl ist. Rechts von uns ist eine kleine Rezeption, geradeaus zur Straße hin sehen wir zwei weitere Räume. Kein Mensch da. Neugierig betreten wir den rechten Raum und sind beeindruckt: Mit viel Liebe wurden hier prächtiges Kunsthandwerk sowie eine erlesene Auswahl an englischen und spanischen Büchern über die Baja California zusammengetragen. Ich zeige Stefan den Klassiker über Reisen auf der Baja: »Almost an Island« von Bruce Berger. Mit viel Humor beschreibt der Autor, der die Baja seit 30 Jahren bereist und sie noch vor dem Bau der Transpeninsular im Jahre 1976 kennt, Politik, Kultur und vor allem die einzigartige Natur. Aufgrund der Abgeschiedenheit vom Rest der Welt und auch vom mexikanischen Festland ist die Wahl des Titels nur konsequent: »Fast eine Insel«.

»Ihr mögt Bruce Berger?«, fragt eine sanfte Stimme von hinten. Eine braun gebrannte Dame mit gütigen braunen Augen und lockigen grauen Haaren ist, von uns unbemerkt, eingetreten. »Das Buch ist

der beste Reisebericht, den ich über die Baja bis jetzt gelesen habe.«
»Ihr seid nicht die einzigen, die das so sehen«, lächelt sie und fährt
fort: »Bruce Berger hat einen Teil seines Buches hier bei mir in der
Casa Lereé geschrieben. Ich bin übrigens Juanita Ames und heiße euch
willkommen.« Juanitas Gesicht kommt mir bekannt vor. Während wir
uns unterhalten, fällt bei mir der Groschen: Sie ist eine Mitautorin des
Lonely-Planet-Reiseführers »Baja California« – ihr Foto ist dort abge-
druckt.

»Lebst du hier dauerhaft oder in den Staaten?«, fragt Julia gerade.
Juanita spricht tadelloses amerikanisches Englisch. »Dauerhaft. Ich
komme zwar aus der Bucht von San Francisco, aber ich lebe das ganze
Jahr hier und betreibe die Casa mithilfe einer Haushälterin und einem Gärtner. Ich habe viele alte Fotos und Informationen über die
Geschichte von San Ignacio hier in diesem historischen Gebäude zusammengetragen und teile sie mit meinen Besuchern. Außerdem ver-
kaufe ich für lokale Künstler deren Handwerk. San Ignacio ist mein
Leben.« Leider ist heute kein Zimmer für uns frei, aber Juanita empfiehlt uns etwas Außergewöhnliches: »Unten am Wasser hat ein kana-
disches Ehepaar mongolische Jurten errichtet – das wäre doch etwas
für euch Weltreisende.« Nach einem Abschiedsfoto machen wir uns
auf den Weg.

Die Jurten würden den durchschnittlichen Mongolen vor Neid erblassen lassen, sie sind für Gäste nördlich der mexikanischen Grenze
gebaut. Unser Zelt tauschen wir gerne vorübergehend gegen ein »King
Size«-Bett, einen Kühlschrank, Parkettboden und geschmackvolle
Holzmöbel. Unsere luxuriöse Behausung mit WLAN liegt direkt am
Wasser, und wir entschließen uns zu einer Erkundungstour des hier
aufgestauten Rio San Ignacio.

Im Vergleich zum Tandem ist das Zweierkanu eine recht wackelige
Angelegenheit. Ich hätte ein Tretboot bevorzugt. Auch wenn es Gary
und Terry, die freundlichen Besitzer des Jurtendörfchens empfohlen
haben: Baden wollen wir in der grünen Brühe nicht. Reiher beäugen
uns kritisch, als wir schwankend ablegen. Nach einer Weile geht es
besser, satt tauchen die Paddel ins Wasser und wir gleiten geräusch-
los vorwärts. Rechts und links des fast stehenden Flusses sehen wir
dichtes Schilf, dahinter ragen hohe Palmen hervor. Das Summen von
Insekten liegt in der Luft und Vögel zwitschern. Nach einer Biegung
sind die Jurten außer Sicht, der Wasserlauf verengt sich zunehmend

und wir kommen schließlich an die Stelle, wo der unterirdische Fluss an die Oberfläche tritt. Verblüffend, wo all das Wasser herkommt. Es gibt keine Höhle, es kommt direkt aus dem Boden. Wir bleiben eine Weile am Quell des Lebens von San Ignacio und kehren dann zurück zu den Jurten.

Stefan: Am nächsten Tag verlassen wir die kleine Palmenoase früh. Unser Ziel ist die Ostküste der Baja California. Hier liegt der 1100 Kilometer lange und 90 bis 230 Kilometer breite Golf von Kalifornien, der die Halbinsel vom mexikanischen Festland trennt. Im Norden würde übrigens der Colorado River in den Golf münden – würde er denn noch fließen. Der Golf beheimatet ein einzigartiges und reiches Ökosystem, das in Teilen zum UNESCO-Welterbe zählt. Außer einer großen Vielfalt einheimischer Tiere und Pflanzen sind hier viele wandernde Tierarten wie der Buckelwal, der kalifornische Grauwal, der Mantarochen und die Lederschildkröte zu finden. Bevor wir den Meeresbewohnern jedoch Hallo sagen können, steht uns eine weitere lange Fahrt unter sengender Sonne bevor.

Wir werden doch ein wenig nervös, als wir dem »Höllentor«, dem gefährlichsten Teilstück der Transpeninsular, näher kommen. Die letzten Kilometer Abfahrt der heutigen Etappe – raus aus den Bergen und runter an die Küste – sind tatsächlich die steilsten der gesamten Transpeninsular. Wie ein Wildwasserbach stürzt sich das graue Asphaltband Richtung Meer. Es stehen auffallend viele Warnschilder am Wegesrand. Unser Tandem beschleunigt zunächst nur unmerklich, wie ein Fluss, der auf einen Wasserfall zufließt. Dann kippt die Straße ab, und die Schwerkraft reißt uns nach vorne – 33 km/h, 42 km/h, 53 km/h. Julia ruft mir etwas zu, was wie »ruhig, Brauner« klingt. Dann kommt die erste enge Kurve, die kaum einsehbar ist. Ich ziehe beide Hydraulikbremsen durch und auf mein Zeichen zieht Julia auch unsere Notbremse, eine Trommelbremse am Hinterrad, voll an. Das schwere Tandem wird langsamer, es riecht nach verbranntem Gummi. Die Kurve ist frei und wir schießen wieder voran. Es folgt eine Abfolge von engen Serpentinen und scharfen Kurven, der absolute Härtetest für unsere Magura-Bremsen.

Mein Herz pocht aufgeregt, anstatt Blut fließt Adrenalin durch meine Adern. Zweimal kommt uns ein Lkw entgegen, auf dem Rad haben wir jedoch im Gegensatz zu den Autofahrern keine Probleme: Zum einen sind wir schmal genug und zum anderen hören wir ihre brüllenden und gequälten Motoren schon von Weitem. Gegen Ende kommen wir in etwas ruhigere Gefilde dieser »Wildwasserabfahrt«. Lässig cruisen wir um einige Kurven. Dann ganz überraschend ein grandioses Finale: Wir beide juchzen vor Freude, als wir mit 80 Stundenkilometern in einer langen Schussfahrt in ein ausgetrocknetes Flussbett fliegen. Wir halten an und sind ganz aufgeregt – das war eine himmlische Abfahrt. Tor zur Hölle – ganz bestimmt nicht. Es sei denn, wir wären in die andere Richtung gefahren.

Bald erreichen wir das kleine mexikanische Örtchen Mulegé am Golf von Kalifornien. Mulegé liegt zwischen zwei Hügeln in einem grünen Tal, das von einem Flüsschen durchzogen wird. Von der Mission aus, die gebieterisch auf einem Hügel thront, lassen wir unseren Blick über ein Meer von Palmen schweifen. Es kommt das Osterwochenende, und was machen die frommen Mexikaner? Richtig – sie lassen es richtig krachen. Mit Kind und Kegel geht es an den Strand und dort wird gezeltet, Bier getrunken und die Nacht zum Tage gemacht. In einer Nacht haben wir schon eine Fiesta Mexicana erlebt – auf einem herrlichen Zeltplatz endete die ohrenbetäubende Party um vier Uhr mit einem Hupkonzert und einer promilleschweren »Auto-Polonaise« über den Platz.

Wir folgen dem Tipp eines Buches über Mexiko und fahren zu einer kleinen Siedlung von ausgewanderten Amerikanern, die sich hier zur Ruhe gesetzt haben. Wir mieten eine kleine farbenfrohe Casita von Cliff, der zusammen mit seinen sechs Hunden das Clementines B&B betreibt. Wir nutzen die Zeit, um über die Ostertage Aufzeichnungen unserer Reise in Cliffs PC zu tippen und viele E-Mails zu beantworten. Bald haben wir uns in den gemütlichen Alltag der Auswanderer eingefügt. Morgens wird hier Bridge gespielt und es werden Erledigungen gemacht, in der heißen Mittagszeit ist Siesta und ab nachmittags findet man sich auf ein Bierchen zusammen. »No bad days in Mulegé« – keine schlechten Tage, das ist das Motto der bunt gemischten Schar von Expatriates.

Unter den Palmen gibt es zu unserer Enttäuschung keine Ostereier und so besuchen wir einen der hier so beliebten Hahnenkämpfe, die tief in der mexikanischen Kultur verankert sind. Eine kleine Arena an der zentralen Plaza von Mulegé ist Ort des Spektakels. Wir reihen uns in eine kurze Schlange ein – wir sind die einzigen Nicht-Mexikaner und Julia eine der ganz wenigen Frauen. Das ständige Krähen der

Hähne dringt aus der Arena. »Der nächste Kampf beginnt in fünf Minuten«, informiert uns der Kassierer am Eingang, während er unsere Pesos sorgfältig in eine kleine Geldkassette legt, die auf einem Campingtisch steht.

Die Hähne sind in kleinen Käfigen untergebracht. Buchmacher nehmen Wetten an. Gut 40 Mexikaner jeden Alters scharen sich um einen runden Kampfplatz von fünf Metern Durchmesser, der durch eine Absperrung begrenzt ist. Der Hahnenkampf beginnt mit dem Scharfmachen der Tiere. Hähne haben ein natürliches Revierverhalten. Die beiden Männer, die die Kampfhähne in den Ring tragen, nutzen das aus: Sie drängen die Tiere im Ring gegeneinander, dadurch wird die Angriffsdistanz unterschritten. Die beiden Hähne, ein kleinerer schwarzer und ein großer brauner, beginnen sofort, nachdem sie losgelassen worden sind, mit dem Kampf. Die Zuschauer feuern ihre Favoriten frenetisch an, die wild flatternd aufeinander einhacken. Der Schwarze hackt dem Braunen seinen Schnabel tief in den Hals, es folgt ein weiterer wilder Schlagabtausch. Dann gehen die beiden Hähne auf Distanz und beäugen sich misstrauisch. Die Besitzer der Tiere steigen in den Ring und untersuchen ihre Kämpfer. Beide Hähne bluten stark. Ein Flügel des Braunen lahmt. Sein Besitzer nimmt den blutenden Hals des Tieres in den Mund, um mit den Händen die Wunden an den rot verklebten Flügeln zu untersuchen. Ekel steigt in mir auf. Die beiden Kampfhähne werden mit Wasser besprüht, der Besitzer spuckt Blut aus und setzt seinen Schützling wieder in den Ring. Dessen Gegner wartet schon.

Die nächste Runde ist eröffnet – es ist ein ungleicher Kampf. Der braune Hahn hat keine Chance, fällt immer wieder hin und rappelt sich auf, nur um eine weitere Hacksalve über sich ergehen zu lassen. Das Publikum johlt, man prostet sich zu. Nach zwei Minuten und zehn Sekunden liegt der braune Hahn am Boden. Die Buchmacher fangen an, die Wetten bar auszuzahlen. Der Sandboden im Ring sieht mit den vielen Blutflecken aus wie ein rostroter Flickenteppich. Ich nehme Julia, deren Augen einen traurigen Glanz haben, an die Hand, und wir gehen zum Ausgang. Aus dem Augenwinkel sehe ich, wie der tödlich verletzte und noch leicht zuckende braune Hahn achtlos am Rande der Arena in einer Ecke entsorgt wird. Ich bleibe stehen und schaue fassungslos zu, wie zwei fünfjährige Jungen den Hahn in seinem Todeskampf mit Stöcken malträtieren.

Julia: Die Ostertage sind vorbei, und wir machen uns auf den Weg zu den verträumten Stranden der fast unbesiedelten Bucht Bahia Concepción. Die Straße führt hier nahe am Meer entlang und immer wieder laden uns weiße Sandstrände und blaugrünes Wasser zum Verweilen ein. Uns wurde der »Sandspit« empfohlen, eine kleine vorgelagerte Insel ist über eine weiße Sandbank mit dem Festland verbunden. Darauf stehen fünf kleine Palapas, also Palmenhütten, unter denen man sein Zelt errichten kann. Als wir auf die kleine Piste, die zum Strand führt, abbiegen, verstehen wir auch, warum dieser Strand nicht überlaufen ist: Steil und zum Teil mit Steinen bedeckt, ist die Piste für Wohnmobile ungeeignet, und die wenigsten Touristen sind nur mit Zelt unterwegs. Am Ende der Piste, direkt vor dem Strand, entrichten wir unseren Obolus für die Nacht: 1,25 Euro. Dafür dürfen wir eine Palapa nehmen und das schlichte Plumpsklo benutzen.

Dieser Strand ist magisch schön. Wir haben eine kleine Feuerstelle vor dem Zelt, Stefan fährt mit dem Tandem allein ein Stück die Piste zurück, denn dort wies ein Schild auf einen Feuerholzverkauf hin.

Stefan: Ich radele vielleicht einen Kilometer und komme an mehrere verfallene Hütten. Ein Welpe springt mir bellend entgegen und Hühner verschwinden wild gackernd im trockenen Gestrüpp. Mit einem »Buenas tardes« trete ich vor die erste Hütte. Mehrere Campingstühle mit bunter Bierwerbung stehen davor. Eine junge Frau mit zwei Kindern an den Händen schaut mich fragend an. Als ich freundlich nach Brennholz frage, hellt sich ihr Gesicht auf und sie schickt den Jungen los, um es zu holen.

Ich habe unterdessen Zeit, die ärmliche Behausung näher zu betrachten. Die Hütte ist aus Holz, das Dach notdürftig mit Plastikplanen abgedeckt. Ein vergammelter Pick-up steht hinter der Behausung. Die anderen Hütten dienen als Verschläge, in ihnen ist Fischereiausrüstung untergebracht. Die Frau sieht meinen Blick und erklärt, dass ihr Mann als Fischer arbeitet. Der Kleine kommt mit einem Armvoll Cirio-Holz zurück. Das beste Brennholz, das es hier gibt. Es brennt lange, und da es eine sehr hohe Hitze entwickelt, wird es oft auch zum Räuchern verwendet. Liebevoll werden mir die Scheite zusammengebunden und beide Kinder helfen, als ich das Holz mit Gummis auf den Gepäckträger schnalle. Als ich fahre, winken die Kinder mir fröhlich hinterher, ich winke zurück. Ein einfaches Leben, aber die drei machen einen glücklichen Eindruck auf mich.

Das Feuer knistert, als die Sonne blutrot über der Bucht untergeht. Die kleine Insel ist nur noch eine schwarze Silhouette vor den rot flackernden Flammen und der aufgehende Mond wirft sein milchiges Licht auf die Sandbank. Das Feuer glüht noch, als wir uns ins Zelt zurückziehen und beim beruhigenden Plätschern der Wellen einschlafen.

Julia: Je weiter wir nach Süden kommen, desto heißer wird es. Die Überquerung der Sierra del la Giganta steht an. Bei Temperaturen bis gut 40 °C fühlen wir uns wie in der Sauna – allerdings gibt es leider keine Eisdusche. Aber wenn wir uns schon entscheiden müssen: besser heiß, als kalt. Auch wenn unsere Reifen hin und wieder im geschmolzenen Teer kleben bleiben. Wir legen 120 Kilometer zurück. Nur einmal finden wir eine kleine Versorgungshütte, in der wir Wasser nachkaufen können. Die Auffahrt ist lang, aber nicht unmenschlich. Leider verwehrt uns ein böser Gegenwind die verdiente Abfahrt. Auf den Kakteen am Straßenrand sammeln sich die Geier, warten sie auf unseren Zusammenbruch? Kurz vor Einbruch der Dunkelheit erreichen wir ein Minidorf, wo wir in einer kleinen Imbissbude ein Zimmer bekommen. Wieder für einen Tag gerettet!

Der nächste Tag ist kurz und die Hälfte der Zeit verbringen wir in einem erstaunlich nordamerikanisch-modernen Café im Verkehrsknotenpunkt Ciudad Constitución. Wir schlürfen einen köstlichen Kaffee nach dem anderen und essen riesige Stücke Schokoladentorte. Wer weiß, wann wir die nächste Gelegenheit dazu haben. Noch 240 Kilometer bis La Paz, Hauptstadt der Baja California Sur. Zwei Radeltage, irgendwo in der Mitte müssen wir übernachten, wenn kein überraschender Rückenwind uns ungeahnte Kilometer zurücklegen lässt. Außer ein paar Truck Stops gibt es auf der Strecke nichts. Im Ort El Cien – »Ort« ist blanker Hohn, genau ein Gebäude gibt es hier – beschließen wir, den Radeltag zu beenden. El Cien bedeutet übersetzt »Einhundert«, der originelle Name kommt daher, dass es noch genau 100 Kilometer bis La Paz sind.

Jetzt müssen wir nur noch den Besitzer überzeugen, dass wir hinter seinem Restaurant zelten dürfen. Zunächst bestellen wir ein Tecate-Bier und Carne Asada, gegrilltes Fleisch, das uns nach dem langen

Tag hervorragend mundet. Hm, der Wirt ist etwas mundfaul und scheint nicht allzu freundlich. Wir diskutieren, wer von uns fragen soll: »Komm, Julia, mach du, du bist eine Frau, dir wird er das nicht abschlagen.« »Nee, ich mag nicht, in Mexiko regeln so was doch die Männer.« Irgendwann fragen wir zusammen. Das Gesicht des Wirts hellt sich auf: »Si, si, ihr könnt gerne auf dem Hinterhof zelten, solange euch meine fünf Hunde nicht stören. Aber ihr könnt auch für 100 Peso mein Quartito haben.« Ohne ihn gesehen zu haben, nehmen wir den Sechs-Euro-Raum.

Er geht mit uns nach hinten und zeigt das Quartier: Eine winzige Garage, frisch mit Beton ausgegossen, der Boden ist noch feucht. Eine Lagerkammer für Getränke ist es auch noch. Und von der brennenden Sonne aufgeheizt, unsere Spitzenunterkunft ist eine kleine Betonhölle. »Wir haben ein Männer- und ein Frauen-Plumpsklo, das teilt ihr mit meiner Familie und den anderen Gästen. Macht es euch gemütlich, und dann könnt ihr wieder ins Lokal kommen und Fernsehen gucken, wenn euch langweilig ist. Morgen früh machen wir um vier auf, dann gibt es Frühstück«. Zufrieden lachend geht er davon.

Allein gelassen in unserer Sechs-Quadratmeter-Zementhütte mit Generator direkt vor der Tür, schauen Stefan und ich uns an. »Das wird eine interessante Nacht. Zum Schlafen ist es da drin echt zu warm, aber die Tür auflassen geht auch nicht, dann droht uns Hundebesuch. Na komm, davon werden wir noch Jahre erzählen«, tröstet mich Stefan. Zum Glück bin ziemlich kaputt und kann ein paar Stunden schlafen. Um sechs Uhr morgens bin ich froh, dass die Nacht vorbei ist. Der Wirt serviert uns ein köstliches Frühstück, Eier auf Maisfladen mit Paprikasoße, dann schüttelt er uns zum Abschied die Hand und wünscht uns »suerte«, viel Glück, für die restlichen 100 Kilometer nach La Paz.

Doch unsere Tour auf der Baja ist noch nicht zu Ende. Bevor wir in La Paz richtig feiern können, wollen wir noch um die Südspitze der Baja herumradeln. Wir fahren die Rundtour gegen den Uhrzeigersinn und biegen auf den Highway 19 ein. Die Straße ist auf einmal wieder stark befahren, einige Baustellen machen das Fahren auch nicht angenehmer. Am Abend erreichen wir die Künstlerkolonie Todos Santos. Hier steht das berühmte Hotel California, das die Eagles in den Siebzigern zu ihrem Hit inspiriert hat. Die Übernachtung dort ist uns zu teuer, aber bei Livemusik – natürlich spielen sie auch »Welcome to the Hotel California«, ungefähr jede Stunde einmal – und einer Margarita können wir den altmodischen Charme der Hotelbar genießen. Wir haben eine spezielle Margarita geordert – sie enthält Damianalikör, der als Aphrodisiakum gilt. Vom Barkeeper lernen wir: Lädt ein Mexikaner seine weibliche Verabredung zu diesem Drink ein und sie nimmt ihn an, gibt sie damit das Einverständnis, dass er heute Nacht »ran« darf. Um das noch zu steigern, wird danach Ceviche bestellt, roher marinierter Fisch, der die Manneskräfte zusätzlich stärken soll. Als mein Ehemann braucht Stefan solche Tricks nicht mehr, aber der Cocktail schmeckt. Wir stoßen darauf an, den Wendekreis des Krebses überquert zu haben und nun offiziell in den Tropen angekommen zu sein.

Der Süden der Baja ist fest in den Händen der Gringos, besonders die Südspitze mit Cabo San Lucas und San Jose del Cabo hat sich in den letzten Jahren zu einem sehr beliebten Ferienziel für US-Amerikaner und Kanadier entwickelt. Bei der Einfahrt nach Cabo San Lucas durch vergammelte Vororte und auf einer mit tiefen Schlaglöchern übersäten Straße merken wir davon noch nichts, aber dann stehen wir vor den Ferienresorts beziehungsweise deren prächtigen Einfahrten direkt am Meer. Endlose Palmenanlagen, Golfplätze und Pool-Anlagen, die bis ans Meer heranreichen. Diese Hotels bieten All-inclusive-Service, das heißt, man kann Tag und Nacht essen und trinken. Der Hotelzimmerkühlschrank ist gefüllt mit Bier, in der Schrankbar darüber hängen große Flaschen Wodka und Whiskey, wo man sich direkt die Drinks abzapfen kann. Kein Wunder, dass hier alle nur am Feiern und betrunken sind. Moralisch verurteilen wir das schwer, entscheiden uns aber mittags um zwei trotzdem zu dem mutigen Feldversuch »ein Tag Pauschaltourist«.

Stefan: Nach dem Aufenthalt im künstlichen Cabo sehnen wir uns nach Wüste statt nach Pools, wir wünschen uns herzliche Mexikaner statt erstickend freundlich-schleimige Bedienungen, Sand unter den Reifen statt rotem Teppich, Wind und Hitze statt klimatisierter Behaglichkeit, Ruhe statt Motoren. Und einen frischen Start in den Tag statt eines Katers am Morgen. In San Jose del Cabo verlassen wir den viel befahrenen Highway und biegen auf die alte, nicht asphaltierte Küstenstraße Richtung Norden ein. Die letzten Meter bis La Paz sollen noch mal ein Abenteuer werden und die Piste vor uns riecht danach.

Der Reiseführer warnt, erst recht einladend, davor, dass die Straße oft unpassierbar sei. Einheimische zucken auf die Frage nach dem Zustand mit den Achseln. Zunächst geht es komfortabel voran, wir passieren die unansehnliche Großbaustelle eines Resorts, das hier mit staatlicher Unterstützung hochgezogen wird. Es geht nahe des Meeres durch die Hügel, die Straße ist immer noch leidlich asphaltiert. Das ändert sich schlagartig hinter der letzten kleinen Ortschaft am Meer. Vor uns wirft sich eine sandige Wellblechpiste auf. Mit zehn Stundenkilometern rumpeln wir über die Piste, hier hilft auch unsere Vollfederung wenig. Seekrankheit droht jedoch nicht, dafür sind die Schläge zu hart. Wir sind nur wenige Kilometer gefahren, da ruft Julia: »Halt an, schau mal da drüben! Was ist das neben dem Stein?« Ich blicke in die Richtung, in die sie zeigt, und blicke in zwei kalte Reptilienaugen, die auf einem massigen Kopf sitzen. Eine Schlange? Ein Chamäleon? Mein Jagdinstinkt sagt mir, dass es sich jedenfalls nicht um mein Mittagessen handeln wird.

Wir haben mittlerweile das Rad abgestellt und starren zurück. Nur das Rauschen der Wellen ist zu hören. Wir gehen ein wenig um den Stein herum und lassen dabei einige Meter Abstand. Das Tier bewegt sich und wir können nun den ganzen Körper sehen: Es ist gräulichgrün, hat vier Beine und Stacheln auf dem Rücken und sieht aus wie ein Minidrache. Es ist ein männlicher Leguan, der Terrarien-Star! Wir machen einige Fotos und schließlich hat er genug von uns und verschwindet zwischen Steinen. Es ist Siesta-Zeit, die Sonne brennt von oben und wir werfen kaum Schatten. Das Thermometer zeigt 39 °C.

Wir holpern in der flirrenden Mittagshitze weiter und durchqueren immer wieder sogenannte Vados, also Furten, die die Straße kreuzen. Normalerweise führt die Piste auf zehn bis 20 Metern über dem Meeresspiegel dahin, fällt dann jedoch beinahe vertikal in die vollkommen versandeten Flussbetten ab und steigt auf der anderen Seite genauso steil wieder an. Am besten wäre es, mit Schwung hinunterzufahren und diesen zu nutzen, um wieder hochzukommen. So die Theorie. Die Praxis: Die Wellblechpiste ist so brutal, dass die Schläge bei einer Geschwindigkeit von über 15 Stundenkilometern drohen, uns vom Rad zu schleudern. Oder die Piste ist derart sandig, dass eine so hohe Geschwindigkeit selbst bei 20 Prozent Gefälle nicht zu erreichen ist. Im Optimalfall schaffen wir es mit 20 Stundenkilometern nach unten und versanden dann dort im Flussbett, quälen uns im kleinsten Gang auf die andere Seite und beginnen den Anstieg.

Die ersten paar Male finde ich das fahrtechnisch interessant, danach wird es etwas mühselig. Der Tacho zeigt uns einen frustrierenden Schnitt von nur neun Stundenkilometern an – und wir haben uns 70 Kilometer für heute vorgenommen, wir wollen das kleine Örtchen Cabo Pulmo erreichen. Denn dort gibt es Wasser und unsere Vorräte reichen nur für einen Tag. Also Zähne zusammenbeißen. Der Staub kriecht überall hin, auch in meine Radhose. Mein Hintern ist wund gescheuert, das ist lange nicht passiert.

Wir haben mittlerweile die Hälfte der Strecke hinter uns und es ist schon drei Uhr nachmittags. Wir sind seit neun Uhr unterwegs, unter normalen Umständen wären wir schon da. Auf unserer Karte haben wir gesehen, dass in der Mitte eine weitere Piste, aus dem Inland kommend, auf die Küstenpiste trifft. Genau an der Kreuzung ist eine Gabel eingezeichnet, das Zeichen für ein Restaurant. Auch wenn unsere mexikanische Karte nicht sonderlich zuverlässig ist –, die Hoffnung hat uns ein wenig vorangetragen. Vielleicht wird ja sogar die Piste hinter der Kreuzung besser? Vielleicht ist sie mittlerweile asphaltiert? Und die Vados überbrückt? Und von Palmen gesäumt, die Schatten spenden? Tatsächlich passiert gar nichts. Eine Piste zweigt unspektakulär von links ein. Keine Verbesserung, keine Palmen und vor allem: kein Restaurant.

Etwas frustriert schieben wir einen trockenen Müsliriegel ein und spülen ihn mit warmem Wasser hinunter. Dann geht es weiter. Wir reden kaum noch und sind so auf die Straße konzentriert, dass wir das kleine Holzschild mit der Aufschrift »Restaurant« eine Stunde später fast übersehen. Tatsächlich, 200 Meter entfernt steht direkt am Meer eine kleine palmenbedeckte Hütte neben einem halb fertigen Betonrohbau. Eine Handvoll Autos parkt davor. Wir krächzen ein staubiges »Juhu« hervor und werden, als wir ankommen, wie Außerirdische betrachtet. Wir ignorieren die neugierigen Blicke vorerst und bestellen erst mal zwei kalte Colas. Jeder. Dann studieren wir die kleine Speisekarte, als hinge unser Leben davon ab, sie auswendig zu lernen. Wir bestellen Quesadillas mit Bohnenmus. Man kann damit, wie gesagt, nicht viel falsch machen, wobei die Fisch-Tacos auf dem Nachbartisch auch gut aussehen.

Die Quesadillas werden mit zu viel Liebe bereitet, uns läuft die

Zeit weiter weg. Wir überlegen, direkt hier am Taco-Stand zu zelten, aber in Cabo Pulmo locken eine Dusche und das Ende der grausamen Piste, denn dort soll der Asphalt beginnen. Vier Stunden später sind die Kalorien der Quesadillas längst verbrannt, unzählige weitere Vados überquert und wir erklimmen mühsam einen letzten Hügel. Von oben sehen wir in der Dämmerung unten am Meer ein paar Lichter – Cabo Pulmo. Es geht bergab und die Piste ist kurz vor dem Ort ein wenig besser – wir rollen! Langsam zwar, aber beständig. Im letzten Licht kommen wir zu Nancys Restaurant, unserem Ziel für heute.

Nancy ist über 70 und begrüßt uns freundlich. Ihr einfaches Restaurant ist der Geheimtipp an der wilden Ostküstenpiste. Es befindet sich in einem offenen Haus mit romantischem Palmendach, und die leidenschaftliche Köchin, die hier auch Kochkurse gibt, hat alle Gerichte selbst kreiert. Wir genießen Kammmuscheln als Vorspeise und danach frischen Fisch. Das Bett der älteren Dame steht am Rand des Restaurants, hier legt sie sich schon einmal hin, um Siesta zu halten oder wenn sie abends müde ist. Der Gedanke, in Deutschland ein Restaurant zu betreten, in dem der Wirt gerade in der Ecke ein Nickerchen auf seinem Bett hält, ist irgendwie absurd. Hier wirkt es völlig normal. Wir sind müde und ziehen uns bald in unsere einfache Hütte zurück. Mit einem spärlichen Strahl lauwarmen Wassers wasche ich mir eine Mischung aus Staub und Salzkruste aus dem verklebten Gesicht. Zwischen den Beinen ist die Haut sehr wund, das Herauswaschen des Sands aus der Wunde ist – sagen wir es mal britisch – »not amusing«.

Heute Morgen sind wir dem Geruch des Abenteuers gefolgt und haben es gefunden. Insgesamt haben wir über 1000 Höhenmeter auf übelster Piste bewältigt. Bei Temperaturen von 40 °C. Hatten Sorgen um unsere Wasservorräte, haben um unser Rad gebangt und uns völlig verausgabt. Es war schrecklich und gleichzeitig fantastisch. Wir werden diesen Tag in Erinnerung behalten, gerade auch, weil er in so starkem Kontrast zu den vorhergehenden Tagen in der Luxuswelt stand.

Am nächsten Morgen verschlechtert sich die Piste erst einmal wieder, von wegen, der Asphalt beginnt gleich nach Cabo Pulmo. Die Ostküstenpiste verwöhnt uns mit einer weiteren Stunde Marter für die geschundenen Hinterteile. Ein lautes »Zing« vom Hinterrad bringt uns zum Stehen: Eine Speiche ist gebrochen. Wir fahren zwar auf 48 Speichen – ein normales Fahrrad hat nur 32 –, aber diese Belastung war dann wohl doch etwas viel. Wenig später bricht die zweite Speiche –

langsam wird es kritisch. Ich fahre wie auf rohen Eiern weiter und wir sind heilfroh, als wenig später der Asphalt beginnt. Auf wundersame Weise trägt uns unser Tandem bis in den kleinen Fischerort Los Barilles, wo wir ein paar Tage bleiben wollen.

Wir kommen in einem Hotel direkt am Meer unter, das schon seit fünf Generationen von der Familie Verdugo betrieben wird. Am nächsten Tag will ich gerade mit dem Ersetzen der Speichen beginnen, als ein älterer schlanker Mann mit wettergegerbtem Gesicht langsam mit einem Pick-up angefahren kommt und mich auf Spanisch anspricht:

»Woher kommt ihr?«

»Aus Deutschland, wir sind von Alaska mit dem Fahrrad hierher gekommen.«

Er lacht: »Und jetzt ist es kaputt?«

Ich erzähle ihm von unserer Tour am Ostkap entlang und er nickt anerkennend. Ich frage ihn nach seinem Namen und es stellt sich heraus, dass er Martin Verdugo ist, das Familienoberhaupt. Nach einem kleinen Plausch über die Sportfischer aus den USA, die hier vor allem herkommen, verabschiedet er sich mit einem Kopfnicken und setzt seine langsame Fahrt über das Hotelgelände fort. Ich kehre zurück zu meiner Reparatur. Die Speichen sind am Hinterrad gebrochen, was bedeutet, dass ich sowohl Zahnkranz als auch die Trommelbremse auf der anderen Seite lösen muss, um sie zu ersetzen.

Das Lösen von Trommelbremsen versetzt selbst manche Fahrradwerkstätten in Schrecken, denn man braucht ein ungewöhnliches und vor allem riesiges Werkzeug, um die Bremse aufzuhebeln. Das haben wir natürlich nicht mit dabei, aber mir ist eine Lösung des Problems eingefallen. Darauf bin ich ganz besonders stolz, denn ich stehe nicht gerade in dem Ruf, ein handwerkliches Genie zu sein. Zwei linke Hände hat man mir hingegen schon öfter bescheinigt. Ich suche am Strand einen gut faustgroßen Stein und nehme einen Zelthering. Diesen setze ich an, während Julia das Rad verkantet hält, und »kloppe« damit die Bremse auf. Die Reparatur dauert ewig, beinahe vier Stunden, bis ich alles so weit hinbekommen habe. Julia lag derweil am Strand und hat sich gesonnt. Stimmt nicht, sie hat unsere Internetseite www.bankerbiker.de gepflegt, aber nach Reparaturen verfalle ich gerne in Selbstmitleid.

Meine kleine Testfahrt verbinde ich mit einem Besuch im Supermarkt. Draußen sitzen zwei blonde Mädels, und die eine fragt mich keck, ob ich noch eine Beifahrerin bräuchte. Ich erkläre, dass ich verheiratet sei, sie aber sonst gerne mitgenommen hätte. Hier ein Hinweis an alle Singles, die Rad fahren: Kauft ein Tandem, auf dem Herzensbrecher findet sich leicht eine Mitfahrerin!

Die kleine Strandbar des Hotels in einer Palmenhütte hat aufgemacht, als ich mit den Einkäufen für die nächsten Tage zurückkomme, und wir beschließen ein Bier zu trinken. Etwa ein Dutzend Urlauber haben sich schon versammelt, wir sehen auch bald warum: Die Fischerboote kommen gerade zurück, und am Strand gibt es einen Wettbewerb um den größten gefangenen Fisch. Nicht nur den »inoffiziellen« männlichen Standardwettbewerb »Meiner ist größer als deiner«, sondern einen offiziellen mit Waage und amtlicher Messperson. Die ausgeschriebenen Preise sind ganz beachtlich, als Hauptpreis gibt es eine Woche Urlaub inklusive Boot und Besatzung.

Julia: Wir staunen nicht schlecht, als wir die Größe der Fische sehen. Sie sind deutlich über einen Meter lang. Wir kommen mit einem Ehepaar, Dave und Pam aus Wisconsin, ins Gespräch. Daves Augen strahlen unter seinen Locken hervor, als er uns die verschiedenen Fische die an Land gebracht werden, vorgestellt wie persönliche Bekannte: »Der große lange Fisch mit dem Schwert ist ein Segelfisch. Das sind wahre Raketen unter Wasser, die schwimmen bis zu 110 Stundenkilometer. Da, sie bringen einen weiteren an Land – einen Marlin. Da läuft mir das Wasser im Mund zusammen – die sind eine wahre Delikatesse. Ich hoffe wir fangen morgen einen!« Dave zeigt mit seiner Bierflasche, aus der eine Limette ragt, auf zwei weitere Fischer, die an Land kommen. »Und die haben einen Delfin! Wird hier häufig gefangen.«

Ich frage leicht geschockt nach: »Einen Delfin? Sind die nicht geschützt?«

Stefan setzt nach: »Die töten Flipper?«

Pam und Dave klären uns auf: »Keine Sorge, kein richtiger Delfin, es ist ein Mahi-Mahi, wie die Hawaiianer sagen, oder auch Delfinfisch. Die meisten hier nennen ihn jedoch einfach kurz Delfin.«

Jetzt kann ich den Fisch auch genauer sehen und er hat zum Glück keine Ähnlichkeit mit dem beliebten Säugetier. Der Delfinfisch hat einen dicken Kopf und wird nach hinten schmaler, er schimmert graugrün in der Sonne. Wir bestellen ein paar weitere Runden Bier, und zu Stefans heller Freude lädt uns Pam ein: »Wir haben morgen früh ein Boot für uns allein gechartert, wenn ihr wollt, nehmen wir euch Landratten doch einfach mit. Martin Verdugo hat bestimmt nichts dagegen.«

Stefan: Am nächsten Morgen um sechs Uhr stehen wir mit den anderen am Strand, es liegt Spannung in der Luft, so wie vor dem Start eines Rennens. Es ist noch angenehm kühl. Mit einem kleinen Außenborder werden wir zu einem großen Motorboot gebracht. Der Kapitän zeigt uns stolz das Boot, das recht luxuriös ist und sogar über eine Toilette verfügt. Hatte mich schon gefragt, wie das tagsüber laufen soll.

Zunächst fahren wir zu einem kleinen Fischerboot, das etwas abseits des regen Treibens liegt. Hier kaufen wir Lebendköder. Die Fische, die wir als Köder benutzen, wären in Deutschland schon eine reiche Ausbeute. Felipe, der Gehilfe, meint dazu nur trocken: »Große Fische, große Köder. Kleine Fische, kleine Köder.« Dann geht es mit voller Kraft voraus in den Sonnenaufgang, die anderen Boote schießen wie Pfeile neben uns her. Pelikane kreisen majestätisch am wolkenlosen Himmel. Eine frische salzige Brise treibt uns die letzte Müdigkeit aus den Knochen. Zum Unterhalten ist es zu laut, und so sitzen wir stumm da. Ich betrachte die zerklüftete Ostküste der Baja California. Vom Meer aus sieht sie wild und unwirtlich aus, von Zivilisation und Vegetation kaum eine Spur. Die Felsen sind zackig und schimmern rötlich in der Morgensonne. Ab und zu sehen wir Teufelsrochen, die aus dem Wasser springen. Ein Bild wie von Künstlerhand gemalt.

Nach einer knappen Stunde Fahrt drosselt der Kapitän das Tempo und Felipe bringt vier Angeln aus. Weder wir noch Dave und Pam hatten bis jetzt irgendetwas zu tun. Wir cruisen ein wenig umher, und alle starren aufs Wasser, um die erste Beute zu sehen. Die großen Fische, die wir suchen, halten sich oft an der Wasseroberfläche auf. Plötzlich zuckt die Leine einer Angel ein wenig und Hektik bricht aus. Dave stürmt vor und setzt sich hinten auf den Anglersitz, von wo aus die Fische eingeholt werden. Felipe löst die Angel aus ihrer Verankerung und reicht sie Dave. Der Kapitän fährt derweil rückwärts dem fliehenden Fisch hinterher, um die Spannung auf der Schnur etwas zu senken. Dann fängt Dave an zu kurbeln und schon bald treten Schweißperlen auf sein Gesicht. Einige Minuten später hat er den Fisch, der am Anfang ungefähr 50 Meter entfernt war, auf zehn Meter herangeholt. Plötzlich zieht der in die Enge getriebene Fisch wie wild und Dave verliert wieder fünfzehn Meter Schnur.

Wir halten alle Abstand und schauen uns den Kampf an. Es geht hin und her, Dave gewinnt Schnur, dann gewinnt der Fisch wieder Schnur. Nach zehn Minuten ist der Fisch endlich müde geworden. Felipe holt ihn nahe ans Boot und zieht ihm schnell und geschickt einen schweren Eisenknüppel zweimal über den Schädel. Kein schöner Anblick, ich weiß schon jetzt, dass Sportfischen nicht mein Hobby wird. Der lange Segelfisch ist ein wahres Prachtstück und glitzert in der Sonne.

»Jetzt bis du dran«, lacht mich Dave an. Er drückt meinen Bizeps und schlägt mir aufmunternd auf die Schulter. Im Grunde gefällt mir das Ganze nicht, aber wer Fisch essen will, muss auch in der Lage sein, Fische zu fangen, denke ich. Beim nächsten Zucken der Schnur stürme ich zum Anglersitz, wobei ich vor lauter Aufregung fast Pam über den Haufen renne. Dave ruft mir zu, dass ich einen Marlin an der Angel habe, und ich fange an zu kurbeln, als hinge mein Leben davon ab. Der Fisch hält dagegen und ich bin mit meiner Kraft am Ende. »Du musst etwas Schnur nachlassen, so verliert er Kraft. Dann holst du die Schnur wieder ein. Und das gleich von vorne. Jedes Mal ziehst du ihn ein wenig näher.«

Die Technik beherrsche ich nicht so richtig und so übergebe ich an Julia, der es ähnlich geht. Am Ende sitzen wir zu zweit an der Angel und kämpfen wie die Weltmeister, zur Freude der anderen, die unsere »Tandem-Technik« noch nie gesehen haben. Endlich haben wir den Marlin nahe genug und Felipe erledigt den Rest für uns. Nach dem obligatorischen »Poser-Foto« mit unserer Beute frage ich den Kapitän: »Sind wir die schlechtesten Fischer, die du je dabeihattest?« Der Mexikaner lacht breit und Pam und Dave stimmen mit ein. »Ja, so hat noch keiner einen Marlin eingeholt. Daran werden wir uns erinnern.« Was auch schon etwas ist, freue ich mich. Pam verkündet: »Die besten Stücke von eurem ersten Fisch nehmen wir heute Abend mit zum Restaurant, die bereiten den wunderbar zu.«

In den nächsten Stunden beißen immer wieder Fische an, viele lassen Dave und Pam frei, nachdem sie diese einmal für ein Foto an Bord geholt haben. Das machen die meisten Sportfischer so. Die Lebendköder, die in einem Becken am Bug des Bootes ihres Schicksals harren, gewinnen unser Mitleid. Wenn größere Wellen kommen und das Wasser in ihrem Becken hin und her schwappt, versuchen sie über Bord zu springen. Ab und zu gelingt es einem, und wir wünschen »Nemo« eine gute Reise. Manchmal springen sie auch versehentlich ins Boot, dann muss man den zappelnden Fisch aufheben und zurück ins Becken werfen. Ein paar werfe ich heimlich über Bord. Rettet Nemo!

Der Wellengang wird am Frühnachmittag deutlich stärker und Pam und mir wird ein wenig übel. So beschließen wir, mit unserer Ausbeute die Rückfahrt anzutreten: Ein Segelfisch, zwei Marlins und zwei Doraden sind mit an Bord. Dave und Pam können davon ein Jahr lang essen und auch Freunde und Verwandten beschenken. Dann kommen sie, wie viele andere, wieder hierher, um ihrem Hobby nachzugehen.

An Land gehen wir zunächst zur Messstation, aber leider sind unsere Fische nicht groß genug für den Wettbewerb. Dave ist ein wenig enttäuscht, letztes Jahr hat er einen Nebenpreis gewonnen. Aber der Gedanke ans Essengehen muntert ihn auf. Während die Fische von Mexikanern fachgerecht zerlegt und eingefroren werden, gehen wir zum Restaurant, um »unseren Marlin« zu essen. Die mexikanische Köchin bereitet uns den Fisch auf drei verschiedene Weisen zu. Einfach als Fisch-Taco, dann in Knoblauch gebraten und fein gewürzt und schließlich in frischem Gemüse gedünstet. Als Beilage gibt es Reis und Bohnenmus. Das blütenweiße Fischfleisch ist zart und schmeichelt dem Gaumen. Julia und ich sind uns einig: Für uns wird es ein einmaliges Erlebnis bleiben – denn wir werden nicht noch einmal fischen gehen. Auch wenn uns Dave und Pam herzlich zu sich nach Michigan eingeladen haben: »Bei uns könnt ihr auch wunderbar Rad fahren. Und wir können auch fischen gehen!«

Julia: Wir haben den kleinen Ort Los Barilles bald hinter uns gelassen, Hitze und Stille der Halbwüste umarmen uns. Angesichts der Speichenbrüche haben wir uns entschieden, wieder dem Highway zu folgen. Dieser führt vom Fischerort ins bergige Inland und wird uns in hoffentlich zwei Tagen zurück nach La Paz führen. Der Verkehr ist relativ stark und die Straße eng. Das macht die Fahrt nicht nur für uns gefährlich, sondern auch für viele Tiere. In einer Serpentine liegt am Straßenrand ein halb verwester Esel, auf dem zwei große schwarze Raben frühstücken. Der Gestank malträtiert meinen Geruchsinn und ein akuter Würgereiz steigt in mir auf. Als wir auf Höhe des toten Tieres sind, schwirren Hunderte Fliegen auf.

Wir haben auf unserer Reise viel zu viele Tiere gesehen, die überfahren wurden. Die üblichen Kandidaten: Kaninchen, Igel, Vögel, Rehe, Ratten, Katzen und Hunde. Aber auch welche, die man nicht unbedingt erwartet: Schlangen, Eidechsen, Kühe, Esel oder Stinktiere. Stinktiere sind am schlimmsten. Der unerträgliche Gestank ist auf mehrere Hundert Meter unverkennbar – es riecht, wie eine grüne Giftgaswolke aussieht. Der arme Esel verschwindet langsam im Rückspiegel und der Tierfriedhof der Unfallopfer ist vorbei. Den Preis automobiler Freiheit sehen ungerechterweise nur Radfahrer und Fußgänger.

Stefan: Unsere letzten Kilometer auf der Baja brechen an. Schnurgerade zieht sich die befahrene Straße durch die Wüstenlandschaft. Ein heißer Wind weht über den flimmernden Asphalt. Die letzte Ortschaft liegt eine Stunde hinter uns, bis auf Warnungen wie »Vorsicht, das wird eng!« haben wir nicht gesprochen. Die Straße hat keinen Seitenstreifen, und bei dem Verkehr können wir uns nicht entspannen.

Ich blicke auf den Tacho, er zeigt 42 °C und verrät mir, dass wir 18 Stundenkilometer fahren. Ich rechne aus, wie viele Stunden wir bei diesem Tempo noch bis La Paz brauchen, als Julia ansagt: »Lkw«. Genervt fahre ich so weit wie möglich an den Straßenrand, da höre ich einen lauten Knall hinter uns – oder eine Explosion? – und Julia schreit wie am Spieß. Mein ganzer Körper verkrampft sich. Die Welt fängt an, sich wie in Zeitlupe zu bewegen. Was ist los? Ich weiß es nicht, mein Körper scheint wie von selbst zu handeln, instinktiv reiße ich den Lenker nach rechts und ziehe die Bremsen voll durch. Das schwer beladene Tandem schlingert in Richtung Böschung. Von hinten höre ich das infernalische Brüllen eines Lkw-Motors. Unsanft kommen wir zum Stehen. Eine Handbreit entfernt schießt der Lkw an uns vorbei. Der Luftsog trifft mich wie eine Faust, vor Furcht bleibt mir der Atem weg. Ich drehe mich um und Julia schaut mich blass an. »Alles in Ordnung?« »Ja«, kommt es schwach von hinten, »ich habe im Rückspiegel gesehen, wie dem Lkw ein Reifen geplatzt ist und der Fahrer die Kontrolle über das Ungetüm verloren hat. Der Lkw kam direkt auf uns zu, wenn du nicht von der Straße gefahren wärst …« Sie lässt den Satz unvollendet. Meine Knie fangen an, unkontrolliert zu zittern. Julia geht es nicht besser. Wir setzen uns auf den Wüstenboden – mit gebührendem Abstand zur Straße – und umarmen uns. Das war knapp. Ich will nicht mehr auf dieser Straße weiterfahren, ich will in einem sicheren Hotelzimmer liegen und mir die Decke über den Kopf ziehen. Hier will ich nicht bleiben. Die Fahrtzeit beträgt bei 18 Stundenkilometern noch drei Stunden und zehn Minuten. Das hatte ich ausgerechnet.

Julia: Wir sind wieder an der Gabelung, an der wir vor einer Woche nach Todos Santos abgebogen sind. Hier findet sich ein großer Taco-Stand unter einem Palmendach. Nach dem Schrecken brauchen wir eine Pause, bevor wir die letzten Kilometer nach La Paz radeln. Der Besitzer der Bude stellt sich als Señor Jorge vor und verkündet: »Ich habe die besten Tacos der ganzen Baja, da könnt ihr jeden fragen!« Unser Tandem gefällt ihm gut und er schickt seine wohlerzogene Tochter vorbei, damit sie noch ein paar Details über uns auf Englisch in Erfahrung bringt. »Woher kannst du denn so gut Englisch?«, fragen wir die rehäugige Martha. »Ich war ein Jahr in Kanada, Papas Geschäft läuft so gut, dass er alle drei Geschwister zum Schüleraustausch geschickt hat. Englisch ist wichtig, dann steht uns die Welt offen. Die USA mag er nicht so, zu viel Konsum, deshalb war ich in Vancouver.« Nach den wirklich extrem leckeren Fleisch-Tacos machen wir noch ein Gruppenfoto mit der herzlichen Familie, dann ringt uns Jorge das Versprechen ab, auch in Deutschland allen zu sagen, dass es bei ihm die besten Tacos gibt. Das wir hiermit erfüllen.

Endstation unserer Mexikotour ist La Paz. Die Stadt erfreut sich großer Beliebtheit, ihre Bevölkerungszahl wächst stetig an und liegt aktuell bei einer Viertelmillion. Ihre Bewohner haben ein Durchschnittseinkommen von 27 US-Dollar pro Tag und damit den höchsten Lebensstandard in Mexiko. Zum Vergleich: Der niedrigste Durchschnittstageslohn liegt bei 4,35 US-Dollar auf dem südlichen Festland Mexikos. Wieder lockt der Traum von einem besseren Leben Zuwanderer an, die sich in La Paz ein neues Leben aufbauen wollen. Doch im Gegensatz zu den Städten an der Grenze der USA strahlt La Paz Friedlichkeit aus. Die Bewohner sind freundlich und die vielen Nordamerikaner, die hier ihren Ruhestand verbringen, mischen sich unauffällig ins Stadtbild, sodass die Stadt höchstens in ein paar Bars »amerikanisiert« wirkt und dadurch, dass es hier den einzigen Burger King der südlichen Baja gibt.

Wir haben uns an einer kleinen Sprachschule mit schattigem Hinterhof für einen einwöchigen Sprachkurs eingeschrieben. Zwar können wir uns mit unserem Volkshochschul-Spanisch durchschlagen, aber der Schlüssel zu Land und Leuten ist die Sprache und daran können wir noch feilen. Unser Lehrer heißt Omar, ist 26 Jahre alt und hat das fröhlichste Lachen der Welt. Wir lernen in der Woche viel von ihm – nicht nur die Sprache, sondern auch über die Kultur und die mexikanische Lebensweise. Besonders faszinierend ist der Tag der Toten. Die Familien feiern ganztägige Feste an den Grabstätten der Verstorbenen und lassen ihren Liebsten dann deren Leibspeise am Grab stehen. Omar erklärt: »Wir Mexikaner sind katholisch, aber dazu auch noch abergläubisch. Für uns kein Widerspruch.«

Wir nutzen die Woche auch zu einem kulinarischen Rundumschlag, denn in der Hauptstadt des Bundesstaates Baja California Süd finden wir alle regionalen Köstlichkeiten: mittags nach der Schule vielleicht ein paar Quesadillas, die mit Käse gefüllten Weizenfladen, oder Burritos, die normalerweise mit Fleisch gefüllt werden? Es locken auch die Tacos, ebenfalls aus Mais oder Weizen, am liebsten mit Carne Arrachera, einem herzhaften marinierten Rinderfilet, oder mit Fisch. Dazu werden scharfe Soßen, Limonen und Guacamole, eine Creme aus Avocado, gereicht. Und Bohnen. Morgens, mittags, abends. Für Vegetarier gibt es Chiles Rellenos, milde Chilischoten mit Käse gefüllt.

Hat man mittags ein solches Antojito gegessen, hat man abends schon wieder Lust darauf. Richtiges Steak gibt es natürlich auch und Fischfilet ist besonders beliebt hier, wir sind stolz, die Fische ihrem Aussehen nach den verschiedenen Gerichten zuordnen zu können. Und zur Not gibt es immer einen Hamburguesa mit Papas Fritas – einen Burger mit Fritten. Trotz aller Warnungen der Reiseführer: Montezumas Rache ereilt uns zum Glück nicht. Vielleicht auch, weil wir alles gut desinfizieren. Bier ist Nationalgetränk und aus dem mexikanischen Tequila kann man nicht nur Margaritas mixen. Im Supermarkt finden wir 20 verschiedene Tequila-Sorten.

Drei Monate waren wir auf der Baja California unterwegs, die trotz ihrer Menschenleere viel mehr als Wüste und Kakteen zu bieten hat. Mag es auch weniger geordnet als in den USA zugehen, wir haben uns trotzdem sehr wohlgefühlt, nachdem das »Höllentor« Tijuana überwunden war. Der Verkehr ist schnell und hektisch, die Abende in kleinen Städtchen oder in der Wüste gaben uns die Ruhe zurück. Die Bewohner der Halbinsel sind ein freundlicher Menschenschlag und empfingen uns mit offenen Armen. Das Land ist wie Forrest Gumps Pralinenschachtel: Du weißt nie, was es als Nächstes für dich bereithält.

Nun heißt es für uns wieder packen und ab zur letzten Station unserer Tour: Peru. Die Sprache bleibt. Und natürlich unser Tandem.

Peru

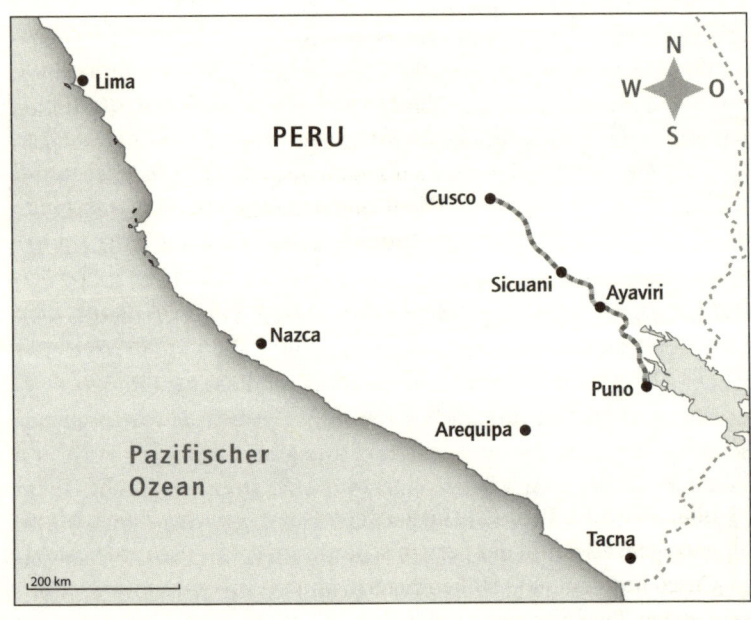

14. Kapitel: Finale in den Anden

> *»Wie jede Blüte welkt und jede Jugend*
> *Dem Alter weicht, blüht jede Lebensstufe,*
> *Blüht jede Weisheit auch und jede Tugend*
> *Zu ihrer Zeit und darf nicht ewig dauern.*
> *Es muß das Herz bei jedem Lebensrufe*
> *Bereit zum Abschied sein und Neubeginne,*
> *Um sich in Tapferkeit und ohne Trauern*
> *In andre, neue Bindungen zu geben.*
> *Und jedem Anfang wohnt ein Zauber inne,*
> *Der uns beschützt und der uns hilft, zu leben.«*
> (Hermann Hesse)

Julia: »Viva EL Peru Glorioso«, so strahlt es uns von einem Hügel entgegen, als wir in der peruanischen Großstadt Cusco ankommen. Cusco liegt auf 3400 Höhenmetern, und so verbringen wir hier unsere ersten Tage, um uns an die Höhe zu gewöhnen. Kopfschmerzen und Übelkeit plagen uns nicht, nur fangen wir beim Treppenlaufen sofort an zu hecheln, als würden wir gerade einen 100-Meter-Sprint absolvieren.

Cusco wird oft als die schönste Stadt Südamerikas bezeichnet. Auf dem zentralen Platz, der Plaza del Armas, liefen früher die Hauptverbindungen des Inkareichs zusammen. Um die Stadt herum erheben sich mächtige Ausläufer der Anden. Durch die geschützte Lage im Tal fühle ich mich gleich ein wenig geborgen, zumal viele Cafés mich wieder zu meinem liebsten Hobby – nach Radfahren natürlich – verleiten: Herumsitzen, einen Kaffee genießen und die Szenerie auf mich wirken lassen. Das Café Trotamundos direkt auf dem Hauptplatz wird zu unserem Ersatzwohnzimmer.

In Cusco herrscht reges Treiben, Ströme von Tagestouristen, Frauen in bunten Andentrachten, die ihr Geld als Fotoobjekte verdienen, mobile Souvenirverkäufer und dazu die restlichen 300 000 Einwohner, die oft in den ärmeren Gebieten am Berghang wohnen. Die Innenstadt selbst ist prächtig, kopfsteingepflasterte Straßen und Paläste schmücken sie. Als wir das erste Mal aus unserem Hotel treten, stürmen sofort zwei kleine Mädchen mit Lämmern auf uns zu. Ihre Mutter bringt auch noch ein Lama mit, falls wir lieber davon ein Foto haben wollen.

Wir freuen uns, auf unserer Abschlussetappe Besuch zu haben: Alaska-Sven und Neueinsteigerin Ina sind mit dabei. Zusammen haben wir schon das erste »Abenteuer« bestanden und Meerschweinchen im Restaurant Zum glücklichen Meerschweinchen gegessen. Meerschweinchen ist für Peruaner ein wahres Festessen. Die Tierchen werden im Ganzen mit Kopf und Krallen gegrillt. Die Art, wie sie serviert werden, bricht nicht nur Vegetariern das Herz: weiterhin am Stück, mit Tomate auf dem Kopf und Möhre im Maul, dazu viel Grünzeug in den Hintern gesteckt. Viel Fleisch ist nicht dran und es schmeckt hauptsächlich nach den Kräutern, mit denen es gefüllt ist. Gewöhnungsbedürftig. Nein, das Meerschweinchen ist uns lieber als Haustier. Auf den Teller kommt es nicht mehr.

Stefan: Der Tee Mate de Coca ist in Peru und anderen Andenregionen Nationalgetränk. In unserem Hotel gibt es für ankommende Gäste gratis Cocatee gegen die drohende Höhenkrankheit. Nach dem Motto »Viel hilft viel« trinke ich einen Tee nach dem anderen. Der Tee schmeckt leicht grasig, aber nicht unangenehm. Nach sieben Tees frage ich die freundliche Dame, die so großzügig ausschenkt, ob man sich damit eigentlich einen Rausch antrinken könne. Sie kichert: »Nein, das nicht. Aber einen Drogentest würden Sie jetzt nicht mehr bestehen.« Ich werde blass – in wenigen Wochen werde ich wieder anfangen zu arbeiten und davor ist ein Bluttest zu absolvieren. Was soll ich sagen: »Glauben Sie mir, ich habe nur übermäßig Cocatee getrunken, daher der positive Drogentest?« Ich stelle den Konsum des Tees für den Rest der Reise ein – ich hatte ja sowieso schon genug davon getrunken.

Das Tandem ist komplett zerlegt, die Einzelteile befinden sich in zwei großen Fahrradkartons. Neben viel Geduld brauche ich vor allem eines zum Zusammenbauen: viel Platz. Daran scheint es in unserem schönen Hotel zu mangeln. Vorne geht es direkt auf eine belebte Straße und hinter dem Hotel schließen sich unmittelbar bewohnte Baracken an. In einfachem Spanisch schildere ich dem kleinen Mann an der Rezeption mein Problem. Nein, kein Problem – ich darf das Tandem in der prächtigen Hotelhalle zusammenbauen. So wird die Eingangshalle kurzerhand zur Bike Werkstatt. Er klingelt an einer Glocke und ein Kofferträger eilt heran, um mir beim Tragen der Kartons und beim nötigen Verrücken der Ledersessel zu helfen. Ein Schild an seiner Uniform verrät seinen Namen: Raul. Als er unsere Heimatadresse auf dem Fahrradkarton liest, beginnen seinen Augen zu leuchten und er spricht mich in tadellosem Deutsch an: »Sie kommen aus Deutschland.« Etwas verdutzt nicke ich und frage ihn, woher er die Sprache so gut kann: »Ich habe Deutsch hier in Cusco studiert, ich wollte immer in Deutschland arbeiten.«

Während ich die Fahrradkartons öffne, höre ich ihm zu: »Ich bin ausgebildeter Ingenieur, aber leider gibt es keine Arbeit für mich. In Deutschland bekomme ich keine Arbeitserlaubnis, also habe ich hier die Arbeit als Kofferträger angenommen. Ich bin froh, sie ist sehr gut bezahlt.« Ich schaue hoch und sehe keine Spur von Zynismus in seinen braunen Augen, die lebendig unter seiner Kappe hervorfunkeln.

Ich erzähle ihm von unserer Reise und vor allem unser Hightech-Tandem fasziniert ihn. Ich bin schwer beeindruckt, er kennt Begriffe wie Hydraulikbremse, Kettenritzel oder Schalt-Umwerfer auf Deutsch. »Ich fahre auch Mountainbike«, erzählt er mir, »ich habe mir vor fünf Jahren ein einfaches Rad gekauft. Leider konnte ich im letzten Jahr nicht fahren.«

»Zu viel Arbeit?«

»Nein, ich bin beim Bergabfahren gestürzt, dabei ist die Gabel kaputtgegangen und ich habe mir ein paar Rippen gebrochen. Um das Krankenhaus zu bezahlen, musste ich die Fahrradschuhe und die Pedale verkaufen. Seitdem spare ich darauf, mir die Sachen wieder zurückzukaufen – ich schätze, ich brauche noch ein halbes Jahr, dann geht es wieder los.« Von der Rezeption ertönt die Klingel, es sind neue Gäste angekommen. »Ich freue mich jetzt schon«, lacht er noch und macht einen Radfahrer nach.

Ich bin wie vor den Kopf gestoßen. Für eine Gabel anderthalb Jahre sparen? Für einen Krankenhausaufenthalt die Schuhe verkaufen? Einmal mehr wird mir klar, wie privilegiert wir in unserer Heimat sind, trotz aller Kritik am deutschen Gesundheitssystem: Zumindest haben wir überhaupt eines.

Bei uns in Deutschland hätte Raul alle Chancen, es weit zu bringen, hier in Peru kann er schon froh sein, vielleicht ein paar Soles als Trinkgeld zu bekommen. Ich werde mich in Deutschland nicht mehr über »zu wenig« beschweren. Hohe Spritkosten, Praxisgebühr, Steuern oder der Italiener, der die Pizza schon wieder einen Euro teurer anbietet. Ich werde versuchen zu sehen, dass ich ein Auto und eine Krankenversicherung habe, dass mein Einkommen so hoch ist, dass ich Steuern zahle, dass ich mir ein Essen im Restaurant leisten kann. Bestimmt wissen viele Deutsche, wie schwer es Menschen in Entwicklungsländern haben. Trotzdem, es nur zu wissen oder es aus erster Hand selbst zu erfahren, erscheint mir ein großer Unterschied zu sein. Das nächste Mal, wenn ich mich in Deutschland bei einer solchen reflexartigen Jammerei erwische, werde ich an Raul und die Millionen anderer Menschen denken, die sich zerreißen würden, um meine Probleme zu haben.

Nach fünf Stunden steht das Tandem endlich – zur Belohnung gehen wir essen. Raul gibt uns eine Empfehlung: »Geht in die kleine Gasse, die zum Künstlerviertel San Blas führt. Dort findet ihr ein kleines Restaurant, es heißt La Bodega del Waiky.«

In der Bodega gibt es nur fünf Tische, wir sind die einzigen Gäste. Wir bestellen Bier und ein Avocadogericht. Freundlich nimmt ein alter Mann mit schon ganz faltigem Gesicht unsere Bestellung auf. Als wir fertig sind, schenkt er uns ein fast zahnloses Lächeln und geht mühsam aus dem Restaurant. Wo will er denn hin? Wir nutzen die Zeit, um uns umzuschauen. Die Tische sind uralt und aus massivem Holz, an der Wand hängen verblichene Poster vom Titicacasee. Ein paar Minuten später kommt der Mann mit zwei Bier wieder und stellt sie uns auf den Tisch. Lagerhaltung ist den Restaurantbesitzern in Peru oft zu kostspielig, das werden wir noch öfter erleben, Getränke werden erst nach der Bestellung im Geschäft nebenan eingekauft. Dann bereitet er in aller Ruhe unser Essen zu, wir hören ihn Zwiebeln hacken und fröhlich dabei pfeifen. Liebevoll und umständlich serviert er uns das Gericht, vor allem der peruanische Käse passt hervorragend zu der von ihm zubereiteten Guacamole.

Ich zeige auf die Fotos vom Titicacasee und sage: »Sehr schön, da werden wir mit dem Fahrrad radeln.« Er nickt anerkennend und kommt mit einem kleinen Fotobüchlein wieder. »Ich komme vom Titicacasee, aus einem kleinen Dorf, es ist sehr schön dort.« Das Fotobüchlein zeigt ein paar heruntergekommene, zum Teil mit Graffiti besprühte Hütten vor einem strahlend blauen See. »Schön dort«, sagt er mit viel Sehnsucht in der Stimme, »wenn ich nicht mehr arbeiten kann, gehe ich dorthin zurück.« »Wir werden den See von Ihnen grüßen«, sage ich zum Abschied und meine es ernst. Er lächelt und winkt uns nach, als wir die kleine Gasse zurück zum Hotel gehen.

Julia: Peru verfügt über Bahnlinien, die mittlerweile von der Orient-Express-Gesellschaft betrieben werden. Wir nehmen den äußerst stilvollen Zug von Cusco nach Puno, dem Startpunkt unserer Bike-Tour. Acht Stunden dauert die Fahrt, sie bringt uns durch die Anden zu den blauen Fluten des Titicacasees.

Die Stadt Puno liegt auf 3830 Metern Höhe. Außer an der Plaza de Armas im Zentrum ist die Stadt nicht besonders schön, doch die Lage an der peruanischen Seite des Titicacasees, dem höchsten schiffbaren See der Welt, macht sie einzigartig. Und die Schilfinseln der Uros: Ein sanftes Gurgeln ertönt, als Sylvie vom Stamm der Uros das Paddel ins Wasser sticht. Sie steht am Bug eines Bootes, das komplett aus Schilf gefertigt ist. Die kräftige Frau in der traditionellen bunten Kleidung macht eine geschickte Drehbewegung und der Kahn gleitet wieder ein Stück voran durch das azurblaue Wasser des Sees. Bevor wir in die Pedale treten, um den höchstgelegenen Punkt der gesamten Tour zu erreichen und zurück nach Cusco zu radeln, statten wir dem Stamm der Uros einen Besuch ab. Die Uros wohnen seit Hunderten von Jahren auf selbst gebauten schwimmenden Schilfinseln auf dem Titicacasee. Auf diese Weise schützten sie sich vor Angriffen benachbarter Stämme. Heute gibt es noch etwa 1000 Uros auf dem See, sie leben außer vom Fischfang hauptsächlich von Besuchern wie uns.

Wir erfahren, dass das Leben auf den Inseln gerade in der Regenzeit kein Zuckerschlecken ist. Viele Uros bekommen aufgrund der ständigen Feuchtigkeit schon in jungen Jahren Rheuma. Die Inseln, zwischen denen wir umhergepaddelt werden, haben einen Durchmesser von knapp 30 Metern und sind mit einfachen Schilfhütten bebaut, zwischen denen bunte Wäsche zum Trocknen hängt. Eine friedliche Stimmung liegt in der Luft, natürlich sollen ein paar Souvenirs verkauft werden, aber dies geschieht in einer sehr ruhigen und freundlichen Atmosphäre. Entspannung auf peruanisch.

Stefan: Die letzte Etappe unserer Tour bricht an – bald werden wir in Cusco ankommen und die fast zwei Jahre dauernde Reise beenden. Ein leicht beklemmendes Gefühl legt sich um meine Seele. Ich fange an, die Reise zu reflektieren, obwohl sie noch nicht zu Ende ist. Die Reise führte uns nicht nur in die Welt, sondern auch in unser Selbst. Erinnerungen an spezielle Momente und deren Bedeutung für uns kreisen in meinem Kopf. Menschen, die unser Herz berührt haben, obwohl sich die Wege unseres Lebens nur kurz kreuzten. Die Hilfsbereitschaft und Freundlichkeit, die uns – von vollkommen Fremden – entgegengebracht wurde. Ich bin mir nicht sicher, wie ich all das in Worte fassen werde, wenn ich am Ende gefragt werde, wie es war. Was werden die Leute erwarten zu hören?

Wir wollen heute über einen kleinen Pass in die gut 50 Kilometer entfernte Industriestadt Juliaca gelangen, es gibt allerdings keine Richtungsschilder und unsere Karte ist auch nur bedingt hilfreich. Wir fragen uns durch und landen schließlich auf einer größeren, relativ gut ausgebauten Straße. Sie steigt sanft an und wir freuen uns – zu früh. Nach einer Viertelstunde kommen wir an eine Straßensperre und werden nicht durchgelassen. Eine Baustelle. Die drei Bauarbeiter gestikulieren wild und erklären uns die Umleitung, die leider nicht ausgeschildert ist. Wir verstehen, dass wir in einem weiten Bogen durch die Vororte fahren sollen, um später wieder auf diese Straße zu stoßen. Wir wählen eine einfache Taktik und folgen dem Hauptverkehr, der an einer kleinen Kreuzung nach rechts den Berg hoch abbiegt. Die Steigung der kleinen Straße verschlägt uns buchstäblich den Atem – die dünne Luft bietet den Lungen nicht genug Futter. Wir hören Ina fluchen, sie hat nicht rechtzeitig heruntergeschaltet und muss nun schieben. Viel langsamer als wir ist sie allerdings nicht, denn wir kriechen im Zeitlupentempo zwischen den ärmlichen Lehmhäusern in die Höhe. Die Straßenqualität ist schlecht und Unmengen an Müll liegen herum. Die vielen herumstreunenden Hunde machen uns Sorgen – wir haben ihre mexikanischen Brüder noch in lebhafter Erinnerung –, aber diese hier stören sich nicht an uns. Wahrscheinlich, weil es hier im Gegensatz zu Mexiko auch viele einheimische Radfahrer gibt.

Die meisten Häuser scheinen nur halb fertig, die Wände sind aus Lehmziegeln und das Dach wird aus Beton gegossen. Vor die Fensterhöhlen sind statt Scheiben oft nur Plastikplanen gespannt. Bei Bedarf und vorhandenem Geld wird das nächste Stockwerk einfach auf das bestehende Betondach gebaut. Einige Menschen leben auf diesen Dächern nur zwischen Ziegeln, vor dem kalten Wind des Andenhochlands lediglich durch flatternde Plastikplanen geschützt.

Wir erreichen zu unserem eigenen Erstaunen bald wieder die eigentliche Verbindungsstraße und von jetzt an geht es weniger steil nach oben. Die Häuser machen langsam einer kargen braungrünen Graslandschaft Platz und wenig später gelangen wir auf die kleine Passanhöhe. Ein letzter Blick auf den größten See Südamerikas und wir lassen uns sanft von der Schwerkraft hinab ins flache Altiplano-Andenhochland ziehen.

Sven fährt 20 Meter vor uns und sieht die beiden Hunde, die von einem allein stehenden Haus auf ihn zustürmen, nicht rechtzeitig kommen. Er erschrickt und weicht nach rechts Richtung Straßengraben aus. Auf dem schmalen Seitenstreifen liegen holprige Steine und wir sehen, dass er große Mühe hat, auf dem Rad zu bleiben, schon gar nicht gelingt es ihm, die Hunde abzuwehren. Wir stimmen unser mexikanisches »Hundekriegsgeschrei« an, Julia greift zum elektronischen Dog Dazer und wir sprinten direkt von hinten auf die Hunde zu. Damit hatten die Köter offensichtlich nicht gerechnet, denn sie brechen ihre Attacke sofort ab und bleiben verdutzt stehen, bevor sie sich wieder trollen. Wir halten an, Sven ist zum Glück nichts passiert. Wir machen uns Sorgen um Ina, die einige Hundert Meter hinter uns fährt. Doch sie fährt nichts ahnend an den aggressiven Hunden vorbei, und wir halten die Luft an. Die Hundebande ist gerade von einem vorbeifahrenden Lkw abgelenkt und beachtet Ina gar nicht. Nichts passiert und ihr fröhliches »Na, was habt ihr denn?« löst auch bei uns die Spannung.

Unseren ersten Pausenstopp machen wir in einer Bar direkt am Straßenrand. Der Boden des Ladens ist verdreckt und sandig. Ebenso sämtliche Gläser, Kochtöpfe und Pfannen, da hier oft ein starker Wind mit richtigen Windhosen durch den Ort zieht. Statt zu essen, bestellen wir nur eine Cola. Immer wieder kommen kleine Hunde vorbei und schauen, was sie noch Essbares am Boden zu fressen finden können. Einer macht sogar Männchen vor uns, in der Hoffnung, etwas Leckeres von uns zu bekommen. »Sie haben da aber einen tollen Hund«, sage ich zur Wirtin. »Mein Hund? Nein, der wandelnde Flohhaufen gehört mir nicht, ich habe überhaupt keinen Hund, der hier kommt bloß immer wieder. Seid ihr sicher, dass ihr nichts essen wollt?«

Julia: Abends werden wir vom Trubel der Industrie- und ehemaligen Schmugglerstadt Juliaca erschlagen. Überall kleine Motortaxis, stinkende Lkws, dazwischen Lastenfahrräder und wir. Ansonsten keine Touristen. Deswegen können wir uns auch Zimmer im besten Hotel des Ortes leisten, Royal Inn heißt es und es mangelt trotz seines feudalen Namens etwas an Sauberkeit, ist dafür aber sehr günstig. Eiskalt ist es in dem leicht schimmelnden Betonbunker auch. Dafür sind die Angestellten sehr freundlich und die Räder dürfen auf dem Hinterhof sicher vor dem Trubel der Stadt weggeschlossen werden.

Tags darauf wird es zum Glück ruhiger. Wir sehen, wie Bauern Ochsen antreiben, die ihre Pflüge ziehen. Im schmuddeligen Dorf Pucara lernen wir die negativen Seiten des Tourismus kennen. Da sich hier eine Ausgrabungsstelle befindet, halten die Touristenbusse in Pucara. Was bedeutet: Jeder ausländisch aussehende Besucher wird von Kindern umringt, die um einen Sol betteln. Eine ruhige Pause können wir hier nicht verbringen, ständig müssen wir unsere Sachen im Auge behalten, die schon prüfend taxiert werden. Trotzdem mache ich noch ein Foto von den Glücksstieren aus Ton, die traditionell in Pucara produziert werden und die in Südperu auf jedem zweiten Dachsims stehen.

Abends erreichen wir die Stadt Ayaviri. Wir gehen in ein Hostal direkt an der Plaza und finden, dass wir nach dem langen Tag etwas richtig Gutes zu essen verdient haben. Im ersten empfohlenen Lokal werden wir einfach nicht bedient. Touristen nicht willkommen.

»Ich hab da einen Laden mit Namen Pollo Gordo gesehen, da sollte es ein Hühnchen für uns geben!« Sehr freundlich begrüßt uns der Wirt des »Fetten Hühnchens« und macht sich ans Werk. Vorneweg gibt es Hühnersuppe, aus der uns eine Kralle entgegenschaut. Nach einer Stunde bekommt jeder von uns ein viertel Hühnchen. Mehr können sich die meisten Einwohner nicht leisten. Aus Stefans Huhn tropft Blut auf die darunterliegenden matschigen Pommes, aber der Hunger treibt es rein. Wir beschließen uns morgen auf dem Markt einzudecken, sodass wir uns zur Not selbst versorgen können.

Ein gar nicht so leichtes Unterfangen, denn auch auf dem Markt wird uns mit Misstrauen begegnet, hier haben sich einige Touristen offensichtlich schlecht benommen. Es gibt viel Frisches, aber das ist schwer mitzunehmen. Außerdem wird hier nichts gekühlt, selbst das Fleisch liegt in der prallen Sonne. Die Krönung: Ein abgehackter Ochsenkopf ohne Fell; der blutige Schädel liegt auf einem Schemel und schimmert im Sonnenlicht. Wir suchen lieber Konserven und finden am Ende Erbsen und Mais in Dosen. Dazu Unmengen an Inkabrot, dünne Teigfladen.

Nach zwei Tagen auf dem Rad erreichen wir mit Santa Rosa die letzte Station vor dem Abra La Raya, dem höchsten Pass der Tour. Santa Rosa ist ein gänzlich untouristisches Städtchen. Schon bei der Einfahrt über eine grobe Schotterpiste werden wir neugierig, aber freundlich beäugt und mit fröhlichen »Holas« begrüßt. Zwei Schülerinnen lachen schüchtern, als wir sie nach einem Hostal fragen, und zeigen uns den Weg.

Stefan: Das Tandem, gerne auch als »bicicleta doble« bezeichnet, erregt natürlich neben Ina und Julia – beide blond – besondere Aufmerksamkeit. Auch in Santa Rosa sind die Häuser einstöckig, oft wird der zweite Stock gerade noch errichtet und bietet hinter flatternden Plastikplanen den Familien ein vorübergehendes Zuhause. Die beste Unterkunft der Stadt hat immerhin keine zerbrochenen Scheiben und befindet sich in einer Nebenstraße der Plaza, über die gerade noch Schafe getrieben wurden. Die Herbergsbesitzer freuen sich, uns zu sehen, und bieten sofort an, dass wir die Räder im Wohnzimmer abstellen können. Duschen gibt es nicht. Das einzige Klo ist auf dem Gang und wird von zwölf Doppelzimmern brüderlich geteilt. Das Wasser fließt nur unregelmäßig, daher steht ein großer Eimer neben der Kloschüssel. Für drei Euro pro Zimmer kann man sich trotzdem nicht beschweren.

Heute wird es ernst: es geht auf den 4338 Meter hohen Pass Abra La Raya – Höhepunkt der Tour im wahrsten Sinne des Wortes. Der Pass ist nicht nur der höchste Punkt unserer Tour, sondern auch die südamerikanische Wasserscheide zwischen Atlantik und Pazifik. Der kleine Pass aus Puno heraus war 4000 Meter hoch, jetzt schieben wir uns noch höher. Wir radeln aus dem friedlichen kleinen Dorf heraus, lassen die beiden Mitradler ziehen und fotografieren in Ruhe eine Lamaherde, die direkt an der Straße grast. Mit ihrem lang gestreckten Körperbau, den schlanken Beinen, dem kleinen, dreieckigen Kopf und ihrem schwerfälligen wankenden Gang haben sie sich einen Platz in unseren Herzen gesichert.

Südamerikas Lamas gehören zur Gattung der Kamele und werden daher offiziell als Neuweltkamele bezeichnet – auch wenn sie keinen Höcker haben. Es gibt zwei domestizierte Rassen, hierzu gehören auch die Alpakas mit ihrer weltbekannten hochwertigen Wolle. Die Tiere sind nur in der Minderheit weiß, es gibt auch braune, gescheckte und tiefschwarze Tiere. Die »multikulturelle« Gruppe grast in aller Ruhe weiter, während der Fotoapparat immer wieder klackt und die Zeit verstreicht. Vor den schneebedeckten Gipfeln im Hintergrund geben die Alpakas ein klassisches Postkartenmotiv ab. Julia kann es nicht lassen, ein besonders wolliges Lama kommt freundlich auf sie zu und Julia sieht das gleich als Einladung zum Streicheln. So eine schöne Wolle, da muss man doch mal reingreifen! Das Lama sieht das anders, es wendet den Kopf, zielt und spuckt mit vollem Schwung direkt in Julias Gesicht. Mit einem äußerst würdigen, verachtenden Gesichtsausdruck. Ich lache mich tot, und auch Julia kann nicht anders, zum Glück war es mehr Gras als Schleim, was da auf ihrer Stirn gelandet ist.

Erheitert steigen wir aufs Tandem und wollen »kurz« an Ina heranfahren, die einige Hundert Meter vor uns ist. Doch wo bleibt unsere Luft? Schon nach 100 Metern schnaufen wir, als wären wir die Strecke gesprintet – die Luft ist dünn. Eine Passauffahrt jedoch ist eher ein Marathon als ein Sprint und wir nehmen das Tempo zurück. Unendlich langsam schieben wir uns näher an Ina heran, und erst nach ein paar Kilometern erreichen wir sie. Gemeinsam genießen wir atemlos die Umgebung, die uns die Sprache verschlagen hat. Wir fahren durch ein Hochtal, das von einem Wildfluss durchschnitten wird. In den blauen Himmel schießen schneebedeckte Andenriesen, deren Spitzen 6000 Meter über dem fernen Meeresspiegel liegen. Das Land ist relativ karg, von dem grünbraunen Gras werden wirklich nur Lamas satt. Es gibt auch Kühe, sie sehen dürr und ein bisschen unglücklich aus.

Gegen Ende wird die Passstraße steiler und verlangt uns einiges ab – der Schlusssprint unserer Marathonauffahrt. Schwer atmend kommen wir am großen Passschild an, steigen ab und schnappen erst mal nach Luft. Nur langsam beruhigt sich der Atem, der Herzschlag dröhnt wie Glockenschlag im Kopf. Langsam realisiere ich – der Pass ist erreicht. Ich hebe den Kopf und die Welt scheint mir zu Füßen zu liegen. Mein Blick schweift über das Hochtal, das sich den Berg hinunterzieht und wie ein Fluss in das Andenhochland mündet.

Auf dem Pass selbst werden gerade Verkaufsstände mit bunter Kleidung und allerlei Handwerk aufgebaut, es herrscht reges Treiben. Über einen Pfad werden auch drei bunt geschmückte Lamas herangetrieben. Das Spektakel ist nicht für uns gedacht, sondern für den zwischen

Puno und Cusco verkehrenden Touristenzug, mit dem auch wir zum Titicacasee gefahren sind. Der hält zur Mittagszeit für 20 Minuten hier auf dem Pass, gute Geschäfte stehen an.

Wie bestellt fährt der Zug ein und kommt mit kreischenden Bremsen zum Stehen. Eine Reisegruppe steigt aus, wir sehen den Führer kurz sprechen, dann auf die Verkaufsstände zeigen. Wie Heuschrecken fällt die Gruppe über die Stände her – das hier wird wahrscheinlich gerade als das »authentische Peru« verkauft. Der Reiseveranstalter garantiert, dass alle Kunden von Überraschungen und Verwirrungen verschont bleiben. Aber genau das ist schade, der Sprung ins Unbekannte, das Verlassen der vertrauten Strukturen und die Entdeckung von Neuem bringen den Reisenden doch erst voran, verändern ihn. Der Sinn des Reisens ist bei solchen Sorglos-Reisen auf den Kopf gestellt: Der Tourist zahlt viel Geld, um der Fremde aus dem Weg zu gehen beziehungsweise sie nur in vertrauter Form in leicht verdaulichen Häppchen serviert zu bekommen.

Das Spektakel ist dann auch nach einer Viertelstunde vorbei, der Zug rauscht ab und die Gäste bekommen nach der Anstrengung von Kellnern mit weißen Handschuhen ein Fünf-Sterne-Essen serviert. Unterdessen packen die Peruaner ihre Stände ein, Ruhe kehrt wieder ein auf dem Pass.

Wir haben uns mittlerweile zum Picknick niedergelassen und füllen uns die Mägen mit einem Laib Käse, den wir heute Morgen in Santa Rosa gekauft haben. Er schmeckt würzig wie das Land. Trotz unseres Hungers und Ehrgeizes, den Käse aufzuessen, um nichts zu verschwenden, schaffen wir nur die Hälfte des Laibs. Mitnehmen wollen wir ihn nicht, er würde bis morgen schlecht werden. Mein Blick fällt auf die Landarbeiter, die auf der anderen Straßenseite einen Parkplatz anlegen. Ob sie den Käse haben wollen? Wir möchten ihn nicht wegschmeißen, haben aber Sorge, die Arbeiter zu beleidigen, wenn wir ihnen einen halben »angefutterten« Käse anbieten. Beherzt greife ich den Käse und gehe zu den Arbeitern hinunter – anders ist es nicht herauszubekommen. Mit einem fröhlichen »Buenos días« begrüße ich den ersten Landarbeiter, einen kleinen kräftigen Mann im mittleren Alter. Umständlich erkläre ich, dass wir satt seien und den Käse nicht kühlen könnten, ob er vielleicht Verwendung hätte? Ich halte den Käse hin und ein Lächeln wirft sein staubiges Gesicht in Falten. »Ein großartiger Käse, vielen Dank, sehr liebenswürdig von dir!« Ich nicke erleichtert und freue mich, wie er den Käse in seinen schwieligen Händen hält und sofort jemanden ruft. Zwei schmutzige Kinder eilen herbei, ich verabschiede mich und die drei machen sich vergnügt an ein familiäres Mittagessen.

Hier auf dem Pass entspringt der Rio Vilcanota, zusammen mit seinen Wassern lassen wir uns von der Schwerkraft ins Tal auf der anderen Seite ziehen. Mit den schwindenden Höhenmetern ändert sich auch die Landschaft, entlang des Flussufers wird Ackerbau betrieben. Schwarze Schweine suhlen sich in den Gassen der kleinen Orte im Dreck, Gänse schnattern und die allgegenwärtigen Lamas lassen sich in ihrer entwaffnenden Ruhe nicht stören. Voll von Eindrücken kommen wir nach Sicuani und beschließen zu bleiben, während das Wasser des Rios Vilcanota weiter in Richtung Amazonas fließt.

Wir nehmen ein Hostal in der Nähe der Plaza und freuen uns auf eine warme Dusche, nachdem es gestern keine gab. Das Duschen erweist sich als abenteuerlich, denn das brackige Flusswasser, das aus der Dusche spritzt, wird erst durch einen »Wasserkocher« direkt am Duschkopf erhitzt. Ein offenes Kabel führt zum Duschkopf, man legt einen kleinen Hebel um und die Stäbe beginnen sich zu erhitzen. Dann dreht man das Wasser an und duscht. Ohne Badelatschen wäre man in Lebensgefahr, aber auch mit dem Stromschlagschutz an den Füßen ist das keine entspannte Sache. Ich mache es kurz und lasse das Wasser gleich an, damit Julia direkt hinterherkann. Als ich mich abtrockne, höre ich sie auf einmal aufschreien – ein Schock lässt mich für eine Sekunde erstarren. Ich reiße die Tür auf und sie steht da mit Tränen in den Augen und hält sich die Hand. Sie wollte die Temperatur verändern und hat dabei einen gewaltigen Schlag bekommen. Ich nehme sie in den Arm, zum Glück ist nichts Schlimmes passiert – es war wohl eher der Schreck als der Stromschlag, der ihr zugesetzt hat. Ich drehe das Wasser ab, hole einen Schraubenzieher mit Spannungsschutz und schalte auch den Strom ab. Warmduscher wie wir zahlen manchmal einen hohen Preis für ein bisschen Luxus: Julias Hand bleibt noch den ganzen Abend taub.

Julia: Nach einem weiteren langen Tag mit über 100 Kilometern sind wir spät dran und stellen in dem kleinen Ort Andahuaylillas fest, dass es das angekündigte Hostal nicht mehr gibt. Der nächste Ort ist weit weg und liegt hinter einem kleinen Pass. Zudem ist im Dunkeln fahren nie eine gute Idee, vor allem in Südamerika nicht. Zelten bietet sich in dieser Ecke des Landes auch nicht an. Wir bleiben dicht beieinander, als wir in den unbeleuchteten Gassen nach einer Unterkunft suchen. Wir finden tatsächlich ein Kolonialhaus, das eine Herberge zu sein scheint, aber fest verschlossen und unbeleuchtet ist.

Stefan: Ich gehe um das dunkle Haus und klopfe an der Nachbartür, wo mir eine dubiose Gestalt öffnet. Ich frage höflich nach den Besitzern des Hauses, der Mann verschwindet kommentarlos, während ein großer Hund mich beschnuffelt und meine Hand ableckt. Dann geht das Licht im Hostal an und eine junge Frau – ein rettender Engel! – begrüßt mich herzlich. Um die Ecke höre ich die Freudenrufe der anderen.

Julia: Wir bekommen schöne, saubere Zimmer und »überfallen« einen kleinen noch geöffneten Laden, um ein einfaches Abendessen zusammenzustellen, das wir im Gemeinschaftsraum verzehren, während im Hintergrund ein kleines Radio mit spanischen Schnulzen vor sich hin rauscht. Thunfisch, Ketchup, Chips, das ist die Ausbeute. Dazu Bier, erstaunlicherweise ein echtes Flensburger. Nur die Inkagötter wissen, wie der deutsche Gerstensaft hierher gekommen ist. Dazu Kerzenschein, das schönste Mahl unserer Tour, weil wir einfach dankbar sind und genießen.

Der Ort, der uns bei Nacht so bedrohlich vorkam, ist bei Tag ein ruhiges Bergdörfchen, von Touristen zu einem kurzen Fotostopp frequentiert wegen der von außen unscheinbaren, aber von innen prächtigen Kirche. Ihr pompöser Beiname: »Sixtinische Kapelle der Anden«.

Eindreiviertel Jahre nach Erstbesteigung unseres Tandems radeln wir in Cusco ein. Es ist kein besonders schöner Tag. Die Sonne versteckt sich hinter Regenwolken und kein Windzug geht. Dreck der Großstadt säumt den Wegesrand, Kinder spielen an der Straße, Frauen erledigen ihre Einkäufe. Hunde kläffen, stromern herum, und Männer sitzen vor den Kneipen und schauen uns aus trägen Augen an. Die letzten Kilometer unserer Tour in die Welt haben es in sich: Über eine vierspurige, chaotische und schlaglochübersäte Straße erreichen wir im strömenden Regen die Innenstadt. Zu guter Letzt geht es eine glitschige Kopfsteinpflasterrampe mit einer Steigung von gut zehn Prozent hinauf zum Hotel.

Als wir durch die vollgestopften Straßen Cuscos fahren, erwarte ich, dass mir jeden Moment große Gedanken durch den Kopf gehen oder ich die Lösung für eines der Geheimnisse des Lebens finde. Stattdessen fühle ich mich unwissend und durcheinander, weil die Reise zu Ende ist. »Stefan, ich will gar nicht, dass es vorbei ist.« »Ist es doch auch nicht. Die konkrete Reise, ja, aber unsere Geschichten bleiben für immer.«

Er hat ja recht, ein bisschen traurig bin ich trotzdem. Es gibt keine geschmückte Ziellinie und keine Massen empfangen uns. Es sei denn, man zählt den Touristenbus mit, der vor unserem Stammhotel steht. Die fühlen sich aber eher gestört von uns. »Och nee, jetzt wollen die merkwürdigen Radler auch noch, dass wir ein Foto von ihnen machen.« Weder Stefan noch ich wissen, was wir als Nächstes tun sollen. Erst einmal freuen wir uns einfach auf eine Dusche – ohne Stromschlag.

Am nächsten Morgen legt sich der Schock und wir genießen in vollen Zügen, dass wir unser Ziel erreicht haben. Bei einem großen Frühstück im Trotamundos machen wir Pläne für unsere Rückkehr. Nach 18 Monaten und mehr als 16 000 Kilometern haben wir das Ende unserer Reise erreicht. Wir lachen ausgelassen, können kaum fassen, was wir getan haben: Wir sind mit dem Tandem in die Welt gefahren.

Epilog

J etzt sind wir angekommen. Es war nicht unser Ziel, eine bestimmte Anzahl von Kilometern oder eine bestimmte Strecke abzuleisten, sondern jeden Tag aufs Vollste zu leben. Die Ausrüstung weist kräftige Gebrauchsspuren auf, Haut und Haare sind wettergegerbt und manchmal fallen uns deutsche Ausdrücke nicht mehr ein.

Hat es uns gefallen? War es den Preis wert, den wir dafür bezahlt haben? Haben wir gefunden, was wir gesucht haben? Haben wir uns verändert? Was für Abenteuer haben wir erlebt, welche Leute kennengelernt? Ist es an anderen Orten der Welt spannender als in Deutschland? Ihr habt euch entschieden zurückzukommen, was macht ihr dann? Habt ihr keine Angst, dass ihr euch nicht mehr in der grauen Heimat eingewöhnen könnt? Viele Fragen, von uns selbst oder anderen gestellt, begleiten unsere Rückkehr. Manche Antworten sind einfach, manche haben wir noch nicht gefunden, sie werden sich erst mit der Zeit ergeben.

Leben ist das, was passiert, während du gerade andere Pläne machst. Ob du dir viele Gedanken machst oder nicht: Alles wird sich finden und gut werden. Zum ersten Mal in unserem Leben hatten wir eine echte und lange »Freifahrt«. Jeder Tag selbstbestimmt und wir zusammen. Ein fast unbeschreibliches Gefühl, das sich vom ersten Tag in Neuseeland durch unsere ganze Tour hindurch fortgesetzt hat. Wir genossen die freie Fahrt, solange sie andauerte, und werden uns an sie erinnern, solange wir leben. Und wir werden jeden Moment wertschätzen, den wir zusammen verbracht haben und noch verbringen werden.

Mit dem Tandem unterwegs zu sein, war ein besonderer Glücksfall. Wir konnten immer miteinander sprechen, gemeinsam lachen und die kleinen Triumphe genießen, wie zum Beispiel gemeinsam einen Berg hinaufgekommen zu sein. Aufgrund der Größe unseres Tandems sieht und beachtet man uns im Straßenverkehr, wird eher langsamer und fährt in großem Bogen vorbei, anstatt uns rasend von der Straße zu drängen. Tandems zaubern den Menschen ein Lächeln ins Gesicht.

Tandem fahren ließ uns viel Zeit, um über unser gemeinsames Leben nachzudenken und zu reden. Die Erfahrung, zusammen etwas zu leisten, das Gefühl, so geliebt und akzeptiert zu werden, wie man ist, festzustellen, dass es Kraft braucht, das Leben zu leben, das aus einem gemeinsamen Ziel resultiert, hat unsere Partnerschaft sehr gestärkt. Daraus haben wir gelernt, dass wir zurück in unserem »normalen« Leben auch mit allem zurechtkommen werden. Das Leben ist nicht immer einfach, aber für diese Zeit war es einfach. Jeder trägt seine eigene Last, aber wir sind ein Team, in dem wir uns gegenseitig unterstützen, und unser gemeinsamer Schwung ist nicht nur eine Brise, sondern beinahe ein Sturm.

Nicht jeder Tag war gut, viele Strecken waren hart, langweilig, voller Gegenwind in endlosem Regen. Uns blieb dabei nichts anderes übrig, als Meter für Meter weiterzufahren. Und es ging immer weiter; in der Erinnerung bleiben die überwiegenden guten Momente. Das Reisen per Rad und Zelt mag nicht immer komfortabel sein, dafür waren wir unbeschwert und hatten Zeit zu fühlen, dass wir glücklich sind, jetzt und genau in diesem Moment.

Fast zwei Jahre, 16 000 Kilometer, viele Länder, Menschen und Kulturen. Schöne und brenzlige Situationen. Millionen von Eindrücken. Wir haben viel von der Welt gesehen, doch lange noch nicht alles. Mit vielleicht 6000 Menschen gesprochen und damit doch nur 0,001 Prozent der Weltbevölkerung kennengelernt. Haben uns selbst wieder richtig gespürt, wer wir sind und was wir wollen. Im Moment gelebt und uns aus dem materiellen Streben nach Besitz und Geld ausgeklinkt. Wir sind toleranter und entspannter geworden. Nur wer die Augen offen hat, wird neue Wege erkennen.

Wir haben erfahren, dass zu viele Sorgen nur hindern; für auftretende Probleme gibt es immer eine Lösung. Wir können auf uns selbst vertrauen, aber auch die meisten Menschen sind gut und sofort da, um zu helfen. Wir sind freundlicher, respektvoller, umweltbewusster geworden, dankbar für alles Gute, was uns widerfährt, und wenn es nur eine Kleinigkeit ist. Jeder kann die Welt ein bisschen schöner machen. Und ob auf Weltreise oder nicht, man hat immer die Chance, das Beste daraus zu machen oder es zu verderben.

Diese Reise zu machen war die beste Entscheidung unseres Lebens. Jeden, der davon träumt, sich auf den Weg zu machen, können wir nur ermutigen, es zu tun. Wir treten jetzt einen neuen Teil unserer Reise an – einer Reise, die sich Leben nennt.

Ride on!

Julia und Stefan

Danksagung

Wir bedanken uns auf diesem Weg herzlich für die Unterstützung, die wir bei der Vorbereitung und Durchführung unserer Tour erfahren durften. Wir danken für die vielen E-Mails und guten Wünsche von Familie, Freunden und neuen Bekannten, die uns stets begleitet und Ansporn gegeben haben. Wir sind dankbar für die Gastfreundschaft, Herzlichkeit und Hilfsbereitschaft, die uns überall auf der Welt entgegengebracht wurde.

Dieses Buch ist ein Dankeschön an alle, die an der Verwirklichung unseres Lebenstraumes mitgewirkt haben.

Ein spezieller Dank gilt Detlef Meinhold, unserem Verwalter des Papierkrams und Postlagerstelle; Anke Namendorf von Koga-Miyata, die uns in jedem Winkel der Welt unterstützte; allen Freunden und Verwandten, die uns und unsere Habseligkeiten aufgenommen haben; allen Gastgebern auf unserer Reise.

Wir danken unseren Sponsoren:

Koga-Miyata	Globetrotter Ausrüstung
Mainstream-MSX	Magura
ABUS	Schwalbe
Busch & Müller	Falke
MSR	Sziols
Hanwag	Primus
Tropicare	Therm-a-rest
Seal Line	VDO
Roeckl	PacSafe
Reise Know-How	DWS
Deutsche Bank	Peter's Radtreff
Brillen-Schick	Confideo

Ausrüstung

Die komplette Packliste wäre zu lang geworden, daher nur die wichtigsten und merkwürdigsten Ausrüstungsgegenstände, die wir täglich auf unser Tandem geladen haben, das voll beladen bis zu 110 Kilogramm wog. Ohne uns.

Das Gefährt:
Koga-Miyata TwinTraveller Modell 2007 und 2008
Vollgefedertes Falttandem
Oversized-Aluminiumrahmen
SRAM Kettenschaltung, 27 Gang
Magura HS 33 Hydraulische Felgenbremse
Tacho VDO MC 1.0
Schwalbe Marathonreifen
Busch & Müller Vorder- und Rücklicht
ABUS Schlösser

Ersatzteile und Werkzeug:
Je nach Land: vom »2-kg-Notset« für Neuseeland bis zur »10-kg-Werkstatt« für Peru

Das Gepäck:
Mainstream-MSX wasserfeste Radtaschen vorne und hinten
Mainstream-MSX Lenkertasche
Pack- und Stausäcke von Seal Line
Rucksack
7 Trinkflaschen und eine Primus Benzinflasche

Das Zuhause:
MSR Mutha Hubba Zelt
Therm-a-Rest selbst aufblasende Matten
Daunenschlafsack
Pee-Bottle (fragt nicht)
Ohrenstöpsel (nur für Julia, Stefan schläft wie eine Mumie)

Der Kleiderschrank:
ABUS Helme
Roeckl Sports Goretex-Handschuhe (lang)
Roeckl Sports Handschuhe Tan Through (kurz)
3 Kurzarmtrikots von Magura, Koga und DWS
Falke Wintertrikot
Windjacke
Magura Windweste
Goretex-Jacken von Globetrotter
Kurze Radhosen
Lange Radhosen von Falke
Hanwag Trailschuhe zum Wandern und Radfahren
Sziols Sonnenbrillen
Alltagskleidung (nur das Nötigste)

Küche:
Primus-Kocher
Primus-Besteck
Primus-Topfset
Geschirr
Kaffeekanne (filterlose Zubereitung) (ohne wäre Stefan nicht gefahren)
Nutella (ohne wäre Julia nicht gefahren)

Bad:
Microfleece-Handtuch
Flip-Flops (Style & Fußpilzprävention in einem)
Waschbeckenstöpsel (geschickt, gell?)
Ladegerät plus elektrische Zahnbürste (hatten wir unserer Zahnärztin versprochen)

Apotheke:
Tropicare Erste-Hilfe-Set
Wund- und Heilsalbe
Kopfschmerztabletten
Antibiotika
Tropicare Sonnengel
Voltaren
Tropicare DEET (Kampfmittel gegen Moskitos)

Wohnzimmer:
Elektrische Moskitoklatsche (eine Art Tennisschläger unter Strom)
Lautsprecher
Webcam
Primus Stirnlampe
Busch & Müller Radlampe
Laptop Panasonic Toughbook
Handy
Fotoapparat und Stativ
MP3-Player
Reise Know-How Reisebücher und Landkarten

Und was man sonst noch braucht:
Maskottchen (der Stoffhusky »Wolf« sitzt seit Alaska auf dem Lenker)
Warndreieck
Trillerpfeife (falls wir verloren gehen)
Mückennetz
Dog Dazer (akustische Schockwellen gegen Hunde, für Menschen nicht hörbar)

Quellen & Literatur

S. 7: Albert Einstein: Das Leben ist wie ein Fahrrad. 1930, in einem Brief an seinen Sohn Eduard.

S. 9: Josie Dew: The Sun in my Eyes – Two-Wheeling East, London: Time Warner Paperbacks, 2002.

S. 16: Ralph Waldo Emerson: The Essential Writings of Ralph Waldo Emerson, New York: Modern Library Classics, 2000.

S. 56: Wilhelm Busch: Wilhelm Busch – Lebensweisheiten & Gedichte, Renningen: Garant Verlag, 2007.

S. 94: Chris McCandless, zit. nach Jon Krakauer: Into the Wild, New York: Anchor Books, 2007.

S. 122: Jack London: The Call of The Wild, eBookEden.com, o. J.

S. 133 und 141: Robert Service: Songs of a Sourdough, General Books LLC, 2009.

S. 182: Edward Abbey: Desert Solitaire, New York: Ballantine Books, 1978.

S. 226: John Steinbeck: The Log from the Sea of Cortez, London: Penguin Books, 1977.

S. 254: Hermann Hesse: Jedem Anfang wohnt ein Zauber inne, Frankfurt am Main: Suhrkamp, 2002.

Sonstige Zitate

S. 73: Tandemweisheit: www.mtbr.com

S. 83: Englische Redewendung

S. 136: Aerosmith: Amazing (Text: Steven Tyler), Album: Get a Grip, Geffen, 1994

S. 157: John Denver: Annie's Song, 1974, RCA

S. 211: Manu Chao: Welcome to Tijuana, Album: Clandestino, Virgin, 1998. – Der Koyote, der hier keinen Zoll nimmt, bringt illegale Einwanderer in die USA.

Lieblingsbücher – was man sonst noch lesen könnte

Weltenbummler:

Carsten Janz: Beinhart – In 330 Tagen mit dem Fahrrad um die Welt, Bielefeld: Delius Klasing Verlag, 4. Auflage 2009.

Helmut Hermann: Fahrrad Weltführer: Mit Rad und Mountainbike durch die Kontinente, Bielefeld: Reise Know-How Verlag, 2. Auflage 2002. – Für eine erste Planung, wohin man denn überhaupt radeln möchte, bestens geeignet.

Doug Lansky: First – Time Around The World, London: Rough Guide, 3. Auflage 2010. – Englischsprachiges Handbuch mit umfassenden Länderinformationen, die das Reisefieber weiter steigern.

Tilmann Waldthaler: Sieh diese Erde leuchten! 30 Jahre mit dem Fahrrad um die Welt, Bielefeld: BVA 2008. – Schöner Bildband über die Lebensgeschichte des Urgesteines der Weltumradler.

Neuseeland:

Reinhard Pantke: Neuseeland Bikebuch. Die Kiwi-Inseln für Tourenradler und Mountainbiker, Bielefeld: Reise Know-How Verlag, 2001. – Liebevoll recherchiertes Handbuch mit vielen Tourenvorschlägen.

Thomas Wöhrstein und Nigel Rushton: Bikeline Radatlas Neuseeland. Traumhafte Radtouren durch das Land der Kiwis, Maori, Hobbits und Schafe, Rodingersdorf: Esterbauer 2006. – Gutes Kartenwerk im praktischen Lenkertaschenformat, Nigel Rushton ist Neuseeländer und der legendäre Autor der nur auf Neuseeland erhältlichen Radführer für die Nord- und Südinseln.

Witi Ihimaera: Whalerider. Die magische Geschichte vom Mädchen, das den Wal ritt, Reinbek: Rowohlt, 2003. – Der Autor ist selbst Maori und beschreibt in seiner Parabel das Spannungsfeld zwischen Moderne und Tradition, in dem sich die Maori befinden; auch verfilmt und mit einem Oscar preisgekrönt.

Mit Herz und Hand. Regie: Roger Donaldson, mit Sir Anthony Hopkins. DVD 2007 – Liebenswürdiges Roadmovie über den in Invercargill geborenen Burt Munro.

Hawaii:

Alfred Vollmer: Hawaii. Das komplette Handbuch für individuelles

Reisen und Entdecken auf allen acht Hawaii-Inseln, Bielefeld: Reise Know-How Verlag, 2008. – Schöne Lektüre für Hawaii-Einsteiger.

Luci Yamamoto: Hawaii: The Big Island, Lonely Planet Publications, 3rd edition 2008. – Detaillierter Führer, der nur die Big Island abdeckt und so auch zum Vorbereiten einer Biketour dort geeignet ist.

Josie Dew: Tour d' Aloha. Mit dem Fahrrad allein durch die USA, National Geographic 2007. – Die populäre Reiseschriftstellerin beschreibt gewohnt scharfsinnig ihre Sicht der USA.

Alaska:

The Milepost – Die Bibel der ALCAN-Reisenden, sieht aus wie ein dickes Telefonbuch und listet jedes noch so kleine Detail entlang der alaskischen Highways auf, und wenn es nur ein Parkplatz mit Mülleimer ist.

T.C. Boyle: Drop City, München: dtv, 2005. – Eine kalifornische Hippie-Kommune macht sich auf nach Alaska; zwei Welten prallen aufeinander, als sie mit der bärbeißigen Bevölkerung zusammentreffen, ironisch-skurriler Roman.

Jack London: Wolfsblut, Zürich: Diogenes, 6. Auflage 2009. – Ein Hundeleben in Alaska als Parabel für den Mann in der Wildnis. Jack Londons Schreibweise mag uns heutzutage zwar altmodisch vorkommen, aber das harte Leben in Alaska stellt er drastisch dar und seine Beschreibung lässt niemanden unberührt.

Jon Krakauer: In die Wildnis. Allein nach Alaska, München: Piper, 12. Auflage 2007. – Die mittlerweile verfilmte faszinierende und kontrovers diskutierte Lebensgeschichte von Chris McCandless, der sich in die Wildnis Alaskas aufmachte, um das wahre Leben zu finden.

Kanada:

Bernd Wagner, Hans-R. Grundmann: Kanada: Der ganze Westen mit Alaska, Bielefeld: Reise Know-How Verlag, 2008. – Umfassende Informationen für Menschen, die gerne auf eigene Faust reisen, auch zur Vorbereitung für Radler geeignet.

Lael Morgan: Good Time Girls of the Alaska-Yukon Gold Rush, a Secret History of the Far North, Kenmore, WA (USA): Epicenter Press 1999. – Das Leben zur Zeit des Goldrauschs, erzählt anhand der Lebensgeschichten der »leichten« Damen, zum Teil traurig, zum Teil sehr humorvoll, auf jeden Fall sehr unterhaltend.

Robert Service: Songs of a Sourdough, General Books LLC 2009. – Ein Einblick in das Werk des Naturpoeten.

Bill Bryson: Picknick mit Bären, München: Goldmann, 1999. – Ein unterhaltsamer Reisebericht über den Autor, wie er sich durch die Wälder Kanadas schlägt.

USA:

Stefan Voelker, Raphaela Wiegers und Clement Carle: BikeBuch USA/Kanada, Bielefeld: Reise Know-How Verlag, 2004. – Umfassendes Werk mit Tourenvorschlägen für Nordamerika.

Adventure Cycling Maps (www.adventurecycling.org) – Der amerikanische Radklub hat Radrouten für die gesamten USA ausgearbeitet und bietet ein breites Kartenwerk.

Marta Becket: To Dance on Sands. The Life and Art of Death Valley's Marta Becket, Las Vegas: Stephens Press, 2007. – Für alle, die mehr über das ungewöhnliche Leben der Künstlerin erfahren wollen, die im Death Valley ein Opernhaus betreibt.

T. C. Boyle: The Tortilla Curtain, London: Bloomsbury, 2004. – Mexikanische illegale Immigranten treffen auf reiche kalifornische Vorstädter, eine satirisch-tragische Geschichte, die das Verhältnis der Nordamerikaner zu ihren armen Nachbarn thematisiert.

Mexiko:

Thomas Schröder und Raphaela Wiegers: Das Lateinamerika Bike-Buch, Bielefeld: Reise Know-How Verlag, 2007. – Persönliche Eindrücke und Routenbeschreibungen verschiedener Reiseradler, die Mittel- und Südamerika bereist haben.

Danny Palmerlee: Baja California, Lonely Planet Publications, 7th ed. 2007. – Die Autoren verbindet eine tiefe Liebe zur Baja, fast jeder kleine Ort wird beschrieben, damit liefern sie dem Radler viele Details, die »normale« Reiseführer für Autoreisende nicht bieten.

Bruce Berger: Almost an Island. Travel in Baja California, University of Arizona Press, 1998. – DAS Buch über die Baja, der Autor reiste schon dort, als die Straße noch nicht asphaltiert war, und vermittelt einen tiefer gehenden Einblick in die »Beinahe-Insel«.

Peru:

Kai Ferreira Schmidt: Peru/Bolivien, Bielefeld: Reise Know-How Verlag, 5. Auflage 2006. – Viele Informationen und ausführliche Reiserouten, die das Land umfassend beschreiben.

World Mapping Project: Peru, Bielefeld: Reise Know-How Verlag, 5. Auflage 2007. – Passende Landkarte.

Kauderwelsch: Spanisch für Peru Wort für Wort, Reise Know-How Verlag – Einfallsreicher Sprachführer, der einem einfache Konversation ermöglicht.

Fahrradtechnik und Reparatur:

Chris Sidwells: Bike-Reparaturhandbuch, Bielefeld: Delius Klasing Verlag, 6. Auflage 2010.

BLUTGRUPPE M

Für Dich muss Dein Bike vor allem eines sein: Zuverlässig. Ob Du nach tausenden von Kilometern irgendwo in einer Steinwüste Südamerikas stehst, oder jeden Morgen durch die staugeplagte City vorbei an endlosen Blechkarawanen mit einem guten Gefühl zur Arbeit radelst. Millionen von MAGURA Felgenbremsen und noch viel mehr Millionen gefahrene Kilometer rund um den Globus auf sämtlichen mehr oder weniger befestigten Untergründen sprechen eine deutliche Sprache. Auch das ist Blutgruppe M: Beste Qualität, keine Kompromisse.

MAGURA

THE PASSION PEOPLE
www.magura.com

Tandems zaubern den Menschen
ein Lächeln in das Gesicht.

▸ www.koga.com

RUSSLAND

ALASKA
Anchorage

HAWAII

Honululu

Waimea
Honomu
Kailua-Kona

Naalehu

HAWAII

NEUSEELAND

Auckl:
Ham
New Plymo

Nelson

Hokitika

Arrowtown

Milford
Sound

Dunedin

Invercargill

AUSTRALIEN

Auckland

NEUSEELAND

Dunedin